JN096352

筆 記 編

(解説) ハードウェア・ソフトウェアに関する知識

■■1■ ハードウェアの構成

OCR(Optical Character Reader：光学式文字読み取り装置)

手書きや印刷された文字などを光学的に読み取り，テキストデータとして入力する装置。

OMR(Optical Mark Reader：光学式マーク読み取り装置)

マークシートなど専用の用紙に，筆記用具で塗りつぶしたマークの位置を光学的に読み取る装置。

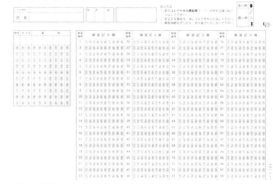

マークシート(写真提供：株式会社教育ソフトウェア)

磁気ディスク装置　補助記憶装置の一つで，金属やガラスを使用したディスク(円盤：プラッタ)の表面に磁性体を塗り，ディスクを高速回転させてデータを読み書きする装置。一般にハードディスク装置という。

・磁気ヘッド　磁気ディスク装置において，ディスク上のデータの読み書きを直接行う部分。

・アクセスアーム　磁気ディスク装置において，データを読み書きするために，磁気ヘッドをディスク上の所定の位置(トラック)に移動させるための部品。

・シリンダ　磁気ディスク装置において，同心円状の複数のトラックが，論理的な円筒状になっている記録単位。アクセスアームを動かさずに読み書きができる。

・トラック　磁気ディスク装置の記憶領域であり，同心円状の1周分の記録領域。

・セクタ　磁気ディスク装置において，データを読み書きする際の最小単位。

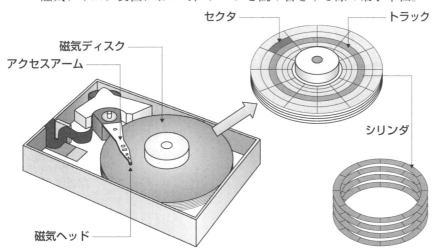

UPS(Uninterruptible Power Supply)「ユーピーエス」

大容量のバッテリを内蔵し,自然災害などにより停電などの電力トラブルが発生した際,一定時間コンピュータシステムが稼働できるように，電力を供給する装置。無停電電源装置ともいう。

■■2■　ソフトウェアに関する知識

ドット(dot)　ディスプレイやプリンタなどで出力された文字や写真などのデジタルデータを構成する最小単位の点のことで，色情報(色調や階調)を持たない。

ピクセル(pixel：画素)　写真などのディジタル画像を構成する最小単位の点のことで，色情報を持つ。

解像度　ディスプレイの表示能力やプリンタの印刷能力，写真などのデジタル画像の画質の滑らかさや，きめ細やかさを表す尺度。

・**ｄｐｉ(dot per inch)「ディーピーアイ」**

解像度の単位で，画像のドット(点)の密度を表す。1インチ(約2.54cm)の中に何個のドットを表現できるかを示す。プリンタやイメージスキャナの性能を示す単位として用いられている。一般にこの値が高いほどより鮮明な画像の表現が可能となる。

・**ｐｐｉ(pixel per inch)「ピーピーアイ」**

解像度の単位で，画像上のピクセルの密度を表す。1インチの中に何個のピクセルが並んでいるかを示す。一般にppiが高いほどデータ量は大きくなるが，ピクセルの大きさが小さくなり，ギザギザの少ない滑らかな画像となる。

■■3■　画像容量の計算

■ 色の情報量

1ピクセル(画素)が，画像を白黒やカラーで表現するために必要とする色の情報量(ビット数)は，次のとおりである。

色　数		情報量(ビット数)	カラーモード
2色	2^1	1ビット	白か黒の2色
⋮	⋮	⋮	
256色	2^8	8ビット	インデックスカラー(indexed color)
⋮	⋮	⋮	
65,536色	2^{16}	16ビット	ハイカラー(High Color)
16,777,216色	2^{24}	24ビット	フルカラー(Full Color)

■ 画像容量

画像の横・縦の大きさから総ピクセル(画素)数を求め，それに1ピクセル(画素)あたりに必要な情報量(ビット数)を掛けて求める。求めた値は，ビット(ｂ)から記憶容量の単位のバイト(Ｂ)への単位の換算を行う。

【例題1】

デジタルカメラで，横1,600ピクセル，縦1,200ピクセル，フルカラー(24ビットカラー)で撮影した画像の記憶容量(ＭＢ)を求めなさい。ただし，1ＭＢは10^6Ｂとし，画像の圧縮は行わないものとする。

〈解答例〉

(式)　$1,600 \times 1,200 = 1,920,000$

記憶容量のＢ(バイト)に単位を揃える。

8ビット　＝　1Ｂ

$1,920,000 \times 24 \div 8 = 5,760,000$B

$= 5.76$MB

答え：5.76MB

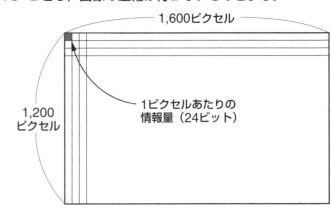

【例題2】

　横3cm，縦4cmのカラー写真を，解像度600dpiのイメージスキャナで，24ビットカラーで取り込んだときの記憶容量（MB）を求めなさい。ただし，1インチ＝2.5cm，1MB＝10^6Bとし，圧縮は行わないものとする。

〈解答例〉

（式）　3cm = 1.2インチ　　4cm = 1.6インチ
　　　　$1.2 \times 600 \times 1.6 \times 600 = 691{,}200$
　　　　記憶容量のB（バイト）に単位を揃える。
　　　　8ビット = 1B
　　　　$691{,}200 \times 24 \div 8 = 2{,}073{,}600B = $ 約 2.1 MB

答え：約 2.1 MB

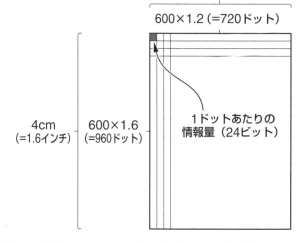

3cm（＝1.2インチ）
600×1.2（＝720ドット）
4cm（＝1.6インチ）
600×1.6（＝960ドット）
1ドットあたりの情報量（24ビット）

用語	説明
RGB	ディスプレイ表示などで利用される色の表現方法の一つで，赤（R：Red），緑（G：Green），青（B：Blue）の光の三原色を組み合わせて色を表現する方法。
CMYK	プリンタなどに用いられる色の表現方法で，シアン（C：Cyan），マゼンタ（M：Magenta），イエロー（Y：Yellow）の色の三原色に，ブラック（K：Keyplate）の混合比率を変化させてさまざまな色を表現する方法。
圧縮・解凍	データの意味をまったく変えずに，内容を保ったまま，データ容量を小さく変換することを圧縮といい，これを元に戻すことを解凍という。
アーカイバ	複数のファイルを一つのファイルにまとめたり，まとめたファイルを元に戻したりするソフトウェア。
プラグアンドプレイ	コンピュータにデジタルカメラやプリンタなどの周辺装置やインターネットに接続する際，ユーザが手動で設定を行わなくても，OSが最適な設定を自動的に行う機能。

■■4■　ディレクトリとファイル

用語	説明
ディレクトリ	ハードディスクなどの記憶装置で，ファイルを分類・整理するための保管場所。WindowsやMacOSでは「フォルダ」と呼んでいる。
・ルートディレクトリ	ファイルを階層構造で管理する場合，階層の最上位にあるディレクトリ。
・サブディレクトリ	ファイルを階層構造で管理する場合，ルートディレクトリより下位で管理されるすべてのディレクトリ。
拡張子	ファイルの種類を識別する目的で使われる，ファイル名の後ろに付ける文字列。
テキストファイル	文字コードのみで構成されたファイル。OSやコンピュータの機種に依存しない文書ファイル。
バイナリファイル	実行可能形式のプログラムファイルなど，文字として読み込むことのできない形式のファイル。画像や音楽のファイル，Excelのファイルなど，テキストファイル以外のすべてのファイル。

ファイル形式

・BMP（Bit Map）「ビーエムピー」
　　　　静止画像を点の集まりとして，圧縮せずに記録するファイル形式。

・JPEG（Joint Photographic Experts Group）「ジェイペグ」
　　　　フルカラーで扱うことのできる，静止画像を圧縮して記録するファイル形式。

・GIF（Graphic Interchange Format）「ジフ」
　　　　256色までの画像を保存することができ，インターネット上のイラストやアイコンなどの保存に使われているファイル形式。

・ＰＮＧ(Portable Network Graphics)「ピング」

　　　　　透明度などの情報を持ち，フルカラーの静止画像を劣化することなく圧縮することができるファイル形式。

・ＭＰＥＧ(Moving Picture Experts Group)「エムペグ」

　　　　　動画や音声データを圧縮して記憶するファイル形式。CD などで使われる MPEG1，DVD などで使われる MPEG2，携帯電話などで使われる高圧縮の MPEG4，コンテンツ検索などでアクセスしやすいデータ形式の MPEG7 など，用途により数種類の規格がある。

・ＭＩＤＩ(Musical Instruments Digital Interface)「ミディ」

　　　　　電子楽器を制御するための規格で，音楽の再生に必要な音程，音の長さ，強弱，音色などの演奏情報を記録するファイル形式。

・ＭＰ３(MPEG Audio Layer 3)「エムピースリー」

　　　　　高圧縮率で高音質なデータ圧縮技術により，音声・音楽データを記録するファイル形式。

・ＣＳＶ(Comma Separated Values)「シーエスブイ」

　　　　　データをコンマ(”,”)で区切って並べたファイル形式。表計算ソフトやデータベースソフトでデータを保存するときに用いられる。テキストファイルとして扱われる。

・ＰＤＦ(Portable Document Format)「ピーディーエフ」

　　　　　専用のソフトウェアを利用することで，コンピュータの機種や使用環境に依存せずに閲覧や印刷ができる電子文書のファイル形式。

・ＺＩＰ「ジップ」　　　世界的に広く使われているファイル圧縮形式の一つ。複数のファイルを含むディレクトリ(フォルダ)を圧縮することが可能で，インターネット上でのデータのやり取りなどで利便性が高い。

■■■5■ 関連知識

2進数の計算

① 10 進数を２進数に変換（3級の復習）

10 進数を２で割り，商と余りを求めることを繰り返す。最後に余りを逆に並べる。

〈例〉10 進数の１３

```
2)13
2)  6 ・・・1        13 ÷ 2 = ⑥あまり 1
2)  3 ・・・0        ⑥÷ 2 = ③あまり 0
2)  1 ・・・1        ③÷ 2 = ①あまり 1
    0 ・・・1        ①÷ 2 = 0 あまり 1
       10 進数（１３）→２進数（１１０１）
```

②２進数を 10 進数に変換（3級の復習）

２進数の各桁に，桁の重みを掛けて，その和を求める。

〈例〉２進数の１１０１

$$
\begin{array}{cccc}
1 & 1 & 0 & 1 \\
\times & \times & \times & \times \\
2^3 & 2^2 & 2^1 & 2^0 \\
\| & \| & \| & \| \\
⑧ + & ④ + & 0 + & ① = 13
\end{array}
$$

２進数（１１０１）→10 進数（１３）

◆ 10 進数と２進数の対応

10 進数	2 進数
0	0
1	1
2	1 0
3	1 1
4	1 0 0
5	1 0 1
6	1 1 0
7	1 1 1
8	1 0 0 0
9	1 0 0 1
1 0	1 0 1 0
1 1	1 0 1 1
1 2	1 1 0 0
1 3	1 1 0 1
1 4	1 1 1 0
1 5	1 1 1 1

Point

$a \neq 0$ のとき $a^0 = 1$

③2進数の加算

【例題】2進数1011と2進数1110の和を10進数で答えなさい。

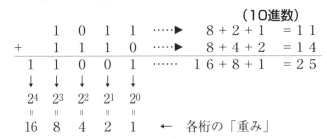

和は2進数の11001となるので，これを10進数に変換すると25になる。なお，このように，答えを最終的に10進数で求めるような演算の場合には，先に2進数を10進数に変換してから，「11 + 14」の10進数どうしの演算として計算してもよい。

```
                         （10進数）
    1  0  1  1  ……▶  8 + 2 + 1   = 11
 +  1  1  1  0  ……▶  8 + 4 + 2   = 14
    1  1  0  0  1  ……  16 + 8 + 1   = 25        答え：25
    ↓  ↓  ↓  ↓  ↓
   2⁴ 2³ 2² 2¹ 2⁰
   ‖  ‖  ‖  ‖  ‖
   16  8  4  2  1   ←  各桁の「重み」
```

④2進数の減算

【例題】2進数10101と2進数1011の差を10進数で答えなさい。

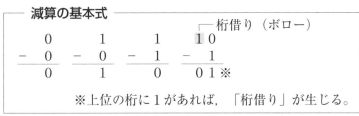

```
                         （10進数）
    1  0  1  0  1  ……▶  16 + 4 + 1   = 21
 -     1  0  1  1  ……▶  8 + 2 + 1   = 11
       1  0  1  0  ……  8 + 2      = 10        答え：10
    ↓  ↓  ↓  ↓  ↓
   2⁴ 2³ 2² 2¹ 2⁰
   ‖  ‖  ‖  ‖  ‖
   16  8  4  2  1   ←  各桁の「重み」
```

⑤2進数の乗算

【例題】2進数1101と2進数110の積を10進数で答えなさい。

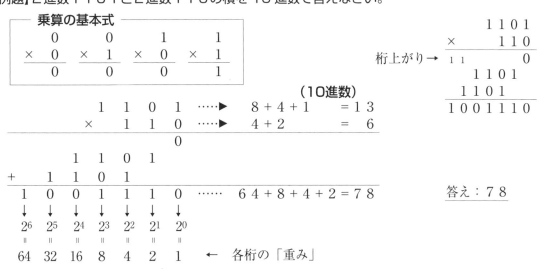

答え：78

ＩＳＯ(International Organization for Standardization)「アイエスオー」

　　　　国際標準化機構。情報処理システムや工業製品における技術の発展，標準化を進めることを目的として設立された。

ＪＩＳ(Japanese Industrial Standards)「ジス」

　　　　日本産業規格。日本国内における工業製品や情報処理に関する規定などの標準化を目的とした規格。

ＡＮＳＩ(American National Standards Institute)「アンシ」

　　　　アメリカ規格協会。工業製品の標準化・規格化を行うアメリカの非営利団体。日本における JIS に相当する。

ＩＥＥＥ(Institute of Electrical and Electronics Engineers)「アイトリプルイー」

　　　　アメリカ電気電子学会。LAN の標準規格を定めるなど，電気・電子分野における世界規模の研究組織。

文字コード

・ＪＩＳコード「ジスコード」

　　　　JIS 規格によって規定されている日本語の文字コードの体系。英数字，カタカナ，記号を 8 ビット，漢字，ひらがなを 16 ビット（2 バイト）のコードで表す。

・ＡＳＣＩＩコード(American Standard Code for Information Interchange code)「アスキーコード」

　　　　半角の英数字などの文字を 7 ビットで表現するアメリカ規格協会が制定した文字コード。

・Ｕｎｉｃｏｄｅ「ユニコード」

　　　　世界中で使われている多くの文字を，コンピュータの機種などに依存せずに，共通して利用するために定められた国際標準の文字コード。主な文字を 16 ビット（2 バイト）のコードで表す。

〈ASCII コード〉

		下位4ビット														
		0000	0001	0010	0011	0100	0101	0110	0111	1000	1001	1010	1011	1100	1101	1110	1111
上位3ビット	000	NUL	SOH	STX	ETX	EOT	ENQ	ACK	BEL	BS	HT	LF	VT	FF	CR	SO	SI
	001	DLE	DC1	DS2	DC3	DC4	NAK	SYN	ETB	CAN	EM	SUB	ESC	FS	GS	RS	US
	010	SP	!	"	#	$	%	&	'	(	)	*	+	,	-	.	/
	011	0	1	2	3	4	5	6	7	8	9	:	;	<	=	>	?
	100	@	A	B	C	D	E	F	G	H	I	J	K	L	M	N	O
	101	P	Q	R	S	T	U	V	W	X	Y	Z	[	\	]	^	_
	110	`	a	b	c	d	e	f	g	h	i	j	k	l	m	n	o
	111	p	q	r	s	t	u	v	w	x	y	z	{			}	~	DEL

※「A」は 2 進数 1000001（10 進数 65），「z」は 2 進数 1111010（10 進数 122）に対応している。

ＴＣＯ(Total Cost of Ownership：総保有コスト)

　　　　コンピュータやシステムなどの設備の導入から運用，保守，廃棄までの費用総額のこと。

・イニシャルコスト　　新しくコンピュータやシステムなどの設備を導入する際にかかる，初期投資額のこと。設置費用や導入費用ともいう。

・ランニングコスト　　電気代をはじめ，プリンタの印刷用紙やインク等の消耗品など，コンピュータやシステムなどの設備を運用，保守，管理するために必要となる費用。運転費用ともいう。

ワイルドカード(?　＊)

　　　　ファイルを検索する際に，任意の文字列や一つの文字の代用として使うことができる特殊文字。

　　　　?…1 文字　　　　＊…任意の文字列（0 文字以上）

| 問題 | ハードウェア・ソフトウェアに関する知識 |

【1】　次の説明文に最も適した答えを解答群から選び，記号で答えなさい。

1．用紙の所定の位置に鉛筆などで記入されたマークを光学的に読み取る装置。

2．磁気ディスク上にデータを記録する際の最小単位。

3．ハードディスク装置において，磁気ヘッドを読み書きする位置に移動させるための部品。

4．無停電電源装置ともいい，停電などのトラブルが発生した際，一定時間電力を供給する装置。

5．磁気ディスクの記録面上の同心円状に分割された円一周分の記録領域。

┌─ 解答群 ─────────────────────────────┐
ア．OCR　　　　**イ**．OMR　　　　**ウ**．磁気ヘッド　　　**エ**．アクセスアーム

オ．シリンダ　　**カ**．トラック　　**キ**．セクタ　　　　　**ク**．UPS
└───────────────────────────────────┘

| 1 | | 2 | | 3 | | 4 | | 5 | |

【2】　次の説明文に最も適した答えを解答群から選び，記号で答えなさい。

1．ディスプレイ装置に表示される画像の色彩を，赤，緑，青の色光の三原色によって表現するしくみ。

2．ディスプレイ装置で，絵や写真などのカラー画像を構成している点。画像の最小単位で，点の一つひとつが色の情報を持つ。

3．複数のファイルを一つのファイルにまとめたり，まとめたファイルを元に戻したりするソフトウェア。

4．ディスプレイの表示能力やプリンタの印刷性能など，画質のきめ細かさやなめらかさを表す尺度。

5．データの内容を保ったまま，ファイルの記憶容量を小さくすること。

┌─ 解答群 ─────────────────────────────┐
ア．解像度　　　**イ**．アーカイバ　　**ウ**．ドット　　　　**エ**．ピクセル

オ．RGB　　　　**カ**．CMYK　　　　**キ**．圧縮　　　　　　**ク**．解凍
└───────────────────────────────────┘

| 1 | | 2 | | 3 | | 4 | | 5 | |

【3】　次の説明文に最も適した答えを解答群から選び，記号で答えなさい。

1．OSやコンピュータの機種に依存しない，文字コードと改行やタブだけで構成された文書のファイル。

2．画質は低下するが圧縮率が高い，写真などに適した静止画像のファイル形式。

3．電子文書のファイル形式。受信者はコンピュータの機種や環境に影響されず，画面上で文書を再現できる。

4．ファイルを階層構造で管理するとき，最上位にあるディレクトリ。

5．インターネット上でイラストやアイコンなどの画像形式として利用され，256色まで扱うことができる。

┌─ 解答群 ─────────────────────────────┐
ア．BMP　　　　　**イ**．JPEG　　　　**ウ**．GIF　　　　　　**エ**．MPEG

オ．CSV　　　　　**カ**．PDF　　　　　**キ**．テキストファイル　**ク**．バイナリファイル

ケ．拡張子　　　　**コ**．サブディレクトリ　**サ**．ルートディレクトリ
└───────────────────────────────────┘

| 1 | | 2 | | 3 | | 4 | | 5 | |

ハード・ソフト

【4】 次の説明文に最も適した答えを解答群から選び，記号で答えなさい。

1．日本語の文字コードの体系で，8ビットにアルファベットやカタカナなどの半角文字が定義されている。

2．プリンタの印刷用紙代やインク代など，コンピュータシステムの運用にかかる費用。

3．アメリカ規格協会が制定した文字コード。1文字は7ビットで表現される。

4．世界各国の標準化団体の代表で構成され，工業関連分野の国際標準規格を定める機関。

5．アメリカ電気電子学会。電気・電子分野における世界最大の研究組織で，規格の標準化に大きな役割を果たしている。

┌ 解答群 ─────────────────────────

ア．ISO　　　　　イ．JIS　　　　　ウ．ANSI　　　　　エ．IEEE

オ．JISコード　　カ．ASCIIコード　キ．Unicode　　　ク．TCO

ケ．イニシャルコスト　コ．ランニングコスト

1		2		3		4		5	

【5】 次の説明文に最も適した答えを解答群から選び，記号で答えなさい。

1．シアン・マゼンタ・イエロー・ブラックの4色のインクを刷り重ねてカラー印刷を行うしくみ。

2．文字として読み出すことができない2進数形式のファイル。

3．コンピュータやシステムなどの設備の導入から運用・保守，廃棄までの費用の総額のこと。

4．静止画を点の集まりとして，圧縮せずに記録するファイル形式。

5．手書きの文字や印刷された文字を光学的に読み取る装置。

┌ 解答群 ─────────────────────────

ア．BMP　　　　　イ．イニシャルコスト　ウ．OMR　　　　　エ．CMYK

オ．RGB　　　　　カ．OCR　　　　　キ．テキストファイル　ク．MPEG

ケ．TCO　　　　　コ．バイナリファイル

1		2		3		4		5	

【6】 次の画像の記憶容量に関する問いに答えなさい。ただし，1KBは10^3B，1MBは10^6Bとする。

1．1画面が，横800ピクセル，縦600ピクセルのディスプレイ装置に，ハイカラー（16ビットカラー）で画像を表示させるために必要な記憶容量(KB)を求めなさい。

2．解像度200dpiのイメージスキャナで，横12.5cm，縦10.0cmの写真を，フルカラー（24ビットカラー）で取り込んだときの記憶容量(MB)を求めなさい。ただし，1インチ＝2.5cmとし，画像は圧縮しないものとする。

1		KB	2		MB

【7】 次の数値を求めなさい。

1．2進数10111と2進数1101の和を表す10進数。

2．2進数110100と2進数11101の差を表す2進数。

3．2進数10111と2進数1110の積を表す10進数。

4．10進数9と2進数11011の和を表す2進数。

5．10進数85と2進数101100の差を表す10進数。

6．10進数7と2進数1010の積を表す2進数。

1		2		3	
4		5		6	

(解説)　　　　　　　　**通信ネットワークに関する知識**

■■1■　ネットワークの構成

アナログ回線　　　音声などの情報を符号化しないで，連続的に変化する信号としてデータを送受信する通信回線。

デジタル回線　　　文字や音声，画像などのデータを，電気信号の0と1の2種類で表し，データの送受信を行う通信回線。

パケット　　　データを送受信する際の単位で，データを一定の容量に分割したもの。送信先アドレス，誤りの検出や訂正をするための情報を付加しており，インターネットや携帯電話の通信に用いられている。

LAN(Local Area Network)

　　　企業や学校など，同じ建物内や敷地内の限られた範囲において，コンピュータやプリンタなどを通信回線で接続した，比較的小規模な情報通信ネットワーク。

・有線LAN　　　コンピュータやプリンタなどを，通信ケーブルを用いて接続したLANシステム。壁などの障害物や電子レンジなどの電波の影響を受けることなく，安定的に通信が可能。

・無線LAN　　　コンピュータネットワークにおいて，通信ケーブルを使わずに，無線通信を利用してデータの送受信を行うLANシステム。

　　　アクセスポイントと呼ばれる通信中継機器を中心に，無線通信機能を持ったコンピュータが相互に接続されてネットワークを構成する。

・Wi-Fi　　　無線LANについての業界団体であるWi-Fi Allianceが，無線LANにおいて，通信機器のメーカーや機種の違いを問わず，相互接続を保証した機器に与える名称。

・SSID　　　無線LANを利用するときに，アクセスポイントに付ける混信を避けるための識別子。最大32文字までの英数字を任意に設定できる。

テザリング　　　パソコンや携帯ゲーム機などで手軽にインターネットを利用できるように，通信が可能なモバイル端末をアクセスポイントとして設定し，他のコンピュータなどをインターネットに接続すること。

■■2■　ネットワークの活用

ピアツーピア　　　サーバ専用のコンピュータを置かないネットワーク形態のこと。接続された各コンピュータが互いに対等な関係であり，プリンタの共有などを目的としたコンピュータ数台による小規模なLANに向いている。

クライアントサーバシステム

　　　サーバ専用のコンピュータを置くネットワーク形態のこと。プリンタなどのハードウェアとアプリケーションなどのソフトウェアを一括管理して，サービスを提供するための専用のサーバと，そのサービスを利用するクライアントで構成されている。サーバとクライアントが互いに処理を分担して運用している。

ストリーミング　　　インターネット上の動画や音楽のデータを視聴する際，すべてのデータをダウンロードしてから再生するのではなく，ダウンロードしながら順次再生する方式。

グループウェア　　　組織内の業務の効率化を目指し，LANやインターネットを活用して，メールやスケジュール管理など，情報共有やコミュニケーションを効率的に行うためのソフトウェア。

問題　通信ネットワークに関する知識

【1】 次の説明文に最も適した答えを解答群から選び，記号で答えなさい。

1．スマートフォンなどをアクセスポイントとして設定し，他のコンピュータなどを常時インターネットに接続すること。

2．通常の電話回線のように，音声信号等の連続的に変化するデータを伝送するのに用いる通信回線。

3．コンピュータネットワークにおいて，通信ケーブルを使わずに，無線通信を利用してデータの送受信を行うLANシステムのこと。

4．無線LANを利用するときに，アクセスポイントに付ける混信を避けるための識別子。

5．デジタル通信において，データを送受信する際に，データを一定のサイズに分割したもの。

6．通信ケーブルなどを使って，同じ建物内のコンピュータや周辺装置を接続したネットワーク。

7．文字や音声，画像などのデータを，2種類の電気信号の0と1で表し，データの送受信を行う通信回線。

解答群

ア．アナログ回線　　**イ**．デジタル回線　　**ウ**．LAN　　**エ**．パケット
オ．有線LAN　　**カ**．無線LAN　　**キ**．Wi-Fi　　**ク**．SSID
ケ．テザリング

1		2		3		4		5		6		7	

【2】 次の説明文に最も適した答えを解答群から選び，記号で答えなさい。

1．企業内のネットワークを活用して，組織内での情報の共有やコミュニケーションを図るために共同で使うソフトウェア。

2．インターネット上の動画や音楽のデータを，すべてダウンロードする前に，受信しながら再生する方式。

3．接続されたコンピュータ間において，対等な関係のネットワーク形態。

4．ハードウェアやソフトウェアなどを集中管理する側のコンピュータと，管理された資源を利用する側のコンピュータが接続されたネットワーク形態。

解答群

ア．ピアツーピア　　**イ**．クライアントサーバシステム　　**ウ**．ストリーミング
エ．グループウェア

1		2		3		4	

解説　情報モラルとセキュリティに関する知識

■■1■　権利の保護と管理

知的財産権　知的創作活動の成果について，創作した人の財産として保護し，その創作者に対して一定期間の独占権を与えるもの。

・産業財産権　知的財産権のうち，特許庁が所管する特許権，実用新案権，意匠権および，商標権の4つの総称。新しい技術やデザイン，ネーミングなどが模倣防止のために保護され，特許庁に出願し登録されることによって，一定期間独占的に利用できる権利。

・著作権　芸術作品やコンピュータプログラムなどの作者の人格的な利益と財産的な利益を保護する権利。財産的な権利は譲渡することができる。創作すると自動的に権利は発生する。

肖像権　自分の顔や姿の写真，動画などを，他人が無断で撮影したり，公表したり，使用したりしないように主張できる権利。

著作権法　芸術作品やコンピュータプログラムなどのように，思想や論理的思考を創作的に表現した人に認められる権利と，これに隣接する権利を定め，その保護を目的とする法律。

個人情報保護法　個人情報を取り扱う事業者に，安全管理措置を行うことを義務づけ，個人の権利や利益を保護することなどを目的とする法律。

不正アクセス禁止法　他人のユーザIDやパスワードを無断で使用し，ネットワーク上のコンピュータにアクセスすることを禁止した法律。

フリーウェア　試用期間などの制限がなく，無償で利用することができるが，著作権は放棄されていないソフトウェア。

シェアウェア　一定期間無償で試用し，その後も継続して使用する場合は，料金を支払うソフトウェア。

サイトライセンス　学校や企業などがソフトウェアを導入する際に，複数のコンピュータで同時利用が可能になるように必要数の利用許諾を得る契約形態。

OSS (Open Source Software)

ソフトウェアのソースコードをインターネットなどを通じて無償で公開して，誰でも自由に改良や再配布が行えるようにしたソフトウェア。Linux（リナックス）などが代表例である。

■■2■　セキュリティ管理

多要素認証　セキュリティレベルを高めて「なりすまし」などの不正アクセスを防ぐため，SNSやアプリなどにログインする際に，ユーザIDやパスワードという「知識」の要素だけでなく，学生証などの身分証明書の「所有」の要素や，指紋や顔などの「生体」の要素を組み合わせる認証方式。

多段階認証　SNSやアプリなどにログインする際に，ユーザIDやパスワードで認証した後に，「秘密の質問」などで，もう一度認証するという認証を複数回行う認証方式。

ワンタイムパスワード　有効期間の短い一度しか使用できないパスワード。セキュリティレベルを高めるために，ネットバンキングによる送金やオンラインゲームなどの各種サービスなどで利用されている。トークンと呼ばれる専用端末やアプリで生成したり，ログインしたりする際に，あらかじめ登録されているメールアドレスなどに送信される。多要素認証では「所持」要素となる。

シングルサインオン (SSO：Single Sign On)

ユーザIDやパスワードの管理や認証の手間を省略したり，セキュリティレベルを高めたりするために，1組のユーザIDとパスワードによる認証を1度行うだけで，複数のWebサービスやクラウドサービス，アプリケーションにログインできる仕組み。

アクセス許可	ファイルに対してのアクセス権限は，ネットワーク管理者と一般ユーザで区別する。次のようなアクセス権限がある。
・フルコントロール	すべてのアクセス権限のことで，ファイルやディレクトリ(フォルダ)の「更新」，「読み取り」，「実行」，「書き込み」，「削除」などのすべての操作が許可された権限。ネットワーク管理者などに与えられるアクセス権限である。
・読み取り	ファイルやディレクトリ(フォルダ)への，データの参照のみを許可された権限。
・書き込み	ファイルやディレクトリ(フォルダ)へデータの追加，書き込みを許可された権限。
ファイアウォール	インターネットに接続しているコンピュータに対して，外部からの攻撃や不正な侵入を制御し，組織内部のネットワークを保護するためのシステム。
セキュリティホール	プログラムの設計ミスや不具合などにより発生する，ネットワークやコンピュータシステムにおける安全機能上の欠陥のこと。
キーロガー	キーボードからの入力情報を記録するためのソフトウェアあるいはハードウェアのこと。本来はソフトウェア開発のデバッグ作業などで利用されるものであったが，ネット通販やネットバンキングなどで使用するパスワードなどの，キーボードからの入力情報をユーザに気付かれないように盗み取るスパイウェア。
ランサムウェア	ファイルを勝手に暗号化したりパスワードを設定したりして，正常にコンピュータを利用できない状態にするコンピュータウイルス。正常に利用できるように復元するための対価として，ユーザに金銭の支払いを要求する。「ransom(ランサム)」とは，「身代金」の意味。
ガンブラー	企業などの Web サイトを改ざんすることにより，その Web サイトの閲覧者を自動的に他の有害サイトに誘導して，閲覧者のパソコンにマルウェアを感染させようとする一連の攻撃手法。
暗号化	データをある一定の規則にもとづいて変換し，第三者に内容が判読できないようにすること。
復号	第三者に内容が判読できないように，ある一定の規則にもとづいて変換されたデータを，元のデータに戻すこと。
バックアップ	ハードウェアの故障などによりデータが破壊されたときに備え，別の記憶媒体にデータの複製を作り，保存しておくこと。

問題	情報モラルとセキュリティに関する知識

【1】 次の説明文に最も適した答えを解答群から選び，記号で答えなさい。

1．他人のユーザ ID やパスワードを無断で使用し，利用権限のないコンピュータへの侵入および利用などを禁止する法律。

2．自分の姿の写真やイラストなどが，他人に無断で利用されることなどがないように主張できる権利。

3．学校や企業といった特定の場所において，一つのソフトウェアを複数のコンピュータで使用するために，一括購入するときの契約方法。

4．ネットワークから自由にダウンロードして無料で使用できるが，著作権は放棄されていないソフトウェア。

5．発明や商品名などの産業上の創作物について，登録者が持つ権利。

6．一定の期間は無料で試用できるが，その後も継続して使用する場合は代金を支払うソフトウェア。

7．小説，音楽，美術，映画などの創作者の利益を，登録に関係なく保護する権利。

--- 解答群 ---

ア．産業財産権　　**イ**．著作権　　**ウ**．肖像権　　**エ**．不正アクセス禁止法
オ．個人情報保護法　　**カ**．フリーウェア　　**キ**．シェアウェア　　**ク**．サイトライセンス
ケ．OSS

1		2		3		4		5		6		7	

【2】 次の説明文に最も適した答えを解答群から選び，記号で答えなさい。

1．ログインする際に，パスワードと指紋など，複数の要素で認証する方式。

2．暗号化されたデータを，正規の受信者が元のデータに変換すること。

3．組織内のコンピュータネットワークに対する外部からの不正な侵入を防ぐシステム。

4．ソフトウェアの設計不良などによるコンピュータシステムの安全機能上の欠陥。

5．ファイルやディレクトリの「更新」や「削除」などすべての操作が許可されたアクセス権限。

6．有効期間の短い一度しか使用できないパスワード。

7．ユーザに気づかれないように，キーボードからの入力情報を盗み取るスパイウェア。

8．他人に見られたくないデータを，ある一定の規則にしたがって一見無意味なデータに変換する処理。

9．不測の事態によるデータ消失に備え，写しを取って別の記憶媒体に保存すること。

10．ファイルを暗号化したりパスワードを設定したりして，正常にコンピュータを利用できない状態にした上で，復元するための「身代金」を要求するコンピュータウイルス。

--- 解答群 ---

ア．多要素認証　　**イ**．多段階認証　　**ウ**．フルコントロール　　**エ**．ワンタイムパスワード
オ．書き込み　　**カ**．ファイアウォール　　**キ**．ランサムウェア　　**ク**．セキュリティホール
ケ．キーロガー　　**コ**．ガンブラー　　**サ**．暗号化　　**シ**．復号
ス．バックアップ　　**セ**．シングルサインオン　　**ソ**．読み取り

1		2		3		4		5	
6		7		8		9		10	

【3】　次の A 群の語句に最も関係の深い説明文を B 群から選び，記号で答えなさい。

<A群>　1．OSS　　　　　　　2．多段階認証　　　　3．シングルサインオン
　　　　4．個人情報保護法　　5．読み取り　　　　　6．ガンブラー

<B群>
ア．改ざんされた企業などの Web サイトから閲覧者を有害サイトへ誘導し，閲覧者のコンピュータにマルウェアを感染させようとする一連の攻撃手法。
イ．ソフトウェアのソースコードを無償で公開し，誰でも自由に改良や再配布を行えるようにしたソフトウェア。
ウ．ファイルやディレクトリへの，データの更新が許可された権限。
エ．ログインの際に，有効期間が短く一度しか使用できない文字列をパスワードとして用いる方式。
オ．感染したコンピュータを正常に利用できない状態にしたうえで，復元するためにユーザに金品などを要求するコンピュータウイルス。
カ．個人の権利や利益を保護することなどを目的とし，取扱事業者に安全管理措置を義務づけた法律。
キ．ユーザ ID やパスワードで認証した後，質問事項などで要素の数を問わず複数回の認証を行う方式。
ク．無断で入手したユーザ ID やパスワードを使用し，コンピュータなどにアクセスすることを禁止した法律。
ケ．試用期間などの制限がなく無償で利用できるが，著作権は放棄されていないソフトウェア。
コ．ファイルやディレクトリへの，データ参照のみを許可された権限。
サ．一度の認証を行うだけで，同様の認証を行う複数の Web サービスやアプリケーションも利用できる方式。
シ．知的創作活動の成果について，創作者の財産として保護し，一定期間の独占権を与えるもの。

1		2		3		4		5		6	

(解説) 　表計算ソフトウェアの活用

■■1■　応用操作

複合参照　　セル内の計算式をコピーするとき,「A$1」や「$A1」のように,行番号または列番号を固定することを複合参照という。また複合参照したセル番地を複合番地という。

書式	コピー後の状態	指定方式
$A$1	行列ともに固定	絶対参照(絶対番地)
A$1	行のみ固定	複合参照(複合番地)
$A1	列のみ固定	
A1	行列ともに固定しない	相対参照(相対番地)

Microsoft Excel では,F4キーを押すと左の4種類の指定方法が順に表示される。

◆**例題**　　**ある高校では,四つの運動部が共同で製氷機を購入することになった。各部の負担額は,部員数合計に対する各部の部員数の割合で決めることにした。製氷機の購入予定額が¥300,000,¥400,000,¥500,000 の場合について,各部の負担額を求める表を作成した。C5 に設定する計算式を答えなさい。ただし,この式を E8 までコピーするものとする。**

	A	B	C	D	E
1					
2	製氷機購入負担額計算表				
3	部名	部員数	製氷機価格		
4			¥300,000	¥400,000	¥500,000
5	野球部	42	126,000	168,000	210,000
6	サッカー部	31	93,000	124,000	155,000
7	陸上部	12	36,000	48,000	60,000
8	ソフトボール部	15	45,000	60,000	75,000

〈解法〉　1．コピー元(C5)の計算式を書き出す。　　C5 = C4*B5/SUM(B5:B8)

2．コピー先(E8)の計算式を書き出す。　　E8 = E4*B8/SUM(B5:B8)

3．二つの式を比較し,セル番地の変化していない行と列について,コピー元(C5)の式に$を付ける。

C5 = C4*B5/SUM(B5:B8)

E8 = E4*B8/SUM(B5:B8)

よって,コピー元の計算式は次のようになる。

C5 = C$4 * $B5/SUM($B$5 : $B$8)

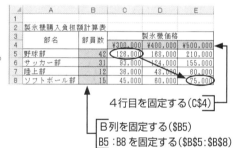

4行目を固定する(C$4)

B列を固定する($B5)
B5:B8 を固定する($B$5:$B$8)

フィルタ　　大量のデータの中から,指定した条件に一致するデータのみを絞り込んで,ワークシートに表示させるしくみ。Microsoft Excel では,**オートフィルタ**と**フィルタオプションの設定**の2種類がある。

・**オートフィルタ**　　一つの項目での絞り込みや並べ替えに用いられることが多い。

例　「金額」のトップテン(上位10番目までのデータ)を表示する。

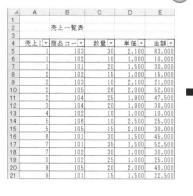

・フィルタオプションの設定

　　　　　複数の項目や条件での絞り込み，指定範囲への抽出に用いられる。

　　　　　例　「商品コード」が101で，かつ「金額」が￥40,000を超えるデータを指定範囲に表示する。

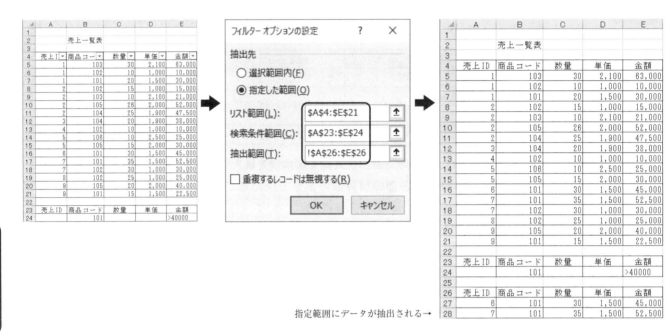

指定範囲にデータが抽出される→

マルチシート　　　　表計算ソフトウェアで複数のワークシート（他のファイルのワークシートでも可）を同時に利用できる機能。複数のシート間で並行してデータの入力や編集を行ったり，複数のシート上にあるデータを使って計算（串刺し計算）したりすることができる。また，元となるデータとは別のシートにグラフを作成することもできる。

　　　　　例　シート名「請求書表」のE5の「金額」は，B5の「商品コード」をもとに，シート名「単価表」を参照して求めた「単価」に，D5の「数量」を掛けて求める。

　　　　E5：=VLOOKUP(B5,単価表!$A$4:$C$6,3,FALSE)*D5

　　　　　　※他のワークシートのセルを参照する場合は，セル番地（セル範囲）の前に「ワークシート名！」を記述する。

　　　　　例　シート名「A組」～「C組」の進路希望をシート名「学年」に集計する。

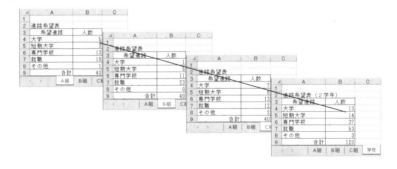

　　　　シート名「学年」のB4：=A組!B4+B組!B4+C組!B4

　　　　　　　　　　　　　　=SUM(A組:C組!B4)

　　　　　※AVERAGE関数やCOUNT関数などでも串刺し計算を行うことができる。

グループ集計(小計)　集計機能の一種で，シートに作成された表をもとにグループごとの小計や総計を自動的に計算すること。この場合の表とは，先頭の行に列見出しがあり，関連データが入力された一覧表のことである。例えば，氏名と住所などの見出しがある住所一覧表など。

クロス集計(ピボットテーブル)

収集されたデータのうち，いくつかの項目を選んでデータの分析や集計を行うこと。

クロス集計機能のことを Microsoft Excel では**ピボットテーブル**という。ワークシートに取り込まれたデータから項目を自動的に抽出し，ドラッグ&ドロップの操作で自由に縦軸・横軸などに配置できる。また，集計結果と連携したグラフを作成することもできる。

ピボットテーブルの項目は，作成直後は文字コード順に並んでいるが，項目名をドラッグすることにより，順番を入れ替えることができる。

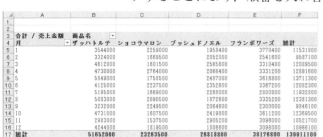

◆商品名別の売上金額を月ごとに集計

◆左の表をさらに本店に限定して集計

最適解(ゴールシーク)　シミュレーションを行って得られる，与えられた条件に最も適した解のこと。

一つの条件を満たす最適解を求める Microsoft Excel の機能。

例　複利によって 10 万円を 12 万円に増やす。

問1．2%の利率では，何年で 12 万円になるか。

問2．3年で 12 万円にするには，何%の利率が必要か。

❶下の表を作成し，(E2)に次の計算式を入力する。

$$= B2*(1+C2)^{\wedge}D2$$

❷(E2)の式を(E3：E4)にコピーする。

❸(E3)をクリックし，[データ]→[What -If 分析]をクリックし，[ゴールシーク]を選択する。表示された[ゴールシーク]ダイアログボックスに次のようにデータを入力後，OKをクリックする。

[数式入力セル(E)]……計算式や関数が入力されているセル。	E3
[目標値(V)]……………目標とする数値を直接入力する。	120000
[変化させるセル(C)]…問題の解が表示されるセル。	D3

❹最適な解が求められたら，OKをクリックすると(D3)に解が入力される。

❺問2の解も同様にして求めることができる。

	A	B	C	D	E
1		元金	利率(年)	期間(年)	元利合計
2	例	100,000	2%	1	102,000
3	問1	100,000	2%	1	102,000
4	問2	100,000	2%	3	106,121

	A	B	C	D	E
1		元金	利率(年)	期間(年)	元利合計
2	例	100,000	2%	1	102,000
3	問1	100,000	2%	9.206938	120,000
4	問2	100,000	6%	3	120,000

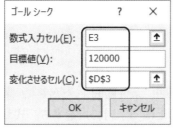

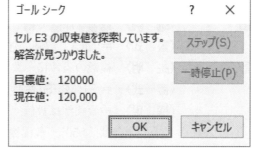

■■2■ 関数の利用

〈日付／時刻〉

日付(年・月・日)	〈説　明〉	指定した日付のシリアル値を求める。
	〈書　式〉	= DATE(年，月，日)
	〈補　足〉	2022年7月12日は，「2022/7/12」と表示される。セルの表示形式を標準にすると，シリアル値「44754」が表示される。
年	〈説　明〉	指定したシリアル値の年を求める。
	〈書　式〉	= YEAR(シリアル値)
月	〈説　明〉	指定したシリアル値の月を求める。
	〈書　式〉	= MONTH(シリアル値)
日	〈説　明〉	指定したシリアル値の日を求める。
	〈書　式〉	= DAY(シリアル値)
曜日	〈説　明〉	指定した日付の曜日を求める。
	〈書　式〉	= WEEKDAY(シリアル値[，種類])
	〈補　足〉	種類に1を指定(または省略)すると，「1(日曜)〜7(土曜)」と表示される。曜日を表示させるには，=TEXT(WEEKDAY(シリアル値),"aaaa")
時刻(時・分・秒)	〈説　明〉	指定した時刻のシリアル値を求める。
	〈書　式〉	= TIME(時，分，秒)
	〈補　足〉	5時45分29秒は，「5:45AM」と表示される。セルの表示形式を標準にすると，シリアル値「0.239918981」が表示される。
時刻(時)	〈説　明〉	指定したシリアル値の時を求める。
	〈書　式〉	= HOUR(シリアル値)
時刻(分)	〈説　明〉	指定したシリアル値の分を求める。
	〈書　式〉	= MINUTE(シリアル値)
時刻(秒)	〈説　明〉	指定したシリアル値の秒を求める。
	〈書　式〉	= SECOND(シリアル値)

例 A2のセルの年，月，日，時，分，秒を求める。

	A	B
1		
2	2022/4/13 10:25:30	=NOW()
3		
4	2022	=YEAR(A2)
5	4	=MONTH(A2)
6	13	=DAY(A2)
7	10	=HOUR(A2)
8	25	=MINUTE(A2)
9	30	=SECOND(A2)

〈数学／三角〉

整数化	〈説　明〉	引数によって示された数値を超えない最大の整数を求める。
	〈書　式〉	= INT(数値)
	〈補　足〉	引数の数値が負の数(-1.1)ならば，(-2)となる。
剰余の算出	〈説　明〉	数値を除数で割った余りを求める。
	〈書　式〉	= MOD(数値，除数)
条件付合計	〈説　明〉	複数の条件に一致する数値の合計を求める。
	〈書　式〉	= SUMIFS(合計対象範囲，条件範囲1，条件1，条件範囲2，条件2，…)
	〈補　足〉	検索条件は数値，式，または文字列で指定する。式および文字列を指定する場合は，">50"，"洗濯機"のように，半角の二重引用符(")で囲む必要がある。

表計算ソフト

〈統計〉

条件付平均	〈説　明〉	複数の条件に一致する数値の平均を求める。
	〈書　式〉	= AVERAGEIFS(平均対象範囲, 条件範囲1, 条件1, 条件範囲2, 条件2, …)
	〈補　足〉	検索条件は数値, 式, または文字列で指定する。式および文字列を指定する場合は, ">50", "洗濯機"のように, 半角の二重引用符(")で囲む必要がある。
条件付カウント	〈説　明〉	複数の検索条件に一致するセルの個数を求める。
	〈書　式〉	= COUNTIFS(検索条件範囲1, 検索条件1, 検索条件範囲2, 検索条件2, …)
	〈補　足〉	検索条件は数値, 式, または文字列で指定する。式および文字列を指定する場合は, ">50", "洗濯機"のように, 半角の二重引用符(")で囲む必要がある。

> **例**　天候別に, 日数, 来客数合計, 来客数平均を求める。また, 気温が30度以上の真夏日の日数を求める。
>
>
> G4：=COUNTIFS($B$4:$B$34,F4)
>
> H4：=SUMIFS($D$4:$D$34,$B$4:$B$34,F4)
>
> I4：=AVERAGEIFS($D$4:$D$34,$B$4:$B$34,F4)
>
> H8：=COUNTIFS(C4:C34,">=30")

n番目に大きい数値	〈説　明〉	配列(範囲)内の順位(n)番目に大きい数値を求める。
	〈書　式〉	= LARGE(配列, 順位)
n番目に小さい数値	〈説　明〉	配列(範囲)内の順位(n)番目に小さい数値を求める。
	〈書　式〉	= SMALL(配列, 順位)

〈検索／行列〉

列方向の検索(照合)	〈説　明〉	検索方法を完全一致(FALSE)とすると, 範囲内の左端の列を上から下方向に検索し, 検索値と一致(完全一致)した場合は, 列番号のデータを参照する。検索方法を近似一致(TRUE)とすると, 一致しない場合は, 検索値より小さいデータの中の最大値を一致するデータ(近似一致)と見なして参照する。
	〈書　式〉	= VLOOKUP(検索値, 範囲, 列番号, 検索方法〈TRUE または FALSE〉)
	〈補　足〉	①範囲は通常, コピーすることを前提として絶対番地で指定する。範囲に項目名を含めてはならない。

②列番号は, 範囲の左端の列を1として, 右列方向に2, 3, …と数える。

③検索方法には, 検索値と範囲のデータを近似一致させるか完全一致させるかによって, TRUE(または1)かFALSE(または0)を指定する。検索方法を省略した場合はTRUEとなる。

・TRUE(または1)……近似一致

一般に, 検索値が数値型のときに用いる。範囲に検索値と一致したデータがない場合でも, 検索値の近似値で参照する。範囲のデータは, 必ず上端から昇順に並んでいなければならない。

・FALSE(または0)……完全一致

一般に, 検索値が文字型のときに用いる。検索値と範囲のデータが一致しない場合はエラーとなる。範囲のデータは昇順に並んでいる必要はない。

表計算ソフト

（例）　A列に「商品コード」を入力すると，B列に「商品名」を表示する。

	A	B	C	D	E
1					
2		商品売上一覧表			
3	商品コード	商品名	前期売上金額	当期売上金額	判定
4	LTV	液晶テレビ	256,700	124,600	B
5	ACO	エアコン	348,900	356,700	A
6					
7	商品コード	商品名			
8	LTV	液晶テレビ			
9	ACO	エアコン	B4:=VLOOKUP(A4,$A$8:$B$10,2,FALSE)		
10	MPH	携帯電話			

行方向の検索（照合）

〈説　明〉　範囲内の上端の行を左から右方向に検索し，検索値と一致（完全一致）した場合は，行番号のデータを参照し，一致しない場合は，検索値より小さいデータの中の最大値を一致するデータと見なし（近似一致）て参照する。

〈書　式〉　＝HLOOKUP（検索値，範囲，行番号，検索方法〈TRUEまたはFALSE〉）

〈補　足〉　①範囲は通常，コピーすることを前提として絶対番地で指定する。範囲に項目名を含めてはならない。

②行番号は，範囲の上端の行を1として，下位行を2，3，…と数える。

③列方向の検索（照合）の補足③と同じである。

（例）　A列に「商品コード」を入力すると，B列に「商品名」を表示する。

	A	B	C	D	E
1					
2		商品売上一覧表			
3	商品コード	商品名	前期売上金額	当期売上金額	判定
4	LTV	液晶テレビ	256,700	124,600	B
5	ACO	エアコン	348,900	356,700	A
6					
7	商品コード	LTV	ACO	MPH	
8	商品名	液晶テレビ	エアコン	携帯電話	
9					
10		B4:=HLOOKUP(A4,$B$7:$D$8,2,FALSE)			

行列方向の検索（照合）

〈説　明〉　指定した行番号と列番号が交差したセルのデータを参照する。

〈書　式〉　＝INDEX（配列，行番号，列番号）

〈補　足〉　行番号と列番号は，数値で指定する。

（例）　C9に「発駅コード」と，C10に「着駅コード」を入力すると，「運賃」を表示する。

	A	B	C	D	E	F
1						
2		運賃表				
3		駅名（コード）	A駅（1）	B駅（2）	C駅（3）	D駅（4）
4	発駅	A駅（1）	0	120	140	160
5		B駅（2）	120	0	130	150
6		C駅（3）	140	130	0	160
7		D駅（4）	160	150	160	0
8						
9		発駅コード	3			
10		着駅コード	2			
11		運賃	130	C11:=INDEX(C4:F7,C9,C10)		

検索（照合）結果の位置を参照

〈説　明〉　検査範囲を検索し，検査値と一致する値の相対的な位置を表す数値を参照する。

〈書　式〉　＝MATCH（検査値，検査範囲，照合の種類）

〈補　足〉　①検査値は，英字の大文字と小文字を区別しない。

②照合の種類は，「0（完全一致）」，「1（以下）」，「-1（以上）」がある。

例　C9 に「発駅名」と，C10 に「着駅名」を入力すると，「運賃」を表示する。

▲	A	B	C	D	E	F	G	H	I
1									
2		運賃表							
3		駅名	A駅	B駅	C駅	D駅			
4		A駅	0	120	140	160			
5	発	B駅	120	0	130	150			
6	駅	C駅	140	130	0	160			
7		D駅	160	150	160	0			
8									
9		発駅名	C駅						
10		着駅名	B駅						
11		運賃	130						

C11：=INDEX(C4:F7,MATCH(C9,B4:B7,0),MATCH(C10,C3:F3,0))

【INDEX 関数に MATCH 関数の入れ子】

　INDEX 関数の第2，3引数は，行番号と列番号の数値が必要となる。先の例で，発駅コードのように数値を入力するのではなく，MATCH 関数は「位置を表す数値」を参照するので，発駅名を入力して運賃を参照する方法が実用的である。

〈文字列操作〉
表示形式の変換

〈説　明〉　値を表示形式に指定した文字列に変換する。

〈書　式〉　= TEXT(値，表示形式)

〈補　足〉　表示形式は，半角の二重引用符 (") で囲む必要がある。また，表示形式を表す書式記号は，「#」，「,」，「¥」などがある。なお，変換後は「文字列」となるので，セル内の表示位置は左寄せとなる。

例　A2 の数値を文字列に変換する。

▲	A	B
1		
2	12345	
3		
4	12,345	=TEXT(A2,"##,###")
5	¥12,345	=TEXT(A2,"¥##,###")
6	割引額は,¥12,345	=TEXT(A2,"割引額は，¥##,###")

文字列の開始位置①

〈説　明〉　セル内のデータのうち，文字列がそのデータ内の開始位置から何番目にあるかを検索する。

〈書　式〉　= FIND(検索文字列，対象，開始位置)

〈補　足〉　検索文字列は，英字の大文字と小文字は区別できる。しかし，ワイルドカードを使用することはできない。

　　　　　　ワイルドカード　　?…1文字　　＊…任意の文字列(0文字以上)

文字列の開始位置②

〈説　明〉　セル内のデータのうち，文字列がそのデータ内の開始位置から何番目にあるかを検索する。

〈書　式〉　= SEARCH(検索文字列，対象，開始位置)

〈補　足〉　検索文字列は，英字の大文字と小文字は区別できない。しかし，ワイルドカードを使用することができる。

表計算ソフト

【FIND 関数と SEARCH 関数の違い】

例1 住所から県名を抽出する。 ⇒ 特に違いはない。

	A	B	C	D	E	F	G	H
1								
2				県名				
3		住所	FIND関数	SEARCH関数				
4		神奈川県横浜市△△△△	神奈川県	神奈川県				
5		埼玉県さいたま市○○○○	埼玉県	埼玉県				
6		千葉県千葉市□□□□	千葉県	千葉県				
7								

D4：=LEFT(B4,SEARCH("県",B4,1))

C4：=LEFT(B4,FIND("県",B4,1))

例2 文字列から"D"までの文字を抽出する。 ⇒ FIND 関数は大文字と小文字を区別する。

	A	B	C	D	E	F	G	H
1								
2			FIND関数	SEARCH関数				
3		ＡＢＣＤＥＦＧ	ＡＢＣＤ	ＡＢＣＤ				
4		ＡＢＣＤＥＦＧ	#VALUE!	ＡＢＣＤ				
5								
6								

D3：=LEFT(B3,SEARCH("D",B3,1))
D4：=LEFT(B4,SEARCH("d",B4,1))

C3：=LEFT(B3,FIND("D",B3,1))　C4：=LEFT(B4,FIND("d",B4,1))

　C4 に設定した FIND 関数は，第2引数の"対象"が，小文字の"d"のため，大文字と小文字の区別をして検索するので，小文字の"d"が検索できずにエラーとなる。

例3 ワイルドカード(?, *)で抽出する。 ⇒ SEARCH 関数は抽出できる。
"D"と"G"を含む文字列(DとGの間の文字数は0文字以上 ⇒ *)から，左側の文字を抽出。

	A	B	C	D	E	F	G	H
1								
2			FIND関数	SEARCH関数				
3		ＡＢＣＤＥＦＧ	#VALUE!	ＡＢＣ				
4		ＡＢＣＤＥＦ	#VALUE!	#VALUE!				
5								
6								

D3：=LEFT(B3,SEARCH("D*G",B3,1)-1)
D4：=LEFT(B4,SEARCH("D*G",B4,1)-1)

C3：=LEFT(B3,FIND("D*G",B3,1)-1)　C4：=LEFT(B4,FIND("D*G",B4,1)-1)

　FIND 関数は，ワイルドカードが使用できない。また，B4 のセルには，"G"の文字が含まれていないので，SEARCH 関数もエラーとなる。

〈論理〉

論理演算子　〈説 明〉 AND … すべての論理式を満たすとき。
(AND, OR, NOT)　　　　OR … いずれかの論理式を満たすとき。
　　　　　　　　　　　　　NOT … 論理式を満たさないとき。

判定(複合条件)　〈説 明〉 IF 関数の条件に，論理演算子を使用することで，IF 関数一文で複数の条件を判定することができる。

〈書 式〉 = IF($\left\{\begin{array}{c}\text{AND}\\\text{OR}\end{array}\right\}$(論理式1，論理式2，…)，真の場合，偽の場合)

= IF(NOT(論理式)，真の場合，偽の場合)

例1 前期売上金額が 200,000 円以上で，かつ当期売上金額が 200,000 円以上のとき，「判定」に A を表示し，それ以外の場合は B を表示する。

例2 所在地が，「東京都」以外のときに，「備考」に ○ を表示し，それ以外の場合は何も表示しない。

	A	B	C	D	E
1					
2		商品売上一覧表			
3	商品コード	商品名	前期売上金額	当期売上金額	判定
4	LTV	液晶テレビ	256,700	185,000	B
5	ACO	エアコン	345,000	355,000	A
6					
7					

E4：=IF(AND(C4>=200000,D4>=200000),"A","B")

	A	B	C
1			
2	取引先名	所在地	備考
3	実教出版株式会社	東京都	
4	株式会社 上尾印刷	埼玉県	○
5	千代田放送株式会社	東京都	
6	横浜商事株式会社	神奈川県	○
7	千葉興業株式会社	千葉県	○
8			
9			

C3：=IF(NOT(B3="東京都"),"○","")

文字列結合	〈説　明〉　任意の文字列と任意の文字列を結合させてセルに表示する。
	〈書　式〉　＝文字列またはセル番地＆文字列またはセル番地

例　A列～C列のデータを結合して，住所として表示する。

	A	B	C	D
1				
2	県	市町村区	番地	住所
3	埼玉	さいたま市浦和区	常盤○－○－○	埼玉県さいたま市浦和区常盤○－○－○
4	埼玉	川口市	本町○－○－○	埼玉県川口市本町○－○－○
5	埼玉	深谷市	原郷○－○－○	埼玉県深谷市原郷○－○－○
6		D3：＝A3&"県"&B3&C3		

■■3■　グラフ

散布図　二つのデータをX軸，Y軸に対応させて点で表し，相関関係を見るために作成するグラフである。

一つのデータが増加するともう一つのデータも増加する正の相関，逆に，もう一つのデータが減少する負の相関，二つのデータには何も関係がない無相関がある。

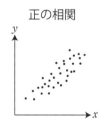
正の相関
xが増加するとyも増加する。

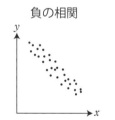
負の相関
xが増加するとyは減少する。

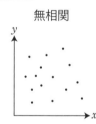
無相関
xとyには関係がない。

複合グラフ　棒グラフと折れ線グラフなど，複数のグラフを組み合わせたり，「円」と「％」などの単位の異なるデータを組み合わせたりして表示するグラフ。

異なる種類のデータの特徴をそれぞれ強調して表示することができる。

〈2軸上の折れ線と棒グラフ〉

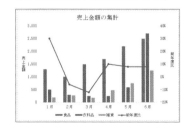

〈2軸上の折れ線グラフ〉

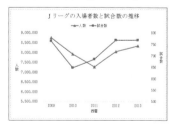

作成する際のポイントとして，まず第1軸の棒グラフを作成して，第2軸を追加してグラフの種類を変更する。

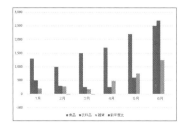 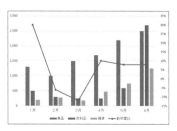

問題　　　　　　　表計算ソフトウェアの活用

【1】　次の各問いの答えをア，イ，ウの中から選び，記号で答えなさい。

問1．次の表は，ある市営プールの入場料金（高校生以上 700 円，小・中学生 50 円，小学生未満無料）の早見表である。C5 に設定する式として適切なものを選び，記号で答えなさい。ただし，この式を H10 までコピーするものとする。

	A	B	C	D	E	F	G	H
1								
2	入場料金早見表							
3			高校生以上（人）					
4			0	1	2	3	4	5
5		0	¥0	¥700	¥1,400	¥2,100	¥2,800	¥3,500
6		1	¥50	¥750	¥1,450	¥2,150	¥2,850	¥3,550
7	小・中学生	2	¥100	¥800	¥1,500	¥2,200	¥2,900	¥3,600
8	（人）	3	¥150	¥850	¥1,550	¥2,250	¥2,950	¥3,650
9		4	¥200	¥900	¥1,600	¥2,300	¥3,000	¥3,700
10		5	¥250	¥950	¥1,650	¥2,350	¥3,050	¥3,750

ア．=C$4*700+$B5*50

イ．=$C4*700+B$5*50

ウ．=$C4*700+$B5*50

問2．次の表は，ある店の会員表である。F 列の「生年月日」は，C 列～E 列の数値から求めている。F4 に設定する次の式の空欄にあてはまる関数として適切なものを選び，記号で答えなさい。

	A	B	C	D	E	F
1						
2	会員表					
3	会員番号	氏名	年	月	日	生年月日
4	110001	齊藤○○	1972	8	21	1972/8/21
5	110002	佐藤○○	1974	5	2	1974/5/2
6	110003	石橋○○	1985	8	23	1985/8/23

= [　　　] (C4,D4,E4)

ア．TIME　　　　　　　　　イ．DATE　　　　　　　　　ウ．DAY

問3．ある会社では，来週予定されている会議の出席者用の紹介プレートに住所の都道府県名と市町村名を表示するために次の表を用いている。「プレート文字数」は，「住所」の左端から 市 までの文字数を表示する。C4 に設定する式として適切なものを選び，記号で答えなさい。

ア．=SEARCH("市",B4)

イ．=LEN("市",B4)

ウ．=MATCH("市",B4)

	A	B	C
1			
2	文字数検索表		
3	氏名	住所	プレート文字数
4	西原○○	宮城県笹釜市鳥山×××－×	6
5	金北○○	神奈川県鶴見市国橋×－×	7
6	東○○	岐阜県鵜飼市菱木××－×	6
7	道村○○	鳥取県砂丘市和島×－×	6

問4．次の表は，ある会社の社員別売上金額一覧表である。配属店別売上集計表の「平均売上金額」は，配属店ごとに売上金額の平均を求めている。G5 に設定する式として適切なものを選び，記号で答えなさい。ただし，この式を H5，I5 にコピーするものとする。

	A	B	C	D	E	F	G	H	I
1									
2	社員別売上金額一覧表					配属店別売上集計表			
3	社員コード	氏名	配属店	売上金額		配属店	本店	大阪支店	札幌支店
4	0801	秋山○○	本店	254,874		合計売上金額	2,615,812	2,034,405	1,579,737
5	0802	加藤○○	大阪支店	362,514		平均売上金額	653,953	678,135	526,579
6	0901	大久保○○	大阪支店	854,196					
7	0902	田中○○	札幌支店	254,876					
8	0903	山本○○	本店	687,532					
9	1001	林○○	本店	901,822					
10	1101	渡辺○○	大阪支店	817,695					
11	1102	渡部○○	札幌支店	654,987					
12	1201	伊藤○○	本店	791,584					
13	1202	高橋○○	札幌支店	669,874					

ア．=AVERAGEIFS($C$4:$C$13,$D$4:$D$13,G3)

イ．=AVERAGEIFS($D$4:$D$13,G3,$C$4:$C$13)

ウ．=AVERAGEIFS($D$4:$D$13,$C$4:$C$13,G3)

問5．ある引越会社では，引越運賃を計算するために次の表を用いている。「引越運賃」は，「車種コード」と「距離」をもとに引越運賃一覧表を参照して表示する。F5 に設定する式として適切なものを選び，記号で答えなさい。

	A	B	C	D	E	F	G
1							
2				引越運賃計算表			
3							
4	車種コード	3					
5	距離	195	km		引越運賃	75,000	
6							
7	引越運賃一覧表						
8			距離（km以上～）				
9	車種コード	トラック車種	0	100	150	200	300
10	1	普通（2t）	30,000	33,000	40,000	45,000	53,000
11	2	中型（8t）	35,000	40,000	50,000	59,000	76,000
12	3	大型（10t）	55,000	63,000	75,000	88,000	110,000

ア．=INDEX(C10:G12,MATCH(B4,A10:A12,0),MATCH(B5,C9:G9,1))

イ．=INDEX(C10:G12,MATCH(B5,C9:G9,1),MATCH(B4,A10:A12,0))

ウ．=INDEX(C10:G12,MATCH(B4,A10:A12,1),MATCH(B5,C9:G9,0))

問1		問2		問3		問4		問5	

表計算ソフト

【2】　次の各問いの答えをア，イ，ウの中から選び，記号で答えなさい。

問1．次の表は，あるメーカーのTシャツのサイズを示した表である。F3の「サイズ」は，D3に入力した「身長」をもとに，サイズ表を参照して表示する。F3に設定する式として適切なものを選び，記号で答えなさい。

ア． =HLOOKUP(D3,B6:F6,1,TRUE)
イ． =HLOOKUP(D3,B5:F6,2,FALSE)
ウ． =HLOOKUP(D3,B5:F6,2,TRUE)

	A	B	C	D	E	F
1						
2	Tシャツのサイズ					
3				身長	170	サイズ	M
4	サイズ表					
5	身長（〜cm以上）	0	155	165	175	180
6	サイズ	なし	S	M	L	LL

問2．次の表は，ある農家の野菜出荷一覧表である。伝票別集計表の「総額」は，野菜出荷一覧表の「金額」を「伝票番号」ごとに合計している。I4に設定する式として適切なものを選び，記号で答えなさい。ただし，この式をI6までコピーするものとする。

ア． =SUMIFS($A$4:$A$9,$E$4:$E$9,G4)
イ． =SUMIFS($E$4:$E$9,$A$4:$A$9,G4)
ウ． =SUMIFS($E$4:$E$9,G4,$A$4:$A$9)

	A	B	C	D	E	F	G	H	I
1									
2	野菜出荷一覧表						伝票別集計表		
3	伝票番号	コード	商品名	数量	金額		伝票番号	合計数量	総額
4	1	101	レタス	2	7,000		1	4	15,000
5	1	102	トマト	2	8,000		2	4	12,400
6	2	103	きゅうり	3	8,400		3	5	16,100
7	2	102	トマト	1	4,000				
8	3	101	レタス	3	10,500				
9	3	103	きゅうり	2	5,800				

問3．次の表は，あるサイクルロードレースにおける記録表である。入賞者タイム表の「タイム」は上位5位までの記録を表示する。G4に設定する式として適切なものを選び，記号で答えなさい。ただし，この式をG5〜G8にコピーするものとする。また，同タイムはないものとする。

ア． =LARGE($D$4:$D$13,LEFT(F4,1))
イ． =MIN($D$4:$D$13,LEFT(F4,1))
ウ． =SMALL($D$4:$D$13,LEFT(F4,1))

	A	B	C	D	E	F	G
1							
2	サイクルロードレース記録表					入賞者タイム表	
3	番号	選手名	国	タイム		順位	タイム
4	1	C・ブルー	イギリス	0:56:40		1位	0:56:40
5	63	J・フグルサンゲ	デンマーク	1:08:57		2位	1:01:00
6	91	A・コンタドーレ	スペイン	1:03:07		3位	1:01:44
7	94	R・クロイツェル	チェコ	1:04:07		4位	1:03:07
8	101	H・ドリゲス	スペイン	1:01:44		5位	1:04:07
9	121	A・バルベルト	スペイン	1:12:08			
10	128	N・ケインターナ	コロンビア	1:01:00			
11	139	D・サバーロ	スペイン	1:12:32			
12	164	B・モレッサ	オランダ	1:08:22			
13	178	A・タレンスキー	アメリカ	1:14:19			

表計算ソフト

問4．次の表は，あるマラソン大会（10km）の記録表である。D4の「タイム」は，C4の「ゴール時刻」からB4の「スタート時刻」を差し引いて表示する。また，E4の「タイム（分）」は，D4の「タイム」から分を，F4の「タイム（秒）」は，D4の「タイム」から秒を取り出して表示する。E4に設定する次の式の空欄にあてはまる関数として適切なものを選び，記号で答えなさい。

ア．=HOUR(D4)

イ．=MINUTE(D4)

ウ．=SECOND(D4)

	A	B	C	D	E	F
1						
2	10kmマラソン記録表					
3	選手番号	スタート時刻	ゴール時刻	タイム	タイム（分）	タイム（秒）
4	101	9時00分15秒	9時34分20秒	34分05秒	34	5
5	102	9時01分04秒	9時40分05秒	39分01秒	39	1
6	103	9時00分45秒	9時44分54秒	44分09秒	44	9
7	104	9時00分23秒	9時33分45秒	33分22秒	33	22

問5．次の表は，あるDVDレンタルショップにおける貸出一覧である。「返却」は，貸し出したDVDが返却された場合に ○ を入力する。「備考」は，返却予定日から本日を含めて5日以上経過しても返却されていない場合に 注意 を表示する。E4に設定する式として適切なものを選び，記号で答えなさい。なお，本日は2022年10月19日である。

	A	B	C	D	E
1					
2	ＤＶＤ貸出一覧				
3	貸出番号	貸出日	返却予定日	返却	備考
4	D25412	2022/9/27	2022/10/11		注意
5	D05648	2022/9/30	2022/10/14	○	
6	D38412	2022/9/30	2022/10/14		注意
7	D27682	2022/10/15	2022/10/29		

ア．=IF(D4="○","",IF(TODAY()+C4>=5,"注意",""))

イ．=IF(D4="○","",IF(TODAY()-C4>=5,"注意",""))

ウ．=IF(D4="○","",IF(TODAY()-B4>=5,"注意",""))

問1		問2		問3		問4		問5	

【3】　ある高校では，プレゼンテーション評価のため，次のような評価表を作成している。作成条件にしたがって，各問いに答えなさい。

	A	B	C	D	E	F	G	H	I
1									
2		プレゼンテーション評価表							
3									
4	データ	班	評　価　項　目				合計	判定	備考
5			発表態度	発表内容	スライドの作り方	全体の印象			
6	015111	1班	5	1	1	1	8	※	
7	023535	2班	3	5	3	5	16	※	
8	032223	3班	2	2	2	3	9	※	
9	044344	4班	4	3	4	4	15	※	☆
10	053533	5班	3	5	3	3	14	※	☆
11	065555	6班	5	5	5	5	20	※	
12	074545	7班	4	5	4	5	18	※	
13	083433	8班	3	4	3	3	13	※	
14	094543	9班	4	5	4	3	16	※	
15	103333	10班	3	3	3	3	12	※	
16									

評価数集計表

評価	発表態度	発表内容	スライドの作り方	全体の印象
5	2	5	1	3
4	3	1	3	1
3	4	2	4	5
2	1	1	1	0
1	0	1	1	1

判定数集計表

合計	判定	判定数
0	D	※
5	C	※
10	B	※
15	A	※

（注）　※印は，値の表記を省略している。

作成条件
1．「プレゼンテーション評価表」は，次のように作成する。
 （1）「班」は，「データ」の左端から2文字を抽出し，数値に変換したデータと 班 という文字を結合する。
 （2）「評価項目」の「発表態度」から「全体の印象」の部分は，「データ」の左端から3文字目から6文字目までのそれぞれ1文字を抽出し，数値データに変換する。
 （3）「合計」は，四つの「評価項目」の合計を求める。
 （4）「判定」は，四つの「評価項目」の合計をもとに，「判定数集計表」を参照して表示する。
 （5）「備考」は，「判定」がAで，かつ「評価項目」に5が一つもない場合，または「判定」がBで，かつ「評価項目」に5が一つ以上ある場合は ☆ を表示し，それ以外の場合は何も表示しない。
2．「評価数集計表」の「発表態度」から「全体の印象」は，「評価」ごとに件数を求める。
3．「判定数集計表」の「判定数」は，「判定」ごとに件数を求める。

問１．B6 に設定する式の空欄にあてはまる適切なものを選び，記号で答えなさい。

  =VALUE(LEFT(A6,2))☐"班"

 ア．$ **イ**．&   **ウ**．*

問２．C6 に設定する式の空欄(a)，(b)，(c)にあてはまる適切なものを選び，記号で答えなさい。

  =VALUE(MID((a) , (b) , (c)))

 ア．A6   **イ**．B6   **ウ**．1
 エ．2   **オ**．3   **カ**．4

問３．H6 に設定する式として適切なものを選び，記号で答えなさい。

  =VLOOKUP(G6,$G$19:$H$22,2,☐)

 ア．FALSE   **イ**．NOT   **ウ**．TRUE

問４．I6 に設定する式の空欄(a)，(b)，(c)にあてはまる適切な組み合わせを選び，記号で答えなさい。

  =IF((a) (AND(H6="A", (b) (MAX(C6:F6)=5)), (c) (H6="B",MAX(C6:F6)=5)),"☆","")

 ア．(a) OR   (b) AND   (c) OR
 イ．(a) OR   (b) NOT   (c) AND
 ウ．(a) AND   (b) NOT   (c) OR

問５．「判定数集計表」のI19 ～ I22 に表示される適切な数値を答えなさい。

問1		問2	(a)	(b)	(c)	問3	
問4		問5	(I19)	(I20)	(I21)	(I22)	

解説　データベースソフトウェアの活用

■■1■　リレーショナル型データベース

データベース
ある目的のために集めたデータを一元的に管理し，利用しやすい形で整理したり，統合したりして，利用する人が望む条件で手軽に情報を利用できるようにしたデータの集まり。

DBMS(DataBase Management System)
データベース管理システム。データベースに対して，データの追加，修正，削除，検索などの管理を行うシステム。

リレーショナル型データベース
データベース内のデータをいくつかの関連付けられた2次元(列と行)の表によって表現するデータベース。一般的なデータベースは，このリレーショナル型データベースである。

基本表(実表)
データが実際に保存されている2次元の表。データベースのデータ本体。

テーブルの構成要素

・テーブル(表)
データベースの中のデータをフィールド(列)とレコード(行)からなる2次元の表によって示したもの。

・レコード(行)
テーブルの1行分のデータ。

・フィールド(列)
テーブルで同じ性質を持つ列方向のデータ。

〈テーブルの一例〉　　行方向のデータ=レコード

発注番号	日付	仕入先名	商品名	単価	数量
1	2022/09/30	加藤商事	液晶テレビ	98000	30
1	2022/09/30	加藤商事	洗濯機	158000	10
2	2022/10/01	齊藤物産	エアコン	128000	25
3	2022/10/03	佐藤興行	DVD レコーダー	49000	50
3	2022/10/03	佐藤興行	パソコン	78000	60

列方向のデータ=フィールド

データ型
コンピュータが取り扱うデータの属性で，次のようなものがある。

・数値型
計算に使用できるデータ型で，右づめで表示される。

・文字型
計算には使用できないデータ型で，左づめで表示される。
例えば，商品コードが「SH001」の場合，文字データとなる。

・日付／時刻型
2022/09/30 や 20220930 などと表示されるが，システム内部では，数値型のシリアル値として管理しているので，日数計算や日付順の並べ替えもできる。

仮想表(ビュー表)
基本表が実際に存在するのに対して，仮想表はデータの検索手続きを登録したものであり，データそのものは保存されていない。必要なときに基本表のデータから作られ，表形式で表示される。基本表のデータが変更されると，仮想表のデータも更新される。

リレーショナル型データベースの関係演算

・選択
表の中から指定した条件に一致するレコード(行)を取り出して，別の表を作成する操作。表を横に細切りにして貼り合わせたもの。

・射影
表の中から，必要なフィールド(列)だけを取り出して，別の表を作成する操作。表を縦に細切りにして貼り合わせたもの。

・結合
複数の表をつなぎ合わせて，新しい表を作る操作。

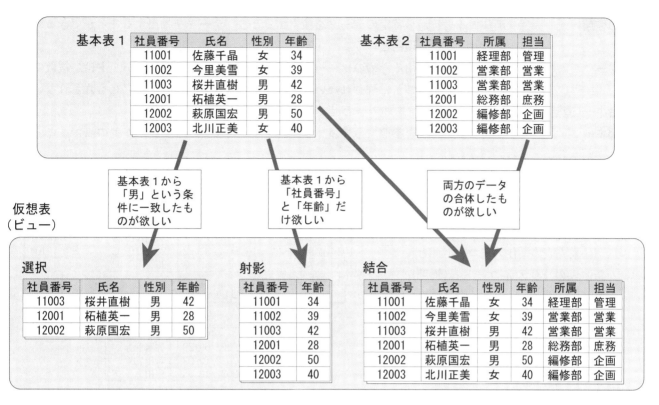

リレーショナル型データベースの集合演算

・和　　二つ以上のテーブル（表）を併合すること。併合とは，複数の表を「縦」につなぎ合わせるイメージ。

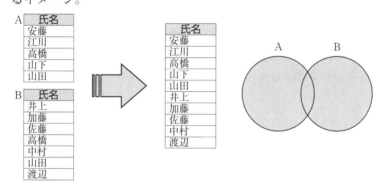

・積　　二つ以上のテーブル（表）から，共通するレコード（行）を抽出すること。

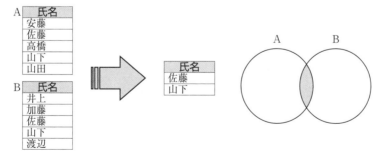

・差　　基準となるテーブル（表）から，他方（複数）のテーブル（表）と共通するレコード（行）を除いたレコード（行）を抽出すること。

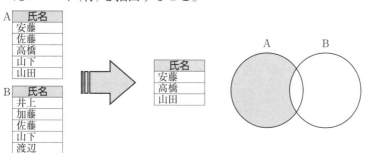

キーの種類 テーブル(表)から特定のデータを検索するとき，データを抽出することができるフィールド(項目)を**キー項目**という。

・主キー レコードを識別するためのフィールド。主キーに設定されたフィールドは，複数のレコード間で重複することは許されない。主キーを持たないレコードの存在も許されない。

・複合キー(連結キー) 複数のフィールドを組み合わせて主キーとするときに用いるキー。

・外部キー 他の表の主キーを参照するフィールド。主キーでないフィールドが他の表で主キーとなっているもの。

例 仕入先表の「仕入先コード」，発注表の「発注番号」はそれぞれの表の**主キー**となる。

仕入先表の「仕入先コード」と発注表の「仕入先コード」(**外部キー**)を**リレーション**(関連付け)し，仮想表を作成することができる。

さらに，1回の発注で何を注文したのかを記録するため，発注明細表と商品表を加える。

発注明細表において，「発注番号」と「商品コード」は同じ組み合わせのデータは存在しないため，**複合キー**となる。

4つの基本表を適切に関連付けすれば，下記のような仮想表を作成できる。

(仮想表)

発注番号	日付	仕入先名	商品名	単価	数量
1	2022/09/29	佐藤商事	DVDレコーダー	75000	25
1	2022/09/29	佐藤商事	液晶テレビ	230000	20
2	2022/10/02	新田物産	ディジタル一眼レフカメラ	80000	15
3	2022/10/03	前田ストア	液晶テレビ	230000	10
3	2022/10/03	前田ストア	パソコン	172000	20

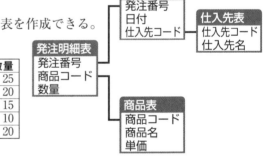

■■2■ SQL

SQLとは，リレーショナル型データベースの設計や，選択，射影，結合などの操作を効率よく行うためのデータベース言語である。

SELECT ～ FROM ～ WHERE ～

SQLで，テーブル(表)から指定した条件を満たすデータを抽出するときは，SELECT文の命令で記述する。

> SELECT フィールド名1，フィールド名2，… FROM テーブル名 WHERE 検索条件

フィールド名は，抽出するフィールド（項目）を指定する。複数のフィールド（項目）を抽出するときはコンマ(,)で区切り，すべてのフィールドを抽出するときは，「＊」で指定する。

テーブル名は，抽出する元のデータとなるテーブル（表）を指定する。複数のテーブルから抽出するときは，コンマ(,)で区切る。

検索条件は，文字型のデータの場合は，「'」（シングルコーテーション）で囲む。

比較演算子(＝, ＞, ＞＝, ＜, ＜＝, ＜＞)

比較演算子	使用例	意味
＝	A ＝ B	AとBが等しい
＞	A ＞ B	AはBより大きい
＞＝	A ＞＝ B	AはB以上
＜	A ＜ B	AはBより小さい
＜＝	A ＜＝ B	AはB以下
＜＞	A ＜＞ B	AとBは等しくない

算術演算子(＋, －, ＊, /, ^)

算術演算子	算術優先順位
＋（加算）	3
－（減算）	3
＊（乗算）	2
/（除算）	2
^（べき乗）	1

論理演算子(AND, OR, NOT)

論理演算子	優先順位
AND	2
OR	3
NOT	1

関数(SUM, AVG, MAX, MIN, COUNT)

関数	意味	使用例
SUM	合計	SUM（フィールド名）
AVG	平均	AVG（フィールド名）
MAX	最大	MAX（フィールド名）
MIN	最小	MIN（フィールド名）
COUNT	条件に合ったレコード数を数える	COUNT（＊）

列名の別名指定(AS 句)

比較演算子や関数で計算，集計したフィールドには，その結果に項目名がない。名前を付けて表示する場合はAS句で記述する。

結合

複数のテーブル（表）に共通しているフィールド（項目）を結び付け，新しい仮想表を作り出す。

```
SELECT   フィールド名1, フィールド名2, …
  FROM   テーブル名1, テーブル名2(, テーブル名3…)
  WHERE  テーブル名1. フィールド名A ＝ テーブル名2. フィールド名A
  (AND   テーブル名1. フィールド名B ＝ テーブル名3. フィールド名B)
   AND   検索条件
```

データベース

〈SELECT 文と仮想表〉

ある県では，各高校の状況を次の二つの基本表(学校表，進路希望表)からなるリレーショナル型データベースを利用して管理している。

例1〜8の処理を行うために必要な SELECT 文と作成される表(仮想表)は次のとおりである。

学校表

学校コード	学校名	学科	生徒数
SA001	A商業高校	商業	700
SA002	B高校	普通	500
SA003	C高校	総合	900
SA004	D商業高校	商業	600
SA005	E商業高校	商業	800

進路希望表

学校コード	四大	短大	専門	就職	未定
SA001	60	30	200	400	10
SA002	200	80	120	60	40
SA003	480	110	200	80	30
SA004	40	20	150	350	40
SA005	60	50	200	470	20

例1　学校表から，「学校コード」が SA003 の「学科」を抽出する。

SELECT　学科　FROM　学校表　WHERE　学校コード = 'SA003'

学科
総合

例2　学校表から，「学校コード」が SA003 のすべてのフィールドを抽出する。

SELECT　学校コード，学校名，学科，生徒数　FROM　学校表　WHERE　学校コード = 'SA003'

SELECT * FROM　学校表　WHERE　学校コード = 'SA003'

※どちらの記述でも可。

学校コード	学校名	学科	生徒数
SA003	C高校	総合	900

例3　学校表から，「生徒数」が 800 人以上の「学校名」と「生徒数」を抽出する。

SELECT　学校名，生徒数　FROM　学校表　WHERE　生徒数 >= 800

学校名	生徒数
C高校	900
E商業高校	800

例4　学校表から，「学科」が商業で，「生徒数」が 700 人以上の「学校名」を抽出する。

SELECT　学校名　FROM　学校表　WHERE　学科 = '商業' AND　生徒数 >= 700

学校名
A商業高校
E商業高校

例5　学校表から，「生徒数」の最大を求める。

SELECT MAX(生徒数) FROM　学校表

(空白)
900

データベース

例6　学校表から，「学科」が商業の学校数を求め，フィールドの名前を「商業高校数」とする。
SELECT　COUNT(*) AS 商業高校数
　　FROM　学校表
　　WHERE　学科 = '商業'

商業高校数
3

例7　学校表と進路希望表から，「学校名」と「四大」を抽出する。
SELECT　学校名，四大
　　FROM　学校表，進路希望表
　　WHERE　学校表.学校コード = 進路希望表.学校コード

学校名	四大
A商業高校	60
B高校	200
C高校	480
D商業高校	40
E商業高校	60

例8　「学科」が商業の高校で，進路希望が「就職」の生徒の合計を求め，フィールドの名前を「就職者計」とする。
SELECT　SUM(就職) AS　就職者計
　　FROM　学校表，進路希望表
　　WHERE　学校表.学校コード = 進路希望表.学校コード
　　　AND　学科 = '商業'

就職者計
1220

問題　データベースソフトウェアの活用

【1】　次の説明文に最も適した答えを解答群から選び，記号で答えなさい。

1．データベースを管理するためのソフトウェア。
2．基本表から，関連付けて抽出した表。
3．リレーショナル型データベースの1行分のデータ。
4．重複することは許されない，レコードを識別するためのフィールド。
5．計算に使用できないデータ型。
6．複数のテーブルから，共通するレコードを抽出する演算。
7．複数の表から，新しい表を作成するリレーショナル型データベースの基本操作。

解答群
ア．積　　イ．フィールド　　ウ．選択　　エ．主キー
オ．結合　　カ．外部キー　　キ．仮想表　　ク．文字型
ケ．レコード　　コ．日付／時刻型　　サ．和　　シ．DBMS
ス．数値型　　セ．テーブル　　ソ．射影

1		2		3		4		5		6		7	

【2】 資料1のような商品台帳と売上台帳という表を作成し，さらに資料2の表1，2，3を作成した。各問いの答えを解答群から選び，記号で答えなさい。

資料1

商品台帳

商品コード	商品名	定価
R01	両開き冷蔵庫	200000
R02	フレンチドア冷蔵庫	350000
W01	縦型洗濯乾燥機	235000
W02	ドラム式洗濯乾燥機	178000
M01	二段オーブンレンジ	38000
M02	スチームオーブンレンジ	63000

売上台帳

商品コード	売上年月日	仕入価格	販売価格	数量
R01	2022/09/01	140000	178000	1
R02	2022/09/01	175000	300800	1
W01	2022/09/01	105000	205500	1
W02	2022/09/01	126000	157600	1
M01	2022/09/02	25000	35000	1
M02	2022/09/02	50000	58500	1

資料2

表1

商品コード	商品名	定価
W01	縦型洗濯乾燥機	235000
W02	ドラム式洗濯乾燥機	178000

表2

商品コード	販売価格	数量
R01	178000	1
R02	300800	1
W01	205500	1
W02	157600	1
M01	35000	1
M02	58500	1

表3

商品コード	商品名	売上年月日	数量
R01	両開き冷蔵庫	2022/09/01	1
R02	フレンチドア冷蔵庫	2022/09/01	1
W01	縦型洗濯乾燥機	2022/09/01	1
W02	ドラム式洗濯乾燥機	2022/09/01	1
M01	二段オーブンレンジ	2022/09/02	1
M02	スチームオーブンレンジ	2022/09/02	1

問1．資料1の商品台帳の「商品コード」「商品名」「定価」で構成される，行方向のデータを何というか。

問2．資料2の表1のように，商品台帳から乾燥機のデータだけを取り出して新たな表を作成することを何というか。

問3．資料2の表2のように，売上台帳からいくつかの列だけを取り出して新たな表を作成することを何というか。

問4．基本となる資料1の二つの表から，資料2の表3のような表を作成することを何というか。

解答群
ア．レコード　　**イ**．DBMS　　**ウ**．結合　　**エ**．フィールド　　**オ**．選択
カ．射影　　**キ**．主キー　　**ク**．テーブル

問1		問2		問3		問4	

【3】　次のデータベース表について,問1～問6に最も適する SELECT 文を解答群から選び,記号で答えなさい。

会員表

会員コード	会員名	入会日	住所	電話番号	性別	年齢
1701	新宿　順子	2020/08/18	東京都	03-3888-ｘｘｘｘ	女	41
1702	渋谷　恵子	2020/10/25	埼玉県	048-321-ｘｘｘｘ	女	27
1801	品川　美佳	2021/09/10	千葉県	0470-21-ｘｘｘｘ	女	22
1802	東京　拓也	2021/10/25	神奈川県	045-414-ｘｘｘｘ	男	35
1901	上野　郁恵	2022/01/07	東京都	03-3654-ｘｘｘｘ	女	30
1902	大塚　俊夫	2022/03/20	山梨県	0552-31-ｘｘｘｘ	男	29
1903	池袋　紀之	2022/04/05	東京都	0426-31-ｘｘｘｘ	男	32
〜	〜	〜	〜	〜	〜	〜

問1．会員表から,会員名と住所を抽出する。

問2．会員表から,性別が男性のすべてのフィールドを抽出する。

問3．会員表から,入会日が 2021/12/31 以前の入会日,会員名を抽出する。

問4．会員表から,性別が女性で,かつ年齢が30歳以上の会員コード,会員名,電話番号を抽出する。

問5．会員表から,会員コードが 1800 番台の会員コードと会員名を抽出する。

問6．会員表から,住所が東京都か,または住所が埼玉県のすべてのフィールドを抽出する。

解答群

ア．SELECT　会員コード,会員名,入会日,住所,電話番号,年齢
　　　FROM　会員表
　　　WHERE　性別 ='男'

イ．SELECT　＊　FROM　会員表　WHERE　性別 ='男'

ウ．SELECT　＊　FROM　会員表　WHERE　住所 ='東京都'　AND　住所 ='埼玉県'

エ．SELECT　＊　FROM　会員表　WHERE　住所 ='東京都'　OR　住所 ='埼玉県'

オ．SELECT　＊　FROM　会員表

カ．SELECT　会員名,住所　FROM　会員表

キ．SELECT　会員コード,会員名,電話番号
　　　FROM　会員表
　　　WHERE　性別 ='女'
　　　AND　年齢 >= 30

ク．SELECT　会員コード,会員名,電話番号
　　　FROM　会員表
　　　WHERE　性別 ='女'
　　　OR　年齢 >= 30

ケ．SELECT　会員コード,会員名
　　　FROM　会員表
　　　WHERE　会員コード >= 1800
　　　AND　会員コード < 1900

コ．SELECT　会員コード,会員名
　　　FROM　会員表
　　　WHERE　会員コード < 1800
　　　AND　会員コード >= 1900

サ．SELECT　入会日,会員名　FROM　会員表　WHERE　入会日 > '2021/12/31'

シ．SELECT　入会日,会員名　FROM　会員表　WHERE　入会日 <= '2021/12/31'

問1		問2		問3		問4		問5		問6	

【4】　ある学校では，夏休みに実施している市民開放講座の実施状況をリレーショナル型データベースで管理している。次の各問いに答えなさい。

講座表

講座コード	講座名	定員	教科コード
LE01	解剖実習基礎	20	SC
LE02	解剖実習応用	10	SC
LE03	顕微鏡体験	30	SC
LE04	地域の歴史A	40	SO
LE05	地域の歴史B	40	SO
LE06	ワープロ基礎	20	CO
LE07	ワープロ応用	10	CO
LE08	表計算基礎	20	CO
LE09	表計算応用	10	CO

教科表

教科コード	教科名
SC	理科
SO	地理歴史
CO	商業

時間帯表

時間帯コード	時間帯
MO	午前
AF	午後
DA	一日

実施表

実施日	時間帯コード	講座コード	人数
202X/07/27	MO	LE01	20
202X/07/27	AF	LE02	8
202X/07/28	MO	LE04	35
202X/07/28	MO	LE05	28
202X/07/28	MO	LE01	15
202X/07/28	AF	LE02	9
202X/07/29	DA	LE06	19
202X/07/30	DA	LE08	13
202X/07/31	AF	LE04	32
202X/07/31	AF	LE05	36
202X/08/03	MO	LE02	10
202X/08/03	AF	LE01	18
202X/08/04	AF	LE03	27
202X/08/08	DA	LE08	19
202X/08/09	DA	LE06	20
202X/08/20	MO	LE07	9
202X/08/20	AF	LE09	6
202X/08/21	MO	LE03	28
202X/08/21	AF	LE05	39
202X/08/26	MO	LE01	20
202X/08/26	AF	LE01	12
202X/08/27	MO	LE09	10
202X/08/27	AF	LE07	8
202X/08/28	MO	LE03	20
202X/08/28	AF	LE04	34
202X/08/28	AF	LE02	7

問1．次の表は，講座表と教科表をもとに作成したものである。このようなリレーショナル型データベースの操作として適切なものを選び，記号で答えなさい。

　ア．射影
　イ．選択
　ウ．結合

講座コード	講座名	定員	教科コード	教科名
LE01	解剖実習基礎	20	SC	理科
LE02	解剖実習応用	10	SC	理科
LE03	顕微鏡体験	30	SC	理科
LE04	地域の歴史A	40	SO	地理歴史
LE05	地域の歴史B	40	SO	地理歴史
LE06	ワープロ基礎	20	CO	商業
LE07	ワープロ応用	10	CO	商業
LE08	表計算基礎	20	CO	商業
LE09	表計算応用	10	CO	商業

データベース

問2．次の SQL 文によって抽出されるデータとして適切なものを選び，記号で答えなさい。

```
SELECT    講座コード
  FROM    講座表
 WHERE    定員 >= 30
```

ア.

講座コード
LE04
LE05

イ.

講座コード
LE03
LE04
LE05

ウ.

講座コード
LE01
LE02
LE06
LE07
LE08
LE09

問3．次の SQL 文によって抽出されるデータとして適切なものを選び，記号で答えなさい。

```
SELECT    実施日
  FROM    実施表
 WHERE    時間帯コード = 'MO' AND    講座コード = 'LE01'
```

ア.

実施日
202X/08/03
202X/08/26

イ.

実施日
202X/08/20

ウ.

実施日
202X/07/27
202X/07/28
202X/08/26

問4．次の SQL 文によって抽出されるデータとして適切なものを選び，記号で答えなさい。

```
SELECT    実施日，講座名
  FROM    講座表，教科表，実施表
 WHERE    講座表.講座コード = 実施表.講座コード
   AND    講座表.教科コード = 教科表.教科コード
   AND    教科名 = '地理歴史' AND    人数 > 35
```

ア.

実施日	講座名
202X/07/31	地域の歴史B
202X/08/21	地域の歴史B

イ.

実施日	講座名
202X/07/28	地域の歴史A
202X/07/31	地域の歴史B
202X/08/21	地域の歴史B

ウ.

実施日	講座名
202X/07/28	地域の歴史B
202X/07/31	地域の歴史A
202X/08/28	地域の歴史A

問5．実施表から商業の人数の合計を求めたい。次の SQL 文の空欄にあてはまる適切なものを選び，記号で答えなさい。

```
SELECT    ［      ］（人数）  AS    商業の合計
  FROM    講座表，実施表
 WHERE    講座表.講座コード = 実施表.講座コード
   AND    教科コード = 'CO'
```

商業の合計
104

ア. SUM   **イ.** MAX   **ウ.** COUNT

問1		問2		問3		問4		問5	

【5】 ある弁当屋では，注文の受付状況をリレーショナル型データベースで管理している。次の各問いに答えなさい。

弁当表

メニューコード	メニュー名	価格
M001	幕の内弁当	540
M002	唐揚げ弁当	580
M003	エビフライ弁当	580
M004	ミックス弁当	620

セット表

セットコード	セット内容	セット代金
S01	飲み物	80
S02	サラダ	100
S03	飲み物＋サラダ	150
S04	なし	0

クーポン表

クーポンコード	クーポン内容	値引額
K1	50円引き	50
K2	100円引き	100
K3	クーポンなし	0

注文表

注文コード	メニューコード	セットコード	クーポンコード	個数
T040101	M002	S02	K1	20
T040102	M002	S04	K2	10
T040103	M002	S04	K3	12
T040104	M002	S03	K1	7
T040105	M001	S03	K1	12
T040106	M001	S01	K3	14
T040107	M004	S04	K1	19
T040108	M002	S01	K1	7
T040109	M002	S04	K3	14
T040110	M002	S03	K3	8
T040111	M004	S02	K1	17
T040112	M001	S02	K2	2
T040113	M004	S02	K2	5
T040114	M003	S02	K1	12
T040115	M002	S01	K2	18
T040116	M004	S02	K3	3
T040117	M002	S01	K3	3
T040118	M004	S04	K1	8
T040119	M002	S04	K3	14
T040120	M002	S01	K3	20
T040121	M002	S02	K1	3
T040122	M003	S01	K1	13
T040123	M001	S02	K3	5
T040124	M003	S03	K1	20
T040125	M004	S03	K3	5

問1．注文表の外部キーとして適切なものを選び，記号で答えなさい。

ア．注文コード   **イ**．メニューコード   **ウ**．個数

問2．次の SQL 文によって抽出されるデータとして適切なものを選び，記号で答えなさい。

```
SELECT    メニュー名
  FROM    弁当表
 WHERE    価格 >= 580
```

ア.
メニュー名
ミックス弁当

イ.
メニュー名
幕の内弁当
唐揚げ弁当
エビフライ弁当

ウ.
メニュー名
唐揚げ弁当
エビフライ弁当
ミックス弁当

問3．次の SQL 文によって抽出されるデータとして適切なものを選び，記号で答えなさい。

```
SELECT    注文コード
  FROM    注文表
 WHERE    セットコード = 'S04'　AND　クーポンコード = 'K3'
```

ア.
注文コード
T040103
T040109
T040119

イ.
注文コード
T040106
T040117
T040120

ウ.
注文コード
T040116
T040125

問4．次の SQL 文によって抽出されるデータとして適切なものを選び，記号で答えなさい。

```
SELECT    メニュー名, セット内容, 個数
  FROM    弁当表, セット表, 注文表
 WHERE    弁当表.メニューコード = 注文表.メニューコード
   AND    セット表.セットコード = 注文表.セットコード
   AND    注文表.セットコード <> 'S04'
   AND    個数 > 15
```

ア.
メニュー名	セット内容	個数
ミックス弁当	なし	19

イ.
メニュー名	セット内容	個数
唐揚げ弁当	サラダ	20
ミックス弁当	サラダ	17
唐揚げ弁当	飲み物	18
唐揚げ弁当	飲み物	20
エビフライ弁当	飲み物＋サラダ	20

ウ.
メニュー名	セット内容	個数
唐揚げ弁当	飲み物	18
唐揚げ弁当	飲み物	20

問5．次の SQL 文を実行したとき，表示される適切な数値を答えなさい。

```
SELECT    注文コード, 価格 + セット代金 - 値引額　AS　単価
  FROM    弁当表, セット表, クーポン表, 注文表
 WHERE    弁当表.メニューコード = 注文表.メニューコード
   AND    セット表.セットコード = 注文表.セットコード
   AND    クーポン表.クーポンコード = 注文表.クーポンコード
   AND    注文コード = 'T040122'
```

注文コード	単価
T040122	※

(注) ※印は，値の表記を省略している。

問1		問2		問3		問4		問5	

実　技　編

（解説）　　実　技　例　題

DATA　実技例題_提供データ

　あるスポーツクラブでは，運営しているスクールの４月の新規入会者について，報告書を作成することになった。作成条件にしたがって，シート名「スクール表」とシート名「入会者データ表」から，シート名「報告書」を作成しなさい。

作成条件

ワークシートは，あらかじめ提供されたものを使用する。

1．表およびグラフの体裁は，右ページを参考にして設定する。

$$\left[\begin{array}{l}\text{設 定 す る 書 式：罫線}\\\text{設定する数値の表示形式：３桁ごとのコンマ，％，小数の表示桁数}\end{array}\right]$$

2．表の※印の部分は，式や関数などを利用して求める。

3．グラフの※印の部分は，表に入力された値をもとに表示する。

4．「1．施設別集計表」は，次のように作成する。

　(1)　「スクール数」は，シート名「入会者データ表」から「施設名」ごとの件数を求める。

　(2)　「見学者数合計」は，シート名「入会者データ表」から「施設名」ごとに「見学者数」の合計を求める。

　(3)　「入会者数合計」は，シート名「入会者データ表」から「施設名」ごとに「入会者数」の合計を求める。

　(4)　「入会率」は，次の式で求める。ただし，％で小数第１位まで表示する。

　　　　　「入会者数合計　÷　見学者数合計」

　(5)　「備考」は，「入会者数合計」が1000以上，または「入会率」が85％以上の場合，○ を表示し，それ以外の場合は何も表示しない。

5．複合グラフは，「1．施設別集計表」から作成する。

　(1)　数値軸（縦軸）目盛は，最小値(0)，最大値(2,000)および間隔(500)を設定する。

　(2)　第2数値軸（縦軸）目盛は，最小値(50.0%)，最大値(90.0%)および間隔(10.0%)を設定する。

　(3)　軸ラベルの方向を設定する。

　(4)　凡例の位置を設定する。

　(5)　データラベルを設定する。

6．「2．キッズコースのあるスクール集計表」は，次のように作成する。

　(1)　「スクール名」は，「スクールコード」をもとに，シート名「スクール表」を参照して表示する。

　(2)　「施設数」は，シート名「入会者データ表」から「スクールコード」ごとの件数を求める。

　(3)　「入会者数合計」は，シート名「入会者データ表」から「スクールコード」ごとに「入会者数」の合計を求める。

　(4)　「平均入会者数」は，シート名「入会者データ表」から「スクールコード」ごとに「入会者数」の平均を求める。ただし，小数第１位まで表示する。

スクール表

スクールコード	スクール名	キッズコース
DA	ダンス	有
DI	ダイエット	無
〜	〜	〜
SW	スイミング	有
TE	テニス	有

（スクール表）

入会者データ表

月集計コード	施設名	スクールコード	見学者数	入会者数
04ABDA	青葉台	DA	287	245
04ABDI	青葉台	DI	52	48
〜	〜	〜	〜	〜
04SKSW	桜川	SW	167	122
04SKTE	桜川	TE	178	149

（入会者データ表）

新規入会者報告書（4月）

1．施設別集計表

施設名	スクール数	見学者数合計	入会者数合計	入会率	備考
中央	4	606	505	83.3%	
青葉台	※	※	※	※	※
星が丘	※	※	※	※	※
紅葉坂	※	※	※	※	※
朝日が丘	※	※	※	※	※
桜川	※	※	※	※	※
あざみ野	※	※	※	※	※
港南	※	※	※	※	※

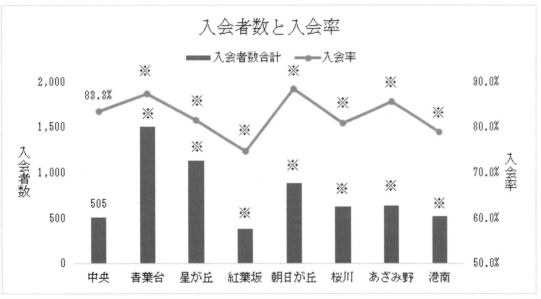

2．キッズコースのあるスクール集計表

スクールコード	スクール名	施設数	入会者数合計	平均入会者数
DA	ダンス	7	1,227	175.3
GY	※	※	※	※
SW	※	※	※	※
TE	※	※	※	※

（報告書）

■シート名「報告書」の完成例

新規入会者報告書（４月）

1．施設別集計表

施設名	スクール数	見学者数合計	入会者数合計	入会率	備考
中央	4	606	505	83.3%	
青葉台	6	1,724	1,505	87.3%	○
星が丘	4	1,383	1,127	81.5%	○
紅葉坂	4	509	380	74.7%	
朝日が丘	6	1,002	885	88.3%	○
桜川	5	768	621	80.9%	
あざみ野	4	739	632	85.5%	○
港南	6	653	515	78.9%	

2．キッズコースのあるスクール集計表

スクールコード	スクール名	施設数	入会者数合計	平均入会者数
DA	ダンス	7	1,227	175.3
GY	体操	2	90	45.0
SW	スイミング	6	672	112.0
TE	テニス	7	1,250	178.6

（報告書）

■シート名「報告書」の作成手順

〈表（施設別集計表）の作成〉

1．体裁

（1） シートのタイトル

①セル（A2）に「新規入会者報告書（４月）」が入力されているので，セル（A2 ～ G2）を選択し，
[　セルを結合して中央揃え　▼] をクリックする。

②フォントサイズを「16」に設定する。ただし，作成条件にフォントサイズの指定がないので，他のセルの文字よりも大きければ，推測される他の値で設定しても構わない。

（2） 列幅の変更

①A 列の列幅を狭くする。　[A ↔ 　　B]

②B 列～G 列の列幅は，表の作成中に随時調整し，二つの表が完成した後，全体調整する。

（3） 文字位置の変更

5 行目を選択し，[≡]（中央揃え）をクリックする。

2．式の入力

（1）セル(C6)

> 作成条件4．(1)　「スクール数」は，シート名「入会者データ表」から「施設名」ごとの件数を求める。

「条件を満たすデータを数える」ときは，COUNTIFS 関数を用いる。

セル(C6)を選択し，次の式を入力し，セル(C13)までコピーする。

「=COUNTIFS(入会者データ表!\$B\$4:\$B\$42,B6)」
　　　　　　　検索条件範囲1　　　　検索条件1

（2）セル(D6)

> 作成条件4．(2)　「見学者数合計」は，シート名「入会者データ表」から「施設名」ごとに「見学者数」の合計を求める。

「条件を満たす数値を合計する」ときは，SUMIFS 関数を用いる。

①セル(D6)を選択し，次の式を入力し，セル(D13)までコピーする。

「=SUMIFS(入会者データ表!\$D\$4:\$D\$42,入会者データ表!\$B\$4:\$B\$42,B6)」
　　　　　合計対象範囲　　　　　　　　条件範囲1　　　　　　　条件1

②セル(D6～D13)を選択した状態で，［ ’ ］(桁区切りスタイル)をクリックする。

（3）セル(E6)

> 作成条件4．(3)　「入会者数合計」は，シート名「入会者データ表」から「施設名」ごとに「入会者数」の合計を求める。

セル(D6)の式と同様に，SUMIFS 関数を用いる。

①セル(E6)を選択し，次の式を入力し，セル(E13)までコピーする。

「=SUMIFS(入会者データ表!\$E\$4:\$E\$42,入会者データ表!\$B\$4:\$B\$42,B6)」
　　　　　合計対象範囲　　　　　　　　条件範囲1　　　　　　　条件1

②セル(E6～E13)を選択した状態で，［ ’ ］(桁区切りスタイル)をクリックする。

　なお，セル(D6)とセル(E6)の式は，条件範囲が同じで，合計対象範囲と条件のセルが隣接しているので，セル(D6)に複合参照を用いた下記の式を入力し，セル(E13)までコピーするとよい。

「=SUMIFS(入会者データ表!D\$4:D\$42,入会者データ表!\$B\$4:\$B\$42,\$B6)」
　　　　　合計対象範囲　　　　　　　　条件範囲1　　　　　　　条件1

（4）セル(F6)

> 作成条件4．(4)　「入会率」は，次の式で求める。ただし，％で小数第1位まで表示する。
> **「入会者数合計　÷　見学者数合計」**

①セル(F6)を選択し，次の式を入力し，セル(F13)までコピーする。

「=E6/D6」

②セル(F6～F13)を選択した状態で，［％］(パーセントスタイル)をクリックし，さらに，［.00］(小数点以下の表示桁数を増やす)を1回クリックする。

（5）セル(G6)

> 作成条件4．(5)　「備考」は，「入会者数合計」が1000以上，または「入会率」が85％以上の場合，○を表示し，それ以外の場合は何も表示しない。

「複数の条件によって処理を変える」ときは,IF 関数の論理式の部分に AND 関数や OR 関数を使った式を用いる。

①セル(G6)を選択し，次の式を入力し，セル(G13)までコピーする。

「=IF(OR(E6>=1000,F6>=85%),"○","")」
　　　論理式　　　　真の場合 偽の場合

② セル(G6～G13)を選択した状態で，［≡］(中央揃え)をクリックする。

3．罫線

①セル（B5〜G5）を選択し，[Ctrl] を押しながらセル（B6 〜 G13）を選択する。

②[ホーム]の罫線リストから ⊞（格子）をクリックし，さらに ⊡（太い外枠）をクリックする。

〈グラフ（複合グラフ）の作成〉

1．複合グラフ

> 作成条件5．複合グラフは，「1．施設別集計表」から作成する。

(1) セル（B5〜B13）を選択し，[Ctrl] を押しながらセル（E5〜F13）を選択する。

(2) [挿入]の 📊（折れ線 / 面グラフの挿入）より，「2-D 折れ線」の 📈（マーカー付き折れ線）をクリックする。

(3) グラフエリアをドラッグして，表の下の適切な位置に配置する。

(4) 二つの折れ線グラフのうち，いずれか一方の線上をクリックして選択状態にし，[デザイン]の 📊（グラフの種類の変更）をクリックする。

(5) 「入会者数合計」の「グラフの種類」を「集合縦棒」に変更し，「入会率」の「第2軸」にチェックを入れる。

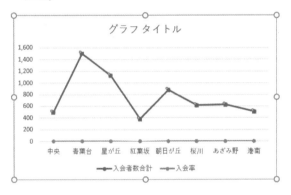

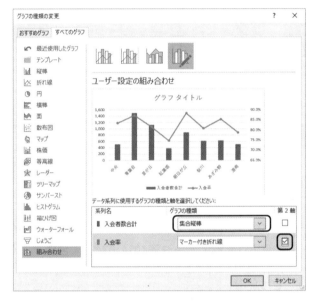

(6) グラフタイトルに「入会者数と入会率」を入力する。

2．数値軸（縦軸）目盛の設定

> 作成条件5．(1) 数値軸（縦軸）目盛は，最小値(0)，最大値(2,000)および間隔(500)を設定する。

(1) グラフエリア左側の「縦(値)軸」をクリックして選択状態にし，[書式]の「選択対象の書式設定」をクリックする。または，「縦(値)軸」上で右クリックして，「軸の書式設定」を選択する。

(2) 「軸の書式設定」作業ウィンドウの「軸のオプション」から，

最小値 0　　最大値 2000　　単位(主) 500 を設定する。

※ Excel 2013 では目盛 500 と設定する。

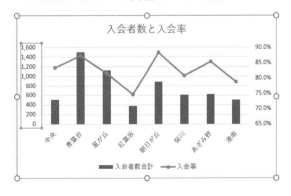

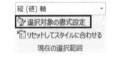

3．第2数値軸（縦軸）目盛の設定

作成条件5.（2）　第2数値軸（縦軸）目盛は，最小値（50.0%），最大値（90.0%）および間隔（10.0%）を設定する。

(1)　グラフエリア右側の「第2軸縦（値）軸」をクリックして選択状態にし，[書式]の「選択対象の書式設定」をクリックする。または，「第2軸縦（値）軸」上で右クリックし，「軸の書式設定」を選択する。

(2)　「軸の書式設定」作業ウィンドウの「軸のオプション」から，

最小値 0.5　　最大値 0.9　　単位（主）0.1 を設定する。

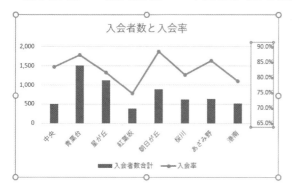
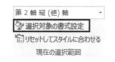

4．軸ラベルの方向を設定

作成条件5.（3）　軸ラベルの方向を設定する。

(1)　グラフエリアをクリックし，グラフの右上に表示される ＋ （グラフ要素）から，「軸ラベル」の「第1縦軸」と「第2縦軸」を設定する。

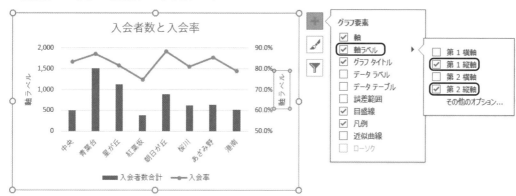

　　または，グラフエリアをクリックし，[デザイン]の （グラフ要素を追加）より，「軸ラベル」の「第1縦軸」を設定する。同様に「軸ラベル」の「第2縦軸」を設定する。

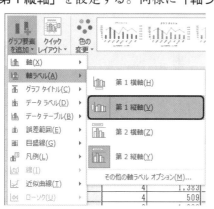
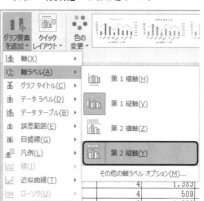

(2)　「第1縦軸ラベル」をクリックして選択状態にし，[書式]の「選択対象の書式設定」をクリックする。または，「第1縦軸ラベル」上で右クリックし，「軸ラベルの書式設定」を選択する。

(3) 「軸ラベルの書式設定」作業ウィンドウより，「タイトルのオプション」の ▦（**サイズとプロパティ**）をクリックし，「**文字列の方向**」を「**縦書き**」に設定する。

(4) 「**第2縦軸ラベル**」をクリックし，同様に「**文字列の方向**」を「**縦書き**」に設定する。

(5) 「**第1縦軸ラベル**」に「入会者数」，「**第2縦軸ラベル**」に「入会率」を入力する。

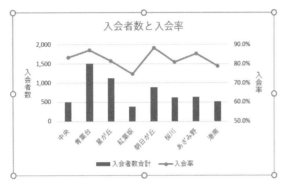

(6) 横（項目）軸の文字列の方向が水平となるよう，グラフエリアを横方向に広げ，グラフ全体の体裁を整える。

5．凡例の位置・データラベルを設定

> 作成条件5．(4) 凡例の位置を設定する。
> (5) データラベルを設定する。

グラフエリア内の各要素をクリックして選択状態にし，グラフの右上に表示される ➕（**グラフ要素**）から，「**凡例**」を「**上**」，「**データラベル**」は折れ線を「**上**」，縦棒を「**外側**」に設定する。

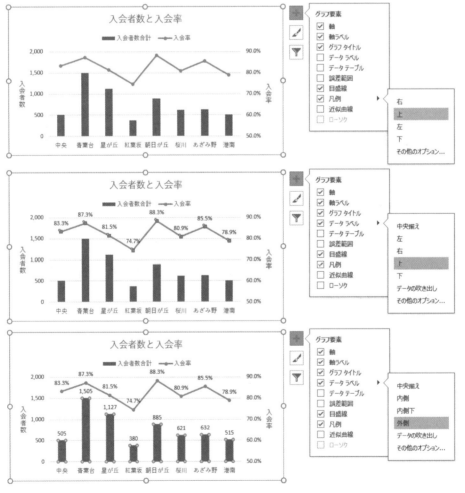

なお，グラフエリア内の要素をクリックして選択状態にし，[**デザイン**]の「**グラフ要素を追加**」から設定することもできる。

〈表(キッズコースのあるスクール集計表)の作成〉

1．体裁(文字位置の変更)

33 行目を選択し，▤(中央揃え)をクリックする。

2．式の入力

（1）　セル(C34)

> 作成条件 6．(1)　「スクール名」は，「スクールコード」をもとに，シート名「スクール表」を参照して表示する。

「表からデータを縦方向に検索する」ときは，VLOOKUP 関数を用いる。

セル(C34)を選択し，次の式を入力し，セル(C37)までコピーする。

「=VLOOKUP(B34,スクール表!$A$4:$C$11,2,FALSE)」
　　　　　検索値　　　　範囲　　　　　　　列番号　検索方法

（2）　セル(D34)

> 作成条件 6．(2)　「施設数」は，シート名「入会者データ表」から「スクールコード」ごとの件数を求める。

「条件を満たすデータを数える」ときは，COUNTIFS 関数を用いる。

セル(D34)を選択し，次の式を入力し，セル(D37)までコピーする。

「=COUNTIFS(入会者データ表!$C$4:$C$42,B34)」
　　　　　　　検索条件範囲1　　　　　検索条件1

（3）　セル(E34)

> 作成条件 6．(3)　「入会者数合計」は，シート名「入会者データ表」から「スクールコード」ごとに「入会者数」の合計を求める。

「条件を満たす数値を合計する」ときは，SUMIFS 関数を用いる。

①セル(E34)を選択し，次の式を入力し，セル(E37)までコピーする。

「=SUMIFS(入会者データ表!$E$4:$E$42,入会者データ表!$C$4:$C$42,B34)」
　　　　　　合計対象範囲　　　　　　　条件範囲1　　　　　条件1

②セル(E34～E37)を選択した状態で，▮(桁区切りスタイル)をクリックする。

（4）　セル(F34)

> 作成条件 6．(4)　「平均入会者数」は，シート名「入会者データ表」から「スクールコード」ごとに「入会者数」の平均を求める。ただし，小数第1位まで表示する。

「条件を満たす数値を平均する」ときは，AVERAGEIFS 関数を用いる。

①セル(F34)を選択し，次の式を入力し，セル(F37)までコピーする。

「=AVERAGEIFS(入会者データ表!$E$4:$E$42,入会者データ表!$C$4:$C$42,B34)」
　　　　　　　　平均対象範囲　　　　　　　条件範囲1　　　　　条件1

②セル(F34～F37)を選択した状態で，▮(桁区切りスタイル)をクリックし，

さらに，▮(小数点以下の表示桁数を増やす)を1回クリックする。

3．罫線

①B列～F列の列幅を調整する。

②セル(B33～F33)を選択し，Ctrl を押しながらセル(B34～F37)を選択する。

③[ホーム]の罫線リストから▦(格子)をクリックし，さらに▣(太い外枠)をクリックする。

問題 　　　　　　　実 技 問 題

【実技問題1】（文字列操作）

次のような集計データ文字列取り出し表がある。作成条件にしたがって，文字列の抽出をしなさい。

	A	B	C	D	E
1					
2	集計データ文字列取り出し表				
3	集計データ	左から1文字	右から1文字	2文字目から4文字	文字列から数値へ
4	41500W	4	W	1500	1,500
5	42290E	※	※	※	※
6	42030H	※	※	※	※
7	31055W	※	※	※	※
8	31811E	※	※	※	※
9	31299H	※	※	※	※
10	23600W	※	※	※	※
11	22286E	※	※	※	※

作成条件

1．表の体裁は，上の表を参考にして設定する。

　　〔　設 定 す る 書 式：罫線　　　　　　　　　〕
　　〔　設定する数値の表示形式：3桁ごとのコンマ　〕

2．表の※印の部分は，式や関数などを利用して求める。

3．集計データ文字列取り出し表は，次のように作成する。

　(1)　「集計データ」は，上の表を参考に半角英数字で入力する。

　(2)　「左から1文字」は，「集計データ」の左端から1文字を抽出する。

　(3)　「右から1文字」は，「集計データ」の右端から1文字を抽出する。

　(4)　「2文字目から4文字」は，「集計データ」の左端から2桁目より4文字を抽出する。

　(5)　「文字列から数値へ」は，「2文字目から4文字」の文字列データを数値に変換する。

Point

　この問題では，文字列関数を学ぶ。文字列を左右両端から，または指定した文字位置から何文字という抽出が可能である。さらに，文字列を数値に変換することもできる。

【実技問題2】（検索関数，関数のネスト，マルチシート）

　ある温泉旅館の，過去の宿泊データがある。作成条件にしたがって，宿泊料金表，期間区分表から利用形態と休日区分を参照し，宿泊人数を抽出しなさい。

	A	B	C	D	E
1					
2	宿泊料金表		宿泊料金		
3	利用形態コード	利用形態	平日	休前日	休日
4	2	2人1部屋	15,000	20,000	17,000
5	3	3人1部屋	13,000	18,000	14,000
6	4	4人1部屋	12,000	16,000	13,000
7					
8	期間区分表				
9	区分コード	W	E	H	
10	休日区分	平日	休前日	休日	

（コード表）

	A	B	C	D
1				
2	宿泊者内訳表			
3	宿泊データ	利用形態	宿泊人数	休日区分
4	41500W	※	※	※
5	42290E	※	※	※
6	42030H	4人1部屋	2,030	休日
7	31055W	※	※	※
8	31811E	※	※	※
9	31299H	3人1部屋	1,299	休日
10	23600W	※	※	※
11	22286E	※	※	※
12	23800H	2人1部屋	3,800	休日

（宿泊者内訳表）

作成条件

1. 表の体裁は，上の表を参考にして設定する。

> 設 定 す る 書 式：罫線
> 設定する数値の表示形式：3桁ごとのコンマ

2. 表の※印の部分は，式や関数などを利用して求める。
3. シート名「コード表」は，上の表を参考にデータを入力する。なお，「区分コード」は半角英字で入力する。
4. シート名「宿泊者内訳表」は，次のように作成する。
   (1) 「宿泊データ」は，上の表を参考に半角英数字で入力する。
   (2) 「利用形態」は，「宿泊データ」の左端から1文字を抽出し，数値データに変換したものをもとに，シート名「コード表」の宿泊料金表を参照して表示する。
   (3) 「宿泊人数」は，「宿泊データ」の左端から2桁目より4文字を抽出し，数値データに変換する。
   (4) 「休日区分」は，「宿泊データ」の右端から1文字をもとに，シート名「コード表」の期間区分表を参照して表示する。

Point

　この問題では，文字列関数により抽出された文字列を数値に変換したり，検索関数と組み合わせた関数のネスト（入れ子）の使い方を学ぶ。

【実技問題3】（条件付合計・平均・件数）

　次のような売上データ表から，支店別集計表を作成したい。作成条件にしたがって，支店コードごとに売上金額，売上金額平均，データ件数を集計しなさい。

	A	B	C	D
1				
2	売上データ表			
3	日付	支店コード	売上金額	
4	9月10日	T01	2,500	
5	9月10日	T03	2,750	
6	9月10日	T02	5,000	
7	9月10日	T01	7,000	
8	9月10日	T03	3,500	
9	9月10日	T04	4,000	
10	9月11日	T01	2,500	
11	9月11日	T03	4,250	
12	9月11日	T02	3,000	
13	9月11日	T01	5,750	
14	9月11日	T03	6,250	
15	9月11日	T04	5,000	
16	9月12日	T01	5,500	
17	9月12日	T03	4,500	
18	9月12日	T02	4,000	
19	9月12日	T01	3,000	
20	9月12日	T03	5,750	
21	9月12日	T04	3,250	
22	9月13日	T01	5,500	
23	9月13日	T03	2,250	
24	9月13日	T02	5,250	
25	9月13日	T01	2,750	
26	9月13日	T03	2,750	
27	9月13日	T02	5,750	
28	9月13日	T01	5,750	
29	9月13日	T03	4,250	
30	9月13日	T04	5,500	
31				
32	支店別集計表			
33	支店コード	売上金額	売上金額平均	データ件数
34	T01	※	※	※
35	T02	※	※	※
36	T03	※	※	※
37	T04	※	※	※

作成条件

1．表の体裁は，上の表を参考にして設定する。

　　［設　定　す　る　書　式：罫線
　　　設定する数値の表示形式：3桁ごとのコンマ］

2．表の※印の部分は，式や関数などを利用して求める。

3．売上データ表は，上の表を参考にデータを入力する。ただし，「支店コード」は，半角英数字である。

4．支店別集計表は，次のように作成する。

　（1）「支店コード」は，上の表を参考にデータを入力する。ただし，「支店コード」は，半角英数字である。

　（2）「売上金額」は，「支店コード」ごとに「売上金額」の合計を求める。

　（3）「売上金額平均」は，「支店コード」ごとに「売上金額」の平均を求める。ただし，整数部のみ表示する。

　（4）「データ件数」は，「支店コード」ごとのデータ件数を求める。

Point

　この問題では，指定した条件に一致したセルの件数や，指定した条件に一致したセルと対応するセルの合計や平均を集計する使い方を学ぶ。また条件には，不等号・等号やワイルドカードなどの条件式を指定することができる。

【実技問題4】（ピボットテーブル）

次のシート名「支払一覧表」は，ある家庭の1月～3月の水道光熱費の支払いを示したものである。このシート名「支払一覧表」を利用して，月別費目別に支払金額を求めたい。作成条件にしたがって，シート名「支払一覧表」からシート名「集計表」を作成しなさい。

	A	B	C	D	E	F
1						
2	水道光熱費支払一覧表					
3	月	費目	金額			
4	1月	水道代	8,980			
5	1月	電気代	11,550			
6	1月	ガス代	2,680			
7	1月	暖房灯油代	18,810			
8	2月	水道代	10,910			
9	2月	電気代	12,120			
10	2月	ガス代	2,790			
11	2月	暖房灯油代	17,450			
12	3月	水道代	9,850			
13	3月	電気代	10,870			
14	3月	ガス代	2,680			
15	3月	暖房灯油代	14,530			
16						
17	水道光熱費支払分析表					
18	月	ガス代	水道代	暖房灯油代	電気代	総計
19	1月	※	※	※	※	※
20	2月	※	※	※	※	※
21	3月	※	※	※	※	※
22	総計	※	※	※	※	123,220
23	割合	※	※	※	※	※

（支払一覧表）

	A	B	C	D	E	F
1						
2	月別費目別集計表					
3	合計 / 金額	列ラベル				
4	行ラベル	ガス代	水道代	暖房灯油代	電気代	総計
5	1月	※	※	※	※	※
6	2月	※	※	※	※	※
7	3月	※	※	※	※	※
8	総計	※	※	※	※	123220

（集計表）

作成条件

1．表の体裁は，上の表を参考にして設定する。

> 設定する書式：罫線
> 設定する数値の表示形式：3桁ごとのコンマ

2．表の※印の部分は，式やアプリケーションソフトのデータ集計機能などを利用して求める。

3．シート名「支払一覧表」は，次のように作成する。

(1)　水道光熱費支払一覧表は，上の表を参考にデータを入力する。

(2)　水道光熱費支払分析表は，次のように作成する。

①　シート名「集計表」の月別費目別集計表を作成した後，必要な範囲をコピーして，値を貼り付ける。

②　「割合」は，F22に対する各費目の「総計」の割合を求める。ただし，％で小数第1位まで表示する。

4．シート名「集計表」は集計作業用シートで，シート名「支払一覧表」のA3～C15のデータからアプリケーションソフトのデータ集計機能を利用して作成する。

Point

この問題では，「月」と「費目」の2つの要素に着目して集計処理を行っている。このように，行と列の2方向で集計処理（クロス集計）を行う場合は，ピボットテーブルを用いることが多い。

【実技問題5】（複合グラフ）

次の表は，ある年度の日本全国の野菜データを季節区分ごとに集計したものである。作成条件にしたがって，表とグラフを作成しなさい。

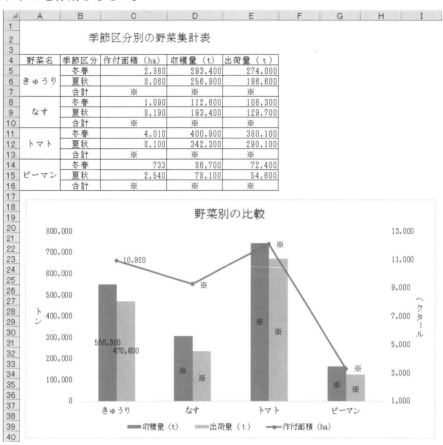

作成条件

1. 表およびグラフの体裁は，上の表を参考にして設定する。

$$\left[\begin{array}{l}\text{設 定 す る 書 式：罫線}\\ \text{設定する数値の表示形式： 3桁ごとのコンマ}\end{array}\right]$$

2. 表の※印の部分は，式や関数などを利用して求める。

3. グラフの※印の部分は，表に入力された値をもとに表示する。

4. 「合計」は，「野菜名」ごとに「冬春」，「夏秋」のデータを合計して求める。

5. 集合縦棒と折れ線の複合グラフは，「野菜名」ごとの「合計」をもとに，次のように作成する。
   (1) 数値軸（縦軸）目盛は，最小値(0)，最大値(800,000)および間隔(100,000)を設定する。
   (2) 第2数値軸（縦軸）目盛は，最小値(1,000)，最大値(13,000)および間隔(2,000)を設定する。
   (3) 凡例の位置，軸ラベルの方向を設定する。

Point

この問題では，複合グラフの作成に際し，先に「作付面積」，「収穫量」，「出荷量」の範囲を設定し，後から「野菜名」を追加している。

【実技問題6】（積み上げ横棒グラフ）

次の表は，ある家電メーカー2社の昨年と今年の営業成績を示したものである。作成条件にしたがって表を完成させ，グラフを作成しなさい。

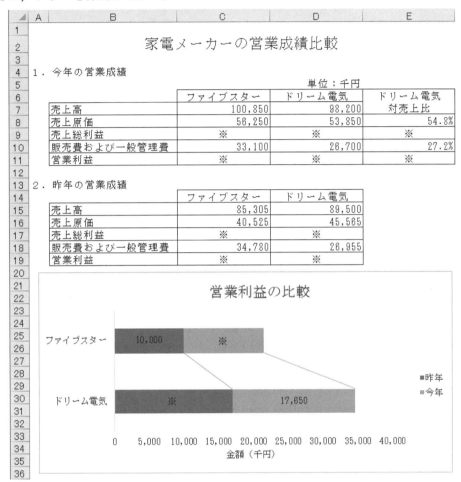

作成条件

1. 表の体裁は，上の表を参考にして設定する。

　　［　設　定　す　る　書　式：罫線
　　　設定する数値の表示形式：3桁ごとのコンマ，%，小数の表示桁数　］

2. 表の※印の部分は，式や関数などを利用して求める。

3. グラフの※印の部分は，表に入力された値をもとに表示する。

4. 9行目・17行目の「売上総利益」は，次の式で求める。

　　　「売上高　－　売上原価」

5. 11行目・19行目の「営業利益」は，次の式で求める。

　　　「売上総利益　－　販売費および一般管理費」

6. E列の「ドリーム電気対売上比」は，売上高に対する各項目の比率であり，次の式で求める。ただし，E11までコピーするものとし，%で小数第1位まで表示する。

　　　E8の例　=D8/$D$7

7. 積み上げ横棒グラフは，二つの表をもとに，次のように作成する。

　(1) 区分線を設定する。
　(2) 数値軸（横軸）の目盛は，最小値(0)，最大値(40,000)および間隔(5,000)を設定する。
　(3) 項目軸（縦軸）の順序を設定する。
　(4) 凡例の位置を設定する。
　(5) データラベルを設定する。

Point

この問題では，積み上げ横棒グラフの作成に際し，積み上げ棒の左側になるデータ系列（昨年の営業利益）から先に設定していく。また，項目軸の並びは［軸の書式設定］で変更することができ，データ系列の順序も［データの選択］で変更することができる。

実技問題

【実技問題7】（実践問題①）　　　　　　　　　DATA　実技問題7_提供データ

　あるパスタ店では，商品ごとの売上を集計して報告書を作成している。作成条件にしたがって，シート名「コード表」とシート名「売上集計表」から，シート名「報告書」を作成しなさい。

作成条件

ワークシートは，あらかじめ提供されたものを使用する。

1．表およびグラフの体裁は，右ページを参考にして設定する。

　　┌ 設 定 す る 書 式：罫線の種類　　　　　　　　　　　　　　　 ┐
　　└ 設定する数値の表示形式：3桁ごとのコンマ，%，小数の表示桁数 ┘

2．表の※印の部分は，式や関数などを利用して求める。

3．グラフの※印の部分は，表に入力された値をもとに表示する。

4．「1．商品別売上集計表」は，次のように作成する。

　(1)　「商品名」は，「メニューコード」をもとに，シート名「コード表」のメニュー表を参照して表示する。

　(2)　「単価」は，「メニューコード」をもとに，シート名「コード表」のメニュー表を参照して表示する。

　(3)　「売上数量計」は，シート名「売上集計表」から「メニューコード」ごとに「売上数」の合計を求める。

　(4)　「売上金額計」は，次の式で求める。

　　　　　「単価 × 売上数量計」

　(5)　「合計」は，「売上数量計」，「売上金額計」の合計を求める。

　(6)　「売上比率」は，次の式で求める。ただし，%で小数第2位まで表示する。

　　　　　「売上金額計 ÷ 売上金額計の合計」

　(7)　「順位」は，「売上比率」を基準として，降順に順位をつける。

5．集合縦棒グラフは，「1．商品別売上集計表」から作成する。

　(1)　数値軸目盛は，最小値(1,000,000)，最大値(3,000,000)および間隔(500,000)を設定する。

　(2)　軸ラベルの方向を設定する。

6．「2．店別集計表」は，次のように作成する。

　(1)　「店名」は，「店コード」をもとに，シート名「コード表」の店コード表を参照して表示する。

　(2)　「売上数量計」は，シート名「売上集計表」から「店コード」ごとに「売上数」の合計を求める。

　(3)　「売上数量平均」は，シート名「売上集計表」から「店コード」ごとに「売上数」の平均を求める。ただし，小数点以下を切り捨て，整数部のみ表示する。

店コード表

店コード	店名
H	本店
S	支店

メニュー表

メニューコード	商品名	単価
CB	カルボナーラ	950
SF	シーフード	1,250
MT	ミートソース	700
MI	明太子とイカ	800

（コード表）

売上集計表

店コード	メニューコード	売上数
H	CB	287
H	SF	165
H	MT	493
H	MI	466
S	CB	169
〜	〜	〜
H	MI	436
S	CB	208
S	SF	147
S	MT	437
S	MI	339

（売上集計表）

売上報告書

1．商品別売上集計表

メニューコード	商品名	単価	売上数量計	売上金額計	売上比率	順位
CB	カルボナーラ	950	※	1,753,700	※	※
SF	※	※	※	※	※	※
MT	※	※	※	※	※	※
MI	※	※	※	※	※	※
		合計	※	※		

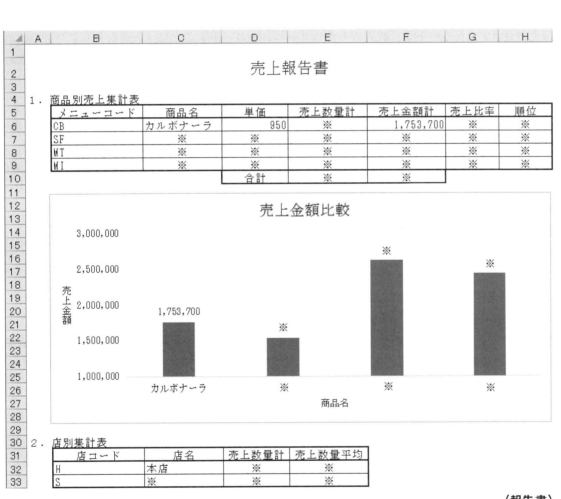

2．店別集計表

店コード	店名	売上数量計	売上数量平均
H	本店	※	※
S	※	※	※

（報告書）

【実技問題8】 （実践問題②）　　　　　　　　　　　DATA　実技問題8_提供データ

　ある高校の学食では，５月の学食売上報告書を作成することになった。作成条件にしたがって，シート名「メニュー表」とシート名「販売表」から，シート名「報告書」を作成しなさい。

作成条件

ワークシートは，あらかじめ提供されたものを使用する。

1．表およびグラフの体裁は，右ページを参考にして設定する。

> 設 定 す る 書 式：罫線
> 設定する数値の表示形式：3桁ごとのコンマ，小数の表示桁数

2．表の※印の部分は，式や関数などを利用して求める。

3．グラフの※印の部分は，表に入力された値をもとに表示する。

4．「1．メニュー別販売集計表」は，次のように作成する。

　(1)　「メニュー」は，「メニューコード」をもとに，シート名「メニュー表」を参照して表示する。

　(2)　「販売数量計」は，シート名「販売表」から「メニューコード」ごとに「販売数量」の合計を求める。

　(3)　「販売金額計」は，「メニューコード」をもとに，シート名「メニュー表」を参照して単価を求め，次の式で計算する。

　　　　　　　　「販売数量計　×　単価」

　(4)　「平均販売数量」は，シート名「販売表」から「メニューコード」ごとに「販売数量」の平均を求める。ただし，小数第1位未満を切り捨て，小数第1位まで表示する。

　(5)　「備考」は，「販売数量計」における上位3位(降順)以内，または「販売金額計」における上位3位(降順)以内の場合，○ を表示し，それ以外の場合は何も表示しない。

5．集合横棒グラフは，「1．メニュー別販売集計表」から作成する。

　(1)　数値軸(横軸)の目盛は，最小値(30,000)，最大値(90,000)および間隔(10,000)を設定する。

　(2)　軸ラベルの方向を設定する。

　(3)　データラベルを設定する。

6．「曜日別販売数量集計表」は，次のように作成する。

　(1)　「販売数量計」は，シート名「販売表」から「曜日」ごとに「販売数量」の合計を求める。

　(2)　「割合(%)」は，次の式で求める。ただし，小数第1位未満を四捨五入し，小数第1位まで表示する。

　　　　　月曜日の設定例：「月曜日の販売数量計　×　100　÷　月曜日から金曜日の販売数量合計」

	A	B	C
1			
2	メニュー表		
3	メニューコード	メニュー	単価
4	CC	カツカレー	400
5	CR	カレーライス	340
6	NT	きつねうどん	250
7	NK	かき揚げうどん	250
8	ND	ラーメン	400
9	PR	かつ丼	330
10	FC	唐揚げ	200

（メニュー表）

	A	B	C	D
1				
2	販売表			
3	日	曜日	メニューコード	販売数量
4	1	火	CC	6
5	1	火	CR	11
6	1	火	NT	7
7	1	火	NK	5
8	1	火	ND	14
9	1	火	PR	12
10	1	火	FC	7
～	～	～	～	～
145	31	木	CR	5
146	31	木	NT	6
147	31	木	NK	8
148	31	木	ND	9
149	31	木	PR	10
150	31	木	FC	10

（販売表）

学食売上報告書（5月）

1．メニュー別販売集計表

メニューコード	メニュー	販売数量計	販売金額計	平均販売数量	備考
CC	カツカレー	206	82,400	9.8	○
CR	※	※	※	※	※
NT	※	※	※	※	※
NK	※	※	※	※	※
ND	※	※	※	※	※
PR	※	※	※	※	※
FC	※	※	※	※	※

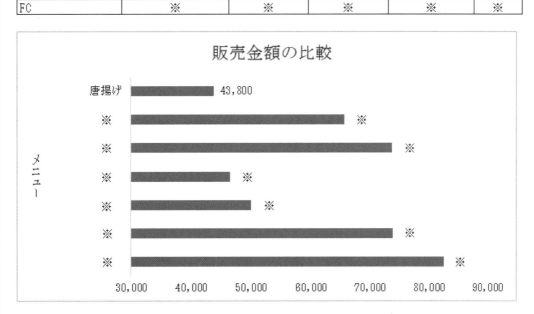

2．曜日別販売数量集計表

曜日	販売数量計	割合（%）
月	266	18.9
火	※	※
水	※	※
木	※	※
金	※	※

（報告書）

【実技問題9】（実践問題③）　　　　　　　　[DATA] 実技問題9_提供データ

　あるスキー場では，チケットの売上報告書を作成することになった。作成条件にしたがって，シート名「リフト料金表」とシート名「リフト券販売表」から，シート名「報告書」を作成しなさい。

作成条件

ワークシートは，あらかじめ提供されたものを使用する。

1．表およびグラフの体裁は，右ページを参考にして設定する。

　　[設 定 す る 書 式：罫線
　　 設定する数値の表示形式：3桁ごとのコンマ，%，小数の表示桁数]

2．表の※印の部分は，式や関数などを利用して求める。

3．グラフの※印の部分は，表に入力された値をもとに表示する。

4．「1．チケット別売上表」は，次のように作成する。

　(1)　「チケット名」は，「チケットコード」をもとに，シート名「リフト料金表」を参照して表示する。

　(2)　「売上数合計」は，シート名「リフト券販売表」から「チケットコード」ごとに「販売数」の合計を求める。

　(3)　「売上金額合計」は，「チケットコード」をもとに，シート名「リフト料金表」を参照して「料金」を求め，次の式で計算する。

　　　　　　　「売上数合計　×　料金」

　(4)　「備考」は，「売上数合計」が1000以上，かつ「売上金額合計」が1000000以上の場合，○を表示し，それ以外の場合は何も表示しない。

5．複合グラフは，「1．チケット別売上表」から作成する。

　(1)　数値軸（縦軸）の目盛は，最小値(1,000,000)，最大値(8,500,000)および間隔(1,500,000)を設定する。

　(2)　第2数値軸（縦軸）の目盛は，最小値(0)，最大値(2,500)および間隔(500)を設定する。

　(3)　軸ラベルの方向を設定する。

　(4)　データラベルを設定する。

6．「2．大人の男女別売上数表」は，次のように作成する。

　(1)　「大人1日券」は，シート名「リフト券販売表」から「大人1日券」の「男」，「女」それぞれの合計を求める。なお，「1．チケット別売上表」の「チケットコード」を利用する。

　(2)　「大人ナイター券」は，シート名「リフト券販売表」から「大人ナイター券」の「男」，「女」それぞれの合計を求める。なお，「1．チケット別売上表」の「チケットコード」を利用する。

　(3)　「割合」は，次の式で求める。ただし，%で小数第1位まで表示する。

　　　　　　　「大人ナイター券　÷　（大人1日券　＋　大人ナイター券)」

（リフト料金表）

	A	B	C
1			
2	リフト料金表		
3	チケットコード	チケット名	料金
4	A1D	大人1日券	3,800
5	J1D	シニア・中高生1日券	3,000
6	E1D	小学生1日券	2,200
7	A1N	大人ナイター券	1,500
8	J1N	シニア・中高生ナイター券	1,200
9	E1N	小学生ナイター券	1,000

（リフト料金表）

	A	B	C	D	E	F
1						
2	リフト券販売表					
3	販売コード	月	チケットコード	販売数	男	女
4	18J05	1	A1D	32	17	15
5	18J05	1	A1N	15	8	7
6	18J05	1	E1D	42	23	19
7	18J05	1	E1N	3	1	2
～	～	～	～	～	～	～
145	18F25	2	E1N	11	6	5
146	18F25	2	J1D	92	51	41
147	18F25	2	J1N	38	21	17

（リフト券販売表）

チケット売上報告書

1．チケット別売上表

チケットコード	チケット名	売上数合計	売上金額合計	備考
A1D	大人1日券	2,039	7,748,200	○
A1N	※	※	※	※
J1D	※	※	※	※
J1N	※	※	※	※
E1D	※	※	※	※
E1N	※	※	※	※

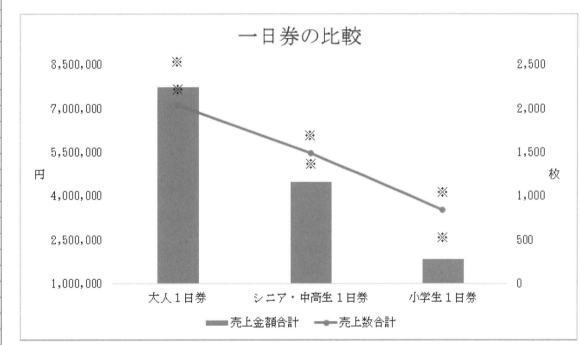

2．大人の男女別売上数表

性別	大人1日券	大人ナイター券	割合
男	1,131	※	31.6%
女	※	※	※

（報告書）

【実技問題 10】（実践問題④）　　　　　　　　DATA　実技問題 10_提供データ

　ある天丼専門店では，過去３か月の売上報告書を作成することになった。作成条件にしたがって，シート名「メニュー表」とシート名「売上表」から，シート名「報告書」を作成しなさい。

作成条件

1．表およびグラフの体裁は，右ページを参考にして設定する。

〔設 定 す る 書 式：罫線
　設定する数値の表示形式：３桁ごとのコンマ，小数の表示桁数〕

2．表の※印の部分は，式や関数などを利用して求める。

3．グラフの※印の部分は，表に入力された値をもとに表示する。

4．「１．メニュー別売上表」は，次のように作成する。

　(1)　「メニュー」は，「メニューコード」をもとに，シート名「メニュー表」を参照して表示する。

　(2)　「販売数」は，シート名「売上表」から「メニューコード」ごとに「販売数」の合計を求める。

　(3)　「売上金額」は，「メニューコード」をもとに，シート名「メニュー表」を参照して単価を求め，次の式で計算する。

「販売数　×　単価」

　(4)　「割合(%)」は，次の式で求める。ただし，小数第１位まで表示する。

「売上金額　×　100　÷　売上金額の合計」

　(5)　「備考」は，「売上金額」が売上金額の平均以上の場合，○ を表示し，それ以外の場合は何も表示しない。

　(6)　「合計」は，各列の合計を求める。

5．複合グラフは，「１．メニュー別売上表」から作成する。

　(1)　数値軸(縦軸)の目盛は，最小値(120,000)，最大値(240,000)および間隔(20,000)を設定する。

　(2)　第２数値軸(縦軸)の目盛は，最小値(180)，最大値(200)および間隔(5)を設定する。

　(3)　軸ラベルの方向を設定する。

　(4)　データラベルを設定する。

6．「２．月別売上表」は，次のように作成する。

　(1)　「販売数」は，シート名「売上表」から「販売月」ごとに「販売数」の合計を求める。

　(2)　「販売数累計」は，6月からその月までの「販売数」の累計を求める。

D42 の設定例：=C42

D43 の設定例：=D42+C43

メニュー表

メニューコード	メニュー	単価
TMD	たまご丼	760
KTD	カツ煮丼	800
TSD	鳥そぼろ丼	750
TND	天丼	980
MGD	マグロ丼	980
HOD	北海親子丼	1,050
ETD	えび天丼	1,100
KSD	海鮮丼	1,200

（メニュー表）

売上表

販売月	週	メニューコード	販売数
6月	1	TMD	12
6月	1	KTD	6
6月	1	TSD	12
6月	1	TND	12
6月	1	MGD	12
〜	〜	〜	〜
8月	5	TSD	12
8月	5	TND	24
8月	5	MGD	12
8月	5	HOD	12
8月	5	ETD	12
8月	5	KSD	12

（売上表）

売上報告書

1．メニュー別売上表

メニューコード	メニュー	販売数	売上金額	割合（％）	備考
ETD	えび天丼	192	211,200	13.7	○
HOD	※	※	※	※	※
KSD	※	※	※	※	※
KTD	※	※	※	※	※
MGD	※	※	※	※	※
TMD	※	※	※	※	※
TND	※	※	※	※	※
TSD	※	※	※	※	※
	合計	※	※	※	

売上金額と販売数の比較

2．月別売上表

販売月	販売数	販売数累計
6月	538	538
7月	※	※
8月	※	※

（報告書）

【実技問題11】（実践問題⑤）　　　　　　　　　DATA　実技問題11_提供データ

　あるたこ焼き店では，店舗別に1か月間の商品別売上報告書を作成することになった。作成条件にしたがって，シート名「価格表」とシート名「販売データ表」から，シート名「報告書」を作成しなさい。

作成条件

ワークシートは，あらかじめ提供されたものを使用する。

1．表およびグラフの体裁は，右ページを参考にして設定する。

　　　設 定 す る 書 式：罫線
　　　設定する数値の表示形式：3桁ごとのコンマ，％，小数の表示桁数

2．表の※印の部分は，式や関数などを利用して求める。

3．グラフの※印の部分は，表に入力された値をもとに表示する。

4．「1．商品別売上集計表」は，次のように作成する。

　(1)　「商品名」は，「商品コード」をもとに，シート名「価格表」を参照して表示する。

　(2)　「平均売上数」は，シート名「販売データ表」から「商品コード」ごとに「販売数」の平均を求める。ただし，小数第1位まで表示する。

　(3)　「売上数合計」は，シート名「販売データ表」から「商品コード」ごとに「販売数」の合計を求める。

　(4)　「売上金額合計」は，「商品コード」をもとに，シート名「価格表」を参照して単価を求め，次の式で計算する。

　　　　　「売上数合計　×　単価」

　(5)　「備考」は，「平均売上数」が20以上，かつ「売上金額合計」が1000000以上の場合，○ を表示し，それ以外の場合は何も表示しない。

5．100％積み上げ横棒グラフは，「1．商品別売上集計表」から作成する。

　(1)　区分線を設定する。

　(2)　数値軸(横軸)の目盛は，最小値(0％)，最大値(100％)および間隔(10％)を設定する。

　(3)　項目軸(縦軸)の順序を設定する。

　(4)　凡例の位置を設定する。

　(5)　データラベルを設定する。

6．「2．店舗別売上集計表」は，次のように作成する。

　(1)　「平均売上数」は，シート名「販売データ表」から「店舗」ごとに「販売数」の平均を求める。ただし，小数第1位まで表示する。

　(2)　「売上数」は，シート名「販売データ表」から「店舗」ごとに「販売数」の合計を求める。

　(3)　「店舗別割合」は，次の式で求める。ただし％で小数第1位まで表示する。

　　　　　「売上数　÷　売上数の合計」

価格表

	A	B	C
1			
2	価格表		
3	商品コード	商品名	単価
4	TYK	たこ焼き	500
5	NST	ねぎ塩たこ焼き	600
6	MCT	明太チーズたこ焼き	650
7	KTY	海鮮たこ焼き	700

（価格表）

販売データ表

	A	B	C	D
1				
2	販売データ表			
3	売上コード	店舗	商品コード	販売数
4	180301	西口店	TYK	23
5	180301	西口店	NST	14
6	180301	西口店	MCT	35
～	～	～	～	～
250	180331	東口店	MCT	45
251	180331	東口店	KTY	7

（販売データ表）

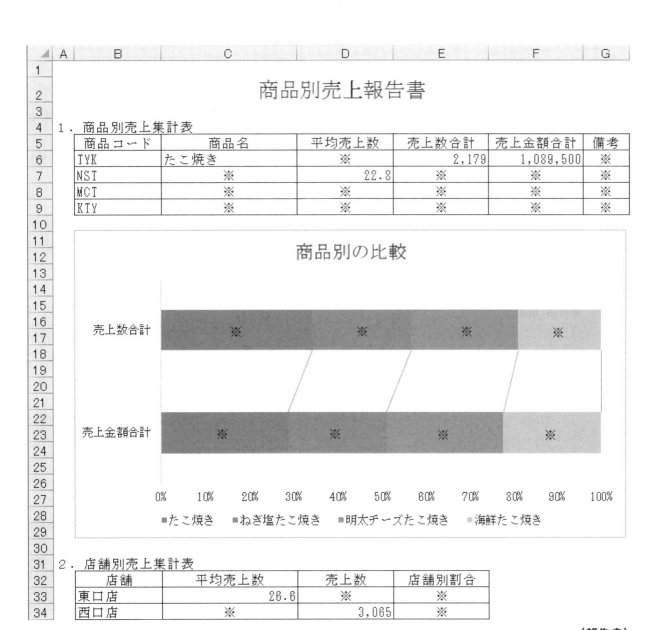

（報告書）

【実技問題 12】（実践問題⑥）　　　　　　　　　　DATA　実技問題 12_提供データ

　あるバーベキュー場では，8月の売り上げについて報告書を作成することになった。作成条件にしたがって，シート名「品目表」とシート名「売上データ表」から，シート名「報告書」を作成しなさい。

作成条件

ワークシートは，あらかじめ提供されたものを使用する。

1．表およびグラフの体裁は，右ページを参考にして設定する。

$$\left[\begin{array}{l}\text{設 定 す る 書 式：罫線}\\ \text{設定する数値の表示形式：3桁ごとのコンマ，\%，小数の表示桁数}\end{array}\right]$$

2．表の※印の部分は，式や関数などを利用して求める。

3．グラフの※印の部分は，表に入力された値をもとに表示する。

4．「1．種別集計表」は，次のように作成する。

　(1)　「売上件数」は，シート名「売上データ表」から「種別」ごとの件数を求める。

　(2)　「平均売上金額」は，シート名「売上データ表」から「種別」ごとに「売上金額」の平均を求める。ただし，整数部のみ表示する。

　(3)　「売上金額合計」は，シート名「売上データ表」から「種別」ごとに「売上金額」の合計を求める。

　(4)　「売上金額割合」は，次の式で求める。ただし，％で小数第1位まで表示する。

　　　　　「売上金額合計　÷　売上金額合計の合計」

　(5)　「備考」は，「売上件数」が 100 以上，または「売上金額合計」が 1000000 以上の場合，○ を表示し，それ以外の場合は何も表示しない。

5．集合横棒グラフは，「1．種別集計表」から作成する。

　(1)　数値軸(横軸)目盛は，最小値(0)，最大値(2,000,000)および間隔(500,000)を設定する。

　(2)　項目軸(縦軸)の順序を設定する。

　(3)　軸ラベルの方向を設定する。

　(4)　データラベルを設定する。

6．「2．レンタル明細表」は，次のように作成する。

　(1)　「品目」は，「品目コード」をもとに，シート名「品目表」を参照して表示する。

　(2)　「売上数合計」は，シート名「売上データ表」から「品目コード」ごとに「売上数」の合計を求める。

　(3)　「売上金額合計」は，シート名「売上データ表」から「品目コード」ごとに「売上金額」の合計を求める。

（品目表）

	A	B	C	D
1				
2	品目表			
3	品目コード	種別	品目	料金
4	C01	利用料	施設利用料1人	500
5	P01	駐車料	駐車料1台	1,000
〜	〜	〜	〜	〜
18	S06	その他販売	氷	600
19	S07	その他販売	ブルーシート	1,200

（売上データ表）

	A	B	C	D	E
1					
2	売上データ表				
3	売上コード	品目コード	種別	売上数	売上金額
4	BBQ001	C01	利用料	4	2,000
5	BBQ002	S01	食材販売	4	8,000
〜	〜	〜	〜	〜	〜
455	BBQ452	S01	食材販売	10	20,000
456	BBQ453	R05	レンタル	2	600

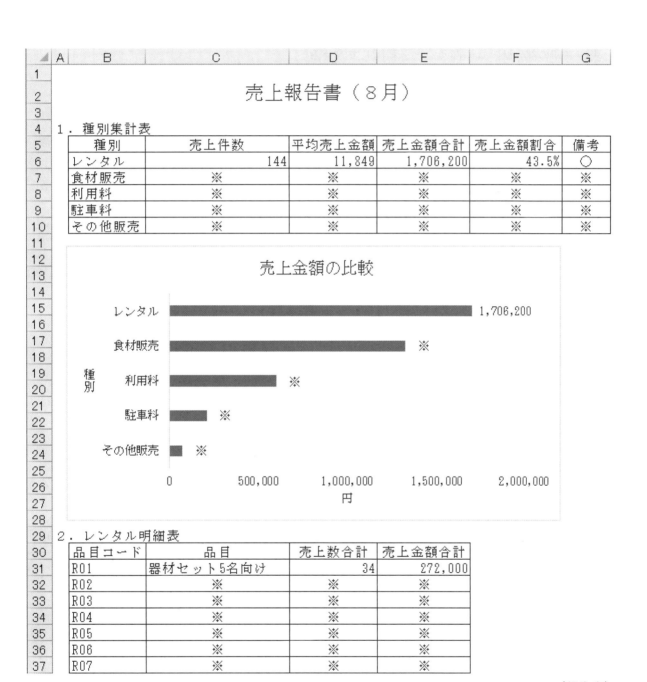

売上報告書（8月）

1．種別集計表

種別	売上件数	平均売上金額	売上金額合計	売上金額割合	備考
レンタル	144	11,849	1,706,200	43.5%	○
食材販売	※	※	※	※	※
利用料	※	※	※	※	※
駐車料	※	※	※	※	※
その他販売	※	※	※	※	※

売上金額の比較

（種別）
- レンタル　1,706,200
- 食材販売　※
- 利用料　※
- 駐車料　※
- その他販売　※

（横軸：0　500,000　1,000,000　1,500,000　2,000,000　円）

2．レンタル明細表

品目コード	品目	売上数合計	売上金額合計
R01	器材セット5名向け	34	272,000
R02	※	※	※
R03	※	※	※
R04	※	※	※
R05	※	※	※
R06	※	※	※
R07	※	※	※

（報告書）

実技問題

【実技問題 13】（実践問題⑦）　　　　　　　　**DATA** 実技問題 13_提供データ

　ある高校の購買部では，５月第３週におけるパンの販売について報告書を作成することになった。作成条件にしたがって，シート名「パン表」とシート名「パン販売データ表」から，シート名「報告書」を作成しなさい。

作成条件

ワークシートは，あらかじめ提供されたものを使用する。

1．表およびグラフの体裁は，右ページを参考にして設定する。

　　［　設 定 す る 書 式：罫線　　　　　　　　　　　　　　　　　　　］
　　［　設定する数値の表示形式：３桁ごとのコンマ，％，小数の表示桁数　］

2．表の※印の部分は，式や関数などを利用して求める。

3．グラフの※印の部分は，表に入力された値をもとに表示する。

4．「１．調理パン集計表」は，次のように作成する。

　(1)　「パン名」は，「パンコード」をもとに，シート名「パン表」を参照して表示する。

　(2)　「予約販売数合計」は，シート名「パン販売データ表」から「パンコード」ごとに「予約販売数」の合計を求める。

　(3)　「直接販売数合計」は，シート名「パン販売データ表」から「パンコード」ごとに「直接販売数」の合計を求める。

　(4)　「平均予約販売数」は，シート名「パン販売データ表」から「パンコード」ごとに「予約販売数」の平均を求める。ただし，小数第１位まで表示する。

　(5)　「売上金額」は，「パンコード」をもとに，シート名「パン表」を参照して「単価」を求め，次の式で計算する。

　　　　　　　「単価 × （予約販売数合計 ＋ 直接販売数合計）」

5．100％積み上げ横棒グラフは，「１．調理パン集計表」から作成する。

　(1)　区分線を設定する。

　(2)　数値軸(横軸)目盛は，最小値(0%)，最大値(100%)および間隔(25%)を設定する。

　(3)　凡例の位置を設定する。

　(4)　データラベルを設定する。

6．「２．曜日別集計表」は，次のように作成する。

　(1)　「種類数」は，シート名「パン販売データ表」から「曜日」ごとの件数を求める。

　(2)　「予約販売数合計」は，シート名「パン販売データ表」から「曜日」ごとに「予約販売数」の合計を求める。

　(3)　「直接販売数合計」は，シート名「パン販売データ表」から「曜日」ごとに「直接販売数」の合計を求める。

　(4)　「予約率」は，次の式で求める。ただし，％で小数第１位まで表示する。

　　　　　　　「予約販売数合計 ÷ （予約販売数合計 ＋ 直接販売数合計）」

　(5)　「備考」は，「予約販売数合計」が 100 以上，かつ「予約率」が 50% 以上の場合，○ を表示し，それ以外の場合は何も表示しない。

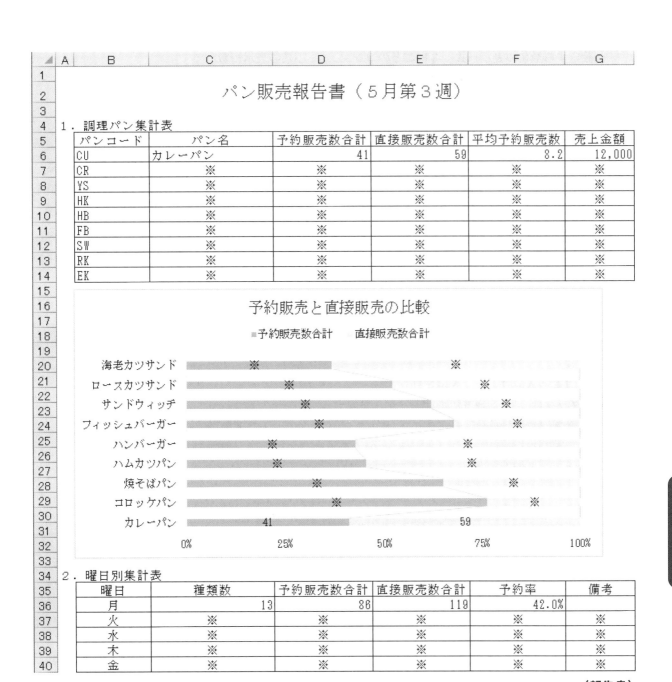

パン表

	A	B	C
1			
2	パン表		
3	パンコード	パン名	単価
4	SW	サンドウィッチ	190
5	RK	ロースカツサンド	190
6	〜	〜	〜
17	ME	メロンパン	100
18	CC	クリームパン	100

（パン表）

パン販売データ表

	A	B	C	D	E
1					
2	パン販売データ表				
3	売上コード	パンコード	曜日	予約販売数	直接販売数
4	MAY3W001	SW	月	8	2
5	MAY3W002	RK	月	5	5
	〜	〜	〜	〜	〜
73	MAY3W074	ME	金	6	14
74	MAY3W075	CC	金	7	13

（パン販売データ表）

パン販売報告書（5月第3週）

1．調理パン集計表

パンコード	パン名	予約販売数合計	直接販売数合計	平均予約販売数	売上金額
CU	カレーパン	41	59	8.2	12,000
CR	※	※	※	※	※
YS	※	※	※	※	※
HK	※	※	※	※	※
HB	※	※	※	※	※
FB	※	※	※	※	※
SW	※	※	※	※	※
RK	※	※	※	※	※
EK	※	※	※	※	※

予約販売と直接販売の比較

2．曜日別集計表

曜日	種類数	予約販売数合計	直接販売数合計	予約率	備考
月	13	86	119	42.0%	
火	※	※	※	※	※
水	※	※	※	※	※
木	※	※	※	※	※
金	※	※	※	※	※

（報告書）

【実技問題 14】 （実践問題⑧）　　　　DATA 実技問題 14_提供データ

　日本のある年の年齢別人口の資料から，報告書を作成することになった。作成条件にしたがって，シート名「都道府県表」とシート名「人口データ表」から，シート名「報告書」を作成しなさい。なお，シート名「人口データ表」の「年少人口」は0～14歳，「生産年齢人口」は15～64歳，「老年人口」は65歳以上の人口を表している。

作成条件

ワークシートは，あらかじめ提供されたものを使用する。

1．表およびグラフの体裁は，右ページを参考にして設定する。

> ［設 定 す る 書 式：罫線
> 設定する数値の表示形式：3桁ごとのコンマ，％，小数の表示桁数］

2．表の※印の部分は，式や関数などを利用して求める。

3．グラフの※印の部分は，表に入力された値をもとに表示する。

4．「1．地方別集計表」は，次のように作成する。

(1)　「都道府県数」は，シート名「人口データ表」から「地方」ごとの件数を求める。

(2)　「年少人口計」は，シート名「人口データ表」から「地方」ごとに「年少人口」の合計を求める。

(3)　「生産年齢人口計」は，シート名「人口データ表」から「地方」ごとに「生産年齢人口」の合計を求める。

(4)　「老年人口計」は，シート名「人口データ表」から「地方」ごとに「老年人口」の合計を求める。

(5)　「人口合計」は，シート名「人口データ表」から「地方」ごとに「人口計」の合計を求める。

(6)　「全国」は，各列の合計を求める。

(7)　「老年化指数」は，次の式で求める。ただし，小数第1位未満を切り捨て，小数第1位まで表示する。

> 「老年人口計 × 100 ÷ 年少人口計」

(8)　「65歳以上の割合」は，次の式で求める。ただし，小数第3位未満を切り捨て，％で小数第1位まで表示する。

> 「老年人口計 ÷ 人口合計」

5．複合グラフは，「1．地方別集計表」から作成する。

(1)　数値軸（縦軸）目盛は，最小値(0)，最大値(80,000,000)および間隔(20,000,000)を設定する。

(2)　第2数値軸（縦軸）目盛は，最小値(80.0)，最大値(260.0)および間隔(30.0)を設定する。

(3)　軸ラベルの方向を設定する。

(4)　凡例の位置を設定する。

(5)　データラベルを設定する。

6．「2．四国地方集計表」は，次のように作成する。

(1)　「都道府県名」は，「都道府県コード」をもとに，シート名「都道府県表」を参照して表示する。

(2)　「面積(㎢)」は，「都道府県コード」をもとに，シート名「人口データ表」を参照して表示する。

(3)　「人口計」は，「都道府県コード」をもとに，シート名「人口データ表」を参照して表示する。

(4)　「人口密度」は，次の式で求める。ただし，整数未満を切り捨て，整数部のみ表示する。

> 「人口計 ÷ 面積(㎢)」

(5)　「備考」は，「人口計」が1000000以上，または「人口密度」が336以上の場合，○を表示し，それ以外の場合は何も表示しない。

（都道府県表）

	A	B
1		
2	都道府県表	
3	都道府県コード	都道府県名
4	1	北海道
5	2	青森
〜	〜	〜
49	46	鹿児島
50	47	沖縄

（人口データ表）

	A	B	C	D	E	F	G
1							
2	人口データ表						
3	都道府県コード	地方	面積(k㎡)	年少人口	生産年齢人口	老年人口	人口計
4	1	北海道	83,424	609,181	3,207,143	1,565,409	5,381,733
5	2	東北	9,646	148,799	765,003	394,463	1,308,265
〜	〜		〜	〜	〜	〜	〜
49	46	九州	9,187	221,524	941,408	485,247	1,648,177
50	47	九州	2,281	248,297	903,141	282,128	1,433,566

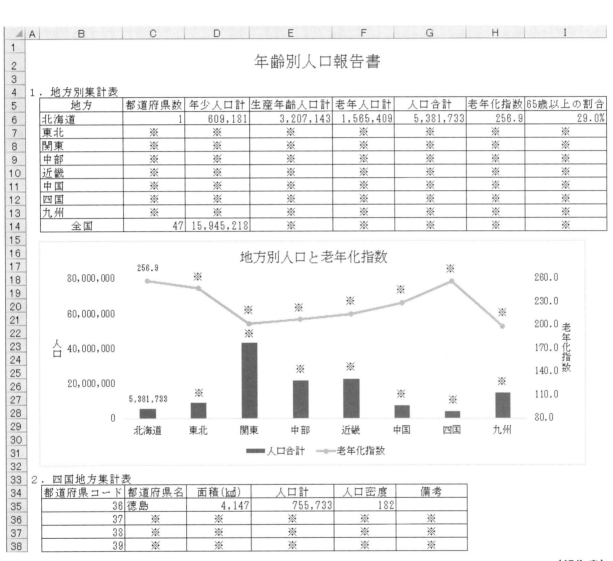

年齢別人口報告書

1．地方別集計表

地方	都道府県数	年少人口計	生産年齢人口計	老年人口計	人口合計	老年化指数	65歳以上の割合
北海道	1	609,181	3,207,143	1,565,409	5,381,733	256.9	29.0%
東北	※	※	※	※	※	※	※
関東	※	※	※	※	※	※	※
中部	※	※	※	※	※	※	※
近畿	※	※	※	※	※	※	※
中国	※	※	※	※	※	※	※
四国	※	※	※	※	※	※	※
九州	※	※	※	※	※	※	※
全国	47	15,945,218	※	※	※	※	※

2．四国地方集計表

都道府県コード	都道府県名	面積(k㎡)	人口計	人口密度	備考
36	徳島	4,147	755,733	182	
37	※	※	※	※	※
38	※	※	※	※	※
39	※	※	※	※	※

（報告書）

【実技問題15】（実践問題⑨）　　　　　　　　DATA　実技問題15_提供データ

　ある授業で，全国の小売業に関する統計表を作成することになった。作成条件にしたがって，シート名「コード表」とシート名「統計データ表」から，シート名「小売統計表」を作成しなさい。

作成条件

ワークシートは，あらかじめ提供されたものを使用する。

1．表およびグラフの体裁は，右ページを参考にして設定する。

> 設定する書式：罫線，行高
> 設定する数値の表示形式：3桁ごとのコンマ，％，小数の表示桁数

2．表の※印の部分は，式や関数などを利用して求める。

3．グラフの※印の部分は，表に入力された値をもとに表示する。

4．「1．業種別統計表」は，次のように作成する。

(1)　「業種名」は，「分類コード」をもとに，シート名「コード表」を参照して表示する。

(2)　「従業者数（人）」は，シート名「統計データ表」から，「分類コード」ごとに「従業者数（人）」の合計を求める。

(3)　「年間商品販売額（百万円）」は，シート名「統計データ表」から，「分類コード」ごとに「年間商品販売額（百万円）」の合計を求める。

(4)　「従業員一人あたりの年間商品販売額（百万円）」は，次の式で求める。ただし，小数第2位未満を四捨五入する。

「年間商品販売額（百万円）　÷　従業者数（人）」

5．「2．商店数比較表」は，次のように作成する。

(1)　「業種名」は，「分類コード」をもとに，シート名「コード表」を参照して表示する。

(2)　「平成19年商店数」は，シート名「統計データ表」から，「分類コード」ごとに「商店数」の合計を求める。

(3)　「昭和57年構成比」は，次の式で求める。ただし，小数第3位未満を四捨五入し，％で小数第1位まで表示する。

F16の例　　　「D16　÷　昭和57年商店数の合計」

(4)　「平成19年構成比」は，次の式で求める。ただし，小数第3位未満を四捨五入し，％で小数第1位まで表示する。

G16の例　　　「E16　÷　平成19年商店数の合計」

6．100％積み上げ横棒グラフは，「2．商店数比較表」から作成する。

(1)　区分線を設定する。

(2)　数値軸（横軸）目盛は，最小値（0％），最大値（100％）および間隔（20％）を設定する。

(3)　凡例の位置を設定する。

(4)　データラベルを設定する。

（コード表）

	A	B
1		
2	コード表	
3	分類コード	業種名（大分類）
4	56	織物・衣服小売
5	57	飲食料品小売
6	58	自動車・自転車小売
7	59	家具・機械器具小売
8	60	その他の小売

（統計データ表）

	A	B	C	D	E
1					
2	統計データ表（平成19年）				
3	分類コード	業種名	商店数	従業者数（人）	年間商品販売額（百万円）
5	56	呉服・服地・寝具小売業	22,966	81,133	909,685
6	56	男子服小売業	21,894	94,336	1,548,241
7	56	婦人・子供服小売業	78,371	320,480	5,487,511
	〜	〜	〜	〜	〜
28	60	写真機・写真材料小売業	3,508	13,602	175,568
29	60	時計・眼鏡・光学機械小売業	20,410	72,634	972,650
30	60	他に分類されない小売業	137,484	597,265	8,958,396

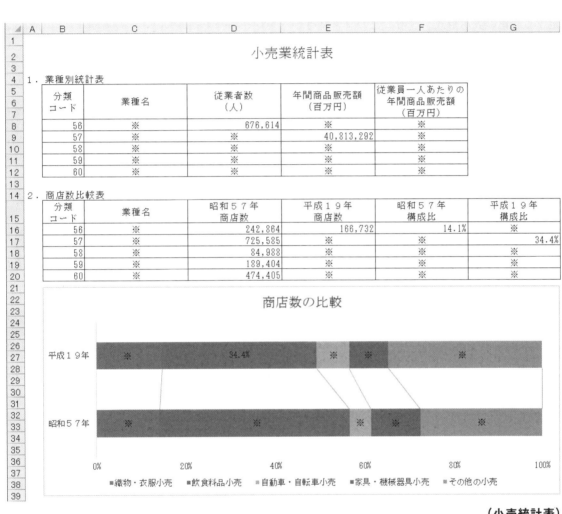

（小売統計表）

【実技問題16】（実践問題⑩）　　　　　　　　　　　DATA　実技問題16_提供データ

　ある家電量販店グループでは，セール期間中に販売された 30 インチ以上の液晶テレビの販売報告書を作成することになった。作成条件にしたがって，シート名「コード表」とシート名「売上表」から，シート名「報告書」を作成しなさい。

作成条件

ワークシートは，あらかじめ提供されたものを使用する。

1．表およびグラフの体裁は，右ページを参考にして設定する。

> ［設 定 す る 書 式：罫線　　　　　　　　　　　　］
> ［設定する数値の表示形式：3 桁ごとのコンマ　　　］

2．表の※印の部分は，式や関数などを利用して求める。

3．グラフの※印の部分は，表に入力された値をもとに表示する。

4．「1．売上集計表」は，次のように作成する。

　(1)　「メーカー名」は，「商品コード」の左端から 2 文字をもとに，シート名「コード表」を参照して表示する。

　(2)　「売上数量」は，シート名「売上表」から，「商品コード」ごとに「数量」の合計を求める。

　(3)　「単価」は，「商品コード」をもとに，シート名「コード表」を参照して表示する。

　(4)　「売上金額」は，次の式で求める。

　　　　　「売上数量　×　単価」

　(5)　「順位」は，「売上金額」を基準として，降順に順位をつける。

　(6)　「備考」は，「売上数量」と「売上金額」がともに平均以上の場合，○ を表示し，それ以外の場合は何も表示しない。

5．集合縦棒グラフは，「1．売上集計表」から作成する。

　(1)　数値軸（縦軸）目盛は，最小値(40)，最大値(110)および間隔(10)を設定する。

　(2)　軸ラベルの方向を設定する。

6．「2．メーカー別売上金額集計表」は，次のように作成する。

　(1)　「売上金額合計」は，「1．売上集計表」から，「メーカー名」ごとに「売上金額」の合計を求める。

　(2)　41〜46 行目のデータを「売上金額合計」を基準として，降順に並べ替える。

商品表

商品コード	単価
NB-19	35,000
NB-22	32,400
NB-32	46,800
NB-40	60,200
NB-50	99,600
NB-60	245,800
〜	〜
YC-50	102,800
YC-60	285,400

メーカー表

メーカーコード	メーカー名
NB	西柴
PP	パープ
RY	ROSEY
SC	シャック
TC	月太刀
YC	四美士

（コード表）

売上表

月	日	商品コード	数量
8	27	NB-19	21
8	27	NB-22	6
8	27	NB-32	4
〜	〜	〜	〜
8	31	YC-40	22
8	31	YC-50	5
8	31	YC-60	27

（売上表）

セール期間の販売報告書（30インチ以上）

1．売上集計表

商品コード	メーカー名	売上数量	単価	売上金額	順位	備考
NB-32	西柴	77	46,800	3,603,600	18	
NB-40	※	※	※	※	※	※
NB-50	※	※	※	※	※	○
NB-60	※	※	※	※	※	※
PP-32	※	※	※	※	※	※
PP-40	※	※	※	※	※	※
PP-50	※	※	※	※	※	※
RY-32	※	※	※	※	※	※
SC-32	※	※	※	※	※	※
SC-40	※	※	※	※	※	※
SC-50	※	※	※	※	※	※
SC-60	※	※	※	※	※	※
TC-32	※	※	※	※	※	※
TC-40	※	※	※	※	※	※
TC-50	※	※	※	※	※	※
TC-60	※	※	※	※	※	※
YC-40	※	※	※	※	※	※
YC-50	※	※	※	※	※	※
YC-60	※	※	※	※	※	※

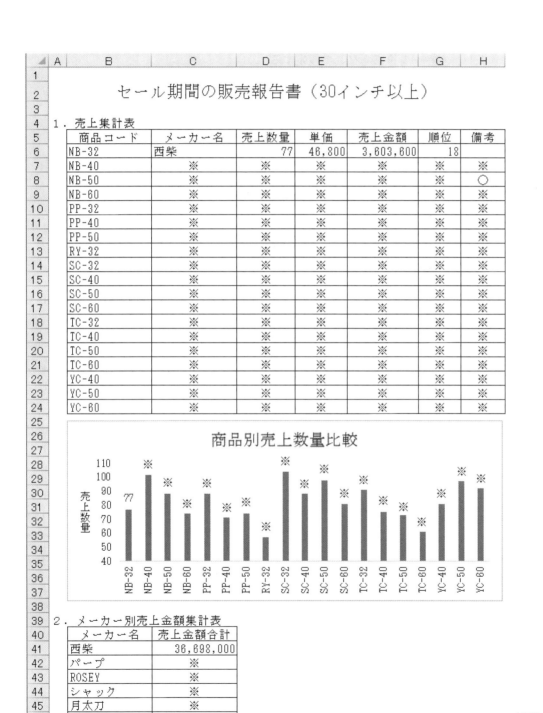

商品別売上数量比較

2．メーカー別売上金額集計表

メーカー名	売上金額合計
西柴	36,698,000
パープ	※
ROSEY	※
シャック	※
月太刀	※
四美士	※

（報告書）

【実技問題17】（実践問題⑪）　　　　　　　　DATA　実技問題17_提供データ

　ある授業で，東京，札幌，大阪，沖縄の4地点の8月の気象統計と大阪の気象状況について調べることになった。資料と作成条件にしたがって，シート名「コード表」とシート名「データ表」から，シート名「統計表」を作成しなさい。

　　資料　観測地点コード表

観測地点	札幌	東京	大阪	沖縄
地点コード	SA	TO	OO	OK

作成条件

ワークシートは，あらかじめ提供されたものを使用する。

1．表およびグラフの体裁は，右ページを参考にして設定する。

　　　［ 設 定 す る 書 式：罫線の種類 ］
　　　［ 設定する数値の表示形式：小数の表示桁数 ］

2．表の※印の部分は，式や関数などを利用して求める。また，※※印の部分は，資料より必要な値を入力する。

3．グラフの※印の部分は，表に入力された値をもとに表示する。

4．シート名「コード表」は，資料のデータを入力する。

5．シート名「データ表」は，「地点コード」を基準として，降順に並べ替える。

6．シート名「統計表」の「1．気象統計表」は，次のように作成する。

　(1)　「平均気温(℃)」は，シート名「データ表」の「気象観測データ表」から観測地点ごとの平均気温を表示する。ただし，小数第1位まで表示する。なお，必要に応じてシート名「コード表」の「観測地点コード表」を参照してもよい。

　(2)　「平均降水量(mm)」は，シート名「データ表」の「気象観測データ表」から観測地点ごとの平均降水量を表示する。ただし，小数第1位まで表示する。なお，必要に応じてシート名「コード表」の「観測地点コード表」を参照してもよい。

　(3)　「平均湿度(%)」は，シート名「データ表」の「気象観測データ表」から観測地点ごとの平均湿度を表示する。ただし，小数第1位まで表示する。なお，必要に応じてシート名「コード表」の「観測地点コード表」を参照してもよい。

7．シート名「統計表」の「2．大阪の気象状況表」は，次のように作成する。なお，シート名「データ表」の「気象観測データ表」にフィルタを使用してもよい。

　(1)　「最高気温(℃)」は，シート名「データ表」の「気象観測データ表」から大阪の最高気温を表示する。

　(2)　「最低気温(℃)」は，シート名「データ表」の「気象観測データ表」から大阪の最低気温を表示する。

　(3)　「晴の日(日)」は，シート名「データ表」の「気象観測データ表」の「天気概況」から大阪の「晴」の数を表示する。

　(4)　「不快指数80以上(日)」は，シート名「データ表」の「気象観測データ表」から大阪の「不快指数」が80以上の数を表示する。

8．複合グラフは，「1．気象統計表」から作成する。

　(1)　数値軸(縦軸)目盛は，最小値(0)，最大値(30.0)および間隔(5.0)を設定する。

　(2)　第2数値軸(縦軸)目盛は，最小値(0)，最大値(25)および間隔(5)を設定する。

　(3)　軸ラベルの方向を設定する。

　(4)　凡例の位置を設定する。

観測地点コード表

	A	B	C	D	E
1					
2	観測地点コード表				
3	観測地点	※※	※※	※※	※※
4	地点コード	SA	TO	OO	OK

（コード表）

気象観測データ表

	A	B	C	D	E	F	G
1							
2	気象観測データ表						
3	観測日（日）	地点コード	平均気温（℃）	降水量（mm）	平均湿度（%）	不快指数	天気概況
4	1	TO	29.4	0	71	81	曇時々晴
5	2	TO	30.2	0	66	81	晴
6	3	TO	29.8	0	67	81	不明
～	～	～	～	～	～	～	～
125	29	OK	28.3	0.5	82	80	晴時々雨
126	30	OK	28.2	0	81	80	晴時々曇
127	31	OK	27.5	0	77	79	晴一時曇

（データ表）

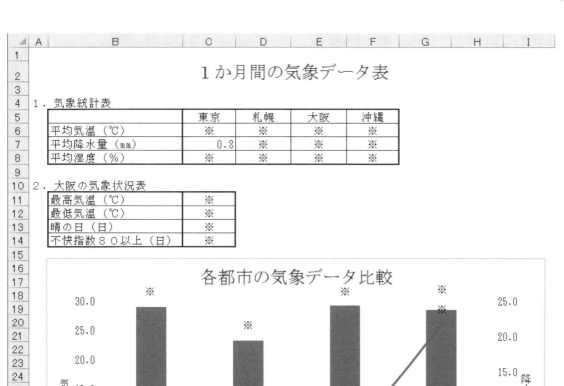

（統計表）

第１回模擬

主催　公益財団法人　全国商業高等学校協会

情報処理検定模擬試験問題　第２級

第１回　筆記

制限時間 30 分

【1】　次の説明文に最も適した答えを解答群から選び，記号で答えなさい。

1．アクセス許可において，ファイルを上書きすることができる権限。

2．人間の幅広い創造的活動によって得られた財産を一定期間独占的に使用できる権利。

3．磁気ディスク装置の記録面にある，木の年輪のように同心円状に分割された円一周分の記憶領域。

4．電子文書のファイル形式。受信者はコンピュータの機種や環境に影響されず，画面上で文書を再現できる。

5．データを送受信するための単位で，一つのデータを複数のブロックに分割したもの。

解答群

ア．キーロガー　　　　イ．読み取り　　　　ウ．知的財産権

エ．肖像権　　　　　　オ．パケット　　　　カ．PDF

キ．書き込み　　　　　ク．シリンダ　　　　ケ．CSV

コ．トラック

1	2	3	4	5

【2】　次のＡ群の語句に最も関係の深い説明文をＢ群から選び，記号で答えなさい。

〈A群〉　1．磁気ヘッド　　　2．GIF　　　3．JIS
　　　　4．イニシャルコスト　　　5．ピアツーピア

〈B群〉

ア．256色までを表現できる可逆圧縮の画像ファイル形式。Web ページにおけるボタンやアイコンなどに利用されている。

イ．データを読み書きするために磁気ヘッドをディスク上の所定の位置に移動させるための部品。

ウ．米国に本部がある，電気・電子分野の世界最大規模の研究組織。

エ．システムの開発などで導入する際にかかる，初期費用。

オ．音声データを圧縮して保存するファイル形式。

カ．日本の産業製品に関する規格などが定められた国家規格。

キ．システムの開発から運用，不要になった際の廃棄までにかかる費用の総額。

ク．コンピュータ同士を対等な関係で接続し，通信を行うネットワーク形態。

ケ．磁気ディスク装置で，データを読み書きする部品。

コ．通信ケーブルを使わずに，無線通信を利用してデータの送受信を行うネットワーク。

1	2	3	4	5

【3】　次の説明文に最も適した答えをア，イ，ウの中から選び，記号で答えなさい。

1．2進数の 10011 と 1001 の和を表す2進数。

　　　ア．10010　　　　　　　　イ．11100　　　　　　　　ウ．111000

2．容量を小さくしたファイルを元の大きさに戻すこと。

　　　ア．アーカイバ　　　　　　イ．圧縮　　　　　　　　ウ．解凍

3．内容が文字データのみのファイル。

　　　ア．サブディレクトリ　　　イ．バイナリファイル　　ウ．テキストファイル

4．動画データを圧縮して保存する形式。

　　　ア．MPEG　　　　　　　　イ．MIDI　　　　　　　　ウ．ZIP

5．ある学校における夏季休業中の英語コミュニケーションⅠと数学Ⅰの補講参加表を和集合した仮想表を作成する。作成された仮想表のレコード件数。

英語コミュニケーションⅠ補講参加者表

学籍番号	氏　名
1101	安藤　○○
1104	宇田川　○○○
1108	許　○
1110	近藤　○○
1114	早乙女　○○
1115	庄司　○○
1117	田上　○○○
1119	チャールズ　○○○○
1120	所　○○

数学Ⅰ補講参加者表

学籍番号	氏　名
1104	宇田川　○○○
1106	加藤　○○
1108	許　○
1114	早乙女　○○
1116	須藤　○○○
1118	張　○
1119	チャールズ　○○○○
1120	所　○○

　　　ア．5　　　　　　　　　　イ．12　　　　　　　　　ウ．17

1		2		3		4		5	

【4】 ある革製品販売店では，取扱商品の状況をリレーショナル型データベースで管理している。次の各問いに答えなさい。

種類表

種類コード	種類名
1000	手帳カバー
2000	ブックカバー
3000	ペンケース
4000	パスケース

素材表

素材コード	素材名
S01	レザー（つやあり）
S02	レザー（つやなし）
S03	ソフト革
S04	型押し革

カラー表

カラーコード	カラー名
C01	ブラック
C02	レッド
C03	ブルー
C04	ネイビー

商品表

商品コード	種類コード	素材コード	カラーコード	仕入価格	在庫数
AS1001	1000	S01	C01	23000	14
AS1002	1000	S01	C02	23000	20
AS1003	1000	S01	C03	23000	11
AS1004	1000	S01	C04	23000	8
AS1005	1000	S02	C01	13000	21
AS1006	1000	S02	C02	13000	16
AS1007	1000	S03	C01	8000	13
AS1008	1000	S03	C02	8000	14
AS1009	1000	S04	C01	6500	15
AS1010	1000	S04	C02	6500	8
AS2001	2000	S01	C01	18000	13
AS2002	2000	S01	C02	18000	9
AS2003	2000	S01	C03	18000	7
AS2004	2000	S01	C04	18000	5
AS2005	2000	S02	C01	9000	8
AS2006	2000	S02	C02	9000	8
AS2007	2000	S03	C01	5500	13
AS2008	2000	S04	C01	4000	10
AS3001	3000	S01	C01	7000	8
AS3002	3000	S01	C02	7000	9
AS3003	3000	S02	C01	4500	13
AS3004	3000	S02	C02	4500	14
AS3005	3000	S03	C01	2500	8
AS3006	3000	S04	C01	1800	5
AS4001	4000	S01	C01	3000	12
AS4002	4000	S01	C02	3000	5
AS4003	4000	S02	C01	2200	20
AS4004	4000	S02	C02	2200	16
AS4005	4000	S03	C01	1800	9
AS4006	4000	S04	C01	1400	11

問1．次の表は，商品表をもとにして作成したものである。このようなリレーショナル型データベースの操作として適切なものを選び，記号で答えなさい。

ア．選択
イ．射影
ウ．結合

商品コード	種類コード	素材コード	カラーコード	仕入価格	在庫数
AS3001	3000	S01	C01	7000	8
AS3002	3000	S01	C02	7000	9
AS3003	3000	S02	C01	4500	13
AS3004	3000	S02	C02	4500	14
AS3005	3000	S03	C01	2500	8
AS3006	3000	S04	C01	1800	5

問2．次のSQL文によって抽出されるデータとして適切なものを選び，記号で答えなさい。

```
SELECT   商品コード，カラーコード，在庫数
  FROM   商品表
  WHERE  カラーコード = 'C04'
```

ア.

商品コード	カラーコード	在庫数
AS1003	C03	11
AS2003	C03	7

イ.

商品コード	カラーコード	在庫数
AS1002	C02	20
AS1006	C02	16
AS1008	C02	14
AS1010	C02	8
AS2002	C02	9
AS2006	C02	8
AS3002	C02	9
AS3004	C02	14
AS4002	C02	5
AS4004	C02	16

ウ.

商品コード	カラーコード	在庫数
AS1004	C04	8
AS2004	C04	5

問3．次のSQL文によって抽出されるデータとして適切なものを選び，記号で答えなさい。

```
SELECT   商品コード，仕入価格
  FROM   商品表
  WHERE  種類コード = '2000'
    AND  素材コード = 'S01'
```

ア.

商品コード	仕入価格
AS3001	7000
AS3002	7000

イ.

商品コード	仕入価格
AS2001	18000
AS2002	18000
AS2003	18000
AS2004	18000

ウ.

商品コード	仕入価格
AS2005	9000
AS2006	9000

問4．次のSQL文によって抽出されるデータとして適切なものを選び，記号で答えなさい。

```
SELECT   商品コード，種類名，素材名
  FROM   種類表，素材表，商品表
  WHERE  種類表.種類コード = 商品表.種類コード
    AND  素材表.素材コード = 商品表.素材コード
    AND  在庫数 > 20
```

ア.

商品コード	種類名	素材名
AS1005	手帳カバー	レザー（つやなし）

イ.

商品コード	種類名	素材名
AS1002	手帳カバー	レザー（つやあり）
AS1005	手帳カバー	レザー（つやなし）
AS4003	パスケース	レザー（つやなし）

ウ.

商品コード	種類名	素材名
AS1002	手帳カバー	レザー（つやあり）
AS4003	パスケース	レザー（つやなし）

問5．次のSQL文を実行したとき，表示される適切な数値を答えなさい。

```
SELECT   SUM(在庫数) AS 実行結果
  FROM   商品表
  WHERE  種類コード = '3000'
```

実行結果
※

（注）※印は，値の表記を省略している。

問1		問2		問3		問4		問5	

第1回模擬

【5】 次の各問いに答えなさい。

問1. 次の表は, ある月の月末の日付を計算する表である。「今日の日付」
から「月末の日付」を求める。B5 に設定する式として適切なもの
を選び, 記号で答えなさい。

	A	B
1		
2	当月末の日付計算	
3	今日の日付	2022/4/9
4		↓
5	月末の日付	2022/4/30

ア. =DATE(YEAR(B3),MONTH(B3),30)

イ. =DATE(YEAR(B3),MONTH(B3)-1,1)

ウ. =DATE(YEAR(B3),MONTH(B3)+1,1)-1

問2. 次の表は, ボウリング大会の成績表である。「第1回戦順位」は, 「第1回戦スコア」の降順に順位を
つけるとき, E4 に設定する式として適切なものを選び, 記号で答えなさい。ただし, 「第2回戦順位」
は「第2回戦スコア」, 「第3回戦順位」は「第3回戦スコア」の降順に順位をつけるため, この式を
G11 までコピーするものとする。

	A	B	C	D	E	F	G
1							
2	ボウリング大会結果表						
3	選手名	第1回戦スコア	第2回戦スコア	第3回戦スコア	第1回戦順位	第2回戦順位	第3回戦順位
4	上田 竜也	207	133	247	2	8	1
5	沢井 禄郎	122	165	214	7	4	2
6	木村 真奈美	125	196	113	6	2	8
7	松野 聖陽	105	145	174	8	5	4
8	吉沢 慎之介	194	143	145	3	6	6
9	金児 憲一	229	220	188	1	1	3
10	早美 はるみ	138	134	120	5	7	7
11	小出 菜摘	156	168	155	4	3	5

ア. =RANK(B4,B$4:$B11,0)

イ. =RANK(B4,B$4:B$11,0)

ウ. =RANK(B4,$B4:$B11,0)

問3. 次の表は, 球技大会の成績一覧表である。「結果」
は, 「合計」が1位のクラスには 優勝 を表示し,
2位のクラスには 準優勝 を表示する。F5 に設定
する式として適切なものを選び, 記号で答えなさ
い。ただし, 1位と2位のクラスはそれぞれ複数
存在しないものとする。

	A	B	C	D	E	F
1						
2	球技大会成績一覧表					
3		競技1	競技2	競技3		
4	クラス	得点	得点	得点	合計	結果
5	1年1組	10	10	100	120	
6	1年2組	10	10	150	170	
7	1年3組	10	100	10	120	
8	2年1組	10	10	10	30	
9	2年2組	10	10	10	30	
10	2年3組	100	50	10	160	
11	3年1組	150	150	10	310	準優勝
12	3年2組	50	200	50	300	
13	3年3組	200	10	200	410	優勝

ア. =IF(E5=MAX($E$5:$E$13),"優勝",IF(E5=LARGE($E$5:$E$13,2),"準優勝",""))

イ. =IF(E5=MAX($E$5:$E$13),"優勝",IF(E5=LARGE($E$5:$E$13,2),"","準優勝"))

ウ. =IF(E5=LARGE($E$5:$E$13,2),"準優勝",IF(E5=MAX($E$5:$E$13),"","優勝"))

問4．ある高校では，修学旅行での班別行動の希望を集計するために次の表を用いている。シート名「集計」のB5に設定する式として適切なものを選び，記号で答えなさい。

シート名「1組」

	A	B	C
1			
2	修学旅行班別行動希望表		1組
3	内容	希望班数	
4		午前	午後
5	寺院巡り	2	1
6	着付け散策	2	3
7	金箔貼り体験	3	3
8	乗馬体験	1	1
9	ラフティング体験	1	1
10	合計	9	9

1組　2組　3組　集計

シート名「2組」

	A	B	C
1			
2	修学旅行班別行動希望表		2組
3	内容	希望班数	
4		午前	午後
5	寺院巡り	3	1
6	着付け散策	3	4
7	金箔貼り体験	2	3
8	乗馬体験	0	1
9	ラフティング体験	1	0
10	合計	9	9

1組　2組　3組　集計

シート名「3組」

	A	B	C
1			
2	修学旅行班別行動希望表		3組
3	内容	希望班数	
4		午前	午後
5	寺院巡り	1	2
6	着付け散策	3	1
7	金箔貼り体験	3	4
8	乗馬体験	1	2
9	ラフティング体験	2	1
10	合計	10	10

1組　2組　3組　集計

シート名「集計」

	A	B	C
1			
2	修学旅行班別行動希望表		学年集計
3	内容	希望班数	
4		午前	午後
5	寺院巡り	6	4
6	着付け散策	8	8
7	金箔貼り体験	8	10
8	乗馬体験	2	4
9	ラフティング体験	4	2
10	合計	28	28

1組　2組　3組　集計

ア．=SUM(1組:3組!B5)

イ．=SUM(1組!B5,3組!B5)

ウ．=SUM(1組+2組+3組!B5)

問5．次の表は，ある製品の出荷状況を表した表である。各製品の生産数と出荷単位から，出荷状況を求めたい。D4に設定する式として適切なものを選び，記号で答えなさい。ただし，「出荷単位」は1ケースに入れられる製品数を示している。

	A	B	C	D
1				
2	製品の出荷状況			
3	製品名	生産数	出荷単位	出荷状況
4	製品A	580	65	ケース数は8箱で端数は60個
5	製品B	350	12	ケース数は29箱で端数は2個
6	製品C	730	80	ケース数は9箱で端数は10個

ア．="ケース数は"&ROUNDDOWN(C4/B4,0)&"箱で端数は"&MOD(C4,B4)&"個"

イ．="ケース数は"&ROUNDUP(B4/C4,0)&"箱で端数は"&MOD(B4,C4)&"個"

ウ．="ケース数は"&ROUNDDOWN(B4/C4,0)&"箱で端数は"&MOD(B4,C4)&"個"

問1		問2		問3		問4		問5	

【6】　次の表は，ある食堂での8月の主要商品の売上を集計したものである。作成条件にしたがって，次の各問いに答えなさい。

8月における主要商品売上一覧表

商品名	商品コード	種類	第1週	第2週	第3週	第4週	合計	売上金額	備考
			販売数						
餃子	350C	中華	745	781	875	920	3,321	1,162,350	※
ラーメン	600C	中華	1,021	783	1,209	1,732	4,745	2,847,000	※
ビーフカレー	650Y	洋食	635	1,058	612	765	3,070	1,995,500	※
焼き鯖すし	670W	和食	440	457	589	590	2,076	1,390,920	※
ミックスピザ	800Y	洋食	298	263	329	340	1,230	984,000	※
ドリア	850Y	洋食	489	345	508	543	1,885	1,602,250	※
エビチリ	950C	中華	167	474	285	312	1,238	1,176,100	※
天ぷら	980W	和食	329	206	309	276	1,120	1,097,600	※
ミートソース	750Y	洋食	964	927	349	861	3,101	2,325,750	※
かつ丼	900W	和食	814	780	807	416	2,817	2,535,300	※
うどん	550W	和食	630	740	585	920	2,875	1,581,250	※
麻婆豆腐	750C	中華	749	404	455	808	2,416	1,812,000	※
そば	550W	和食	625	589	450	706	2,370	1,303,500	※
ハンバーグ	650Y	洋食	861	308	595	939	2,703	1,756,950	※
炒飯	500C	中華	871	767	923	697	3,258	1,629,000	※

種類別集計表

種類コード	Y	W	C
種類	洋食	和食	中華
売上金額平均	1,732,890	1,581,714	1,725,290

週別販売数集計表

種類	第1週	第2週	第3週	第4週
洋食	3,247	2,901	2,393	3,448
和食	2,838	2,772	2,740	2,908
中華	3,553	3,209	3,747	4,469

(注)　※印は，値の表記を省略している。

作成条件

1．「8月における主要商品売上一覧表」は，次のように作成する。
　(1)　「種類」は，「商品コード」の右端から1文字を抽出し，「種類別集計表」を参照して表示する。
　(2)　「合計」は，「第1週」から「第4週」の合計を求める。
　(3)　「売上金額」は，次の式で求める。
　　　「商品コードの左端から3文字を数値データに変換した値　×　合計」
　(4)　「備考」は，「合計」における上位3位(降順)以内か，または「売上金額」における上位3位(降順)以内の場合，○を表示し，それ以外の場合は何も表示しない。
2．「種類別集計表」の「売上金額平均」は，「種類」ごとに「売上金額」の平均を求める。ただし，整数で表示する。
3．「週別販売数集計表」は，「種類」ごと，週ごとに販売数の合計を求める。

問1．C5 に設定する式の空欄(a), (b)にあてはまる組み合わせとして適切なものを選び,記号で答えなさい。

= [(a)] (RIGHT(B5,1),$B$22:$D$23,2, [(b)])

	(a)	(b)
ア．	HLOOKUP	TRUE
イ．	HLOOKUP	FALSE
ウ．	VLOOKUP	FALSE

問2．I5 に設定する式の空欄にあてはまる適切なものを選び, 記号で答えなさい。

=VALUE([　　　] (B5,3))*H5

ア．LEFT　　　　　　　　イ．MID　　　　　　　　ウ．RIGHT

問3．J5〜J19 に表示される ○ の数を答えなさい。

問4．B24 に設定する式として適切なものを選び, 記号で答えなさい。

　　ア．=AVERAGEIFS($I$5:$I$19,$C$5:$C$19,B23)
　　イ．=COUNTIFS($C$5:$C$19,B23)
　　ウ．=AVERAGE($I$5:$I$19)

問5．G23 に設定する式の空欄(a), (b), (c)にあてはまる適切なものを選び, 記号で答えなさい。ただし, この式を J25 までコピーするものとする。

=SUMIFS([(a)] , [(b)] , [(c)])

ア．C$5:C$19	イ．$C5:$C19	ウ．$C$5:$C$19
エ．F$23	オ．$F23	カ．$F$23
キ．D$5:D$19	ク．$D5:$D19	ケ．$D$5:$D$19

問1		問2		問3		問4	
問5	(a)		(b)		(c)		

第1回模擬

主催 公益財団法人 全国商業高等学校協会

情報処理検定模擬試験問題　第2級

| 第1回　実技 | **DATA** 第1回模擬_提供データ |

制限時間 20 分

次の表は，あるサロン店における売上報告書である。次の作成条件にしたがって，シート名「メニュー表」とシート名「売上表」から，シート名「報告書」を作成しなさい。

作成条件

ワークシートは，あらかじめ提供されたものを使用する。

1．表およびグラフの体裁は，右ページを参考にして設定する。

> ［ 設 定 す る 書 式：罫線
> 　設定する数値の表示形式：3桁ごとのコンマ，％，小数の表示桁数 ］

2．表の※印の部分は，式や関数などを利用して求める。

3．グラフの※印の部分は，表に入力された値をもとに表示する。

4．「1．メニュー別売上集計表」は，次のように作成する。

  (1)　「メニュー」は，「メニューコード」をもとに，シート名「メニュー表」を参照して表示する。

  (2)　「人数」は，シート名「売上表」から「メニューコード」ごとの件数を求める。

  (3)　「売上金額合計」は，シート名「売上表」から「メニューコード」ごとに「売上金額」の合計を求める。

  (4)　「順位」は，「売上金額合計」を基準として，降順に順位を求める。

  (5)　「備考」は，「人数」が100以上，かつ「売上金額合計」が500000以上の場合，○ を表示し，それ以外の場合，何も表示しない。

  (6)　「合計」は，各列の合計を求める。

  (7)　「最大」は，各列の最大値を求める。

5．複合グラフは，「1．メニュー別売上集計表」から作成する。

  (1)　数値軸（縦軸）目盛は，最小値(30)，最大値(180)および間隔(30)を設定する。

  (2)　第2数値軸（縦軸）目盛は，最小値(0)，最大値(900,000)および間隔(100,000)を設定する。

  (3)　軸ラベルの方向を設定する。

  (4)　凡例の位置を設定する。

  (5)　データラベルを設定する。

6．「2．年代別集計表」は，次のように作成する。

  (1)　「人数」は，シート名「売上表」から「年代」ごとの件数を求める。

  (2)　「合計」は，各列の合計を求める。

  (5)　「割合」は，次の式で求める。ただし，％で小数第1位まで表示する。

> **「人数　÷　人数の合計」**

第1回模擬

◢	A	B	C
1			
2	メニュー表		
3	メニューコード	メニュー	料金
4	CT	カット	4,950
5	SC	学生カット	2,750
6	PM	パーマ	7,700
7	MN	マニキュア	3,850
8	SS	白髪染め	4,400

（メニュー表）

◢	A	B	C	D
1				
2	売上表			
3	売上コード	メニューコード	料金	年代
4	40101	CT	4,950	20代
5	40102	CT	4,950	10代
6	40103	SC	2,750	10代
7	40104	MN	3,850	10代
8	40105	SC	2,750	10代
～	～	～	～	～
542	43035	CT	4,950	20代
543	43036	MN	3,850	40代
544	43037	CT	4,950	40代
545	43038	CT	4,950	20代
546	43039	CT	4,950	10代

（売上表）

◢	A	B	C	D	E	F	G	H

売上状況報告書

1．メニュー別売上集計表

メニューコード	メニュー	人数	売上金額合計	順位	備考
CT	カット	128	633,600	2	○
SC	※	※	※	※	※
PM	※	※	※	※	※
MN	※	※	※	※	※
SS	※	※	※	※	※
	合計	543	※		
	最大	158	※		

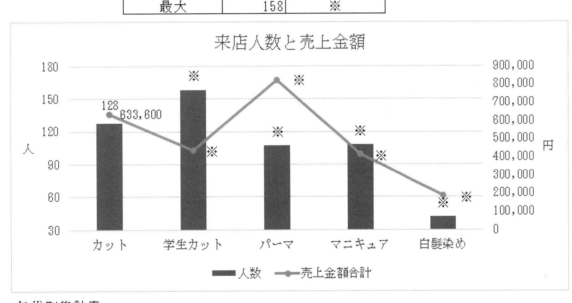

2．年代別集計表

年代	人数	割合
10代	249	45.9%
20代	※	※
30代	※	※
40代	※	※
50代以上	※	※
合計	※	

（報告書）

主催 公益財団法人 全国商業高等学校協会

情報処理検定模擬試験問題　第2級

第2回　筆記　　　　　　　　　　　　　　　　　　　　　制限時間30分

第2回模擬

【1】　次の説明文に最も適した答えを解答群から選び，記号で答えなさい。

1．磁気ディスク装置において，アクセスアームを動かさずにデータを読み書きできるトラックの集まり。
2．インターネット上の動画や音声などを，受信しながら同時に視聴する方式。
3．高速で回転する複数の円盤の上に，磁気によりデータを読み書きする装置。
4．複数のファイルを一つのファイルにまとめたり，まとめたファイルを元に戻したりするソフトウェア。
5．デジタル画像を構成する色情報を持った点1つ1つのこと。

　解答群
　ア．シリンダ　　　　　　イ．ピクセル　　　　　　ウ．シェアウェア
　エ．セクタ　　　　　　　オ．ランサムウェア　　　カ．磁気ディスク装置
　キ．アーカイバ　　　　　ク．ドット　　　　　　　ケ．フリーウェア
　コ．ストリーミング

1		2		3		4		5	

【2】　次のA群の語句に最も関係の深い説明文をB群から選び，記号で答えなさい。

〈A群〉　1．ルートディレクトリ　　2．OCR　　　　　3．圧縮
　　　　 4．MP3　　　　　　　　　5．ANSI

〈B群〉
　ア．停電などの電力トラブルが発生した際，コンピュータに一定時間，電力を供給するための大容量のバッテリを内蔵した電源装置。
　イ．容量を小さくしたファイルを元の大きさに戻すこと。
　ウ．階層型ファイル管理の記憶構造で，最上位のディレクトリ。
　エ．動画データを圧縮して保存する形式。
　オ．手書きの文字や印刷された文字を光学的に読み取る装置。
　カ．音声データを圧縮して保存する形式。
　キ．あるディレクトリの下の階層に作られたディレクトリ。
　ク．データの意味を変えずにファイルの容量を小さくすること。
　ケ．アメリカ合衆国の工業製品の規格を定める標準化機関。
　コ．用紙の所定の位置を塗りつぶしたマークを，光学的に読み取る装置。

1		2		3		4		5	

【3】　次の説明文に最も適した答えをア，イ，ウの中から選び，記号で答えなさい。

1．10進数の11と2進数の100の積を表す2進数。

　　　　ア．1100　　　　　　　　　　**イ**．10110　　　　　　　　**ウ**．101100

2．コンピュータで色を表現するための方式の1つ。赤，緑，青の光の三原色の強さを数値で表す。

　　　　ア．CMYK　　　　　　　　　　**イ**．RGB　　　　　　　　**ウ**．ppi

3．横800画素，縦600画素の画像を無圧縮で保存する場合，画像1枚の記憶容量は何KBになるか。ただし，フルカラーは24ビットカラーとし，$1 KB = 10^3 B$ とする。

　　　　ア．1.44KB　　　　　　　　　**イ**．1,440KB　　　　　　　**ウ**．11,520KB

4．ファイルを検索する際に，任意の文字列や一つの文字の代用として使うことができる特殊文字のこと。

　　　　ア．ワイルドカード　　　　　**イ**．拡張子　　　　　　　　**ウ**．キーロガー

5．次のA店取扱商品表と，B店取扱商品表の積集合をとった場合，結果表として適切なもの。

A店取扱商品表

商品コード	ケーキ名
K01	イチゴショート
K02	イチゴのタルト
K05	チョコムース

B店取扱商品表

商品コード	ケーキ名
K01	イチゴショート
K03	アップルパイ
K04	チーズスフレ

ア．結果表

商品コード	ケーキ名
K01	イチゴショート
K02	イチゴのタルト
K03	アップルパイ
K04	チーズスフレ
K05	チョコムース

イ．結果表

商品コード	ケーキ名
K02	イチゴのタルト
K05	チョコムース

ウ．結果表

商品コード	ケーキ名
K01	イチゴショート

1		2		3		4		5	

【4】　あるみやげ品販売店では，商品の注文状況をリレーショナル型データベースで管理している。次の各問いに答えなさい。ただし，販売店から注文を受けた製造者は，その日に製造した商品を当日中に発送するものとする。

商品表

商品コード	商品名	単価	賞味期間	製造者コード
C001	あじの干物	900	5	M01
C002	いかの塩辛	650	30	M01
C003	焼きちくわ	400	7	M01
C004	温泉まんじゅう	600	5	M05
C005	栗ようかん	850	30	M03
C006	手焼きせんべい	600	90	M02
C007	そばクッキー	550	90	M05
C008	梅ジャム	450	180	M03
C009	刺身こんにゃく	500	30	M04
C010	大根みそ漬け	700	150	M04

製造者表

製造者コード	製造者名	住所
M01	まなづる屋	真鶴町岩○○○
M02	足柄菓子店	湯河原町宮上○△-○
M03	相模屋	小田原市城山○-○○
M04	御幸食品	小田原市浜町△○○
M05	箱根製菓	箱根町湯本○-○-○

注文表

注文番号	注文日	商品コード	注文数
1001	2022/09/01	C002	5
1002	2022/09/01	C003	4
1003	2022/09/01	C004	7
1004	2022/09/01	C008	8
1005	2022/09/02	C001	10
1006	2022/09/02	C006	20
1007	2022/09/02	C007	5
1008	2022/09/03	C002	8
1009	2022/09/03	C003	10
1010	2022/09/03	C004	20
1011	2022/09/03	C006	10
1012	2022/09/03	C010	5
1013	2022/09/04	C002	2
1014	2022/09/04	C003	3
1015	2022/09/04	C009	10
1016	2022/09/04	C010	5
1017	2022/09/05	C001	3
1018	2022/09/05	C004	1
1019	2022/09/05	C006	30
1020	2022/09/05	C007	2
1021	2022/09/06	C001	14
1022	2022/09/06	C004	8
1023	2022/09/06	C005	8
1024	2022/09/06	C009	22
1025	2022/09/06	C010	17

問１．商品表の外部キーとして適切なものを選び，記号で答えなさい。

ア．商品コード　　　　　　　　　　**イ**．賞味期間　　　　　　　　　　**ウ**．製造者コード

問2．次のSQL文によって抽出されるデータとして適切なものを選び，記号で答えなさい。

```
SELECT    商品名
  FROM    商品表
  WHERE   賞味期間 <= 7
```

ア．

商品名
あじの干物
焼きちくわ
温泉まんじゅう

イ．

商品名
あじの干物
温泉まんじゅう

ウ．

商品名
焼きちくわ

問3．次のSQL文によって抽出されるデータとして適切なものを選び，記号で答えなさい。

```
SELECT    注文番号，注文数
  FROM    注文表
  WHERE   注文日 = '2022/09/03'　AND　商品コード = 'C006'
```

ア．

注文番号	注文数
1008	8
1009	10
1010	20
1011	10
1012	5

イ．

注文番号	注文数
1011	10

ウ．

注文番号	注文数
1006	20
1011	10
1019	30

問4．次のSQL文によって抽出されるデータとして適切なものを選び，記号で答えなさい。

```
SELECT    注文日，製造者名，賞味期間
  FROM    商品表，製造者表，注文表
  WHERE   商品表.商品コード = 注文表.商品コード
    AND   商品表.製造者コード = 製造者表.製造者コード
    AND   注文数 < 10　AND　単価 < 600
```

ア．

注文日	製造者名	賞味期間
2022/09/03	まなづる屋	7
2022/09/04	御幸食品	30
2022/09/06	御幸食品	30

イ．

注文日	製造者名	賞味期間
2022/09/01	まなづる屋	30
2022/09/03	まなづる屋	30
2022/09/03	御幸食品	150
2022/09/04	まなづる屋	30
2022/09/04	御幸食品	150
2022/09/05	まなづる屋	5
2022/09/06	相模屋	30

ウ．

注文日	製造者名	賞味期間
2022/09/01	まなづる屋	7
2022/09/01	相模屋	180
2022/09/02	箱根製菓	90
2022/09/04	まなづる屋	7
2022/09/05	箱根製菓	90

問5．次のSQL文を実行したとき，表示される適切な数値を答えなさい。

```
SELECT    AVG(注文数)　AS　注文数平均
  FROM    注文表
  WHERE   注文日 = '2022/09/05'
```

注文数平均
※

（注）　※印は，値の表記を
省略している。

問1		問2		問3		問4		問5	

【5】 次の各問いに答えなさい。

第2回模擬

問1．次の表は，あるテーマパークの入園券の売上報告書である。B3 には，売上金額の合計値を文字列に変換して，他の文字列と組み合わせて表示する。B3 に設定する次の式の空欄にあてはまるものとして適切なものを選び，記号で答えなさい。なお，B3〜D3 のセルは結合されている。

	A	B	C	D	E
1		本日の入園券売上報告書			
2					
3		総売上金額 88,297,560円			
4					
5	【内訳】入園券売上一覧表				
6	券種コード	券種	単価	売上枚数	売上金額
7	A	大人	6,480	8,432	54,639,360
8	S	中人	5,400	3,821	20,633,400
9	C	小人	3,240	4,020	13,024,800
10				合計	88,297,560

=　□　(E10,"総売上金額 ###,##0円")

ア．VALUE　　　　　**イ**．FIND　　　　　**ウ**．TEXT

問2．次の表は，あるテーマパークの季節別の入場者数の一覧である。「入場者数割合」は，各季節の合計における割合を求めている。F5 に設定する式として適切なものを選び，記号で答えなさい。ただし，この式を I8 までコピーするものとする。

	A	B	C	D	E	F	G	H	I
1									
2	季節別入場者数一覧								
3	年代	入場者数				入場者数割合			
4		春	夏	秋	冬	春	夏	秋	冬
5	小人	1,569	1,838	1,836	2,047	24.6%	30.6%	27.9%	31.2%
6	中人	1,964	1,757	1,818	2,014	30.8%	29.2%	27.6%	30.7%
7	大人	2,845	2,420	2,938	2,490	44.6%	40.2%	44.6%	38.0%
8	合計	6,378	6,015	6,592	6,551	100.0%	100.0%	100.0%	100.0%

ア．=B5/$B$8

イ．=B5/B$8

ウ．=B5/$B8

問3．次の表は，ある市のシルバークラブの年齢構成を示した表である。「70歳代が最も多い」は，「60歳代」「70歳代」「80歳代」のうち，「70歳代」が最も多い場合，○ を表示し，それ以外の場合は何も表示しない。E4 に設定する式として適切なものを選び，記号で答えなさい。

	A	B	C	D	E
1					
2	市内シルバークラブ年齢構成表（単位：人）				
3	町名	60歳代	70歳代	80歳代	70歳代が最も多い
4	大手町	16	20	12	○
5	紺屋町	9	7	5	
6	鷹匠町	14	18	10	○
7	長谷町	23	15	9	
8	観音寺町	4	5	7	
9	石町	6	8	3	○

ア．=IF(AND(C4>B4,C4>D4),"○","")

イ．=IF(AND(C4<B4,C4<D4),"○","")

ウ．=IF(OR(C4>B4,C4>D4),"○","")

問4．次の表は，ある高校の食堂におけるランチセット売上数を集計するための表である。シート名「集計」のB4は，シート名「第1週」「第2週」「第3週」「第4週」のそれぞれのB4の値を合計するため，次の式が設定されている。この式と同等の結果が得られる適切な式を選び，記号で答えなさい。

=第1週!B4+第2週!B4+第3週!B4+第4週!B4

シート名「第1週」

	A	B	C	D	E	F	G	H
1								
2	ランチセット売上数（第1週）							
3		月	火	水	木	金	合計	
4	Aランチ	56	79	51	77	52	315	
5	Bランチ	62	66	72	56	80	336	
6	Cランチ	64	54	68	65	66	317	

第1週　第2週　第3週　第4週　集計

シート名「第2週」

	A	B	C	D	E	F	G	H
1								
2	ランチセット売上数（第2週）							
3		月	火	水	木	金	合計	
4	Aランチ	50	59	61	75	68	313	
5	Bランチ	77	79	78	59	67	360	
6	Cランチ	77	62	77	70	56	342	

第1週　第2週　第3週　第4週　集計

シート名「第3週」

	A	B	C	D	E	F	G	H
1								
2	ランチセット売上数（第3週）							
3		月	火	水	木	金	合計	
4	Aランチ	53	65	78	59	74	329	
5	Bランチ	57	64	66	65	56	308	
6	Cランチ	74	52	51	72	55	304	

第1週　第2週　第3週　第4週　集計

シート名「第4週」

	A	B	C	D	E	F	G	H
1								
2	ランチセット売上数（第4週）							
3		月	火	水	木	金	合計	
4	Aランチ	66	66	68	57	73	330	
5	Bランチ	53	52	50	62	69	286	
6	Cランチ	74	59	77	70	72	352	

第1週　第2週　第3週　第4週　集計

シート名「集計」

	A	B	C	D	E	F	G	H
1								
2	ランチセット売上数（集計）							
3		月	火	水	木	金	合計	
4	Aランチ	225	269	258	268	267	1,287	
5	Bランチ	249	261	266	242	272	1,290	
6	Cランチ	289	227	273	277	249	1,315	

第1週　第2週　第3週　第4週　集計

　ア．=SUM(第1週&第4週!B4)

　イ．=SUM(第1週:第4週!B4)

　ウ．=SUM(第1週:第2週:第3週:第4週!B4)

問5．次の表は，あるゲームソフトの店別の価格比較表である。「2番目に安い価格」は，「価格」の中で2番目に安い価格を表示する。B12に設定する式として適切なものを選び，記号で答えなさい。

	A	B
1		
2	○○ゲームソフト店別価格比較表	
3	店名	価格
4	A店	5,850
5	B店	4,850
6	C店	6,500
7	D店	5,400
8	E店	5,200
9	F店	5,300
10		
11	1番目に安い価格	4,850
12	2番目に安い価格	5,200

　ア．=SMALL(B4:B9,2)

　イ．=LARGE(B4:B9,2)

　ウ．=MIN(B4:B9)

問1		問2		問3		問4		問5	

【6】　次の表は，ある都市の地下鉄について示したものである。作成条件にしたがって，次の各問いに答えなさい。

	A	B	C	D	E	F	G
1							
2		ある都市の地下鉄一覧					
3							
4	路線名	路線コード	企業名	営業距離（km）	駅数	平均駅間距離（m）	備考
5	A線	T220	△△△	18.3	20	963.1	※
6	B線	T238	△△△	40.7	38	1,100.0	※
7	C線	T119	○○○	14.3	19	794.4	※
8	D線	T221	△△△	23.5	21	1,175.0	※
9	E線	T120	○○○	24.0	20	1,263.1	※
10	F線	T123	○○○	30.8	23	1,400.0	※
11	G線	T119	○○○	21.3	19	1,183.3	※
12	H線	T114	○○○	16.8	14	1,292.3	※
13	I線	T241	△△△	17.4	12	1,581.8	※
14	J線	T131	○○○	31.6	24	1,373.9	※
15	K線	T244	△△△	23.7	25	987.5	※
16	L線	T121	○○○	20.3	21	1,015.0	※
17	M線	T128	○○○	27.4	28	1,014.8	※
18	N線	T228	△△△	26.5	27	1,019.2	※
19	○線	T124	○○○	28.3	24	1,230.4	※
20							
21		集計表					
22		企業コード	企業名	営業距離合計（km）	駅数合計	路線数	
23		100	○○○	214.8	192	9	
24		200	△△△	150.1	143	6	

（注）　※印は，値の表記を省略している。

作成条件

1．「ある都市の地下鉄一覧」は，次のように作成する。

　(1)　「企業名」は，「路線コード」の右端から3文字を抽出し，数値に変換して求めた値をもとに，「集計表」を参照して表示する。

　(2)　「平均駅間距離（m）」は，次の式で求める。ただし，小数第1位未満を切り捨てて表示する。

　　　　「営業距離(km)　×　1000　÷　（駅数　−　1）」

　(3)　「備考」は，「営業距離（km）」が25以上，または「駅数」が25以上の場合，○を表示し，それ以外の場合は何も表示しない。

2．「集計表」は，次のように作成する。

　(1)　「営業距離合計」は，「企業名」ごとに「営業距離（km）」の合計を求める。

　(2)　「駅数合計」は，「企業名」ごとに「駅数」の合計を求める。

　(3)　「路線数」は，「企業名」ごとに件数を求める。

問1．C5 に設定する式の空欄にあてはまる適切なものを選び，記号で答えなさい。

=VLOOKUP(VALUE(RIGHT(B5,3)),[　　　　　],2,TRUE)

ア．$B$23:$B$24　　　　　　**イ**．$A$23:$F$23　　　　　　**ウ**．$B$23:$C$24

問2．F5 に次の式が設定されている。この式と同等の結果を得るために設定する式の空欄にあてはまる適切なものを選び，記号で答えなさい。

=ROUNDDOWN(D5*1000/(E5-1),1)
=[　　　　　](D5*10000/(E5-1))/10

ア．INDEX　　　　　　**イ**．INT　　　　　　**ウ**．MOD

問3．G5～G19 に表示される ○ の数を答えなさい。

問4．D23 に設定する式として適切なものを選び，記号で答えなさい。

ア．=SUMIFS($D$5:$D$19,$C$5:$C$19,C23)
イ．=SUMIFS($C$5:$C$19,C23,$D$5:$D$19)
ウ．=SUMIFS($D$5:$D$19,C23,$C$5:$C$19)

問5．F23 に設定する式の空欄(a)，(b)にあてはまる適切なものを選び，記号で答えなさい。ただし，この式を F24 までコピーするものとする。

=[　(a)　]($C$5:$C$19,[　(b)　])

ア．COUNT　　　　　**イ**．COUNTA　　　　　**ウ**．COUNTIFS
エ．C23　　　　　　**オ**．C$23　　　　　　**カ**．$C$23

問1		問2		問3		問4	
問5	(a)		(b)				

主催 公益財団法人 全国商業高等学校協会
情報処理検定模擬試験問題　第2級

第2回　実技　　**DATA**　第2回模擬_提供データ　　　　制限時間20分

第2回模擬

　ある中華料理店では，上半期の売上データと，資料を参考に下半期の売上予測をすることにした。**資料と作成条件にしたがって，シート名「定食表」とシート名「売上表」から，シート名「計画書」を作成しなさい。**

資料
　新価格は，上半期の単価から，¥50引きとする。
　売上数量は，10%増加を見込むものとする。

作成条件
ワークシートは，あらかじめ提供されたものを使用する。
1. 表およびグラフの体裁は，右ページを参考にして設定する。

　[設 定 す る 書 式：罫線の種類
　　設定する数値の表示形式：3桁ごとのコンマ，%，小数の表示桁数]

2. 表の※印の部分は，式や関数などを利用して求める。
3. グラフの※印の部分は，表に入力された値をもとに表示する。
4. 「1．上半期の実績」は，次のように作成する。
　(1) 「定食名」は「定食コード」をもとに，シート名「定食表」を参照して表示する。
　(2) 「単価」は，「定食コード」をもとに，シート名「定食表」を参照して表示する。
　(3) 「売上数量」は，シート名「売上表」から「定食コード」ごとに「売上数量」の合計を求める。
　(4) 「売上金額」は，次の式で求める。
　　　　　「単価　×　売上数量」
　(5) 「順位」は，「売上金額」を基準として，降順に順位をつける。
　(6) 「合計」は，各列の合計を求める。
5. 「2．下半期の予測」は，次のように作成する。
　(1) 「定食名」は「定食コード」をもとに，シート名「定食表」を参照して表示する。
　(2) 「新単価」は，「定食コード」をもとに，シート名「定食表」を参照した単価から，50を引いて求める。
　(3) 「売上数量」は，「定食コード」をもとに，「1．上半期の実績」の「売上数量」を参照し，1.1を掛けて求める。ただし，整数未満を切り上げる。
　(4) 「売上金額」は，次の式で求める。
　　　　　「新単価　×　売上数量」
　(5) 「増加率」は，次の式で求める。ただし，%で小数第1位まで表示する。
　　　　　「下半期の売上予測金額（F15）　÷　上半期の売上金額（F6）」
　(6) 「合計」は，各列の合計を求める。
6. 集合横棒グラフは，「1．上半期の実績」と「2．下半期の予測」から作成する。
　(1) 数値軸（横軸）目盛は，最小値（10,000,000），最大値（30,000,000）および間隔（5,000,000）を設定する。
　(2) 項目軸（縦軸）の順序を設定する。
　(3) 軸ラベルの方向を設定する。
　(4) 凡例の位置を設定する。
　(5) データラベルは，「下半期の売上予測金額」を表示し，「上半期の売上実績金額」は表示しない。

第2回模擬

定食表

定食コード	定食名	単価
ET	エビチリ	1,000
GZ	餃子	750
MT	麻婆豆腐	950
SB	酢豚	800
YI	野菜炒め	900

（定食表）

月次売上表

年月	定食コード	売上数量
202201	ET	5,520
202201	GZ	5,800
～	～	～
202206	SB	3,825
202206	YI	4,320

（売上表）

売上計画書

1．上半期の実績

定食コード	定食名	単価	売上数量	売上金額	順位
ET	エビチリ	※	※	※	1
GZ	※	750	※	※	※
MT	※	※	21,381	※	※
SB	※	※	※	※	※
YI	※	※	※	※	※
		合計	※	112,147,250	

2．下半期の予測

定食コード	定食名	新単価	売上数量	売上金額	増加率
ET	エビチリ	※	※	27,525,300	104.5%
GZ	※	700	※	※	※
MT	※	※	23,520	※	※
SB	※	※	※	※	※
YI	※	※	※	※	※
		合計	140,822	※	

3．上半期の売上実績と下半期の売上予測の比較

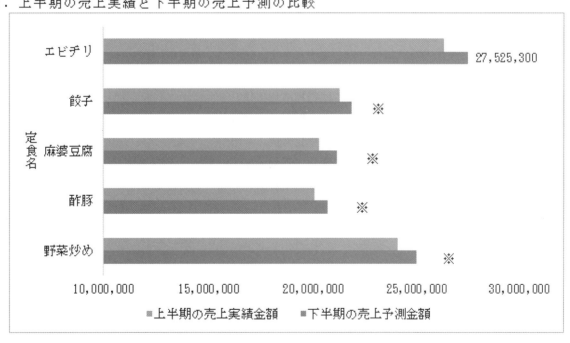

（計画書）

主催 公益財団法人 全国商業高等学校協会

情報処理検定模擬試験問題　第2級

第3回　筆記

制限時間30分

【1】　次の説明文に最も適した答えを解答群から選び，記号で答えなさい。

1．フルカラーの色数を指定できる無圧縮の画像保存形式。

2．色を表現する方式の一つ。シアン，マゼンタ，イエローの三原色にブラックを加えたもの。

3．ファイルの種類を表すものであり，通常はファイル名の後尾にピリオドで区切ってつける。

4．創作者とその創作物を保護するための法律で，保護期間は創作者の死後70年までと規定されている。

5．映像の中で動く部分だけを検出し保存するなどして動画データを圧縮する形式。

解答群

ア．CMYK	**イ**．多段階認証	**ウ**．PNG
エ．JPEG	**オ**．MPEG	**カ**．著作権法
キ．BMP	**ク**．不正アクセス禁止法	**ケ**．拡張子
コ．SSO		

1		2		3		4		5	

【2】　次のA群の語句に最も関係の深い説明文をB群から選び，記号で答えなさい。

〈A群〉　1．デジタル回線　　　　2．圧縮　　　　　　3．ISO

　　　　　4．キーロガー　　　　5．肖像権

〈B群〉

ア．データの意味を保持したまま，データサイズを小さくすること。

イ．創作物と創作した人を保護するための権利。

ウ．第三者に意味がわからないようにするため，ある規則にもとづいてデータを変換すること。

エ．0と1の2種類の電気信号で表したデータを，送受信する通信回線。

オ．ユーザIDやパスワードなど，キーボードからの入力情報を盗み取るスパイウェア。

カ．各国の代表的標準化機関からなる国際標準化機構。

キ．自分の顔や姿などを，無断で撮影されたり公表されたりしないように主張できる権利。

ク．アメリカ合衆国の工業的な分野の標準化機関。

ケ．一般公衆電話回線など，連続的に変化する信号によってデータのやり取りを行う回線。

コ．デジタル通信において，データを送受信する際に，データを一定のサイズに分割したもの。

1		2		3		4		5	

【3】　次の説明文に最も適した答えをア，イ，ウの中から選び，記号で答えなさい。

1．2進数の110100と10進数の29の差を表す2進数。

　　　ア．10101　　　　　　　　**イ**．10111　　　　　　　　**ウ**．1010001

2．コンピュータにデジタルカメラやプリンタなどの周辺装置やインターネットに接続する際，ユーザが手動で設定を行わなくてもOSが最適な設定を自動で行う機能。

　　　ア．プラグアンドプレイ　　　**イ**．サイトライセンス　　　**ウ**．Wi-Fi

3．磁気ディスク装置の記録面にある，同心円状に分割された円一周分の記録領域。

　　　ア．トラック　　　　　　　　**イ**．シリンダ　　　　　　　**ウ**．セクタ

4．横400ピクセル，縦300ピクセルの写真をフルカラーで圧縮しないで保存する。写真1枚の記憶容量は何KBになるか。ただし，フルカラーは24ビットカラーとし，1KB = 10^3Bとする。

　　　ア．40KB　　　　　　　　　**イ**．360KB　　　　　　　　**ウ**．2,880KB

5．次の結果表は窓口注文表をもとに，電話注文表と集合演算し作成した表である。演算内容として適切なもの。

窓口注文表

商品コード	商品名
C001	あじの干物
C003	焼きちくわ
C005	栗ようかん
C006	手焼きせんべい
C007	そばクッキー
C010	大根みそ漬け

電話注文表

商品コード	商品名
C001	あじの干物
C002	いかの塩辛
C004	温泉まんじゅう
C005	栗ようかん
C007	そばクッキー
C008	梅ジャム
C009	刺身こんにゃく
C010	大根みそ漬け

結果表

商品コード	商品名
C003	焼きちくわ
C006	手焼きせんべい

　　　ア．積　　　　　　　　　　　**イ**．和　　　　　　　　　　　**ウ**．差

1		2		3		4		5	

【4】 あるパーソナルトレーニング施設では，1日の利用状況を次のようなリレーショナル型データベースで管理している。次の各問いに答えなさい。

会員コード表

会員コード	会員種別	割引率
D	ダイヤモンド	20%
P	プラチナ	10%
G	ゴールド	5%
S	シルバー	0%

受付表

受付コード	会員コード	利用時間
U01	G	3
U02	G	2
U03	P	3
U04	P	4
U05	S	4
U06	P	2
U07	D	2
U08	G	1
U09	S	2
U10	P	1
U11	P	1
U12	D	4
U13	G	2
U14	P	1
U15	S	1
U16	S	2
U17	D	1
U18	G	1
U19	G	2
U20	S	1

レンタル料金表

レンタルコード	品名	料金
T01	タオル小	150
T02	タオル大	200
S01	シャワー	300

レンタル表

レンタル番号	受付コード	レンタルコード
1001	U01	T02
1002	U01	S01
1003	U02	T01
1004	U04	T01
1005	U04	S01
1006	U09	T02
1007	U14	T02
1008	U14	S01
1009	U16	T02
1010	U18	S01
1011	U19	T01

問1．次の表は，受付表をもとにして作成したものである。このようなリレーショナル型データベースの操作として適切なものを選び，記号で答えなさい。

ア．射影
イ．選択
ウ．結合

受付コード	会員コード	利用時間
U05	S	4
U09	S	2
U15	S	1
U16	S	2
U20	S	1

問2．次のSQL文によって抽出されるデータとして適切なものを選び，記号で答えなさい。

```
SELECT    会員種別, 割引率
  FROM    会員コード表
  WHERE   割引率 <= 10%
```

ア.

会員種別	割引率
プラチナ	20%
プラチナ	10%

イ.

会員種別	割引率
ゴールド	5%
シルバー	0%

ウ.

会員種別	割引率
プラチナ	10%
ゴールド	5%
シルバー	0%

問3．次のSQL文によって抽出されるデータとして適切なものを選び，記号で答えなさい。

```
SELECT    レンタル番号, 品名
  FROM    レンタル料金表. レンタル表
  WHERE   レンタル料金表. レンタルコード = レンタル表. レンタルコード
   AND    レンタル表. レンタルコード = 'S01'
```

ア.

レンタル番号	品名
1002	シャワー
1005	シャワー
1008	シャワー
1010	シャワー

イ.

レンタル番号	品名
1003	タオル小
1004	タオル小
1011	タオル小

ウ.

レンタル番号	品名
1002	シャワー
1005	シャワー
1010	シャワー

問4．次のSQL文によって抽出されるデータとして適切なものを選び，記号で答えなさい。

```
SELECT    受付コード, 会員種別, 利用時間, 利用時間 * 300 * ( 1 - 割引率 ) AS 利用料
  FROM    会員コード表, 受付表
  WHERE   会員コード表. 会員コード = 受付表. 会員コード
   AND    利用時間 >= 2
   AND    受付表. 会員コード = 'P'
```

ア.

受付コード	会員種別	利用時間	利用料
U03	プラチナ	3	810
U04	プラチナ	4	1080
U06	プラチナ	2	540

イ.

受付コード	会員種別	利用時間	利用料
U03	プラチナ	3	900
U04	プラチナ	4	1200
U06	プラチナ	2	600

ウ.

受付コード	会員種別	利用時間	利用料
U03	プラチナ	3	810
U04	プラチナ	4	1080

問5．次のSQL文を実行したとき，表示される適切な数値を答えなさい。

```
SELECT    COUNT(*)  AS  実行結果
  FROM    レンタル料金表, レンタル表
 WHERE    レンタル料金表. レンタルコード = レンタル表. レンタルコード
   AND    品名 = 'タオル大'
```

実行結果
※

(注) ※印は，値の表記を
省略している。

問1		問2		問3		問4		問5	

【5】 次の各問いに答えなさい。

問1．次の表は，誕生日までの日数計算表である。B4 は，本日から「誕生日」までの日数を表示する。B4 に設定する式として適切なものを選び，記号で答えなさい。ただし，本日は 2022 年 8 月 21 日である。

	A	B
1		
2	誕生日までの日数計算表	
3	誕生日	2023/3/17
4	誕生日までの日数	208

ア．=B3-DAY(2023/3/17)

イ．=B3-DAY(TODAY())

ウ．=B3-TODAY()

問2．次の表は，ある会社の従業員が立て替えた金額を支払うための金種一覧表である。C9 に設定する式として適切なものを選び，記号で答えなさい。ただし，この式を F17 までコピーするものとする。

	A	B	C	D	E	F
1						
2	立替金支払い一覧					
3	従業員番号		S5467	H3241	E5123	E4268
4	従業員名		工藤 ○○	渡辺 ○○	田中 ○○	加藤 ○○
5	立替金		14,568	5,123	2,364	17,864
6						
7	金種一覧表					
8	10,000 円札を		1枚	0枚	0枚	1枚
9	5,000 円札を		0枚	1枚	0枚	1枚
10	2,000 円札を		2枚	0枚	1枚	1枚
11	1,000 円札を		0枚	1枚	0枚	1枚
12	500 円玉を		1枚	0枚	0枚	1枚
13	100 円玉を		0枚	0枚	3枚	3枚
14	50 円玉を		1枚	0枚	1枚	1枚
15	10 円玉を		1枚	2枚	1枚	1枚
16	5 円玉を		1枚	0枚	0枚	0枚
17	1 円玉を		3枚	3枚	4枚	4枚

ア．=INT(MOD(C$5,A$8)/A$9)&"枚"

イ．=INT(MOD(C$5,$A8)/$A9)&"枚"

ウ．=INT(MOD($C5,$A8)/$A9)&"枚"

問3．次の表は，ある美術館の月別入場者数一覧である。D4 には，次の式が設定されている。この式を D15 までコピーしたとき，「備考」に B と表示される数を答えなさい。

=IF(C4/B4>120%,"A",IF(C4/B4>100%,"B","C"))

	A	B	C	D
1				
2	月別入場者数一覧			
3	月	2021年	2022年	備考
4	1月	1,071	1,243	※
5	2月	1,456	1,454	※
6	3月	1,465	1,790	※
7	4月	1,018	1,854	※
8	5月	1,361	1,895	※
9	6月	1,679	1,221	※
10	7月	1,512	1,682	※
11	8月	1,706	1,209	※
12	9月	1,825	1,978	※
13	10月	1,202	1,352	※
14	11月	1,680	1,025	※
15	12月	1,413	1,618	※

(注) ※印は，値の表記を省略している。

第3回模擬

問4．次の表は，あるベビー用品店における売上報告書を集計するための表である。シート名「集計」のB4
　　は，シート名「A店」「B店」「C店」のそれぞれのB4の値を合計する。シート名「集計」のB4に式を
　　設定する場合，=SUM(と入力し，シート名「A店」のB4をクリックしたあと，あるキーを押しながら，
　　シート名「C店」のタブを選択し，）を入力する。シート名「C店」を選択するときに押すキーとして
　　適切なものを選び，記号で答えなさい。

シート名「A店」

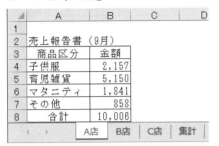

シート名「B店」

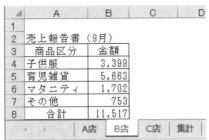

シート名「C店」

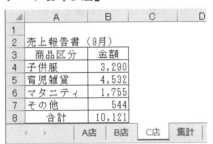

シート名「集計」

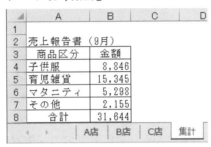

　ア．Shiftキー　　　　イ．Ctrlキー　　　　ウ．Altキー

問5．次の表は，ある商店街における，商品を購入するごとに押しているスタンプと，福引の抽選券の交換
　　状況を示した表である。「お買上げポイント」は，「スタンプ」が一つにつき，500ポイントとなる。また，
　　「抽選券枚数」は，「お買上げポイント」が1,000ポイントにつき，1枚となる。「備考」は，「お買上げ
　　ポイント」を1,000で割ったときの余りが0の場合は何も表示せず，それ以外の場合は サービス券進
　　呈 を表示する。E4に設定する式として適切なものを選び，記号で答えなさい。

	A	B	C	D	E
1					
2	スタンプ・抽選券交換表				
3	受付番号	スタンプ	お買上げポイント	抽選券枚数	備考
4	1	★★★	1,500	1	サービス券進呈
5	2	★★★★★★	3,000	3	
6	3	★★★★	2,000	2	
7	4	★	500	0	サービス券進呈
8	5	★★★★★	2,500	2	サービス券進呈
9	6	★★★★★★	3,000	3	
10	7	★★	1,000	1	
11	8	★★★	1,500	1	サービス券進呈
12	9	★	500	0	サービス券進呈
13	10	★★★★	2,000	2	

　ア．=IF(NOT(INT(C4/1000)=0),"サービス券進呈","")

　イ．=IF(NOT(MOD(C4,1000)=0),"","サービス券進呈")

　ウ．=IF(NOT(MOD(C4,1000)=0),"サービス券進呈","")

問1		問2		問3		問4		問5	

【6】 次の表は，飲料用自動販売機の補充状況一覧表である。作成条件にしたがって，各問いに答えなさい。

	A	B	C	D	E	F	G	H	I	J	K	L	M	N	O
1															
2		自動販売機補充状況一覧表													
3															
4	商品コード	商品名	補充場所	先週合計	月曜	火曜	水曜	木曜	金曜	土曜	日曜	今週合計	少数補充	補充率	備考
5	ITE	つなぐお茶	○学校前	115	20	11	18	15	19	15	23	121	0	105.2%	※
6	SNT	命の輝き	○学校前	113	20	17	15	19	18	21	20	130	0	115.0%	※
7	CCC	魔法の茶	○学校前	111	14	10	9	11	12	18	26	100	0	90.1%	※
8	ITE	つなぐお茶	◇駅前	86	8	10	8	9	3	13	8	59	1	68.6%	※
9	SNT	命の輝き	◇駅前	63	10	13	8	15	0	12	15	73	1	115.9%	※
10	KRN	よろこび茶	◇駅前	88	6	6	9	6	5	4	18	54	2	61.4%	※
11	CCC	魔法の茶	◇駅前	77	5	7	10	7	13	0	11	53	2	68.8%	※
12	ITE	つなぐお茶	▽交差点	60	4	6	8	3	7	8	8	44	2	73.3%	※
13	SNT	命の輝き	▽交差点	55	10	0	4	8	11	5	10	48	3	87.3%	※
14	KRN	よろこび茶	▽交差点	58	5	11	0	7	6	8	12	49	2	84.5%	※
15															

商品別集計表

商品コード	商品名	補充合計
ITE	つなぐお茶	224
SNT	命の輝き	251
KRN	よろこび茶	103
CCC	魔法の茶	153

補充合計の上位3位

順位	商品名	補充合計
1	命の輝き	251
2	つなぐお茶	224
3	魔法の茶	153

(注)　※印は，値の表記を省略している。

作成条件

1.「自動販売機補充状況一覧表」は，次のように作成する。
 (1)「商品名」は，「商品コード」をもとに，「商品別集計表」を参照して表示する。
 (2)「今週合計」は，「月曜」から「日曜」までの合計を求める。
 (3)「少数補充」は，「月曜」から「日曜」までの補充本数が，5以下の件数を求める。
 (4)「補充率」は，「先週合計」に対する「今週合計」の割合を求める。
 (5)「備考」は，O5に次の式を設定し，O14までコピーする。
　　=IF(AND(M5>=1,N5<=80%),"◎","")
2.「商品別集計表」の「補充合計」は，「商品コード」ごとに「自動販売機補充状況一覧表」の「今週合計」の合計を求める。ただし，「補充合計」は，同数はないものとする。
3.「補充合計の上位3位」は，次のように作成する。
 (1)「商品名」は，「商品別集計表」の「補充合計」が「順位」に対応する「商品名」を表示する。
 (2)「補充合計」は，「商品名」をもとに，「商品別集計表」を参照して表示する。

問1．B5 に設定する式として適切なものを選び，記号で答えなさい。ただし，この式を B14 までコピーする。

　　　ア．=VLOOKUP(A5,$A$18:$B$21,2,TRUE)
　　　イ．=VLOOKUP(A5,$A$18:$B$21,2,FALSE)
　　　ウ．=VLOOKUP(A5,$A$18:$B$21,2,1)

問2．M5 に設定する式として適切なものを選び，記号で答えなさい。

　　　ア．=COUNTIFS(E5:K5,"<=5")
　　　イ．=COUNTIFS(E5:K5,<=5)
　　　ウ．=COUNT(E5:K5,<=5)

問3．O5 から O14 までに表示される ◎ の数を求めなさい。

問4．C18 に設定する式として適切なものを選び，記号で答えなさい。ただし，この式を C21 までコピーするものとする。

　　　ア．=SUMIFS($L$5:$L$14,$A$5:$A$14,A$18)
　　　イ．=SUMIFS($A$5:$A$14,$L$5:$L$14,$A18)
　　　ウ．=SUMIFS($L$5:$L$14,$A$5:$A$14,A18)

問5．F18 に設定する式の空欄(a)，(b)にあてはまる適切なものを選び，記号で答えなさい。ただし，F20 までコピーするものとする。

　　=INDEX($B$18:$B$21,〔　(a)　〕(〔　(b)　〕($C$18:$C$21,E18),$C$18:$C$21,0),1)

　　　ア．MATCH　　　　　　　**イ**．SEARCH　　　　　　　**ウ**．MAX
　　　エ．MIN　　　　　　　　**オ**．LARGE　　　　　　　**カ**．SMALL

問1		問2		問3	
問4		問5	(a)		(b)

主催 公益財団法人 全国商業高等学校協会

情報処理検定模擬試験問題　第2級

第3回　実技	**DATA** 第3回模擬_提供データ	制限時間 20分

　ある靴販売店では，先月の売上データをもとに販売状況報告書を作成することになった。次の作成条件にしたがって，シート名「コード表」とシート名「売上表」から，シート名「報告書」を作成しなさい。

作成条件

ワークシートは，あらかじめ提供されたものを使用する。

1．表およびグラフの体裁は，右ページを参考にして設定する。
　　　[設 定 す る 書 式：罫線]
　　　[設定する数値の表示形式：3桁ごとのコンマ，％，小数の表示桁数]

2．表の※印の部分は，式や関数などを利用して求める。

3．グラフの※印の部分は，表に入力された値と文字をもとに表示する。

4．「決済手段コード」は，決済分類コード（2文字）と決済方法コード（2文字）の4文字で構成されている。

　　　例　CAGK　→　　CA　　　GK　　　例　CLKK　→　　　　CL　　　　　　　KK
　　　　　　　　　　　現金扱い　現金　　　　　　　　　　　　キャッシュレス　クレジットカード

5．「1．決済手段別集計表」は，次のように作成する。
　(1)　「決済手段」は「決済手段コード」をもとに，シート名「コード表」の決済手段表を参照して表示する。
　(2)　「決済件数」は，シート名「売上表」から「決済手段コード」ごとの件数を求める。
　(3)　「決済金額計」は，シート名「売上表」から「決済手段コード」ごとに「金額」の合計を求める。
　(4)　「合計」は，各列の合計を求める。
　(5)　「決済手段割合」は，次の式で求める。ただし，％で小数第2位まで表示する。
　　　　　　「決済件数　÷　決済件数の合計」
　(6)　「順位」は，「決済件数」を基準として，降順に順位を求める。
　(7)　「備考」は，「決済手段コード」の左端からの2文字が CL かつ，「決済金額計」が 1000000 より大きい場合，○ を表示し，それ以外の場合は，何も表示しない。

6．複合グラフは，「1．決済手段別集計表」から作成する。
　(1)　数値軸（縦軸）目盛は，最小値(0)，最大値(500)および間隔(100)を設定する。
　(2)　第2数値軸（縦軸）目盛は，最小値(0)，最大値(1,500,000)および間隔(300,000)を設定する。
　(3)　軸ラベルの方向を設定する。
　(4)　凡例の位置を設定する。
　(5)　データラベルを設定する。

7．「2．商品分類別集計表」は，次のように作成する。
　(1)　「商品分類名」は「商品分類コード」をもとに，シート名「コード表」の商品分類表を参照して表示する。
　(2)　「売上金額計」は，シート名「売上表」から「商品分類コード」ごとに「金額」の合計を求める。
　(3)　「売上平均」は，シート名「売上表」から「商品分類コード」ごとに「金額」の平均を求める。ただし，整数未満を切り捨て，整数部のみ表示する。
　(4)　「合計」は，「売上金額計」の合計を求める。

商品分類表

商品分類コード	商品分類名
KD	子供
SP	スポーツ
SN	紳士
FJ	婦人
ST	その他

決済手段表

決済手段コード	決済手段
CAGK	現金
CASK	商品券
CLKK	クレジットカード
CLDM	電子マネー
CLNK	二次元コード

（コード表）

売上表

売上コード	商品分類コード	金額	決済手段コード
1	KD	480	CAGK
2	SP	1450	CAGK
3	SN	4500	CLDM
4	FJ	2880	CLDM
5	SN	2900	CAGK
～	～	～	～
1096	SP	2880	CLDM
1097	ST	480	CLDM
1098	FJ	1980	CASK
1099	ST	980	CLDM
1100	SP	2380	CLDM

（売上表）

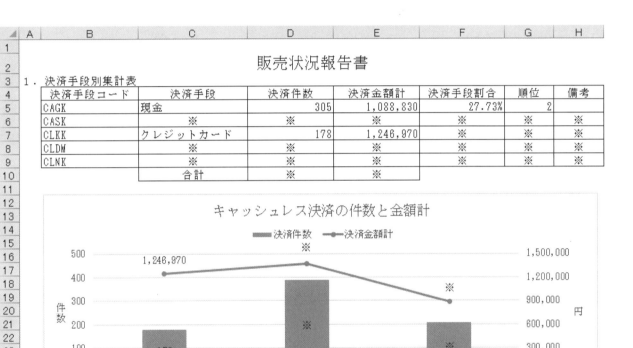

販売状況報告書

1．決済手段別集計表

決済手段コード	決済手段	決済件数	決済金額計	決済手段割合	順位	備考
CAGK	現金	305	1,088,830	27.73%	2	
CASK	※	※	※	※	※	※
CLKK	クレジットカード	178	1,246,970	※	※	※
CLDM	※	※	※	※	※	※
CLNK	※	※	※	※	※	※
	合計	※	※			

2．商品分類別集計表

商品分類コード	商品分類名	売上金額計	売上平均
KD	子供	296,180	1,773
SP	※	※	※
SN	※	※	※
FJ	※	※	※
ST	※	※	※
	合計	※	

（報告書）

主催 公益財団法人 全国商業高等学校協会
情報処理検定模擬試験問題　第2級

| 第4回　筆記 | 制限時間 30 分 |

【1】　次の説明文に最も適した答えを解答群から選び，記号で答えなさい。

1．コンピュータで色を表現するための方式の一つ。赤，緑，青の光の三原色の強さを数値で表す。

2．あるディレクトリの下の階層に作られたディレクトリ。

3．磁気ディスク装置で，データを読み書きする部品。

4．デジタル画像を構成する単位であり，色情報を持った小さな点一つのこと。

5．情報システムで，電気代や通信費，用紙代，インク代など，定期的にかかる費用のこと。

解答群
ア．dpi　　　　　　　　　イ．ランニングコスト　　　　ウ．アクセスアーム
エ．ルートディレクトリ　　オ．RGB　　　　　　　　　カ．CMYK
キ．磁気ヘッド　　　　　　ク．ピクセル　　　　　　　　ケ．サブディレクトリ
コ．イニシャルコスト

1		2		3		4		5	

【2】　次のA群の語句に最も関係の深い説明文をB群から選び，記号で答えなさい。

〈A群〉　1．バックアップ　　　　2．ANSI　　　　　　3．個人情報保護法
　　　　4．CSV　　　　　　　5．JISコード

〈B群〉

ア．データの写しをとって，別の記憶媒体に保存すること。

イ．電子文書表示用のファイル形式。

ウ．アメリカ合衆国の工業製品の標準化機関。

エ．個人情報を取り扱う事業者が個人情報の不正な流用や，ずさんなデータ管理をしないように義務などを定めた法律。

オ．自分が写っている写真を，無断で利用されることがないように主張できる権利。

カ．有効期間の短い，一度しか使用できないパスワード。

キ．日本産業規格によって規定されている日本語の文字コード。

ク．世界中で使われている多くの文字を表現するために定められた国際標準の文字コード。

ケ．日本国内の産業製品の標準化機関。

コ．表計算ソフトなどでデータを保存する形式で，データをコンマで区切って保存する。

1		2		3		4		5	

【3】　次の説明文に最も適した答えをア，イ，ウの中から選び，記号で答えなさい。

1．2進数の 1100 と 111 の和を表す 10 進数。

　　　ア．19　　　　　　　　　　　　イ．21　　　　　　　　　　　　ウ．38

2．音楽ＣＤと同等の音質を保ち，1/11 程度の容量に圧縮ができる音声圧縮形式。

　　　ア．MP3　　　　　　　　　　　イ．JPEG　　　　　　　　　　ウ．MIDI

3．用紙上の所定の位置が塗りつぶされたマークを光学的に読み取る装置。

　　　ア．TCO　　　　　　　　　　　イ．OCR　　　　　　　　　　ウ．OMR

4．学校や企業などがソフトウェアを導入する際に，複数のコンピュータで同時利用が可能になるように利用許諾を得る契約形態。

　　　ア．ピアツーピア　　　　　　　イ．サイトライセンス　　　　ウ．シェアウェア

5．次の前期進路模試受験者表と，後期進路模試受験者表の和集合をとった場合，結果表として適切なもの。

前期進路模試受験者表

学籍番号	進路希望
203	大学経済
210	大学医学
213	短大保育
217	専門美容
221	専門美容
228	短大保育
235	大学医学

後期進路模試受験者表

学籍番号	進路希望
208	大学文学
210	大学医学
215	短大家政
217	専門美容
223	就職事務

ア．結果表

学籍番号	進路希望
203	大学経済
213	短大保育
221	専門美容
228	短大保育
235	大学医学

イ．結果表

学籍番号	進路希望
203	大学経済
208	大学文学
210	大学医学
213	短大保育
215	短大家政
217	専門美容
221	専門美容
223	就職事務
228	短大保育
235	大学医学

ウ．結果表

学籍番号	進路希望
210	大学医学
217	専門美容

1		2		3		4		5	

【4】　ある和菓子チェーン店では，各支店における商品の売上状況をリレーショナル型データベースで管理している。次の各問いに答えなさい。

商品表

商品コード	商品名	単価
1	みたらしだんご	80
2	あんだんご	70
3	ごまだんご	90
4	ごまだれだんご	100
5	ずんだだんご	90
6	紫いもあんだんご	80
7	草だんご	70

支店表

支店コード	支店名	成績
D01	○△デパート	A
D02	高□ストア	B
H01	フルトン磯浜	B
H02	プリンセス山海	A
H03	西急ホテル	B
S01	山中駅	A
S02	海川駅	C
S03	磯浜駅	B

だんご売上表

支店コード	商品コード	売上数
D01	1	8
D01	2	17
D01	3	13
D01	7	11
D02	1	8
D02	4	13
D02	5	14
D02	6	12
H01	1	3
H01	2	17
H01	4	11
H01	6	5
H01	7	18
H02	1	12
H02	4	9
H02	6	16
H02	7	22
H03	1	15
H03	2	15
H03	3	23
H03	6	9
S01	2	12
S02	5	1
S02	6	19
S03	3	7

問1．次の表は，支店表，だんご売上表から作成したものである。このようなリレーショナル型データベースの操作として適切なものを選び，記号で答えなさい。

支店コード	支店名	成績	商品コード	売上数
D01	○△デパート	A	1	8
D01	○△デパート	A	2	17
D01	○△デパート	A	3	13
D01	○△デパート	A	7	11
D02	高□ストア	B	1	8
D02	高□ストア	B	4	13
D02	高□ストア	B	5	14
D02	高□ストア	B	6	12
H01	フルトン磯浜	B	1	3
H01	フルトン磯浜	B	2	17
H01	フルトン磯浜	B	4	11
H01	フルトン磯浜	B	6	5
H01	フルトン磯浜	B	7	18
H02	プリンセス山海	A	1	12
H02	プリンセス山海	A	4	9
H02	プリンセス山海	A	6	16
H02	プリンセス山海	A	7	22
H03	西急ホテル	B	1	15
H03	西急ホテル	B	2	15
H03	西急ホテル	B	3	23
H03	西急ホテル	B	6	9
S01	山中駅	A	2	12
S02	海川駅	C	5	1
S02	海川駅	C	6	19
S03	磯浜駅	B	3	7

ア．結合　　　　　　　　　イ．射影　　　　　　　　　ウ．選択

問2. 次のSQL文によって抽出されるデータとして適切なものを選び，記号で答えなさい。

```
SELECT    支店名
   FROM    支店表
   WHERE    成績 = 'B'
```

ア.

支店名
○△デパート
プリンセス山海
山中駅

イ.

支店名
高□ストア
フルトン磯浜
西急ホテル
磯浜駅

ウ.

支店名
○△デパート
プリンセス山海
山中駅
海川駅

問3. 次のSQL文によって抽出されるデータとして適切なものを選び，記号で答えなさい。

```
SELECT    支店コード
   FROM    だんご売上表
   WHERE    商品コード = 2   AND   売上数 > 15
```

ア.

支店コード
D01
H01

イ.

支店コード
D01
H01
H03

ウ.

支店コード
H01
H02
H02
H03
S02

問4. 次のSQL文によって抽出されるデータとして適切なものを選び，記号で答えなさい。

```
SELECT    支店名, 売上数
   FROM    商品表, 支店表, だんご売上表
   WHERE    支店表.支店コード = だんご売上表.支店コード
      AND    商品表.商品コード = だんご売上表.商品コード
      AND    単価 = 90   AND   成績 <> 'C'
```

ア.

支店名	売上数
海川駅	1

ウ.

支店名	売上数
○△デパート	13
高□ストア	14
西急ホテル	23
磯浜駅	7

イ.

支店名	売上数
○△デパート	13
高□ストア	13
高□ストア	14
フルトン磯浜	11
プリンセス山海	9
西急ホテル	23
磯浜駅	7

問5. だんご売上表から条件にあてはまる最大の売上数を求めたい。次のSQL文の空欄にあてはまる適切な
ものを選び，記号で答えなさい。

```
SELECT    MAX(売上数)   AS   最大売上数
   FROM    だんご売上表
   WHERE
```

最大売上数
22

ア. 支店コード = 'H01'　　　　イ. 支店コード = 'S02'　　　　ウ. 商品コード = 7

問1		問2		問3		問4		問5	

【5】 次の各問いに答えなさい。

問1．次の表は，ある駅伝大会のゴール予想時刻を示した表である。G5 に設定する式として適切なものを選び，記号で答えなさい。なお，G5 の表示形式は，ユーザー定義で時刻が表示されるように設定されている。

▲	A	B	C	D	E	F	G
1							
2	駅伝大会ゴール予想時刻表						
3		時	分	秒			
4	スタート時刻	13	20	0			
5	想定タイム	1	45	30		ゴール予想時刻	15時05分30秒

ア．=DATE(B4,C4,D4)+DATE(B5,C5,D5)

イ．=TIME(B4,C4,D4)+TIME(B5,C5,D5)

ウ．=TIME(B4,C4,D4)-TIME(B5,C5,D5)

問2．次の表は，検定試験のコード作成表である。C5 に設定する次の式の空欄 (a)，(b) にあてはまる適切な組み合わせを選び，記号で答えなさい。ただし，E7 までコピーするものとする。

▲	A	B	C	D	E
1					
2	検定コード作成表				
3	西暦	2022			
4		種別	EN	BK	JY
5	級	1	22EN1	22BK1	22JY1
6		2	22EN2	22BK2	22JY2
7		3	22EN3	22BK3	22JY3

<コード作成>「西暦」の下2桁 ＋「種別」＋「級」
=RIGHT($B$3,2)& [(a)] & [(b)]

ア．(a) $C4   (b) $B5

イ．(a) C$4   (b) B$5

ウ．(a) C$4   (b) $B5

問3．次の表は，ある市営プールの温度管理表である。「温度基準」は，「水温」が 22.0 以上で，かつ「気温＋水温」が 50.0 以上の場合は ○ を表示し，それ以外の場合は × を表示する。D4 に設定する式として適切なものを選び，記号で答えなさい。

▲	A	B	C	D
1				
2	市営プール温度管理表			
3	月日	気温	水温	温度基準
4	7月20日	27.0	23.0	○
5	7月21日	29.0	21.5	×
6	7月22日	27.5	22.0	×
7	7月23日	28.0	21.5	×
8	7月24日	25.0	22.0	×
9	7月25日	27.0	23.0	○
10	7月26日	26.5	23.0	×
11	7月27日	29.5	23.5	○
12	7月28日	32.0	25.5	○
13	7月29日	33.5	26.0	○
14	7月30日	34.0	25.5	○
15	7月31日	31.5	25.0	○

ア．=IF(AND(C4>=22,B4+C4>=50),"○","×")

イ．=IF(AND(C4>=22,B4+C4>=50),"×","○")

ウ．=IF(OR(C4>=22,B4+C4>=50),"○","×")

問4．次の表は，あるコーヒーショップの価格表である。B3に種類を，B4にサイズを入力すると，価格が表示される。シート名「価格表」のB5に設定する次の式の空欄(a),(b)にあてはまる関数として，最も適切な組み合わせを選び，記号で答えなさい。

シート名「価格表」

	A	B	C
1			
2	価格表		
3	種類	ブレンド	
4	サイズ	L	
5	価格	400	

価格表　コーヒー価格表

シート名「コーヒー価格表」

	A	B	C	D
1				
2	コーヒー価格表			
3	種類	S	M	L
4	ブレンド	300	350	400
5	エスプレッソ	320	370	420
6	カフェラテ	340	390	440

価格表　コーヒー価格表 ⊕

= 　(a)　 (コーヒー価格表!B4:D6,
　(b)　 (B3,コーヒー価格表!A4:A6,0), 　(b)　 (B4,コーヒー価格表!B3:D3,0))

ア．(a)　VLOOKUP　　　(b)　MATCH
イ．(a)　INDEX　　　　(b)　MATCH
ウ．(a)　MATCH　　　　(b)　INDEX

問5．次の表は，目標金額から毎月の積立額を利用して積立期間(目標達成月数)を求める計算表である。B4には，次の式が設定してある。「目標金額」を入力して「目標達成月数」を計算するアプリケーション機能として最も適切なものを選び，記号で答えなさい。

	A	B
1		
2	積立期間計算表	
3	目標金額	300,000
4	毎月の積立額	300,000
5	目標達成月数	1

(計算前)

=ROUNDDOWN(B3/B5,-3)

アプリケーション機能のダイアログボックス

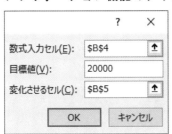

	A	B
1		
2	積立期間計算表	
3	目標金額	300,000
4	毎月の積立額	20,000
5	目標達成月数	15

(計算後)

ア．フィルタ　　　　**イ**．ピボットテーブル　　　　**ウ**．ゴールシーク

問1		問2		問3		問4		問5	

【6】 次の表は,文化祭用のプリント衣装を取り扱う店の受注状況を示したものである。作成条件にしたがって,次の各問いに答えなさい。

▲	A	B	C	D	E	F	G	H	I	J	K
1											
2		文化祭プリント衣装受注表									
3											
4	受注日	受注先	商品コード	商品名	単価	枚数	文字色数	納品日	割引率	売上金額	1枚あたり
5	2022/8/12	美しが丘高校	JUM	ジャンパー	1,800	58	3	2022/9/9	15%	148,410	2,559
6	2022/8/17	上野芸術高校	PAR	パーカー	2,400	30	2	2022/8/31	10%	91,800	3,060
7	2022/8/23	丸の内商業高校	POL	ポロシャツ	1,200	32	1	2022/9/7	10%	48,600	1,519
8	2022/8/25	駒場農業高校	JUM	ジャンパー	1,800	42	1	2022/9/1	0%	94,200	2,243
9	2022/8/25	京浜工業高校	PAR	パーカー	2,400	27	2	2022/9/8	10%	83,700	3,100
10	2022/8/28	常陸高校	T-S	Tシャツ	1,000	39	1	2022/9/6	0%	56,700	1,454
11	2022/9/2	相模川高校	T-S	Tシャツ	1,000	34	2	2022/9/16	10%	59,760	1,758
12	2022/9/7	筑波学園高校	PAR	パーカー	2,400	22	3	2022/9/30	15%	77,010	3,500
13	2022/9/12	大岡山工業高校	TRA	トレーナー	2,000	28	1	2022/9/22	0%	70,400	2,514
14	2022/9/13	関東中央高校	PAR	パーカー	2,400	26	2	2022/9/27	10%	81,000	3,115
15	2022/9/15	常盤台高校	TRA	トレーナー	2,000	40	3	2022/9/22	0%	134,000	3,350
16	2022/9/20	銚子農業高校	POL	ポロシャツ	1,200	80	2	2022/10/19	15%	132,600	1,658
17	2022/9/24	横浜海洋高校	T-S	Tシャツ	1,000	38	2	2022/10/7	0%	72,800	1,916
18											
19	商品表							割引率表			
20	商品コード	JUM	PAR	TRA	T-S	POL		作成日数	割引率		
21	商品名	ジャンパー	パーカー	トレーナー	Tシャツ	ポロシャツ		0~13日	0%		
22	単価	1,800	2,400	2,000	1,000	1,200		14~20日	10%		
23	受注枚数計	100	105	68	111	112		21日~	15%		
24	受注回数	2	4	2	3	2					
25	備考	※	※	※	※	※					

㊟ ※印は,値の表記を省略している。

作成条件

1．「文化祭プリント衣装受注表」は,次のように作成する。
 (1)「商品名」は,「商品コード」をもとに,「商品表」を参照して表示する。
 (2)「単価」は,「商品コード」をもとに,「商品表」を参照して表示する。
 (3)「割引率」は,「受注日」から「納品日」までの日数をもとに,「割引率表」を参照して表示する。
 (4)「売上金額」は,次の式で求める。
  「(6000 × 文字色数 ＋ (単価 ＋ 300 × 文字色数) × 枚数) × (1 － 割引率)」
 (5)「1枚あたり」は,次の式で求める。ただし,整数部のみを表示する。
  「売上金額 ÷ 枚数」
2．「商品表」は,次のように作成する。
 (1)「受注枚数計」は,「商品コード」ごとに「枚数」の合計を求める。
 (2)「受注回数」は,「商品コード」ごとに件数を求める。
 (3)「備考」は,「受注枚数計」が100より大きい,または「受注回数」が3より大きい場合,☆を表示し,それ以外の場合は何も表示しない。

問1．D5 に設定する式として適切なものを選び，記号で答えなさい．

  ア．=HLOOKUP(C5,$B$20:$F$21,2,FALSE)

  イ．=HLOOKUP(C5,$B$21:$F$22,2,FALSE)

  ウ．=HLOOKUP(C5,$B$20:$F$21,2,TRUE)

問2．I5 に設定する式の空欄(a)，(b)にあてはまる適切なものを選び，記号で答えなさい．

  =VLOOKUP(　　(a)　　,$H$21:$J$23,　(b)　,　　解答不要　　)

  ア．A5-H5　　　　　　　　　**イ**．H5-A5　　　　　　　　　**ウ**．H5/A5

  エ．2　　　　　　　　　　　**オ**．3　　　　　　　　　　　**カ**．4

問3．B23 に設定する式の空欄にあてはまる適切なものを選び，記号で答えなさい．

  =　　　　　　　　($F$5:$F$17,$C$5:$C$17,B20)

  ア．AVERAGEIFS　　　　　　**イ**．SUM　　　　　　　　　**ウ**．SUMIFS

問4．B24 に設定する式の空欄(a)，(b)にあてはまる適切なものを選び，記号で答えなさい．

  =　　(a)　　(　　(b)　　,B20)

  ア．COUNT　　　　　　　　　**イ**．COUNTA　　　　　　　**ウ**．COUNTIFS

  エ．$C$5:$C$17　　　　　　　**オ**．$D$5:$D$17　　　　　　**カ**．$F$5:$F$17

問5．B25〜F25 に表示される ☆ の数を答えなさい．

問1		問2	(a)		(b)		問3	
問4	(a)		(b)		問5			

主催 公益財団法人 全国商業高等学校協会
情報処理検定模擬試験問題 第2級

| 第4回 実技 | **DATA** 第4回模擬_提供データ | 制限時間 20 分 |

あるレンタルビデオ店では，貸出データをもとにブルーレイの貸出状況報告書を作成することになった。次の作成条件にしたがって，シート名「料金表」とシート名「貸出データ表」から，シート名「報告書」を作成しなさい。

作成条件

ワークシートは，あらかじめ提供されたものを使用する。

1．表およびグラフの体裁は，右ページを参考にして設定する。

> 〔 設 定 す る 書 式：罫線
> 設定する数値の表示形式：3桁ごとのコンマ，%，小数の表示桁数 〕

2．表の※印の部分は，式や関数などを利用して求める。

3．グラフの※印の部分は，表に入力された値をもとに表示する。

4．「1. 貸出日数別集計表」は，次のように作成する。

　(1) 「貸出区分」は「貸出区分コード」をもとに，シート名「料金表」を参照して表示する。

　(2) 「貸出件数」は，シート名「貸出データ表」から「貸出区分コード」ごとの件数を求める。

　(3) 「金額」は，シート名「貸出データ表」から「貸出区分コード」ごとに「料金」の合計を求める。

　(4) 「1回あたり平均金額」は，シート名「貸出データ表」から「貸出区分コード」ごとに「料金」の平均を求める。ただし，小数第1位まで表示する。

　(5) 「順位」は，「金額」を基準として，降順に順位を求める。

　(6) 「備考」は，「貸出件数」における上位3位（降順）以内，かつ「金額」が 200000 以上の場合，○ を表示し，それ以外の場合は，何も表示しない。

　(7) 「合計」は，各列の合計を求める。

5．100%積み上げ横棒グラフは，「1. 貸出日数別集計表」から作成する。

　(1) 区分線を設定する。

　(2) 数値軸(横軸)目盛は，最小値(0%)，最大値(100%)および間隔(20%)を設定する。

　(3) 項目軸(縦軸)の順序を設定する。

　(4) 凡例の位置を設定する。

　(5) データラベルを設定する。

6．「2. 貸出種別集計表」は，次のように作成する。

　(1) 「貸出種別」は，「貸出種別コード」をもとに，シート名「料金表」を参照して表示する。

　(2) 「貸出枚数計」は，シート名「貸出データ表」から「貸出種別コード」ごとに「枚数」の合計を求める。

　(3) 「金額」は，シート名「貸出データ表」から「貸出種別コード」ごとに「料金」の合計を求める。

　(4) 「合計」は，各列の合計を求める。

　(5) 「売上比率」は，次の式で求める。ただし，%で小数第1位まで表示する。

　　　　「金額　÷　金額の合計」

料金表

貸出種別コード	貸出種別	貸出区分コード					
		1	2	3	6	8	14
		当日	1泊2日	2泊3日	5泊6日	7泊8日	13泊14日
S	新作	350	450	600	－	－	－
J	準新作	300	400	500	600	700	900
K	旧作	150	300	350	400	500	550

（料金表）

貸出データ

貸出番号	貸出種別コード	貸出区分コード	枚数	料金
2205BR0001	K	6	4	1,600
2205BR0002	S	2	2	900
2205BR0003	S	3	2	1,200
2205BR0004	J	8	3	2,100
～	～	～	～	～
2205BR0861	K	8	3	1,500
2205BR0862	K	8	5	2,500
2205BR0863	K	2	2	600
2205BR0864	J	3	1	500

（貸出データ表）

ブルーレイ貸出状況報告書

1．貸出日数別集計表

貸出区分コード	貸出区分	貸出件数	金額	1回あたり平均金額	順位	備考
1	当日	227	156,450	689.2	4	
2	※	※	※	※	※	※
3	※	※	※	※	※	※
6	※	※	※	※	※	※
8	※	※	※	※	※	※
14	※	※	※	※	※	※
	合計	※	※			

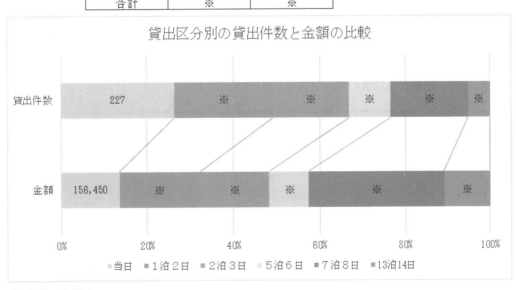

貸出区分別の貸出件数と金額の比較

■当日　■1泊2日　■2泊3日　■5泊6日　■7泊8日　■13泊14日

2．貸出種別集計表

貸出種別コード	貸出種別	貸出枚数計	金額	売上比率
S	新作	712	305,250	26.6%
J	準新作	※	※	※
K	旧作	※	※	※
	合計	※	※	

（報告書）

主催 公益財団法人 全国商業高等学校協会
情報処理検定模擬試験問題　第2級

第5回　筆記

制限時間 30 分

【1】 次の説明文に最も適した答えを解答群から選び，記号で答えなさい。

1. 磁気ディスク装置において，磁気ヘッドをディスク上の所定の位置に移動させるための部品。
2. 実行形式のプログラムファイルなど，文字コードの範囲以外のデータも保存されているファイル。
3. ファイルを階層構造で管理するとき，最上位にあるディレクトリ。
4. データベースの構築・管理をするソフトウェア。
5. SNS などにログインする際，パスワードの「知識」だけでなく，指紋や顔といった「生体」などを組み合わせる認証方式。

── 解答群 ──
ア．多要素認証	**イ**．DBMS	**ウ**．テキストファイル
エ．ルートディレクトリ	**オ**．磁気ディスク装置	**カ**．バイナリファイル
キ．基本表(実表)	**ク**．多段階認証	**ケ**．アクセスアーム
コ．ストリーミング		

1		2		3		4		5	

【2】 次のA群の語句に最も関係の深い説明文をB群から選び，記号で答えなさい。

〈A群〉　1．CMYK　　　　2．セキュリティホール　　　3．dpi
　　　　4．復号　　　　5．不正アクセス禁止法

〈B群〉
ア．データの盗み見を防止するために変換されたデータを，元の状態に戻すこと。
イ．個人情報の適切な取り扱いを定めた法律。
ウ．色情報を持った画像を構成する小さな点。
エ．カラー印刷で，色調表現に使われる色の頭文字を並べたもの。
オ．ネットワークを介したコンピュータの不正利用を禁止する法律。
カ．設計ミスなどによって生じる，システムのセキュリティ上の欠陥。
キ．組織内のコンピュータネットワークに対して，外部からの不正な侵入を防ぐシステム。
ク．ディスプレイ装置などで，光で色を表現するための方法の一つ。
ケ．プリンタやスキャナなどで使われる解像度の単位。
コ．データの盗み見を防止するために，あるルールでデータを変換すること。

1		2		3		4		5	

【3】　次の説明文に最も適した答えをア，イ，ウの中から選び，記号で答えなさい。

1．2進数の1011と10進数の9の積を表す2進数。

　　　ア．1010001　　　　　　　　イ．1100011　　　　　　　　ウ．1100101

2．横400ドット，縦300ドットを256色（8ビット）で表現するイラストの記憶容量は何KBになるか。ただし，1KB＝10^3Bとし，イラストは圧縮しないものとする。

　　　ア．120KB　　　　　　　　　イ．960KB　　　　　　　　　ウ．12,000KB

3．透明度などの情報を持ち，フルカラーの静止画像を劣化することなく圧縮することができるファイル形式。

　　　ア．GIF　　　　　　　　　　イ．BMP　　　　　　　　　　ウ．PNG

4．一つの文字コード体系で多国語処理を可能にした文字コード。

　　　ア．JISコード　　　　　　　イ．ASCIIコード　　　　　　ウ．Unicode

5．次の結果表は100m走出場者一覧表と，200m走出場者一覧表を集合演算し作成した表である。演算内容として適切なもの。

100m走出場者一覧表

選手コード	中学コード
H1620	T03
H1621	T02
H1622	T04
H1623	T03
H1625	T05
H1626	T02
H1628	T04

200m走出場者一覧表

選手コード	中学コード
H1621	T02
H1623	T03
H1624	T05
H1626	T02
H1628	T04

結果表

選手コード	中学コード
H1621	T02
H1623	T03
H1626	T02
H1628	T04

　　　ア．和　　　　　　　　　　　イ．積　　　　　　　　　　　ウ．差

1		2		3		4		5	

【4】　あるスキーメーカーでは，スキー板に関する販売状況をリレーショナル型データベースで管理している。次の各問いに答えなさい。

メーカー一覧表

メーカーコード	メーカー名	国名	所属団体コード
M01	エラモン	アメリカ	D02
M02	アトメック	フランス	D01
M03	アラン	アメリカ	D01
M04	J2	スイス	D03
M05	ミナノ	日本	D02
M06	ラシニョール	フランス	D02

サイズ一覧表

サイズコード	長さ	性別
V01	160	男子
V02	160	女子
V03	165	男子
V04	165	女子
V05	170	男子
V06	170	女子
V07	175	男子

所属団体表

所属団体コード	団体名
D01	SAP
D02	SJP
D03	SSP

伝票一覧表

伝票番号	メーカーコード	サイズコード	売上数
901	M02	V02	2
901	M04	V06	3
901	M06	V07	2
902	M03	V05	3
902	M05	V05	5
902	M06	V07	1
903	M01	V01	4
903	M02	V06	1
903	M05	V05	2
904	M01	V04	5
904	M04	V02	2
904	M06	V07	5
905	M03	V05	2
905	M05	V06	3
905	M06	V02	5
906	M02	V06	3
906	M03	V01	1
907	M01	V02	5
907	M05	V02	2
908	M03	V06	4
908	M05	V05	2
909	M03	V06	2
909	M05	V05	2
910	M01	V02	1
910	M05	V05	2

問1．メーカー一覧表の外部キーとして適切なものを選び，記号で答えなさい。

ア．メーカーコード　　　　**イ**．国名　　　　**ウ**．所属団体コード

問2．次の SQL 文によって抽出されるデータとして適切なものを選び，記号で答えなさい。

```
SELECT    メーカー名
  FROM    メーカー一覧表
  WHERE   国名 = 'アメリカ'
```

ア.

メーカー名
アトメック
J2
ミナノ
ラシニョール

イ.

メーカー名
アトメック
ラシニョール

ウ.

メーカー名
エラモン
アラン

問3．次の SQL 文によって抽出されるデータとして適切なものを選び，記号で答えなさい。

```
SELECT    伝票番号
  FROM    伝票一覧表
  WHERE   売上数 > 2   AND   売上数 < 5
```

ア.

伝票番号
902
904
904
905
907

イ.

伝票番号
901
902
903
905
906
908

ウ.

伝票番号
902
903
906
910

問4．次の SQL 文によって抽出されるデータとして適切なものを選び，記号で答えなさい。

```
SELECT    伝票番号, メーカー名, 長さ
  FROM    メーカー一覧表, サイズ一覧表, 伝票一覧表
  WHERE   メーカー一覧表.メーカーコード = 伝票一覧表.メーカーコード
  AND     サイズ一覧表.サイズコード = 伝票一覧表.サイズコード
  AND     伝票一覧表.メーカーコード = 'M03'   AND   性別 = '女子'
```

ア.

伝票番号	メーカー名	長さ
908	アラン	170
909	アラン	170

イ.

伝票番号	メーカー名	長さ
901	アトメック	160
901	J2	170
903	アトメック	170
904	エラモン	165
904	J2	160
905	ミナノ	170
905	ラシニョール	160
906	アトメック	170
907	エラモン	160
907	ミナノ	160
910	エラモン	160

ウ.

伝票番号	メーカー名	長さ
902	アラン	170
905	アラン	170
906	アラン	160

問5．次の SQL 文を実行したとき，表示される適切な数値を答えなさい。

```
SELECT    SUM(売上数) AS   売上数合計
  FROM    伝票一覧表
  WHERE   メーカーコード = 'M02'
```

売上数合計
※

(注)　※印は，値の表記を
　　　省略している。

問1		問2		問3		問4		問5	

【5】　次の各問いに答えなさい。

問1．次の表は，ある商店の売上計算書である。この商店では，毎月１日をサービスデーとして，売上金額の１割引としている。B6 に設定する次の式の空欄にあてはまる関数として適切なものを選び，記号で答えなさい。

▲	A	B
1		
2	売上計算書	
3		
4	売上金額	5,600
5		
6	請求金額	5,040

=IF(　　　　(TODAY())=1,B4*0.9,B4)

ア．DAY　　　　　　　　**イ**．YEAR　　　　　　　　**ウ**．NOW

問2．次の表は，クイズ大会の成績一覧表である。各学校の上位３名分の各成績を表示し，その合計得点で順位をつける。B9 に設定する式として適切なものを選び，記号で答えなさい。ただし，この式を E11 までコピーするものとする。

▲	A	B	C	D	E
1					
2	大会成績一覧表				
3		南高校	北高校	東高校	西高校
4	選手1	68	64	69	61
5	選手2	86	56	60	84
6	選手3	77	59	99	90
7	選手4	87	77	82	57
8	選手5	78	75	92	63
9	1番目	87	77	99	90
10	2番目	86	75	92	84
11	3番目	78	64	82	63
12	合計	251	216	273	237
13	順位	2	4	1	3

ア．=LARGE($B4:$B8,VALUE(LEFT($A$9,1)))

イ．=SMALL(B$4:B$8,VALUE(LEFT($A9,1)))

ウ．=LARGE(B$4:B$8,VALUE(LEFT($A9,1)))

問3．次の表は，あるフルーツ販売店のリンゴ仕入一覧表である。「割引額」は，「箱数」が３以上，または「金額」が 10000 以上の場合は**「金額　×　0.05」**で計算し，それ以外の場合は０とする。E4 に設定する式として適切なものを選び，記号で答えなさい。

▲	A	B	C	D	E	F
1						
2	リンゴ仕入一覧表					
3	品番	品名	箱数	金額	割引額	支払額
4	4	むつ	2	10,200	510	9,690
5	3	千秋	3	11,600	580	11,020
6	5	ジョナゴールド	2	9,300	0	9,300
7	2	ふじ	3	9,000	450	8,550
8	3	千秋	5	17,000	850	16,150
9	1	北斗	5	15,500	775	14,725
10			合計	72,600	3,165	69,435

ア．=IF(OR(C4>3,D4>10000),D4*0.05,0)

イ．=IF(OR(C4>=3,D4>=10000),D4*0.05,0)

ウ．=IF(AND(C4>=3,D4>=10000),D4*0.05,0)

問4．次の表は，ある遊園地のチケット料金を計算するための表である。「金額」は，シート名「チケット料金計算表」の「券種コード」をもとに，シート名「チケット種別表」を参照して表示している。シート名「チケット料金計算表」のE4に設定する次の式の空欄にあてはまる関数として適切なものを選び，記号で答えなさい。

シート名「チケット料金計算表」

	A	B	C	D	E
1					
2	チケット料金計算表				
3	区分コード	券種コード	枚数	単価	金額
4	AD	OP	1	1,000	1,000
5	AD	TW	3	1,500	4,500
6	JH	TW	2	800	1,600
7	CH	TW	1	600	600
8				合計	7,700

チケット料金計算表　チケット種別表

シート名「チケット種別表」

	A	B	C	D	E	F
1						
2	チケット種別表		券種コード			
3			YE	TW	OP	NT
4	区分コード	区分／券種	年間パス	2日パス	1日パス	夕方パス
5	AD	大人	5,000	1,500	1,000	600
6	HS	高校生	3,800	1,000	800	500
7	JH	中学生	3,000	800	700	400
8	CH	小学生以下	2,500	600	500	300

チケット料金計算表　チケット種別表　⊕

=HLOOKUP(B4,チケット種別表!$C$3:$F$8,

〔　　　　　〕(A4,チケット種別表!$A$5:$A$8,0)+2,FALSE)*C4

ア．INDEX　　　　　　　　**イ**．SEARCH　　　　　　　　**ウ**．MATCH

問5．次の表は，体育祭競技の調整一覧表である。「調整人数」は，「参加希望生徒数」を「コース」で割ったときの余りを表示する。C4に設定する式として適切なものを選び，記号で答えなさい。

	A	B	C
1			
2	体育祭競技調整一覧表		
3	競技名	参加希望生徒数	調整人数
4	100m走	38	3
5	60m走	37	2
6	1500m走	38	3
7	障害物競走	35	0
8	パン食い競走	34	6
9			
10	コース	7	

ア．=MOD(B4,$B$10)

イ．=INT(B4/$B$10)

ウ．=LEN(B4/$B$10)

問1		問2		問3		問4		問5	

【6】　次の表は，ある会員制ショップの年末におけるポイントカードによる商品交換を示したものである。作成条件にしたがって，次の各問いに答えなさい。

	A	B	C	D	E	F	G	H	I
1									
2		ポイントカード商品交換一覧表							
3									
4	受付No.	会員コード	区分	ポイント数	交換可能ポイント数	交換コード	交換商品名	繰越ポイント数	備考
5	1	##1256	一般会員	247	200	B	B商品	47	※
6	2	##1285	一般会員	78	0	N	なし	78	※
7	3	##1127	一般会員	315	300	B	B商品	115	※
8	4	##2309	学生会員	450	400	C	C商品	150	※
9	5	##1183	一般会員	185	100	A	A商品	85	※
10	6	##1397	一般会員	149	100	A	A商品	49	※
11	7	##2584	学生会員	234	200	N	なし	234	※
12	8	##1754	一般会員	113	100	A	A商品	13	※
13	9	##2651	学生会員	250	200	B	B商品	50	※
14	10	##2138	学生会員	200	200	B	B商品	0	※
15	11	##1078	一般会員	386	300	B	B商品	186	※
16	12	##2025	学生会員	216	200	B	B商品	16	※
17	13	##2061	学生会員	93	0	N	なし	93	※
18	14	##1104	一般会員	145	100	A	A商品	45	※
19									
20	会員表				交換商品表				
21		番号	1000	2000	交換コード	交換ポイント数	交換商品名	商品数	
22		区分	一般会員	学生会員	N	0	なし		
23					A	100	A商品	4	
24					B	200	B商品	6	
25					C	300	C商品	1	

（注）　※印は，値の表記を省略している。

作成条件

1．「ポイントカード商品交換一覧表」は，次のように作成する。

　(1)　「区分」は，「会員コード」の右端から4文字を抽出し，数値に変換して求めた値をもとに，「会員表」を参照して表示する。

　(2)　「交換可能ポイント数」は，「ポイント数」を百の位未満を切り捨てて表示する。

　(3)　「交換商品名」は，「交換コード」をもとに，「交換商品表」を参照して表示する。

　(4)　「繰越ポイント数」は，次の式で求める。

　　　　　　　「ポイント数　−　交換ポイント数」

　(5)　「備考」は，「繰越ポイント数」が50以上で，かつ「区分」が 一般会員 の場合は 商品券，「繰越ポイント数」が50以上，かつ「区分」が 学生会員 の場合，図書カード を表示し，それ以外の場合は何も表示しない。

2．「交換商品表」の「商品数」は，「交換商品名」ごとの件数を求める。

問1．C5 に設定する式の空欄(a)，(b)，(c)にあてはまる適切なものを選び，記号で答えなさい。

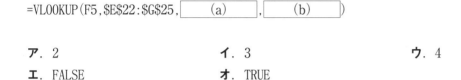

=HLOOKUP(　(a)　(　(b)　(　(c)　,4)),\$B\$21:\$C\$22,　解答不要　)

| ア．TEXT | イ．LEFT | ウ．B5 |
| エ．VALUE | オ．RIGHT | カ．D5 |

問2．E5 に設定する式として適切なものを選び，記号で答えなさい。

　　ア．=ROUNDDOWN(D5,-2)
　　イ．=ROUNDDOWN(D5,100)
　　ウ．=INT(D5)/100

問3．G5 に設定する式の空欄(a)，(b)にあてはまる適切なものを選び，記号で答えなさい。

=VLOOKUP(F5,\$E\$22:\$G\$25,　(a)　,　(b)　)

| ア．2 | イ．3 | ウ．4 |
| エ．FALSE | オ．TRUE | |

問4．I5〜I18 に表示される 図書カード の数を答えなさい。

問5．H23 に設定する式の空欄にあてはまる適切なものを選び，記号で答えなさい。

=　　　　　　　(\$G\$5:\$G\$18,G23)

| ア．AVERAGEIFS | イ．COUNTIFS | ウ．SUMIFS |

問1	(a)	(b)	(c)	問2	
問3	(a)	(b)	問4		問5	

主催 公益財団法人 全国商業高等学校協会
情報処理検定模擬試験問題　第2級

第5回　実技　　**DATA**　第5回模擬_提供データ　　　　　　　　制限時間20分

　あるもんじゃ焼き店では，トッピング商品の入れ替えを検討することになった。今年の第1四半期の売上データを用いて，利益が20円と30円の商品を対象に入替検討をするため，報告書を作成することになった。作成条件にしたがって，シート名「商品表」とシート名「売上集計表」から，シート名「報告書」を作成しなさい。

作成条件
ワークシートは，あらかじめ提供されたものを使用する。
　1．表およびグラフの体裁は，右ページを参考にして設定する。

　　［ 設 定 す る 書 式：罫線の種類
　　　設定する数値の表示形式：3桁ごとのコンマ，%，小数の表示桁数 ］

　2．表の※印の部分は，式や関数などを利用して求める。
　3．「1．第1四半期の売上集計表」は，次のように作成する。
　　(1)　「商品名」は，「商品コード」をもとに，シート名「商品表」を参照して表示する。
　　(2)　「価格」は，「商品コード」をもとに，シート名「商品表」を参照して表示する。
　　(3)　「売上数計」は，シート名「売上集計表」から，「商品コード」ごとに「売上数」の合計を求める。
　　(4)　「売上金額」は，次の式で求める。

　　　　　　「価格　×　売上数計」

　　(5)　「利益額」は，「商品コード」をもとに，シート名「商品表」を参照して求めた「利益」に「売上数計」を掛けて求める。
　　(6)　「備考」は，「利益額」が利益額の平均より大きい場合，○ を表示し，それ以外の場合は何も表示しない。
　　(7)　「合計」は，各列の合計を求める。
　4．複合グラフは，「1．第1四半期の売上集計表」から作成する。
　　(1)　数値軸(縦軸)目盛は，最小値(150,000)，最大値(230,000)および間隔(20,000)を設定する。
　　(2)　第2数値軸(縦軸)目盛は，最小値(20,000)，最大値(60,000)および間隔(10,000)を設定する。
　　(3)　軸ラベルの方向を設定する。
　　(4)　凡例の位置を設定する。
　5．「3．月別集計表」は，次のように作成する。
　　(1)　「売上数合計」は，シート名「売上集計表」から，月ごとに「売上数」の合計を求める。
　　(2)　「前月比」は，「売上数合計」の前月に対するその月の割合を求める。ただし，小数第4位未満を切り上げ，%で小数第2位まで表示する。

商品表

商品コード	商品名	価格	利益
IK	イカ	120	20
KO	コーン	90	50
SO	ソーセージ	100	50
〜	〜	〜	〜
TN	高菜	120	40
UM	梅	100	30
AS	あさり	130	20

（商品表）

売上集計表

年	月	日	商品コード	売上数
2022	4	1	IK	13
2022	4	1	KO	7
2022	4	1	SO	15
〜	〜	〜	〜	〜
2022	6	30	TN	27
2022	6	30	UM	23
2022	6	30	AS	13

（売上集計表）

トッピング商品売上および入替検討報告書（第1四半期）

1．第1四半期の売上集計表

単位：円

商品コード	商品名	価格	売上数計	売上金額	利益額	備考
IK	イカ	120	1,533	183,960	30,660	
TA	※	※	※	※	※	※
NA	※	※	※	※	※	※
ME	※	※	※	※	※	※
MO	※	※	※	※	※	※
UM	※	※	※	※	※	※
AS	※	※	※	※	※	※
		合計	11,170	※	※	

2．トッピング売上金額と利益額

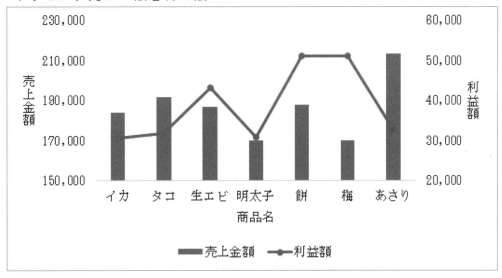

3．月別集計表

月	売上数合計	前月比
4	7,539	
5	※	※
6	※	※

（報告書）

主催 公益財団法人 全国商業高等学校協会
情報処理検定模擬試験問題　第2級

制限時間30分

【1】 次の説明文に最も適した答えを解答群から選び，記号で答えなさい。

1．ネットワークを利用して，企業などの業務の効率化を支援するソフトウェア。

2．作者の著作権は保護されながら，利用者が期間に関係なく無償で利用することができるソフトウェア。

3．ファイルなどへの「読み取り」，「書き込み」などがすべてできるアクセス権限。

4．キーボードからの入力情報をユーザに気付かれないように盗み取るスパイウェア。

5．創作すると自動的に権利は発生し，音楽やプログラムなどの作者が，創作したものを独占的に，その創作者と相続人が利用できる権利。

解答群

ア．ランサムウェア	**イ**．フリーウェア	**ウ**．産業財産権
エ．フルコントロール	**オ**．著作権	**カ**．グループウェア
キ．肖像権	**ク**．プラグアンドプレイ	**ケ**．キーロガー
コ．ワイルドカード		

1		2		3		4		5	

【2】 次のA群の語句に最も関係の深い説明文をB群から選び，記号で答えなさい。

〈A群〉　1．SSO　　　2．IEEE　　　3．TCO
　　　　4．有線LAN　　5．ワンタイムパスワード

〈B群〉

ア．ソースコードが公開され，無償で利用や修正などが認められているソフトウェア。

イ．無線LANにおけるアクセスポイントの識別名。最大32文字までの英数字を任意に設定することができる。

ウ．一度のユーザ認証することで，複数のアプリケーションなどにログインが可能になるしくみ。

エ．セキュリティレベルを高めるために，有効時間がある一度しか使用できない文字列。

オ．コンピュータやシステムの設備を運用や保守，管理するためにかかる費用。消耗品や保険料なども含まれる。

カ．コンピュータやシステムなどの設備の導入から運用・保守，廃棄までの時間と費用の総額のこと。

キ．通信ケーブルを使って，コンピュータやプリンタなどを接続したネットワーク。

ク．国際標準化機構が定めた，世界中で使われている多くの文字を一つのコード体系にしたもの。

ケ．企業や学校など，比較的小規模な情報通信ネットワーク。

コ．アメリカに本部を持つ，電気・電子分野における世界規模の研究組織。

1		2		3		4		5	

【3】　次の説明文に最も適した答えをア，イ，ウの中から選び，記号で答えなさい。

1．2進数の1111と1010の積を表す10進数。

　　　ア．96　　　　　　　　　　　　**イ**．104　　　　　　　　　　　　**ウ**．150

2．コンピュータウイルスを拡散する手法の一つで，Webサイトの訪問者をマルウェア感染させる攻撃手法。

　　　ア．ガンブラー　　　　　　　　**イ**．多要素認証　　　　　　　　**ウ**．ファイアウォール

3．コンピュータ同士を対等の関係に接続し，通信を行うネットワーク形態。

　　　ア．サイトライセンス　　　　　**イ**．ピアツーピア　　　　　　　**ウ**．クライアントサーバシステム

4．インターネットに接続できるスマートフォンなどをアクセスポイントにして，他の通信機器をインターネットに接続する方法。

　　　ア．アーカイバ　　　　　　　　**イ**．ストリーミング　　　　　　**ウ**．テザリング

5．次のビジネス情報部門受験者表と，プログラミング部門受験者表を積集合した仮想表を作成する。作成された仮想表のレコード件数。

ビジネス情報部門受験者表

学籍番号	氏　名
3E01	奥山　○○
3E03	金杉　○○
3E04	木下　○○
3E06	齋藤　○○
3E08	髙橋　○○
3E11	萩原　○○
3E13	藤居　○○○
3E14	室岡　○○
3E15	山田　○○

プログラミング部門受験者表

学籍番号	氏　名
3E01	奥山　○○
3E02	笠間　○○
3E04	木下　○○
3E05	今野　○○
3E07	佐藤　○○
3E08	髙橋　○○
3E09	武田　○○
3E10	中下　○
3E12	橋本　○○
3E14	室岡　○○

　　　ア．4　　　　　　　　　　　　　**イ**．5　　　　　　　　　　　　　**ウ**．15

1		2		3		4		5	

【4】 ある高校では，陸上部員の種目や出身中学などの状況をリレーショナル型データベースで管理している。次の各問いに答えなさい。

出身中学表

中学コード	中学名	地域区分
T01	神奈川	西
T02	東京	中央
T03	群馬	北
T04	千葉	南
T05	茨城	北
T06	埼玉	中央

成績表

選手コード	氏名	中学コード	種目コード	順位
H1601	横浜竜太	T01	V01	3
H1602	太田隼人	T03	V01	9
H1603	筑波光一	T05	V01	5
H1604	江東順子	T02	V02	4
H1605	高崎友子	T03	V02	2
H1606	館林恭子	T03	V02	6
H1607	川崎和江	T01	V03	3
H1608	桐生杏奈	T03	V03	10
H1609	市川太一	T04	V03	2
H1610	所沢明子	T06	V03	6
H1611	鎌倉達也	T01	V04	5
H1612	新宿次郎	T02	V04	3
H1613	沼田晶子	T03	V04	8
H1614	水戸良太	T05	V04	1
H1615	古河美帆	T05	V04	12
H1616	厚木太郎	T01	V05	3
H1617	足立美鶴	T02	V05	9
H1618	前橋翔太	T03	V05	2
H1619	船橋裕子	T04	V05	1
H1620	熊谷幸子	T06	V05	7

種目表

種目コード	種目名	種目区分	担当名
V01	100m 走	短距離	青山
V02	200m 走	短距離	渋谷
V03	400m 走	中距離	青山
V04	800m 走	中距離	渋谷
V05	10000m 走	長距離	渋谷

問1．次の表は，種目表から種目区分が中距離のデータを取り出して作成したものである。このようなリレーショナル型データベースの操作として適切なものを選び，記号で答えなさい。

種目コード	種目名	種目区分	担当名
V03	400m 走	中距離	青山
V04	800m 走	中距離	渋谷

ア．選択　　　　　　　　**イ**．射影　　　　　　　　**ウ**．結合

問2．次の SQL 文によって抽出されるデータとして適切なものを選び，記号で答えなさい。

```
SELECT    種目名
FROM      種目表
WHERE     種目区分 = '短距離'
```

ア.

種目名
400m 走
800m 走
10000m 走

イ.

種目名
100m 走
200m 走

ウ.

種目名
400m 走
800m 走

問3．次の SQL 文によって抽出されるデータとして適切なものを選び，記号で答えなさい。

```
SELECT    選手コード, 氏名
FROM      成績表
WHERE     中学コード = 'T01'   AND   順位 = 3
```

ア.

選手コード	氏名
H1601	横浜竜太
H1607	川崎和江
H1611	鎌倉達也
H1616	厚木太郎

イ.

選手コード	氏名
H1601	横浜竜太
H1607	川崎和江
H1616	厚木太郎

ウ.

選手コード	氏名
H1605	高崎友子
H1609	市川太一
H1614	水戸良太
H1618	前橋翔太
H1619	船橋裕子

問4．次の SQL 文によって抽出されるデータとして適切なものを選び，記号で答えなさい。

```
SELECT    選手コード, 中学名
FROM      出身中学表, 種目表, 成績表
WHERE     出身中学表.中学コード = 成績表.中学コード
   AND    種目表.種目コード = 成績表.種目コード
   AND    担当名 <> '青山'   AND   地域区分 = '中央'
```

ア.

選手コード	中学名
H1610	埼玉

イ.

選手コード	中学名
H1605	群馬
H1606	群馬
H1611	神奈川
H1613	群馬
H1614	茨城
H1615	茨城
H1616	神奈川
H1618	群馬
H1619	千葉

ウ.

選手コード	中学名
H1604	東京
H1612	東京
H1617	東京
H1620	埼玉

問5．成績表から条件にあてはまる最高の順位を求めたい。次の SQL 文の空欄にあてはまる適切なものを選び，記号で答えなさい。

```
SELECT    [        ](順位)  AS   最高位
FROM      成績表
WHERE     中学コード = 'T03'
```

最高位
2

ア. MIN　　　　　　　　　　　**イ.** MAX　　　　　　　　　　　**ウ.** COUNT

問1		問2		問3		問4		問5	

【5】 次の各問いに答えなさい。

問1．次の表は，ある飲食店の料金表である。この飲食店では，月曜日をサービス日として各メニューの料金を1割引で提供している。本日の日付が月曜日の場合は「割引後料金」を表示し，それ以外の曜日の場合は何も表示しない。C5に設定する式として適切なものを選び，記号で答えなさい。なお，西暦2022年4月4日は月曜日である。

	A	B	C
1	本日の日付		
2	2022/4/4		
3	料金表		
4	メニュー名	料金	割引後料金
5	Aセット	1,200	1,080
6	Bセット	1,000	900
7	Cセット	1,100	990
8	Dセット	1,300	1,170
9	Eセット	900	810

(注) WEEKDAY関数の第2引数が1の場合，戻り値として1（日曜日）～7（土曜日）を返す。

　ア．=IF(WEEKDAY($A$2,1)=1,B5*0.9,"")
　イ．=IF(WEEKDAY($A$2,1)=2,B5*0.9,"")
　ウ．=IF(WEEKDAY($A$2,1)=2,"",B5*0.9)

問2．次の表は，ある和菓子店における人気商品の1年間の売上一覧である。「売上累計」は1月からその月までの売上数量の累計を求めている。C4に設定する式として適切なものを選び，記号で答えなさい。ただし，この式をC15までコピーするものとする。

	A	B	C
1			
2	売上一覧		
3	月	売上数量	売上累計
4	1	1,211	1,211
5	2	1,121	2,332
6	3	1,210	3,542
7	4	1,424	4,966
8	5	1,278	6,244
9	6	1,080	7,324
10	7	1,119	8,443
11	8	1,426	9,869
12	9	1,309	11,178
13	10	1,402	12,580
14	11	1,491	14,071
15	12	1,479	15,550
16	合計	15,550	

　ア．=SUM(B4:B4)
　イ．=SUM($B4:B4)
　ウ．=SUM($B$4:B4)

問3．次の表は，あるホテルの予約状況一覧である。「備考」には，「部屋数」から「予約数」を引いた値が0の場合×，3未満の場合△，それ以外の場合は○を表示する。D4に設定する式として適切なものを選び，記号で答えなさい。

	A	B	C	D
1				
2	予約状況一覧			
3	部屋タイプ	部屋数	予約数	備考
4	シングル	20	12	○
5	ダブル	15	15	×
6	ツイン	15	14	△
7	トリプル	10	10	×

　ア．=IF(B4-C4=0,"×",IF(B4-C4<3,"△","○"))
　イ．=IF(B4-C4=0,"×",IF(B4-C4>3,"△","○"))
　ウ．=IF(B4-C4<>0,"×",IF(B4-C4<3,"△","○"))

side tab
第6回模擬

問4. ある高校では，2年次の選択科目希望調査について，次の表を用いて集計している。次の(1)，(2)に答えなさい。

(1) 「第一希望」は，「希望コード」の左端から1文字を抽出し，「商業分野選択科目コード表」を参照して表示する。C4に設定する式として適切なものを選び，記号で答えなさい。なお，「希望コード」は，次のように構成されている。

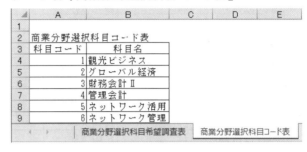

例　13　→　　　　1　　　　　　　3
第1希望の科目コード　第2希望の科目コード

シート名「商業分野選択科目希望調査表」

	A	B	C	D
1				
2	商業分野選択科目希望調査表			
3	学籍番号	希望コード	第一希望	第二希望
4	1101	13	観光ビジネス	財務会計Ⅱ
5	1102	32	財務会計Ⅱ	グローバル経済
6	1103	56	ネットワーク活用	ネットワーク管理
7	1104	64	ネットワーク管理	管理会計
8	1105	15	観光ビジネス	ネットワーク活用
〜	〜	〜	〜	〜
149	1526	41	管理会計	観光ビジネス
150	1527	61	ネットワーク管理	観光ビジネス
151	1528	53	ネットワーク活用	財務会計Ⅱ
152	1529	16	観光ビジネス	ネットワーク管理
153	1530	35	財務会計Ⅱ	ネットワーク活用

商業分野選択科目希望調査表　商業分野選択科目コード表

シート名「商業分野選択科目コード表」

	A	B	C	D	E
1					
2	商業分野選択科目コード表				
3	科目コード	科目名			
4	1	観光ビジネス			
5	2	グローバル経済			
6	3	財務会計Ⅱ			
7	4	管理会計			
8	5	ネットワーク活用			
9	6	ネットワーク管理			

商業分野選択科目希望調査表　商業分野選択科目コード表

ア．=HLOOKUP(VALUE(LEFT(B4,1)),商業分野選択科目コード表!$A$4:$B$9,2,FALSE)

イ．=VLOOKUP(VALUE(LEFT(B4,1)),商業分野選択科目コード表!$A$4:$B$9,2,FALSE)

ウ．=VLOOKUP(VALUE(RIGHT(B4,1)),商業分野選択科目コード表!$A$4:$B$9,2,FALSE)

(2) 次の商業分野選択科目希望集計表は，商業分野選択科目希望調査表をもとに行方向に「第一希望」ごとの人数，列方向に「第二希望」ごとの人数を集計したものである。この集計機能として適切なものを選び，記号で答えなさい。

商業分野選択科目希望集計表

個数 / 学籍番号	列ラベル						
行ラベル	グローバル経済	ネットワーク活用	ネットワーク管理	管理会計	観光ビジネス	財務会計Ⅱ	総計
グローバル経済		3	4	3	8	3	21
ネットワーク活用	4		7	4	4	4	23
ネットワーク管理	6	5		5	7	6	29
管理会計	3	3	3		3	2	14
観光ビジネス	8	9	9	8		8	42
財務会計Ⅱ	5	5	3	4	4		21
総計	26	25	26	24	26	23	150

ア．ピボットテーブル　　　　**イ**．ゴールシーク　　　　**ウ**．フィルタ

問1		問2		問3		問4	(1)		(2)	

【6】　次の表は，ある大学のラグビー部の試合結果を示したものである。作成条件にしたがって，次の各問いに答えなさい。

	A	B	C	D	E	F	G	H
1								
2		試合結果一覧表						
3								
4	試合コード	大学コード	対戦大学名	得点	失点	トライ数	失トライ数	勝ち点
5	0825TYH	TY	戸山大学	42	18	6	3	3
6	0829YWA	YW	八幡大学	24	22	3	3	3
7	0905MHH	MH	三春大学	15	26	2	4	0
8	0912TYA	TY	戸山大学	31	31	4	3	3
9	0919SHA	SH	荘原大学	10	18	1	3	0
10	0924MNH	MN	森永大学	20	23	2	4	0
11	0930MHA	MH	三春大学	18	0	2	0	3
12	1006YWH	YW	八幡大学	15	26	2	4	0
13	1010MNA	MN	森永大学	24	16	3	1	3
14	1017YWH	YW	八幡大学	5	0	1	0	3
15	1024MHH	MH	三春大学	15	28	2	3	0
16	1030SHA	SH	荘原大学	20	20	2	3	0
17	1107MNH	MN	森永大学	18	16	2	1	3
18	1114YWA	YW	八幡大学	10	5	1	1	3
19	1121TYA	TY	戸山大学	20	23	3	4	0
20								
21	対戦別勝敗表							
22	大学コード	MN	YW	TY	SH	MH		
23	対戦大学名	森永大学	八幡大学	戸山大学	荘原大学	三春大学		
24	試合数	3	4	3	2	3		
25	勝ち点合計	※	※	※	※	※		

（注）　※印は，値の表記を省略している。

作成条件

1．「試合結果一覧表」は，次のように作成する。

　(1)　「試合コード」は，次のように7桁で構成されている。なお，「会場コード」は，HまたはAであり，Hはホーム（本拠地）会場，Aはアウェー（相手の本拠地）会場であることを示す。

　　　　例　0825TYH　→　　<u>0825</u>　　　　<u>TY</u>　　　　<u>H</u>
　　　　　　　　　　　　　　　試合月日　大学コード　会場コード

　(2)　「大学コード」は，「試合コード」より抽出する。

　(3)　「対戦大学名」は，「大学コード」をもとに，「対戦別勝敗表」を参照して表示する。

　(4)　「勝ち点」は，「得点」が「失点」を上回っているか，または「トライ数」が「失トライ数」を上回っている場合，3を表示し，それ以外の場合は0を表示する。

2．「対戦別勝敗表」は，次のように作成する。

　(1)　「試合数」は，「大学コード」ごとの件数を求める。

　(2)　「勝ち点合計」は，「大学コード」ごとに「勝ち点」の合計を求める。

問1．B5 に設定する式の空欄(a)，(b)，(c)にあてはまる適切なものを選び，記号で答えなさい。

=MID((a) , (b) , (c))

ア．2 **イ**．5 **ウ**．A5

問2．C5 に設定する式の空欄(a)，(b)にあてはまる適切なものを選び，記号で答えなさい。

= (a) (B5,$B$22:$F$23,2, (b))

ア．INDEX **イ**．HLOOKUP **ウ**．VLOOKUP
エ．FALSE **オ**．TRUE

問3．H5 に次の式が設定されている。この式と同等の結果を得るために設定する式として適切なものを選び，記号で答えなさい。

=IF(OR(D5>E5,F5>G5),3,0)

ア．=IF(AND(D5<=E5,F5<=G5),0,3)
イ．=IF(AND(D5<=E5,F5<=G5),3,0)
ウ．=IF(OR(D5<=E5,F5<=G5),0,3)

問4．B24 に設定する式の空欄にあてはまる適切なものを選び，記号で答えなさい。

= ($B$5:$B$19,B22)

ア．AVERAGEIFS **イ**．COUNTIFS **ウ**．SUMIFS

問5．対戦別勝敗表の B25，C25，D25 に表示される値を答えなさい。

問1	(a)		(b)		(c)		問2	(a)		(b)	
問3		問4			問5	(B25)		(C25)		(D25)	

主催 公益財団法人 全国商業高等学校協会
情報処理検定模擬試験問題　第2級

　次の表は，あるホテルの5年間の利用状況報告書である。資料と作成条件にしたがって，シート名「料金表」とシート名「集計表」から，シート名「報告書」を作成しなさい。なお，部屋の種類がダブルとツインの利用数については，資料のとおりである。

資料　過去5年間の利用数
（ダブル・ツイン）

年	ダブル	ツイン
2017	10,008	12,320
2018	9,806	11,429
2019	5,684	10,578
2020	12,685	10,644
2021	5,685	6,268

作成条件

ワークシートは，あらかじめ提供されたものを使用する。

1．表およびグラフの体裁は，右ページを参考にして設定する。

　　　［設　定　す　る　書　式：罫線の種類
　　　　設定する数値の表示形式：3桁ごとのコンマ，％，小数の表示桁数］

2．表の※印の部分は，式や関数などを利用して求める。また，※※印の部分は，資料より必要な値を入力する。

3．グラフの※印の部分は，表に入力された値をもとに表示する。

4．「1．年度別利用数集計表」は，次のように作成する。

　(1)　「シングル」は，シート名「集計表」から「年」ごとに「利用数」の合計を求める。

　(2)　「合計」は，「シングル」から「ツイン」までの合計を求める。

　(3)　「シングルの割合」は，次の式で求める。ただし，小数第3位未満を切り捨て，％で小数第1位まで表示する。

　　　　「シングル　÷　合計」

　(4)　「備考」は，「シングル」，「ダブル」，「ツイン」の三つともが各利用数（過去5年間）の平均以上の場合，○を表示し，それ以外の場合は何も表示しない。

5．「2．シングル利用曜日区分別集計表」は，次のように作成する。

　(1)　「曜日区分」は，「曜日コード」をもとに，シート名「料金表」を参照して表示する。

　(2)　「利用数」は，シート名「集計表」から「曜日コード」ごとに「利用数」の合計を求める。

　(3)　「料金単価」は，「曜日コード」をもとに，シート名「料金表」を参照して表示する。

　(4)　「売上高」は，次の式で求める。

　　　　「利用数　×　料金単価」

6．100％積み上げ横棒グラフは，「2．シングル利用曜日区分別集計表」から作成する。

　(1)　区分線を設定する。

　(2)　数値軸（横軸）目盛は，最小値(0%)，最大値(100%)および間隔(20%)を設定する。

　(3)　項目軸（縦軸）の順序を設定する。

　(4)　凡例の位置を設定する。

　(5)　データラベルを設定する。

A	B	C	D
1			
2	料金表		
3	曜日コード	W	E	H
4	曜日区分	平日	休前日	休日
5	料金単価	4,800	6,300	5,300

（料金表）

年	期	曜日コード	利用数
2017	上半期	E	2,286
2017	上半期	H	3,800
2017	上半期	W	3,600
～	～	～	～
2021	下半期	E	2,952
2021	下半期	H	1,636
2021	下半期	W	1,988

シングル宿泊者集計表

（集計表）

過去5年間の利用状況報告書

1．年度別利用数集計表

年	シングル	ダブル	ツイン	合計	シングルの割合	備考
2017	14,546	※※	※※	※	※	○
2018	※	※※	※※	30,345	※	※
2019	※	※※	10,578	※	※	※
2020	※	※※	※※	※	33.3%	※
2021	※	5,685	※※	※	※	※

2．シングル利用曜日区分別集計表

曜日コード	曜日区分	利用数	料金単価	売上高
W	※	19,474	※	※
E	休前日	※	※	103,168,800
H	※	※	5,300	※

3．利用数と売上高の比較

（報告書）

主催 公益財団法人 全国商業高等学校協会
情報処理検定模擬試験問題　第2級

【1】　次の説明文に最も適した答えを解答群から選び，記号で答えなさい。

1．ソフトウェアなどのファイルを，勝手に暗号化したりして正常にコンピュータを利用できない状態にするコンピュータウイルス。復元するための対価として，ユーザに金銭の支払いを要求する。
2．ユーザIDやパスワードで認証した後に，「秘密の質問」などでもう一度認証する，認証を複数回行う認証方式。
3．磁気ディスク装置でアクセスアームを動かさずにデータを読み書きできるトラックの集まり。
4．カラー印刷で，シアン，マゼンタ，イエロー，ブラックの混合比率を変化させて色を表現する方法。
5．フルカラーで扱うことのできる，静止画像を圧縮して記録するファイル形式。

解答群
ア．多段階認証　　　　イ．RGB　　　　　　ウ．ランサムウェア
エ．BMP　　　　　　オ．JPEG　　　　　　カ．CMYK
キ．磁気ヘッド　　　　ク．多要素認証　　　　ケ．シリンダ
コ．ガンブラー

1	2	3	4	5

【2】　次のA群の語句に最も関係の深い説明文をB群から選び，記号で答えなさい。

〈A群〉　1．拡張子　　　　2．ストリーミング　　　　3．OSS
　　　　4．シェアウェア　　　5．著作権法

〈B群〉
ア．他人のユーザIDやパスワードなどを利用し，利用許可のないネットワークシステムに接続する行為などを禁止した法律。
イ．複数のファイルを一つにまとめたり，逆にまとめたファイルを元に戻したりするソフトウェア。
ウ．インターネット上の動画や音楽などを視聴する際，すべてのデータがダウンロードされるのを待たずに，受信と再生を並行して行う方式。
エ．一定期間無料で試用した後も継続して利用する場合は，料金を支払うソフトウェア。
オ．ファイルの種類を識別する目的で使われる，ファイル名の後ろに付ける文字列。
カ．通信が可能なモバイル端末をアクセスポイントとして設定し，他のコンピュータなどをインターネットに接続すること。
キ．デジタル通信においてデータを送受信する際に，データを一定のサイズに分割したもの。
ク．芸術作品やプログラムなどのように，思想や論理的思考を創作的に表現した者に認められる権利と，これに隣接する権利を定め，その保護を目的とする法律。
ケ．組織内の業務の効率化を目指し，LANやインターネットを活用して，メールやスケジュール管理など，情報共有やコミュニケーションを効率的に行うためのソフトウェア。
コ．ソフトウェアのソースコードを，インターネットなどを通じて無償で公開し，誰でもそのソフトウェアの改良，再配布が行えるソフトウェア。

1	2	3	4	5

【3】 次の説明文に最も適した答えをア，イ，ウの中から選び，記号で答えなさい。

1．2進数の1011と10進数の6の和を表す2進数。

　　　ア．10001　　　　　　**イ**．10010　　　　　　**ウ**．10011

2．世界中で使われている多くの文字を表現するために定められた国際標準の文字コード。

　　　ア．ASCII コード　　　**イ**．Unicode　　　　　**ウ**．JIS コード

3．デジタルカメラで撮影した，横1,600画素，縦1,200画素の画像をフルカラーで圧縮せずに保存する。画像1枚の記憶容量は約何MBになるか。ただし，フルカラーは24ビットカラーとし，1 MB = 10^6B とする。

　　　ア．約 5.8MB　　　　　**イ**．約 46MB　　　　　**ウ**．約 80MB

4．インターネットに接続しているコンピュータに対して，外部からの攻撃や，不正な侵入を防ぐシステム。

　　　ア．セキュリティホール　　**イ**．シングルサインオン　　**ウ**．ファイアウォール

5．次の結果表はルート1配送表と，ルート2配送表を集合演算し作成した表である。演算内容として適切なもの。

ルート1配送表

支店コード	支店名
D03	○△百貨店
D04	□屋
H02	プリンセス山海

ルート2配送表

支店コード	支店名
D03	○△百貨店
H04	ラッツ浜中
H05	ペンション△
S04	川島駅

結果表

支店コード	支店名
D03	○△百貨店
D04	□屋
H02	プリンセス山海
H04	ラッツ浜中
H05	ペンション△
S04	川島駅

　　　ア．差　　　　　　　　　**イ**．和　　　　　　　　　**ウ**．積

1		2		3		4		5	

【4】　ある高等学校では，3年生における進路希望状況をリレーショナル型データベースで管理している。次の各問いに答えなさい。

進路先表

進路先コード	進路先	分類コード
1	四年制大学	A
2	短期大学	A
3	専門学校	A
4	就職	B
5	その他	C

分類表

分類コード	分類
A	進学
B	就職
C	その他

進路内容表

進路内容コード	進路内容
S1	商業・経済系
S2	情報系
S3	工業系
S4	農業系
S5	文学系
S6	法学系
S7	医学系
S8	事務
S9	技能
S10	その他

進路希望調査表

学籍番号	氏名	進路先コード	進路内容コード
101	青森洋子	1	S1
102	秋田直子	4	S9
103	石川尚広	4	S10
104	茨城純子	1	S2
105	岩手ゆみ	1	S5
106	岡山翔太	5	S10
107	静岡敏久	3	S7
108	高松真介	4	S9
109	高松　彰	4	S9
110	千葉隆文	2	S1
111	栃木真里	1	S2
112	富山　始	2	S5
113	長崎哲夫	2	S5
114	能代牧子	3	S1
115	広島俊夫	1	S1
116	福岡弘美	3	S2
117	宮城由伸	4	S10
118	都城絢子	2	S1
119	山口　綾	4	S8
120	米沢梨沙	2	S1

第7回模擬

問1．進路先表の外部キーとして適切なものを選び，記号で答えなさい。

　　　ア．進路先コード　　　　　　　　**イ**．進路先　　　　　　　　**ウ**．分類コード

問2．次のSQL文によって抽出されるデータとして適切なものを選び，記号で答えなさい。

```
SELECT    進路先
  FROM    進路先表
  WHERE   進路先コード <= 3
```

ア.
進路先
四年制大学
短期大学
専門学校

イ.
進路先
四年制大学
短期大学

ウ.
進路先
専門学校
就職
その他

問3．次のSQL文によって抽出されるデータとして適切なものを選び，記号で答えなさい。

```
SELECT    学籍番号，氏名
  FROM    進路希望調査表
  WHERE   進路先コード = 2   AND   進路内容コード = 'S1'
```

ア.
学籍番号	氏名
112	富山　始
113	長崎哲夫

イ.
学籍番号	氏名
110	千葉隆文
118	都城絢子
120	米沢梨沙

ウ.
学籍番号	氏名
110	千葉隆文
112	富山　始
113	長崎哲夫
118	都城絢子
120	米沢梨沙

問4．次のSQL文によって抽出されるデータとして適切なものを選び，記号で答えなさい。

```
SELECT    学籍番号，氏名，進路先
  FROM    進路先表，分類表，進路内容表，進路希望調査表
  WHERE   進路先表.分類コード = 分類表.分類コード
    AND   進路先表.進路先コード = 進路希望調査表.進路先コード
    AND   進路内容表.進路内容コード = 進路希望調査表.進路内容コード
    AND   分類 = '進学'   AND   進路内容 = '商業・経済系'
```

ア.
学籍番号	氏名	進路先
101	青森洋子	四年制大学
115	広島俊夫	四年制大学

イ.
学籍番号	氏名	進路先
101	青森洋子	四年制大学
104	茨城純子	四年制大学
111	栃木真里	四年制大学
115	広島俊夫	四年制大学

ウ.
学籍番号	氏名	進路先
101	青森洋子	四年制大学
110	千葉隆文	短期大学
114	能代牧子	専門学校
115	広島俊夫	四年制大学
118	都城絢子	短期大学
120	米沢梨沙	短期大学

問5．次のSQL文を実行したとき，表示される適切な数値を答えなさい。

```
SELECT    COUNT(*)   AS   人数
  FROM    進路希望調査表
  WHERE   進路先コード = 3
```

人数
※

（注）※印は，値の表記を省略している。

問1		問2		問3		問4		問5	

【5】　次の各問いに答えなさい。

問１．次の表は，うるう年を判定する表である。「判定」は，「西暦年」の２月
末日が２月29日の場合は うるう年 を表示し，それ以外の場合は何も表
示しない。B4 に設定する式として**適切ではないもの**を選び，記号で答え
なさい。

	A	B
1		
2	うるう年の判定表	
3	西暦年	判定
4	2018	
5	2019	
6	2020	うるう年
7	2021	
8	2022	

ア．=IF(DATE(A4,3,1)-1=DATE(A4,2,29),"うるう年","")

イ．=IF(DATE(A4,2,29)=DATE(A4,3,1),"","うるう年")

ウ．=IF(DATE(A4,2,29)=DATE(A4,3,1),"うるう年","")

問２．次の表は，ある高校のラグビー部の秋季リーグ結
果表である。G4 には次の式が設定され，G9 までコ
ピーしてある。G10 に表示される数値を答えなさ
い。なお，G10 には G4 から G9 までの数値の合計を
求める式が設定されている。

	A	B	C	D	E	F	G
1							
2	秋季リーグ結果表						
3	対戦相手	勝・分・負	得点		失点	トライ数	勝点
4	T高校	○	27	-	10	0	4
5	E高校	△	18	-	18	2	※
6	Y高校	●	22	-	28	3	※
7	M高校	●	34	-	40	4	※
8	B高校	○	59	-	5	8	※
9	P高校			-			※
10						合計勝点	※

（注）　※印は，値の表記を省略している。

=IF(B4="","",IF(B4="○",4,IF(B4="△",2,0)))+IF(F4>=4,1,0)+IF(AND(B4="●",E4-C4<=7),1,0))

問３．次の表は，性別と年齢から，男女別平均身長・体重一覧表より平均身長と平均体重を調査する表であ
る。B6 に設定する次の式の空欄(a)～(c)にあてはまる適切なものを選び，記号で答えなさい。

	A	B	C	D	E	F	G	H	I
1									
2	平均身長・体重調査表				男女別平均身長・体重一覧表				
3	性別	女					男性	女性	
4	年齢	18			年齢	身長（cm）	体重（kg）	身長（cm）	体重（kg）
5	身長（cm）	157.7			6歳	117.1	20.9	115.1	20.1
6	体重（kg）	56.3			7歳	120.8	23.6	121.8	23.5
7					8歳	129.4	27.2	128.4	26.5
≀					≀	≀	≀	≀	≀
15					16歳	168.5	57.7	158.0	51.0
16					17歳	170.0	60.9	158.0	51.9
17					18歳	172.5	62.5	157.7	56.3
18					19歳	169.0	59.4	159.2	55.2
19					20歳	171.0	61.8	159.5	55.0
≀					≀	≀	≀	≀	≀
66					67歳	165.3	64.6	151.8	53.4
67					68歳	165.3	64.6	151.8	53.4
68					69歳	165.3	64.6	151.8	53.4
69					70歳以上	160.9	59.9	147.7	50.4

=IF(OR(B3="",B4="",B4<6),"",

　　IF(B3="男",VLOOKUP(B4,D5:I69, (a) , (b)),VLOOKUP(B4,D5:I69, (c) , (b))))

ア．3　　　　　　**イ**．4　　　　　　**ウ**．5　　　　　　**エ**．6

オ．TRUE　　　　**カ**．FALSE

問4．次の表は，ある果物店の注文の一覧である。シート名「注文表」の「単価」は，「商品コード」と「等級コード」をもとに，シート名「単価表」を参照して表示する。「注文表」のF4に設定する式として適切なものを選び，記号で答えなさい。

シート名「注文表」

	A	B	C	D	E	F	G
1							
2	注文表						
3	商品コード	等級コード	商品名	等級	数量	単価	金額
4	3	1	桃	S	1	3,800	3,800
5	2	3	ぶどう	L	1	4,200	4,200
6	1	3	りんご	L	3	4,000	12,000
7	2	2	ぶどう	M	1	3,700	3,700
8	1	1	りんご	S	2	3,200	6,400
9						合計	30,100

注文表　単価表　⊕

シート名「単価表」

	A	B	C	D	E
1					
2	単価表				
3			等級コード		
4			1	2	3
5	商品コード	商品名	S	M	L
6	1	りんご	3,200	3,500	4,000
7	2	ぶどう	3,300	3,700	4,200
8	3	桃	3,800	4,300	5,000
9					

注文表　単価表　⊕

ア．=INDEX(単価表!$C$6:$E$8,A4,B4)

イ．=INDEX(単価表!$C$6:$E$8,B4,A4)

ウ．=INDEX($C$6:$E$8,A4,B4)

問5．次の表は，整数の割り算の商と余りを示したものである。A4とC4に数値を入力して，E4に「商」，G4に「余り」を求める。G4に設定する式として適切なものを選び，記号で答えなさい。

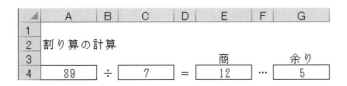

	A	B	C	D	E	F	G
1							
2	割り算の計算						
3					商		余り
4	89	÷	7	=	12	…	5

ア．=ROUNDDOWN(A4/C4,0)

イ．=MOD(A4,C4)

ウ．=INT(A4/C4)

問1		問2		問3	(a)		(b)		(c)	
問4		問5								

【6】　次の表は，あるカラオケ教室における審査結果についてまとめたものである。作成条件にしたがって，各問いに答えなさい。

	A	B	C	D	E	F	G
1							
2		カラオケ審査結果表					
3							
4	受付番号	種目別評価			上位2種目の得点	評価	備考
5		音程	リズム	音域			
6	1	3	1	2	5	C	※
7	2	4	5	2	9	A	※
8	3	4	2	4	8	B	※
9	4	5	4	5	10	A	※
10	5	2	2	5	7	B	※
11	6	3	4	4	8	B	※
12	7	2	5	3	8	B	※
13	8	2	5	4	9	A	※
14	9	3	5	4	9	A	※
15	10	1	2	5	7	B	※
16	11	3	2	4	7	B	※
17	12	2	2	3	5	C	※
18	13	3	3	4	7	B	※
19							
20	種目別得点人数分布表				総合評価表		
21	得点　　　　種目	音程	リズム	音域	上位2種目の得点	評価	
22	1	※	※	※	0	C	
23	2	※	※	※	6	B	
24	3	※	※	※	9	A	
25	4	※	※	※			
26	5	※	※	※			

　(注)　※印は，値の表記を省略している。

作成条件

1．「カラオケ審査結果表」は，次のように作成する。
　⑴　「上位2種目の得点」は，「音程」・「リズム」・「音域」のうち上位2種目の合計を求めて表示する。
　⑵　「評価」は，「上位2種目の得点」をもとに，「総合評価表」を参照して表示する。なお，「総合評価表」の「上位2種目の得点」の欄には，「評価」ごとの下限の値を入力するものとする。
　⑶　「備考」は，「種目別評価」の合計が10以上，かつ「評価」がA以外の場合，○ を表示し，それ以外の場合は何も表示しない。
2．「種目別得点人数分布表」の「音程」・「リズム」・「音域」は，得点ごとの人数を求める。

問1．E6 に設定する式として適切なものを選び，記号で答えなさい。

  ア．=MAX(B6:D6)+LARGE(B6:D6,2)

  イ．=MAX(B6:D6)+SMALL(B6:D6,1)

  ウ．=MAX(B6:D6)+MIN(B6:D6)

問2．F6 に設定する式の空欄(a)，(b)にあてはまる適切なものを選び，記号で答えなさい。

  = [(a)] (E6,$F$22:$G$24, [(b)] , [解答不要])

ア．HLOOKUP	**イ**．VLOOKUP	**ウ**．SEARCH
エ．2	**オ**．1	**カ**．0

問3．G6 に設定する式の空欄にあてはまる適切なものを選び，記号で答えなさい。

  =IF(AND(SUM(B6:D6)>=10, [ ]),"○","")

ア．F6="A"	**イ**．F6<>"A"	**ウ**．F6=A

問4．B22 に設定する式の空欄にあてはまる適切なものを選び，記号で答えなさい。ただし，この式を D26 までコピーするものとする。

  =COUNTIFS([ ] ,$A22)

ア．B6:B18	**イ**．$B6:$B18	**ウ**．B$6:B$18

問5．「種目別得点人数分布表」の B22，C26，D24 に表示される適切な数値を答えなさい。

問1		問2	(a)		(b)		問3	
問4		問5	(B22)		(C26)		(D24)	

主催 公益財団法人 全国商業高等学校協会

情報処理検定模擬試験問題　第2級

第7回　実技	**DATA** 第7回模擬_提供データ	制限時間 20 分

　ある観光地のケーブルカー運営会社では，5月の観光シーズン後に，団体客の集計表を作成している。作成条件にしたがって，シート名「運賃表」とシート名「団体客データ表」から，シート名「集計表」を作成しなさい。

作成条件

ワークシートは，あらかじめ提供されたものを使用する。

1．表およびグラフの体裁は，右ページを参考にして設定する。

> 設 定 す る 書 式：罫線
> 設定する数値の表示形式：3桁ごとのコンマ，%，小数の表示桁数

2．表の※印の部分は，式や関数などを利用して求める。

3．グラフの※印の部分は，表に入力された値をもとに表示する。

4．「1．GW期間集計表」は，次のように作成する。

 (1)　「団体数」は，シート名「団体客データ表」から「日」ごとの件数を求める。

 (2)　「人数合計」は，シート名「団体客データ表」から「日」ごとに「人数」の合計を求める。

 (3)　「運賃合計」は，シート名「団体客データ表」から「日」ごとに「運賃」の合計を求める。

 (4)　「順位」は，「運賃合計」を基準として，降順に順位をつける。

 (5)　「備考」は，「団体数」が10より大きい，または「人数合計」が1000以上の場合，○を表示し，それ以外の場合，何も表示しない。

 (6)　「合計」は，各列の合計を求める。

 (7)　「平均」は，各列の平均を求める。ただし，整数部のみ表示する。

 (8)　「最大」は，各列の最大値を求める。

 (9)　「最小」は，各列の最小値を求める。

5．「2．団体別月間集計表」は，次のように作成する。

 (1)　「団体数」は，シート名「団体客データ表」から「団体」ごとの件数を求める。

 (2)　「人数合計」は，シート名「団体客データ表」から「団体」ごとに「人数」の合計を求める。

 (3)　「運賃合計」は，シート名「団体客データ表」から「団体」ごとに「運賃」の合計を求める。

 (4)　「総計」は，各行の合計を求める。

 (5)　「割合」は，「運賃合計」の「総計」に対する割合を求める。ただし，小数第3位未満を切り捨て，%で小数第1位まで表示する。

6．複合グラフは，「2．団体別月間集計表」から作成する。

 (1)　数値軸（縦軸）目盛は，最小値(0)，最大値(1,500,000)および間隔(500,000)を設定する。

 (2)　第2数値軸（縦軸）目盛は，最小値(500)，最大値(2,000)および間隔(500)を設定する。

 (3)　軸ラベルの方向を設定する。

 (4)　凡例の位置を設定する。

 (5)　データラベルは，「運賃合計」を表示し，「人数合計」は表示しない。

	A	B	C
1			
2	運賃表	（1人あたり運賃）	
3	団体コード	団体	基本運賃
4	K	幼稚園	440
5	P	小学校	490
6	J	中学校	870
7	H	高校	920
8	G	一般	970

（運賃表）

	A	B	C	D	E	F	G
1							
2	団体客データ表						
3	受付番号	月	日	団体コード	人数	団体	運賃
4	5001	5	10	P	40	小学校	19,600
5	5002	5	12	H	220	高校	202,400
6	5003	5	4	P	54	小学校	26,460
7	5004	5	4	G	63	一般	61,110
8	5005	5	17	G	29	一般	28,130
≀	≀	≀	≀	≀	≀	≀	≀
82	5079	5	10	K	33	幼稚園	14,520
83	5080	5	14	K	129	幼稚園	56,760
84	5081	5	1	K	25	幼稚園	11,000
85	5082	5	2	P	115	小学校	56,350
86	5083	5	26	J	184	中学校	160,080

（団体客データ表）

ケーブルカー団体客集計表（5月）

1．GW期間集計表

月	日	団体数	人数合計	運賃合計	順位	備考
5	1	※	※	※	※	※
5	2	※	※	※	※	※
5	3	18	1,352	1,096,070	1	○
5	4	※	※	※	※	※
5	5	※	※	※	※	※
	合計	56	3,851	2,743,700		
	平均	※	※	※		
	最大	※	※	※		
	最小	※	※	※		

2．団体別月間集計表

団体	幼稚園	小学校	中学校	高校	一般	総計
団体数	※	※	※	※	23	※
人数合計	※	※	※	※	1,059	※
運賃合計	※	※	※	※	1,027,230	※
割合	※	※	※	※	23.7%	

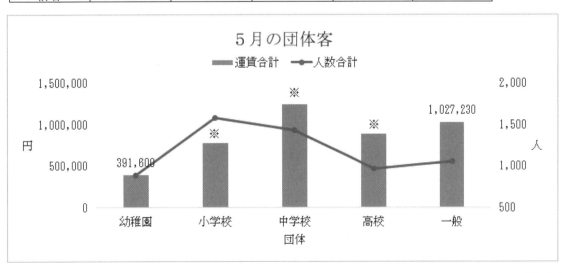

（集計表）

主催 公益財団法人 全国商業高等学校協会

情報処理検定模擬試験問題　第２級

制限時間30分

【1】 次の説明文に最も適した答えを解答群から選び，記号で答えなさい。

1. 256色までの画像を保存することができ，インターネット上のイラストやアイコンなどの保存に使われているファイル形式。
2. ファイルを階層構造で管理する場合，最上位より下位に作成されるディレクトリ。
3. ディスプレイに出力された文字や画像を構成する，色調や階調の情報を持つ最小単位の点。
4. 情報処理システムや工業製品における技術の発展，標準化を進めることを目的として設立された国際標準化機構。
5. 複数のファイルを一つにまとめたり，まとめたファイルを元に戻したりするソフトウェア。

- 解答群 -
ア．ガンブラー	**イ**．ピクセル	**ウ**．ルートディレクトリ
エ．アーカイバ	**オ**．サブディレクトリ	**カ**．ドット
キ．ISO	**ク**．JPEG	**ケ**．GIF
コ．JIS		

1		2		3		4		5	

【2】 次のA群の語句に最も関係の深い説明文をB群から選び，記号で答えなさい。

〈A群〉
1. シングルサインオン
2. UPS
3. フリーウェア
4. 暗号化
5. 産業財産権

〈B群〉

ア．文字列やファイル名などの検索を行う際，任意の1文字や任意の0文字以上の文字列を表す特殊な記号。例として，＊，？がある。

イ．自然災害などの影響により，電力障害が発生した際，コンピュータへ一時的に電力を供給する電源装置。

ウ．知的財産権のうち，特許庁が所管する特許権，実用新案権，意匠権，および商標権の四つの総称。特許庁に出願し登録されることによって，一定期間独占的に利用できる権利。

エ．コンピュータにデジタルカメラやプリンタなどの周辺装置を接続した際，デバイスドライバのインストールや，その他必要な設定をOSが自動で行い，使用できるようにする機能。

オ．無償で利用することができるが，著作権は放棄されていないソフトウェア。

カ．データを何らかの規則にもとづいて変換し，第三者に意味がわからないようにすること。

キ．創作した音楽やプログラムなどを，その創作者と相続人が独占的に利用できる権利。創作すると自動的に権利は発生する。

ク．1組のユーザIDとパスワードによる認証を1度行うだけで，複数のWebサービスやクラウドサービス，アプリケーションにログインできる仕組み。

ケ．データの意味をまったく変えずに，データ容量を小さく変換すること。

コ．一定期間試用し，その後も継続して利用する場合は料金を支払うソフトウェア。

1		2		3		4		5	

【3】　次の説明文に最も適した答えをア，イ，ウの中から選び，記号で答えなさい。

1．2進数の11011と10進数の5の積を表す10進数。

　　　ア．32　　　　　　　　　　**イ**．85　　　　　　　　　　**ウ**．135

2．文字コードと改行やタブだけで構成されたファイル。

　　　ア．テキストファイル　　　**イ**．バイナリファイル　　　**ウ**．OSS

3．ソフトウェアを導入する際の契約の一つで，学校や企業などが必要数の利用許諾を一括して得る契約形態。

　　　ア．ピアツーピア　　　　　**イ**．サイトライセンス　　　**ウ**．アクセス許可

4．コンピュータネットワークにおいて，通信ケーブルを使わずに，無線通信を利用してデータの送受信を行うLAN。

　　　ア．無線LAN　　　　　　　**イ**．テザリング　　　　　　　**ウ**．クライアントサーバシステム

5．次の5月発券表をもとに，6月発券表と差集合をとった場合，結果表として適切なもの。

5月発券表

券種区分
P101
P103
P201
P202
P203

6月発券表

券種区分
P102
P103
P201
P202

ア．結果表

券種区分
P103
P201
P202

イ．結果表

券種区分
P101
P203

ウ．結果表

券種区分
P101
P102
P103
P201
P202
P203

1		2		3		4		5	

【4】 ある地域では，その地域で開催されたイベントの状況をリレーショナル型データベースで管理している。次の各問いに答えなさい。

会場表

会場コード	会場名	地区
P01	市民運動公園	中央地区
P02	市民文化会館	中央地区
P03	南地区センター	南地区
P04	東公民館	東地区
P05	福祉会館	西地区
P06	青少年センター	中央地区
P07	緑公会堂	東地区

イベント表

イベントコード	イベント名	参加料	定員
E01	講演会	1000	300
E02	カラオケ大会	500	200
E03	キャンドル制作	700	80
E04	映画祭	1200	300
E05	綱引き大会	500	200
E06	合唱コンクール	500	250
E07	ものづくり体験	300	100
E08	ダンス教室	600	200
E09	料理教室	800	70
E10	パソコン教室	500	50

司会表

司会コード	氏名	年齢	住所
A01	加藤 ○○	35	中央区緑町△△
A02	木村 ○○	48	西区扇町△△
A03	林 ○○	55	中央区三田△△
A04	齋藤 ○○	36	東区森町△△
A05	小林 ○○	60	南区山下△△
A06	石原 ○○	47	中央区新宿△△
A07	佐藤 ○○	52	東区港△△
A08	伊藤 ○○	48	中央区日野△△

開催状況表

開催日	イベントコード	会場コード	司会コード	参加人数
2022/12/12	E02	P05	A02	53
2022/12/12	E03	P03	A05	80
2022/12/12	E03	P04	A06	80
2022/12/12	E03	P05	A07	80
2022/12/13	E05	P01	A08	135
2022/12/13	E07	P02	A03	89
2022/12/13	E08	P06	A01	154
2022/12/19	E06	P07	A04	212
2022/12/19	E09	P03	A05	56
2022/12/20	E01	P04	A04	258
2022/12/20	E03	P06	A06	72
2022/12/20	E03	P07	A07	80
2022/12/20	E04	P02	A03	300
2022/12/20	E09	P05	A01	70
2022/12/20	E10	P05	A02	38
2022/12/23	E06	P02	A08	210
2022/12/23	E07	P07	A06	88
2022/12/23	E09	P06	A03	70
2022/12/24	E09	P04	A04	67
2022/12/26	E07	P03	A05	92
2022/12/27	E04	P07	A04	234
2022/12/27	E07	P02	A01	95
2022/12/27	E07	P06	A08	96
2022/12/27	E08	P03	A05	186
2022/12/27	E10	P03	A02	43

問1．次の表は，司会表から氏名と住所のデータを取り出して作成したものである。このようなリレーショナル型データベースの操作として適切なものを選び，記号で答えなさい。

氏名	住所
加藤 ○○	中央区緑町△△
木村 ○○	西区扇町△△
林 ○○	中央区三田△△
齋藤 ○○	東区森町△△
小林 ○○	南区山下△△
石原 ○○	中央区新宿△△
佐藤 ○○	東区港△△
伊藤 ○○	中央区日野△△

ア．選択　　　　　　　　**イ**．射影　　　　　　　　**ウ**．結合

問2．次のSQL文によって抽出されるデータとして適切なものを選び，記号で答えなさい。

```
SELECT   氏名
FROM     司会表
WHERE    年齢 > 55
```

ア.

氏名
加藤　○○
木村　○○
齋藤　○○
石原　○○
佐藤　○○
伊藤　○○

イ.

氏名
林　○○
小林　○○

ウ.

氏名
小林　○○

問3．次のSQL文によって抽出されるデータとして適切なものを選び，記号で答えなさい。

```
SELECT   イベントコード
FROM     開催状況表
WHERE    会場コード = 'P02'   AND   司会コード = 'A03'
```

ア.

イベントコード
E07
E04

イ.

イベントコード
E07
E04
E06
E09
E07

ウ.

イベントコード
E07
E04
E06
E07

問4．次のSQL文によって抽出されるデータとして適切なものを選び，記号で答えなさい。

```
SELECT   会場名, イベント名
FROM     会場表, イベント表, 開催状況表
WHERE    会場表.会場コード = 開催状況表.会場コード
AND      イベント表.イベントコード = 開催状況表.イベントコード
AND      地区 = '中央地区'   AND   参加料 < 700
```

ア.

会場名	イベント名
福祉会館	カラオケ大会
緑公会堂	合唱コンクール
福祉会館	パソコン教室
緑公会堂	ものづくり体験
南地区センター	ものづくり体験
南地区センター	ダンス教室
南地区センター	パソコン教室

イ.

会場名	イベント名
市民運動公園	綱引き大会
市民文化会館	ものづくり体験
青少年センター	ダンス教室
市民文化会館	合唱コンクール
市民文化会館	ものづくり体験
青少年センター	ものづくり体験

ウ.

会場名	イベント名
青少年センター	キャンドル制作
市民文化会館	映画祭
青少年センター	料理教室

問5．次のSQL文を実行したとき，表示される適切な数値を答えなさい。

```
SELECT   AVG(参加人数)   AS   参加人数の平均
FROM     開催状況表
WHERE    司会コード = 'A08'
```

参加人数の平均
※

(注)　※印は，値の表記を省略している。

問1		問2		問3		問4		問5	

【5】 次の各問いに答えなさい。

問1. 次の表は，あるレンタルサイクルの利用明細表である。「料金」は，「利用時間」の15分につき100円で求める。E4に設定する次の式の空欄(a)，(b)にあてはまる適切な組み合わせを選び，記号で答えなさい。

	A	B	C	D	E
1					
2	利用明細表				
3	車体番号	開始時刻	返却時刻	利用時間	料金
4	R00101	7:05	7:44	0:39	300
5	R00102	6:51	7:05	0:14	100
6	R00103	7:36	8:22	0:46	400
7	R00104	9:04	11:34	2:30	1,000

=ROUNDUP(((a)(D4)*60+(b)(D4))/15,0)*100

ア． (a) MINUTE (b) HOUR

イ． (a) HOUR (b) MINUTE

ウ． (a) MINUTE (b) MINUTE

問2. 次の表は，ある親子参加音楽コンサートの基本料金表およびチケット料金早見表である。C10に設定する式として適切なものを選び，記号で答えなさい。ただし，この式をD17までコピーするものとする。

	A	B	C	D
1				
2	基本料金表			
3			基本料金	
4			一般	会員
5	大人		1,200	800
6	子供		500	300
7				
8	チケット料金早見表			
9	大人	子供	一般	会員
10	1	1	1,700	1,100
11	1	2	2,200	1,400
12	1	3	2,700	1,700
13	1	4	3,200	2,000
14	2	1	2,900	1,900
15	2	2	3,400	2,200
16	2	3	3,900	2,500
17	2	4	4,400	2,800

ア． =C$5*A$10+C$6*B$10

イ． =$C5*$A10+$C6*$B10

ウ． =C$5*A$10+C$6*B$10

問3. 次の表は，ある不動産会社が管理する賃貸アパート一覧である。F4には，次の式が設定されている。この式をF13までコピーしたとき，「備考」に ○ と表示される数を答えなさい。

	A	B	C	D	E	F
1						
2	賃貸アパート一覧表					
3	No.	名称	賃料/管理費等	駅より徒歩	階数	備考
4	1	○○○	8.5	15	1	※
5	2	△△△	7.2	13	3	※
6	3	□□□	8.8	5	4	※
7	4	▽▽▽	7.4	12	5	※
8	5	◇◇◇	7.7	11	2	※
9	6	○○△△	8.9	7	1	※
10	7	□□▽▽	8.3	20	1	※
11	8	◇◇○○	7.3	13	2	※
12	9	△△□□	8.5	16	2	※
13	10	▽▽◇◇	7.9	20	2	※
14		平均	8.1	13.2		

(注) ※印は，値の表記を省略している。

=IF(AND(C4<=$C$14,D4<=$D$14,E4>=2),"○","")

問4．次の表は，ある高校の通学手段調査結果表と通学手段集計表である。F4 に設定する式として適切なものを選び，記号で答えなさい。ただし，「通学手段」が バス・電車・自転車 の場合，それぞれの「通学手段」で集計する。

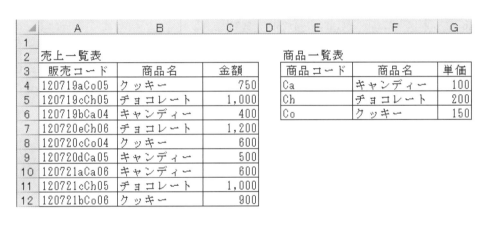

	A	B	C	D	E	F
1						
2	通学手段調査結果表				通学手段集計表	
3	学籍番号	通学手段	通学時間（分）		通学手段	人数
4	1A01	自転車	15		徒歩	4
5	1A02	バス・電車・自転車	50		自転車	29
6	1A03	電車・自転車	40		バス	11
7	1A04	徒歩	10		電車	9
～	～	～	～			
40	1A37	電車・徒歩	50			
41	1A38	自転車	10			
42	1A39	自転車	15			
43	1A40	電車・バス	35			

ア．=COUNTIFS($B$4:$B$43,E4)

イ．=COUNTIFS($B$4:$B$43,"*"&E4&"*")

ウ．=COUNTIFS($B$4:$B$43,E4&"*")

問5．次の表は，あるお菓子屋の売上一覧表である。B列の「商品名」は，「販売コード」の大文字Cから始まる英字2文字を抽出し，商品一覧表から参照して表示する。B4 に設定する式の空欄にあてはまるものとして適切なものを選び，記号で答えなさい。

	A	B	C	D	E	F	G
1							
2	売上一覧表				商品一覧表		
3	販売コード	商品名	金額		商品コード	商品名	単価
4	120719aCo05	クッキー	750		Ca	キャンディー	100
5	120719cCh05	チョコレート	1,000		Ch	チョコレート	200
6	120719bCa04	キャンディー	400		Co	クッキー	150
7	120720eCh06	チョコレート	1,200				
8	120720cCo04	クッキー	600				
9	120720dCa05	キャンディー	500				
10	120721aCa06	キャンディー	600				
11	120721cCh05	チョコレート	1,000				
12	120721bCo06	クッキー	900				

=VLOOKUP(MID(A4,⬚,2),$E$4:$G$6, 解答不要 , 解答不要)

ア．FIND("C",A4)　　　　**イ**．FIND(A4,"C")　　　　**ウ**．SEARCH("C",A4)

問1		問2		問3		問4		問5	

【6】 次の表は，北海道・東北・関東地区にあるホテルについて，サービスの評価の比較を示したものである。作成条件にしたがって，次の各問いに答えなさい。

	A	B	C	D	E	F	G	H	I	J	K
1											
2		ホテル評価表									
3											
4	ホテル名	所在地コード	所在地	部屋	接客	利便性	価格	合計	平均	評価	備考
5	ボストン	H	北海道	3	4	3	4	14	3.5	※	
6	ガーデン	K	関東	4	5	3	4	16	4.0	※	
7	オリエント	H	北海道	4	4	4	5	17	4.2	※	◎
8	ルーエンズ	T	東北	3	5	5	3	16	4.0	※	
9	エスター	K	関東	2	3	5	5	15	3.7	※	
10	マイタム	K	関東	4	5	5	3	17	4.2	※	◎
11	バランド	T	東北	2	2	4	4	12	3.0	※	
12	アークス	H	北海道	5	5	4	5	19	4.7	※	◎
13	キャプタル	T	東北	5	5	5	4	19	4.7	※	◎
14	ウェストン	H	北海道	3	2	2	2	9	2.2	※	
15	グランディア	K	関東	2	4	3	2	11	2.7	※	
16	レジデンス	T	東北	3	4	3	4	14	3.5	※	
17											
18	所在地別集計表							評価表			
19	所在地コード	所在地	部屋	接客	利便性	価格		平均	評価	件数	
20	H	北海道	3.75	3.75	3.25	4.00		0～2.3	D	※	
21	T	東北	3.25	4.00	4.25	3.75		2.4～3.1	C	※	
22	K	関東	3.00	4.25	4.00	3.50		3.2～3.9	B	※	
23								4.0～4.5	A	※	
24								4.6～5.0	S	※	

㊟ ※印は，値の表記を省略している。

作成条件

1．「ホテル評価表」は，次のように作成する。

  (1) 「所在地」は，「所在地コード」をもとに，「所在地別集計表」を参照して表示する。

  (2) 「合計」は，「部屋」，「接客」，「利便性」，「価格」の評価を合計して求める。

  (3) 「平均」は，「部屋」，「接客」，「利便性」，「価格」の評価を平均して求める。ただし，小数第1位未満を切り捨て，小数第1位まで表示する。

  (4) 「評価」は，「平均」をもとに，評価表を参照して表示する。

  (5) 「備考」は，「合計」における上位3位(降順)以内，または「評価」がSの場合，◎ を表示し，それ以外の場合は何も表示しない。

2．「所在地別集計表」は，「所在地」ごと，項目ごとに平均を求める。ただし，小数第2位まで表示する。

3．「評価表」の「件数」は，「評価」ごとの件数を求める。

問1．C5 に設定する式として適切なものを選び，記号で答えなさい。

　　ア．=VLOOKUP(B5,$A$20:$B$22,2,FALSE)

　　イ．=VLOOKUP(B5,$A$20:$B$22,3,FALSE)

　　ウ．=VLOOKUP(B5,$A$20:$B$22,2,TRUE)

問2．I5 に設定する式として，**適切でないもの**を選び，記号で答えなさい。

　　ア．=ROUNDDOWN(AVERAGE(D5:G5),1)

　　イ．=INT(AVERAGE(D5:G5)*10)/10

　　ウ．=ROUNDDOWN(INT(AVERAGE(D5:G5)*10),1)

問3．K5 に設定する式の空欄(a)，(b)にあてはまる適切なものを選び，記号で答えなさい。

=IF(　(a)　(H5>=　(b)　($H$5:$H$16,3)),J5="S"),"◎","")

ア．AND	**イ**．OR	**ウ**．NOT
エ．LARGE	**オ**．RANK	**カ**．SMALL

問4．C20 に設定する式の空欄(a)，(b)，(c)にあてはまる適切なものを選び，記号で答えなさい。

=AVERAGEIFS(　(a)　,　(b)　,　(c)　)

ア．$B20	**イ**．$C$5:$C$16	**ウ**．D$5:D$16

問5．評価表の K21，K22，K23 に表示される値を答えなさい。

問1		問2		問3	(a)		(b)		
問4	(a)		(b)		(c)	問5	(K21)	(K22)	(K23)

主催 公益財団法人 全国商業高等学校協会
情報処理検定模擬試験問題　第2級

　次の表は，あるレジャー施設における販売報告書である。次の作成条件にしたがって，シート名「料金表」と
シート名「売上表」から，シート名「報告書」を作成しなさい。

作成条件

ワークシートは，あらかじめ提供されたものを使用する。

1．表およびグラフの体裁は，右ページを参考にして設定する。

> 設 定 す る 書 式：罫線
> 設定する数値の表示形式：3桁ごとのコンマ，％，小数の表示桁数

2．表の※印の部分は，式や関数などを利用して求める。

3．グラフの※印の部分は，表に入力された値をもとに表示する。

4．「1．分類別集計表」は，次のように作成する。

　(1)　「分類名」は，「分類コード」をもとに，シート名「料金表」を参照して表示する。

　(2)　「先月販売額」は，「分類コード」をもとに，シート名「料金表」を参照して表示する。

　(3)　「前売券入場者数」は，シート名「売上表」から「分類コード」ごとに「前売券入場者数」の合計を求める。

　(4)　「当日券入場者数」は，シート名「売上表」から「分類コード」ごとに「当日券入場者数」の合計を求める。

　(5)　「販売金額計」は，シート名「売上表」から「分類コード」ごとに「販売金額計」の合計を求める。

　(6)　「先月比」は，次の式で求める。ただし，小数第3位未満を切り捨て，％で小数第1位まで表示する。

> 　　　　「販売金額計　÷　先月販売額」

　(7)　「備考」は，「販売金額計」を基準として，降順に求めた順位が2位以内の場合，○を表示し，それ以外の場合，何も表示しない。

　(8)　「合計」は，各列の合計を求める。

5．「2．区分別集計表」は，次のように作成する。

　(1)　「入場者数計」は，シート名「売上表」から「区分名」ごとの「前売券入場者数」の合計に，シート名「売上表」から「区分名」ごとの「当日券入場者数」の合計を加える。

　(2)　「平均入場者数」は，シート名「売上表」から「区分名」ごとの「前売券入場者数」の平均に，シート名「売上表」から「区分名」ごとの「当日券入場者数」の平均を加える。ただし，整数部のみ表示する。

　(3)　「販売金額計」は，シート名「売上表」から「区分名」ごとの「販売金額計」の合計を求める。

　(4)　「合計」は，各列の合計を求める。

　(5)　「割合」は，次の式で求める。ただし，％で小数第1位まで表示する。

> 　　　　「販売金額計　÷　販売金額計の合計」

6．複合グラフは，「2．区分別集計表」から作成する。

　(1)　数値軸(縦軸)目盛は，最小値(0)，最大値(40,000,000)および間隔(10,000,000)を設定する。

　(2)　第2数値軸(縦軸)目盛は，最小値(2,000)，最大値(10,000)および間隔(20,000)を設定する。

　(3)　軸ラベルの方向を設定する。

　(4)　凡例の位置を設定する。

　(5)　データラベルを設定する。

	A	B	C	D	E
1					
2	料金表				
3			入場料		先月販売額
4	分類コード	分類名	前売券	当日券	
5	Md	小人	1,500	2,000	7,320,500
6	Sd	中高生	2,500	3,500	12,860,500
7	Ad	大人	5,000	5,500	20,995,000
8	Sn	シニア	3,000	4,000	14,621,000

（料金表）

	A	B	C	D	E	F
1						
2	売上表					
3	売上コード	区分名	分類コード	前売券入場者数	当日券入場者数	販売金額計
4	1101Fri	1日	Md	6	3	15,000
5	1101Fri	1日	Sd	1	29	104,000
6	1101Fri	1日	Ad	56	81	725,500
7	1101Fri	1日	Sn	25	68	347,000
8	1101Fri	アフター	Md	2	2	7,000
～	～	～	～	～	～	～
359	1130Sat	アフター	Sn	6	26	122,000
360	1130Sat	イルミ	Md	1	30	61,500
361	1130Sat	イルミ	Sd	11	38	160,500
362	1130Sat	イルミ	Ad	17	7	123,500
363	1130Sat	イルミ	Sn	13	28	151,000

（売上表）

販売報告書

1. 分類別集計表

	A	B	C	D	E	F	G	H	I
5	分類コード	分類名	先月販売額	前売券入場者数	当日券入場者数	販売金額計	先月比	備考	
6	Md	小人	7,320,500	1,765	2,522	7,691,500	105.0%		
7	Sd	※	※	※	※	※	※	※	
8	Ad	※	※	※	※	※	※	※	
9	Sn	※	※	※	※	※	※	※	
10		合計	55,797,000	※	※	※			

2. 区分別集計表

	B	C	D	E	F
13	区分名	入場者数計	平均入場者数	販売金額計	割合
14	1日	9,434	79	31,742,000	55.5%
15	アフター	※	※	※	※
16	イルミ	※	※	※	※
17	合計	16,790	※	※	

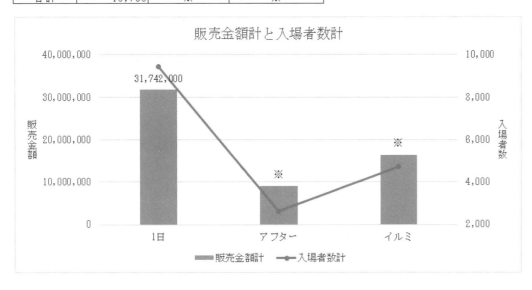

（報告書）

主催 公益財団法人 全国商業高等学校協会

情報処理検定模擬試験問題　第2級

制限時間 30 分

【1】 次の説明文に最も適した答えを解答群から選び，記号で答えなさい。

1．電気・電子分野の世界最大規模の研究組織である，電気電子学会のこと。
2．色情報（色調や階調）を持つ，写真などのデジタル画像を構成する最小単位の点。
3．コンピュータやシステムなどの設備を導入する際にかかる，初期投資額のこと。設置費用や導入費用とも呼ばれる。
4．米国の業界団体が，同一の無線 LAN 規格において，お互いに通信ができることを認証した機器に与える名称。
5．写真の保存に使われることが多く，静止画像データを圧縮して保存するファイル形式。一般的に，非可逆圧縮であるので，画質は劣化するが容量を小さくできる。

解答群

ア．ドット	イ．ピクセル	ウ．ランニングコスト
エ．IEEE	オ．PNG	カ．イニシャルコスト
キ．ストリーミング	ク．JPEG	ケ．Wi-Fi
コ．ANSI		

1		2		3		4		5	

【2】 次のA群の語句に最も関係の深い説明文をB群から選び，記号で答えなさい。

〈A群〉 1．バイナリファイル　　　2．シリンダ　　　3．CSV
　　　　　4．ガンブラー　　　5．ASCII コード

〈B群〉

ア．アルファベットや記号などの，文字コードと改行やタブだけで構成されるファイル。音声データや画像データなどは含まれない。

イ．磁気ディスク装置で，同心円状の複数のトラックが，論理的な円筒状になっている記録単位。アクセスアームを動かさないでデータを読み書きできる。

ウ．無線 LAN を利用するときに混信を避けるため，アクセスポイントに付ける識別子。最大 32 文字までの英数字を任意に設定できる。

エ．文字コードによらないデータが含まれるファイル。音声データや画像データなどが該当する。

オ．データをコンマで区切って並べたファイル形式。表計算ソフトやデータベースソフトでデータを保存するときに用いられる。

カ．米国規格協会が定めた文字コード体系で，アルファベットや数字などを7ビットで定義している。基本的な文字コードとして普及し，多くのコンピュータで使用されている。

キ．複数のファイルを一つにまとめたり，逆にまとめたファイルを元に戻したりするソフトウェア。

ク．企業などの Web サイトを改ざんすることにより閲覧者を他の有害サイトに自動的に誘導して，マルウェアに感染させようとする一連の攻撃手法。

ケ．磁気ディスク装置において，データの読み書きをする最小単位。

コ．日本産業規格による文字コードで，英数字だけでなくカタカナや漢字などの日本語も表現する文字コード。

1		2		3		4		5	

【3】　次の説明文に最も適した答えをア，イ，ウの中から選び，記号で答えなさい。

1．2進数の1101と10進数の6の差を表す2進数。

　　　　ア．111　　　　　　　　　　イ．1101　　　　　　　　　　ウ．1111

2．横12.5cm，縦10cmのカラー写真1枚を，解像度600dpiのスキャナで，24ビットカラーで取り込んだときの記憶容量(MB)を求めなさい。ただし，1インチ = 2.5cm，1MB = 10^6B とし，画像は圧縮しないものとする。

　　　　ア．1.8MB　　　　　　　　　イ．7.2MB　　　　　　　　　ウ．21.6MB

3．コンピュータの機種や使用環境に依存せずに閲覧できる電子文書のファイル形式。

　　　　ア．MP3　　　　　　　　　　イ．ZIP　　　　　　　　　　ウ．PDF

4．インターネットに接続しているコンピュータに対して，外部からの攻撃や不正な侵入を制御し，組織内部のネットワークを保護するためのシステム。

　　　　ア．ファイアウォール　　　イ．フルコントロール　　　ウ．不正アクセス禁止法

5．次の結果表は冬季オリンピックの16～18回メダリスト表と，19～21回メダリスト表を集合演算し作成した表である。演算内容として適切なもの。

16～18回メダリスト表

氏名	競技コード
橋本聖子	K7
伊藤みどり	K9
山本宏美	K7
里谷多英	K3
岡崎朋美	K7

19～21回メダリスト表

氏名	競技コード
里谷多英	K3
荒川静香	K9
浅田真央	K9

結果表

氏名	競技コード
里谷多英	K3

　　　　ア．和　　　　　　　　　　イ．積　　　　　　　　　　ウ．差

1		2		3		4		5	

【4】 あるケーキ専門店では，ケーキの販売状況をリレーショナル型データベースで管理している。次の各問いに答えなさい。

担当者表

担当者コード	担当者名
A01	長崎
A02	土屋
A03	田代

価格表

商品コード	ケーキ名	単価	担当者コード
K01	イチゴショート	550	A01
K02	イチゴのタルト	500	A02
K03	アップルパイ	450	A01
K04	チーズスフレ	400	A03
K05	チョコムース	500	A02

取扱店表

取扱店コード	取扱店名	区分
T01	西高島屋	百貨店
T02	エスタ徳丸	駅ビル
T03	ヨルトン	ホテル
T04	伊勢百貨店	百貨店
T05	赤坂シェルトン	ホテル

ケーキ売上表

取扱店コード	商品コード	売上数
T01	K01	8
T01	K02	7
T01	K03	12
T01	K04	8
T01	K05	7
T02	K01	10
T02	K02	9
T02	K03	11
T02	K04	7
T02	K05	5
T03	K01	6
T03	K02	4
T03	K03	13
T03	K04	10
T03	K05	8
T04	K01	10
T04	K02	8
T04	K03	9
T04	K04	8
T04	K05	8
T05	K01	16
T05	K02	9
T05	K03	3
T05	K04	5
T05	K05	7

問1．価格表の外部キーとして適切なものを選び，記号で答えなさい。

ア．商品コード   イ．単価   ウ．担当者コード

問2．次のSQL文によって抽出されるデータとして適切なものを選び，記号で答えなさい。

    SELECT　商品コード
    FROM　価格表
    WHERE　単価 > 500

ア.

商品コード
K01

イ.

商品コード
K01
K02
K05

ウ.

商品コード
K03
K04

問3．次のSQL文によって抽出されるデータとして適切なものを選び，記号で答えなさい。

    SELECT　取扱店コード
    FROM　ケーキ売上表
    WHERE　商品コード <> 'K03'　AND　売上数 >= 10

ア.

取扱店コード
T02
T03
T04

イ.

取扱店コード
T02
T03
T04
T05

ウ.

取扱店コード
T01
T02
T03

問4．次のSQL文によって抽出されるデータとして適切なものを選び，記号で答えなさい。

    SELECT　取扱店名, ケーキ名
    FROM　担当者表, 価格表, 取扱店表, ケーキ売上表
    WHERE　担当者表.担当者コード = 価格表.担当者コード
      AND　取扱店表.取扱店コード = ケーキ売上表.取扱店コード
      AND　価格表.商品コード = ケーキ売上表.商品コード
      AND　担当者名 = '土屋'　AND　区分 = 'ホテル'

ア.

取扱店名	ケーキ名
ヨルトン	イチゴショート
ヨルトン	アップルパイ
ヨルトン	チーズスフレ
赤坂シェルトン	イチゴショート
赤坂シェルトン	アップルパイ
赤坂シェルトン	チーズスフレ

イ.

取扱店名	ケーキ名
西高島屋	イチゴのタルト
西高島屋	チョコムース
エスタ徳丸	イチゴのタルト
エスタ徳丸	チョコムース
伊勢百貨店	イチゴのタルト
伊勢百貨店	チョコムース

ウ.

取扱店名	ケーキ名
ヨルトン	イチゴのタルト
ヨルトン	チョコムース
赤坂シェルトン	イチゴのタルト
赤坂シェルトン	チョコムース

問5．ケーキ売上表から条件にあてはまる売上数の合計を求めたい。次のSQL文の空欄にあてはまる適切なものを選び，記号で答えなさい。

    SELECT　SUM(売上数)　AS 売上数合計
    FROM　ケーキ売上表
    WHERE　＿＿＿＿＿＿＿＿

売上数合計
37

ア. 取扱店コード = 'T03'　　イ. 商品コード = 'K02'　　ウ. 商品コード = 'K04'

問1		問2		問3		問4		問5	

【5】　次の各問いに答えなさい。

問1．次の表は，ある高校の部活動会計報告書
　　　である。B26には，D列の「残額」の合計
　　　値を文字列に変換して，他の文字列と組み
　　　合わせて表示する。B26に設定する次の式
　　　の空欄にあてはまる適切なものを選び，記
　　　号で答えなさい。なお，B26～C26のセル
　　　は結合されている。

=□(D24,"繰越金額は，¥###,##0")

ア．LEN

イ．TEXT

ウ．VALUE

	A	B	C	D
1				
2	部活動会計報告書			
3	部活動名	予算額	執行額	残額
4	野球部	800,000	800,000	0
5	ソフトボール部	400,000	398,500	1,500
6	サッカー部	770,000	756,000	14,000
7	バスケット部	600,000	600,000	0
8	バレーボール部	450,000	438,000	12,000
≀	≀	≀	≀	≀
21	囲碁部	45,000	41,500	3,500
22	アニメ漫画部	70,000	55,000	15,000
23	軽音楽部	130,000	98,000	32,000
24	合計	7,860,000	7,155,500	704,500
25				
26		繰越金額は，¥704,500		

問2．次の表は，あるレンタルDVD店のレンタル料金早見表である。B5に設定する式として適切なものを
　　　選び，記号で答えなさい。ただし，この式をF9までコピーするものとする。

	A	B	C	D	E	F
1						
2	レンタル料金早見表					
3	枚数	旧作			新作	
4		当日-150	1泊2日-200	6泊7日-500	当日-300	1泊2日-450
5	1	150	200	500	300	450
6	2	300	400	1,000	600	900
7	3	450	600	1,500	900	1,350
8	4	600	800	2,000	1,200	1,800
9	5	750	1,000	2,500	1,500	2,250

ア．=$A5*VALUE(RIGHT(B$4,3))

イ．=A$5*VALUE(RIGHT(B$4,3))

ウ．=$A5*VALUE(RIGHT(B4,3))

問3．次の表は，ある果物店の売上集計表である。G4には，次の式が設定されている。この式をG14まで
　　　コピーしたとき，「備考」に ○ と表示される数を答えなさい。

	A	B	C	D	E	F	G
1							
2	売上集計表						
3	種類名	前年売上	目標売上	今年売上	増減率	達成率	備考
4	あんず	329	420	397	120.7%	94.5%	※
5	いちじく	392	400	401	102.3%	100.3%	※
6	うめ	421	510	307	72.9%	60.2%	※
7	キウイ	389	470	391	100.5%	83.2%	※
8	さくらんぼ	365	440	601	164.7%	136.6%	※
9	すいか	243	290	241	99.2%	83.1%	※
10	パイナップル	403	480	321	79.7%	66.9%	※
11	ぶどう	475	570	470	98.9%	82.5%	※
12	マンゴー	463	560	630	136.1%	112.5%	※
13	もも	274	330	368	133.6%	110.9%	※
14	ゆず	461	550	321	69.6%	58.4%	※
15			平均	404.2			

（注）　※印は，値の表記を省略している。

=IF(OR(E4>=120%,F4>=100%,D4>=$D$15),"○","")

問4．次の表は，ある試験における合格者数を集計するための表である。シート名「集計」のB4は，シート名「前期」，「後期」にある合格者をクラスごとに集計する。シート名「集計」のB4に設定する式として適切なものを選び，記号で答えなさい。なお，合格者一覧は生徒コードとなっており，左端から2文字がクラス，右端から2文字が出席番号を示している。

シート名「前期」

シート名「後期」

シート名「集計」

	A	B	C	D
1				
2	合格者集計（クラス別）			
3	クラス	人数		
4	1A	3		
5	1B	3		
6	1C	6		
7	1D	4		
8	2A	4		
9	2B	5		
10	2C	4		
11	2D	5		
12	3A	4		
13	3B	4		
14	3C	6		
15	3D	7		
16	合計	55		

ア．=COUNTIFS（前期:後期!$A$3:$C$12,A4&"*"）

イ．=COUNTIFS（前期&後期!$A$3:$C$12,A4&"*"）

ウ．=COUNTIFS（前期!$A$3:$C$12,A4&"*"）+COUNTIFS（後期!$A$3:$C$12,A4&"*"）

問5．次の表は，ある商店の売上一覧表である。この表をもとにアプリケーション機能のグループ集計を利用して，売上の集計表を作成する。グループの基準として設定するものを選び，記号で答えなさい。

（グループ集計前）

	A	B	C
1			
2	売上一覧表		
3	売上月	本支店名	売上金額
4	1月	本店	210,000
5	1月	中央支店	230,000
6	1月	駅前支店	180,000
7	2月	本店	230,000
8	2月	中央支店	260,000
9	2月	駅前支店	200,000
10	3月	本店	250,000
11	3月	中央支店	220,000
12	3月	駅前支店	210,000
13	4月	本店	270,000
14	4月	中央支店	180,000
15	4月	駅前支店	200,000

（グループ集計後）

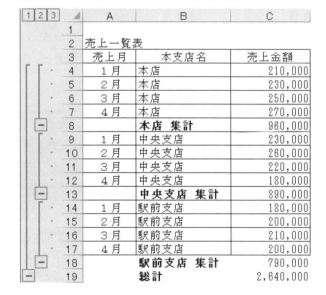

ア．売上月　　　　　　　　**イ**．本支店名　　　　　　　　**ウ**．売上金額

問1		問2		問3		問4		問5	

【6】 次の表は，8月前半におけるあるテーマパークの団体利用者数一覧表である。作成条件にしたがって，各問いに答えなさい。

	A	B	C	D	E	F	G	H
1								
2		団体利用者数一覧表						
3								
4	日付	旅行社コード	旅行社名	大人人数	子供人数	入園者数計	入園料合計	備考
5	8月1日	102	KNR	132	95	227	503,640	**
6	8月1日	101	NTB	24	18	42	103,200	
7	8月2日	101	NTB	19	21	40	95,200	
8	8月4日	103	農協A	28	16	44	110,400	
9	8月4日	102	KNR	36	25	61	150,800	
10	8月4日	102	KNR	75	40	115	261,000	
11	8月7日	101	NTB	61	55	116	252,720	
12	8月7日	103	農協A	90	77	167	365,400	**
13	8月11日	102	KNR	88	69	157	345,960	
14	8月11日	103	農協A	135	86	221	495,000	**
15	8月11日	103	農協A	166	100	266	598,320	**
16	8月12日	103	農協A	201	146	347	769,320	**
17	8月12日	101	NTB	53	27	80	202,400	
18	8月13日	101	NTB	77	40	117	266,040	
19	8月15日	103	農協A	99	51	150	341,280	
20								
21	旅行社別集計表							
22	旅行社コード	101	102	103				
23	旅行社名	NTB	KNR	農協A				
24	大人人数合計	234	331	719				
25	子供人数合計	161	229	476				
26	回数	5	4	6				
27								
28	ベスト3							
29	順位	入園料合計	旅行社名					
30	1	769,320	農協A					
31	2	598,320	農協A					
32	3	503,640	KNR					

作成条件

1．「団体利用者数一覧表」は，次のように作成する。ただし，「入園料合計」に，同額はないものとする。

　(1)　「旅行社名」は，「旅行社コード」をもとに，「旅行社別集計表」を参照して表示する。

　(2)　「入園者数計」は，次の式で求める。

　　　　「大人人数　＋　子供人数」

　(3)　「入園料合計」は，次の式で求める。ただし，「大人人数」が51以上，かつ「子供人数」が35以上の場合は，総額から10％を割り引き，それ以外の場合は割り引きをしない。

　　　　「2800　×　大人人数　＋　2000　×　子供人数」

　(4)　「備考」は，「入園料合計」における上位5位（降順）以内の場合，** を表示し，それ以外の場合は何も表示しない。

2．「旅行社別集計表」は，次のように作成する。

　(1)　「大人人数合計」は，「旅行社コード」ごとに「大人人数」の合計を求める。

　(2)　「子供人数合計」は，「旅行社コード」ごとに「子供人数」の合計を求める。

　(3)　「回数」は，「旅行社コード」ごとの件数を求める。

3．「ベスト3」は，次のように作成する。

　(1)　「入園料合計」は，「団体利用者数一覧表」の「入園料合計」が降順で3番目までの値を表示する。

　(2)　「旅行社名」は，「ベスト3」の「入園料合計」をもとに，「団体利用者数一覧表」を参照して表示する。

問1．C5 に設定する式の空欄(a)，(b)にあてはまる組み合わせとして適切なものを選び，記号で答えなさい。

= ‗‗‗(a)‗‗‗ (B5,$B$22:$D$23, ‗(b)‗ ,FALSE)

	(a)	(b)
ア．	HLOOKUP	3
イ．	HLOOKUP	2
ウ．	VLOOKUP	2

問2．G5 に設定する式の空欄(a)，(b)にあてはまる適切なものを選び，記号で答えなさい。

=IF(AND(D5>=51,E5>=35), ‗(a)‗ , ‗(b)‗)*(2800*D5+2000*E5)

ア．0.1　　　　　　　　　　イ．0.9　　　　　　　　　　ウ．1

問3．H5 に設定する式の空欄(a)，(b)にあてはまる適切なものを選び，記号で答えなさい。

=IF(G5>= ‗‗(a)‗‗ ($G$5:$G$19, ‗(b)‗),"**","")

ア．LARGE　　　　　　　　イ．RANK　　　　　　　　ウ．SMALL
エ．0　　　　　　　　　　オ．1　　　　　　　　　　カ．5

問4．B24 に設定する式として適切なものを選び，記号で答えなさい。ただし，この式を D24 までコピーするものとする。

ア．=SUMIFS($B$5:$B$19,$D$5:$D$19,B22)
イ．=SUMIFS($D$5:$D$19,B22,$B$5:$B$19)
ウ．=SUMIFS($D$5:$D$19,$B$5:$B$19,B22)

問5．C30 に設定する式として適切なものを選び，記号で答えなさい。

ア．=INDEX($C$5:$C$19,MATCH(B30,$G$5:$G$19,0),1)
イ．=INDEX($C$5:$C$19,MATCH(B30,$F$5:$F$19,0),1)
ウ．=INDEX($B$5:$B$19,MATCH(B30,$G$5:$G$19,0),1)

問1		問2	(a)		(b)		問3	(a)		(b)	
問4		問5									

主催 公益財団法人 全国商業高等学校協会
情報処理検定模擬試験問題　第2級

　ある高校の図書委員会では，図書の貸出状況を長期休業中(春・夏・冬)に調べている。今回の夏休みでは，入学後の4か月間の1年生の貸出状況も調べている。次の資料と作成条件にしたがって，シート名「分類番号表」とシート名「貸出データ表」から，シート名「図書貸出状況」を作成しなさい。

資料　2年生，3年生の図書貸出状況

学年\分類名	総記	哲学	歴史	社会科学	自然科学	技術	産業	芸術	言語	文学
2年生	7	27	13	47	26	4	18	65	27	185
3年生	2	25	3	68	27	2	15	33	41	202

作成条件

ワークシートは，あらかじめ提供されたものを使用する。

1．表およびグラフの体裁は，右ページを参考にして設定する。

　　〔 設 定 す る 書 式：罫線の種類
　　　設定する数値の表示形式：3桁ごとのコンマ，%，小数の表示桁数 〕

2．表の※印の部分は，式や関数などを利用して求める。また，※※印の部分は，資料より必要な値を入力する。

3．グラフの※印の部分は，表に入力された値をもとに表示する。

4．「1．分類別図書貸出状況」は，次のように作成する。

　(1)　「1年生」は，シート名「貸出データ表」から「分類名」ごとの件数を求める。

　(2)　「貸出計」は，「総記」から「文学」までの合計を求める。

　(3)　「分類計」は，各列の合計を求める。

　(4)　「1年生の割合」は，次の式で求める。ただし，小数第3位未満を切り捨て，%で小数第1位まで表示する。

　　　　　　　「1年生　÷　分類計」

　(5)　「備考」は，「1年生」の貸出件数が一番多い場合，◎ を表示し，それ以外の場合は何も表示しない。

5．積み上げ横棒グラフは，「1．分類別図書貸出状況」から作成する。

　(1)　数値軸(横軸)目盛は，最小値(0)，最大値(600)および間隔(200)を設定する。

　(2)　項目軸(縦軸)の順序を設定する。

　(3)　軸ラベルの方向を設定する。

　(4)　凡例の位置を設定する。

　(5)　データラベルは，「1年生」を表示し，「2年生」と「3年生」は表示しない。

6．「2．1年生のクラス別貸出状況」は，次のように作成する。

　(1)　「貸出総数」は，「クラス」の左端から1文字を抽出し，数値に変換したデータをもとに，シート名「貸出データ表」から「クラス」ごとの件数を求める。

　(2)　「合計」は，「1組」から「6組」までの合計を求める。

　(3)　「順位」は，「貸出総数」を基準として，降順に順位をつける。

（分類番号表）

	A	B
1		
2	分類番号表	
3	分類番号	分類名
4	0	総記
5	1	哲学
6	2	歴史
7	3	社会科学
8	4	自然科学
9	5	技術
10	6	産業
11	7	芸術
12	8	言語
13	9	文学

（分類番号表）

	A	B	C	D
1				
2	貸出データ表（1年生）			
3	貸出番号	クラス	分類番号	分類名
4	1	4	7	芸術
5	2	3	7	芸術
6	3	5	9	文学
7	4	4	7	芸術
8	5	4	9	文学
～	～	～	～	～
463	460	3	0	総記
464	461	2	0	総記
465	462	6	8	言語
466	463	2	8	言語
467	464	2	7	芸術

（貸出データ表）

図書貸出状況（1年生）

1．分類別図書貸出状況

学年＼分類名	総記	哲学	歴史	社会科学	自然科学	技術	産業	芸術	言語	文学	貸出計
1年生	19	※	※	※	※	※	※	※	※	180	※
2年生	※※	27	※※	※※	26	※※	※※	※※	※※	※※	※
3年生	※※	※※	3	※※	※※	※※	※※	※※	※※	※※	※
分類計	※	※	※	※	※	※	※	※	※	567	※
1年生の割合	※	※	20.0%	※	※	※	※	※	※	※	
備考	◎	※	※	※	※	※	※	※	※	※	

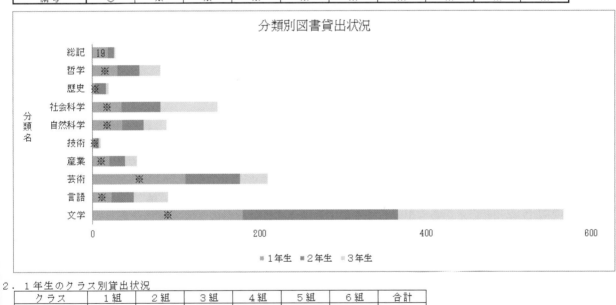

分類別図書貸出状況

■1年生　■2年生　■3年生

2．1年生のクラス別貸出状況

クラス	1組	2組	3組	4組	5組	6組	合計
貸出総数	※	※	76	※	※	※	※
順位	※	※	※	※	※	6	

（図書貸出状況）

主催 公益財団法人 全国商業高等学校協会

情報処理検定模擬試験問題　第2級

第10回　筆記

制限時間30分

【1】　次の説明文に最も適した答えを解答群から選び，記号で答えなさい。

1．複数のファイルを一つにまとめたり，逆にまとめたファイルを元に戻したりするソフトウェア。
2．文字や音声，画像などのデータを，2種類の電気信号の0と1で表し，データの送受信を行う通信回線。
3．実行可能形式のプログラムファイルなど，文字として読み込むことのできない形式のファイルのこと。
4．セキュリティレベルを高めるために，有効期間が短い一度しか使用できないパスワード。
5．ファイルを階層構造で管理する場合，最上位のディレクトリの下位に作成されるすべてのディレクトリ。

─ 解答群 ─
ア．圧縮
イ．ワンタイムパスワード
ウ．アナログ回線
エ．ルートディレクトリ
オ．バイナリファイル
カ．デジタル回線
キ．ワイルドカード
ク．テキストファイル
ケ．アーカイバ
コ．サブディレクトリ

1		2		3		4		5	

【2】　次のA群の語句に最も関係の深い説明文をB群から選び，記号で答えなさい。

〈A群〉　1．シェアウェア　　　2．ドット　　　3．ランサムウェア
　　　　4．OSS　　　　　　5．バックアップ

〈B群〉
ア．ディスプレイやプリンタなどで出力された文字や写真などのデジタルデータを構成する最小単位の点のことで，色情報を持たない。
イ．ハードウェアの故障などによりデータが破壊されたときに備え，別の記憶媒体にデータをコピーすること。
ウ．色情報（色調や階調）を持つ，写真などのデジタル画像を構成する最小単位の点。
エ．一定期間試用し，その後も継続して利用する場合は料金を支払うソフトウェア。
オ．電子掲示板機能やスケジュール管理機能など，企業内などで情報の共有や作業の効率化を図るために使われるソフトウェア。
カ．ファイルを勝手に暗号化したりパスワードを設定したりして，正常にコンピュータを利用できない状態にした上で復元するための対価として，ユーザに金銭の支払いを要求するコンピュータウイルス。
キ．情報処理システムや工業製品における技術の発展，標準化を進めることを目的として設立された国際標準化機構。
ク．ソフトウェアのソースコードを，インターネットなどを通じて無償で公開し，誰でもそのソフトウェアの改良，再配布が行えるソフトウェア。
ケ．無償で利用することができるが，著作権は放棄されていないソフトウェア。
コ．ファイルやフォルダへアクセスできる権限の一つで，読み取り，書き込みなど，すべての操作が行える。

1		2		3		4		5	

【3】　次の説明文に最も適した答えをア，イ，ウの中から選び，記号で答えなさい。

1．2 進数の 11011 と 1111 の差を表す 10 進数。

　　　　ア．12　　　　　　　　　　イ．20　　　　　　　　　　ウ．38

2．データを送受信するための単位で，一つのデータを複数のブロックに分割したもの。

　　　　ア．解像度　　　　　　　　イ．SSID　　　　　　　　ウ．パケット

3．世界的に広く使われているファイル圧縮形式の一つ。複数のファイルを含むディレクトリ（フォルダ）を
　　圧縮することが可能である。

　　　　ア．CSV　　　　　　　　　イ．ZIP　　　　　　　　　ウ．PDF

4．プリンタの印刷用紙やインク等の消耗品など，コンピュータやシステムなどの設備の運用，保守，管理
　　をするために必要となる費用のこと。

　　　　ア．総保有コスト　　　　　イ．イニシャルコスト　　　ウ．ランニングコスト

5．次の 12 月 2 日受付表と，12 月 3 日受付表の積集合をとった場合，結果表として適切なもの。

12 月 2 日受付表

ホテルコード	ホテル名
H01	ヒルタン
H03	プランス
H04	王国
H06	ハイオット
H07	マンドリン
H08	アバ

12 月 3 日受付表

ホテルコード	ホテル名
H02	オーヤラ
H03	プランス
H05	シュラトン
H06	ハイオット
H08	アバ

ア．結果表

ホテルコード	ホテル名
H01	ヒルタン
H04	王国
H07	マンドリン

イ．結果表

ホテルコード	ホテル名
H03	プランス
H06	ハイオット
H08	アバ

ウ．結果表

ホテルコード	ホテル名
H01	ヒルタン
H02	オーヤラ
H03	プランス
H04	王国
H05	シュラトン
H06	ハイオット
H07	マンドリン
H08	アバ

第10回模擬

1		2		3		4		5	

【4】　あるデリバリー業者は，売上に関するデータを次のようなリレーショナル型データベースで管理している。次の各問いに答えなさい。

商品表

商品コード	商品名	単価	ジャンルコード
S01	幕の内	750	J01
S02	ハンバーグ	550	J01
S03	醤油ラーメン	580	J02
S04	味噌ラーメン	680	J02
S05	餃子	380	J02
S06	ミックス	800	J03
S07	コーン	700	J03
S08	ミートソース	680	J04
S09	カルボナーラ	780	J04
S10	ちらし寿司	1150	J05
S11	握り寿司	1650	J05
S12	ハンバーガー	400	J06
S13	ポテト	300	J06
S14	アイスセット	800	J07

配達表

配達コード	商品コード	地域コード	数量
1	S01	TU0	2
2	S02	HNM	3
3	S03	ING	1
4	S01	WKB	1
5	S06	MDR	5
6	S12	MHM	4
7	S06	HNM	2
8	S12	TU0	3
9	S03	HNM	2
10	S04	ING	3
11	S05	WKB	5
12	S07	MDR	4
13	S12	MHM	2
14	S03	ING	6
15	S04	WKB	2
16	S06	MDR	2
17	S01	MHM	3
18	S14	ING	1
19	S02	WKB	2
20	S07	MDR	4

ジャンル表

ジャンルコード	ジャンル
J01	弁当
J02	中華
J03	ピザ
J04	パスタ
J05	寿司
J06	ファストフード
J07	スイーツ

地域表

地域コード	地域名
TU0	中央区
HNM	花見川区
ING	稲毛区
WKB	若葉区
MDR	緑区
MHM	美浜区

問1．配達表における外部キーを解答群から選び，記号で答えなさい。

　　ア．配達コード，商品コード
　　イ．商品コード，地域コード
　　ウ．地域コード，数量

問2．次の SQL 文によって抽出されるデータとして適切なものを選び，記号で答えなさい。

```
SELECT    商品名
FROM      商品表
WHERE     単価 > 800
```

ア．

商品名
ミックス
ちらし寿司
握り寿司
アイスセット

イ．

商品名
ミックス
アイスセット

ウ．

商品名
ちらし寿司
握り寿司

問3．次の SQL 文によって抽出されるデータとして適切なものを選び，記号で答えなさい。

```
SELECT    配達コード，商品コード
FROM      配達表
WHERE     地域コード = 'MDR'   AND   数量 >= 3
```

ア．

配達コード	商品コード
5	S06
12	S07
20	S07

イ．

配達コード	商品コード
11	S05

ウ．

配達コード	商品コード
6	S12
17	S01

問4．次の SQL 文によって抽出されるデータとして適切なものを選び，記号で答えなさい。

```
SELECT    商品名，地域名
FROM      商品表，ジャンル表，地域表，配達表
WHERE     商品表.ジャンルコード = ジャンル表.ジャンルコード
   AND    商品表.商品コード = 配達表.商品コード
   AND    地域表.地域コード = 配達表.地域コード
   AND    ジャンル表.ジャンル = '弁当'
```

ア．

商品名	地域名
幕の内	中央区
幕の内	若葉区
幕の内	美浜区

イ．

商品名	地域名
幕の内	中央区
ハンバーグ	花見川区
幕の内	若葉区
幕の内	美浜区
ハンバーグ	若葉区

ウ．

商品名	地域名
幕の内	若葉区
ハンバーグ	若葉区

問5．配達表から条件にあてはまる件数を求めたい。次の SQL 文の空欄にあてはまる適切なものを選び，記号で答えなさい。

```
SELECT    COUNT(*)   AS   実行結果
FROM      配達表
WHERE     
```

実行結果
4

ア．地域コード = 'MHM'　　　イ．数量 >= 5　　　ウ．地域コード = 'WKB'

問1		問2		問3		問4		問5	

【5】 次の各問いに答えなさい。

問1. 次の表は，通信回線を利用して画像をダウンロードする時間(秒)を調査する表である。C4のデータ量(GB)に，ダウンロードする画像などのデータ量を入力すると，D列の「転送時間(秒)」に計算結果を表示し，D10には，その最小値を表示する。

B12には，D10の最小値を文字列に変換して，他の文字列と組み合わせて表示する。B12に設定する次の式の空欄にあてはまる適切なものを選び，記号で答えなさい。なお，B12〜C12のセルは結合されている。

	A	B	C	D
1				
2		通信回線調査表		
3				
4		データ量（GB）		1.5
5				
6	通信回線	通信速度（Mbps）	伝送効率	転送時間（秒）
7	A	150	100%	80
8	B	200	80%	75
9	C	170	90%	78
10		最小		75
11				
12		調査結果 最速は75秒です		

= _____ (D10,"調査結果 最速は #0 秒です")

ア．TEXT　　　　　　　　**イ**．SEARCH　　　　　　　　**ウ**．VALUE

問2. 次の表は，あるタクシー会社の料金概算表である。C5に設定する式の空欄(a)，(b)，(c)にあてはまる組み合わせとして適切なものを選び，記号で答えなさい。ただし，この式をF6までコピーするものとする。

	A	B	C	D	E	F
1						
2	タクシー料金概算表					
3	時間帯料金利率	基本料金	追加料金（2km以降300mにつき80円加算）			
4			2kmまで	1km	2km	5km	9km
5	昼間(1.0)	700	1,020	1,260	2,060	3,100
6	深夜(1.2)	700	1,224	1,512	2,472	3,720

概算料金計算方法：（基本料金＋追加料金）× 時間帯料金利率

=((a) +ROUNDUP(VALUE(LEFT((b) ,1))*1000/300,0)*80)*VALUE(MID((c) ,4,3))

ア．(a)$B5　(b)C$4　(c)A$5　　**イ**．(a)$B5　(b)$C4　(c)$A5　　**ウ**．(a)$B5　(b)C$4　(c)$A5

問3. 次の表は，水泳大会のメドレーリレーの結果表と順位表である。順位表の「タイム」は，競泳メドレーリレー結果表の「タイム」の速い順に上から表示する。G4に設定する式として適切なものを選び，記号で答えなさい。ただし，この式をG11までコピーするものとする。なお，同タイムはないものとする。

	A	B	C	D	E	F	G
1							
2	競泳メドレーリレー結果表				順位表		
3	コース	タイム	学校名		順位	学校名	タイム
4	1	4:12.55	C高校		1位	G高校	3:50.89
5	2	3:57.07	F高校		2位	A高校	3:55.11
6	3	4:07.12	B高校		3位	F高校	3:57.07
7	4	4:02.67	R高校		4位	R高校	4:02.67
8	5	3:50.89	G高校		5位	B高校	4:07.12
9	6	4:16.00	E高校		6位	C高校	4:12.55
10	7	3:55.11	A高校		7位	E高校	4:16.00
11	8	4:22.72	J高校		8位	J高校	4:22.72

ア．=MIN($B$4:$B$11)

イ．=LARGE($B$4:$B$11,VALUE(LEFT(E4,1)))

ウ．=SMALL($B$4:$B$11,VALUE(LEFT(E4,1)))

問4．次の進路希望人数集計表は，進路希望一覧表をもとに，アプリケーション機能であるピボットテーブルを利用してクロス集計したものである。行ラベル(a)，列ラベル(b)，データラベル(c)に入る最も適切な組み合わせを選び，記号で答えなさい。

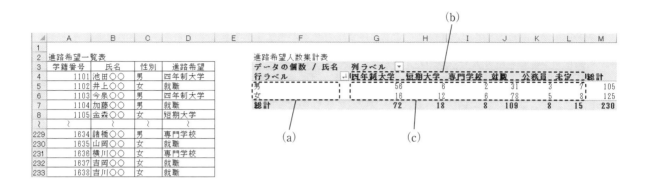

ア．(a) 性別　　　(b) 進路希望　　(c) 氏名
イ．(a) 進路希望　(b) 性別　　　　(c) 氏名
ウ．(a) 性別　　　(b) 進路希望　　(c) 学籍番号

問5．次の表は，ある企業の社員一覧表である。I5は，F3とH3に入力された所属部の合計人数を求める。I5に設定する次の式の空欄にあてはまる適切なものを選び，記号で答えなさい。ただし，空欄には同じものが入る。

＝[　　　　](C5:C34,F3)＋[　　　　](C5:C34,H3)

ア．AVERAGEIFS　　　イ．COUNTIFS　　　ウ．SUMIFS　　　エ．COUNTA

| 問1 | | 問2 | | 問3 | | 問4 | | 問5 | |

【6】　次の表は，ある自動車会社が他社製ライバル社の性能について比較調査したものである。作成条件にしたがって，次の各問いに答えなさい。

	A	B	C	D	E	F	G	H	I
1									
2		ライバル車比較表							
3									
4	車種	メーカー	走行性能	装備	スタイル	イメージ	合計	評価	備考
5	コルツ	三星	3	4	3	3	13	※	
6	フィッター	スベル	4	5	4	5	18	※	☆
7	インランダー	三星	3	5	4	4	16	※	
8	スカイロード	日新	4	5	5	4	18	※	☆
9	ウィークス	日新	5	3	4	4	16	※	
10	ポレオ	スベル	4	5	4	4	17	※	☆
11	ダリカ	三星	4	5	5	3	17	※	☆
12	イースト	日新	5	5	4	5	19	※	☆
13	ＣＸ－Ｖ	三星	4	3	3	2	12	※	
14	ドミオ	スベル	2	3	2	2	9	※	
15	ライク	日新	5	3	5	4	17	※	
16	ストリート	三星	3	4	2	2	11	※	
17	アーヂ	スベル	4	4	3	4	15	※	☆
18									
19	メーカー別集計表					評価表			
20	メーカー	車種数	平均点						
21	三星	5	13.8						
22	スベル	4	14.8						
23	日新	4	17.5						

評価表

合計	0〜10	11〜14	15〜17	18〜20
評価	×	△	○	◎
件数	※	※	※	※

(注)　※印は，値の表記を省略している。

作成条件

1．「ライバル車比較表」は，次のように作成する。
  (1)　「合計」は，「走行性能」，「装備」，「スタイル」，「イメージ」の合計を求める。
  (2)　「評価」は，「合計」をもとに，「評価表」を参照して表示する。
  (3)　「備考」は，「走行性能」が4以上，かつ「装備」が4以上の場合，☆ を表示し，それ以外の場合は何も表示しない。
2．「メーカー別集計表」は，次のように作成する。
  (1)　「車種数」は，「メーカー」ごとに件数を求める。
  (2)　「平均点」は，「メーカー」ごとに「合計」の平均を求める。ただし，小数第1位まで表示する。
3．「評価表」の「件数」は，「評価」ごとに件数を求める。

問１．H5 に設定する式の空欄(a)，(b)，(c)にあてはまる適切なものを選び，記号で答えなさい。

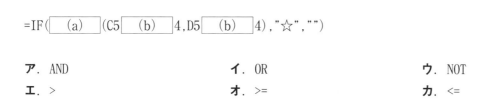

=｜　(a)　｜(G5,$F$20:$I$22,｜　(b)　｜,｜　(c)　｜)

ア．HLOOKUP　　　　　　　　　　イ．2　　　　　　　　　　ウ．FALSE
エ．VLOOKUP　　　　　　　　　　オ．3　　　　　　　　　　カ．TRUE

問２．I5 に設定する式の空欄(a)，(b)にあてはまる適切なものを選び，記号で答えなさい。

=IF(｜　(a)　｜(C5｜　(b)　｜4,D5｜　(b)　｜4),"☆","")

ア．AND　　　　　　　　　　　　イ．OR　　　　　　　　　　ウ．NOT
エ．>　　　　　　　　　　　　　オ．>=　　　　　　　　　　カ．<=

問３．C21 に設定する式について，次の(1)と(2)の問いに答えなさい。
（1）　設定する式として適切なものを選び，記号で答えなさい。

　　　ア．=AVERAGEIFS($B$5:$B$17,$G$5:$G$17,A21)
　　　イ．=AVERAGEIFS($G$5:$G$17,$B$5:$B$17,A21)
　　　ウ．=AVERAGEIFS($G$5:$G$17,A21,$B$5:$B$17)

（2）　（1）と同等の結果が得られる次の式の空欄(a)，(b)にあてはまる適切なものを選び，記号で答えなさい。

=｜　(a)　｜($G$5:$G$17,$B$5:$B$17,A21)/｜　(b)　｜($B$5:$B$17,A21)

ア．AVERAGEIFS　　　　　　　　イ．SUM　　　　　　　　　ウ．SUMIFS
エ．COUNT　　　　　　　　　　　オ．COUNTA　　　　　　　　カ．COUNTIFS

問４．評価表の G23，H23，I23 に表示される値を答えなさい。

問1	(a)	(b)	(c)	問2	(a)	(b)	
問3	(1)	(2) (a)	(b)	問4	(G23)	(H23)	(I23)

主催 公益財団法人 全国商業高等学校協会
情報処理検定模擬試験問題　第2級

第10回　実技　　**DATA**　第10回模擬_提供データ　　　制限時間20分

　あるフェスティバルを運営する企業では，会場内外での誘導や案内を行う，多言語ボランティア登録状況報告書を作成することになった。次の作成条件にしたがって，シート名「言語表」とシート名「登録表」から，シート名「報告書」を作成しなさい。

作成条件
ワークシートは，あらかじめ提供されたものを使用する。
1．表およびグラフの体裁は，右ページを参考にして設定する。
　　[設 定 す る 書 式：罫線
　　　設定する数値の表示形式：3桁ごとのコンマ，％，小数の表示桁数]
2．表の※印の部分は，式や関数などを利用して求める。
3．グラフの※印の部分は，表に入力された値をもとに表示する。
4．シート名「登録表」の「経験の有無」は，1(ボランティア経験：あり)，0(ボランティア経験：なし)である。
5．「1．登録状況一覧」は，次のように作成する。
　(1)　「言語名」は「言語コード」をもとに，シート名「言語表」を参照して表示する。
　(2)　「募集人数」は，「言語コード」をもとに，シート名「言語表」を参照して表示する。
　(3)　「希望人数」は，シート名「登録表」から「言語コード」ごとの件数を求める。
　(4)　「募集達成率」は，次の式で求める。ただし，％で小数第1位まで表示する。
　　　「希望人数　÷　募集人数」
　(5)　「経験者数」は，シート名「登録表」から「言語コード」ごとに「経験の有無」の合計を求める。
　(6)　「未経験者数」は，次の式で求める。
　　　「希望人数　－　経験者数」
　(7)　「順位」は，「未経験者数」を基準として，「言語コード」が0TH以外を降順に順位を求める。
　(8)　「備考」は，「募集達成率」が50％以上，かつ「順位」が5以下の場合，○を表示し，それ以外の場合，何も表示しない。
　(9)　「合計」は，各列の合計を求める。
6．複合グラフは，「1．登録状況一覧」から作成する。
　(1)　数値軸(縦軸)目盛は，最小値(20.0%)，最大値(80.0%)および間隔(20.0%)を設定する。
　(2)　第2数値軸(縦軸)目盛は，最小値(0)，最大値(60)および間隔(20)を設定する。
　(3)　軸ラベルの方向を設定する。
　(4)　凡例の位置を設定する。
　(5)　データラベルは，「募集達成率」を表示し，「経験者数」と「未経験者数」は表示しない。
7．「2．未経験者数上位5言語」は，次のように作成する。
　(1)　「1．登録状況一覧」より，「順位」が5以下の「言語コード」，「言語名」，「未経験者数」を値コピーする。
　(2)　「未経験者割合」の「言語」は，次の式で求める。ただし，小数第3位未満を切り捨て，％表示で小数第1位まで表示する。
　　　「未経験者数　÷　「言語コード」をもとに，シート名「言語表」を参照して求めた募集人数」
　(3)　「未経験者割合」の「全体」は，次の式で求める。ただし，小数第3位未満を切り捨て，％表示で小数第1位まで表示する。
　　　「未経験者数　÷　「1．登録状況一覧」の未経験者数の合計」
　(4)　「合計」は，「未経験者数」の合計を求める。
　(5)　表の作成後，45～49行目のデータを，「未経験者数」を基準として，降順に並べ替える。

言語表

	A	B	C
1			
2	言語表		
3	言語コード	言語名	募集人数
4	KOR	韓国語	120
5	CHI	中国語	120
6	ENG	英語	150
7	THA	タイ語	90
8	IND	インドネシア語	90
9	VIE	ベトナム語	90
10	HIN	フィンディー語	90
11	POR	ポルトガル語	60
12	FRE	フランス語	60
13	GER	ドイツ語	60
14	ITA	イタリア語	40
15	RUS	ロシア語	40
16	SPA	スペイン語	40
17	DUT	オランダ語	40
18	OTH	その他	25

（言語表）

登録表

	A	B	C
1			
2	登録表		
3	登録番号	言語コード	経験の有無
4	1	CHI	0
5	2	POR	1
6	3	VIE	1
7	4	IND	0
8	5	HIN	1
～	～	～	～
599	596	CHI	0
600	597	SPA	1
601	598	ENG	1
602	599	RUS	0
603	600	ENG	1

（登録表）

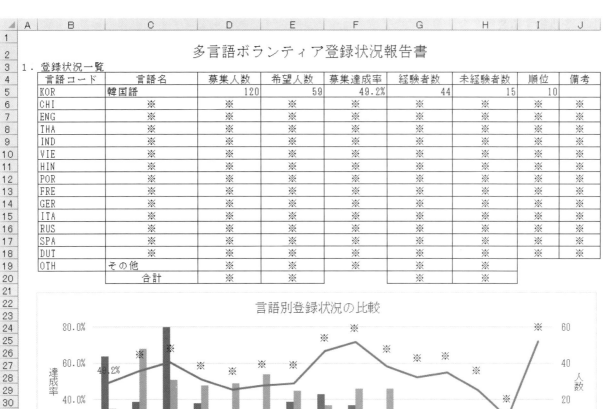

多言語ボランティア登録状況報告書

1．登録状況一覧

	A	B	C	D	E	F	G	H	I	J
4		言語コード	言語名	募集人数	希望人数	募集達成率	経験者数	未経験者数	順位	備考
5		KOR	韓国語	120	59	49.2%	44	15	10	
6		CHI	※	※	※	※	※	※	※	※
7		ENG	※	※	※	※	※	※	※	※
8		THA	※	※	※	※	※	※	※	※
9		IND	※	※	※	※	※	※	※	※
10		VIE	※	※	※	※	※	※	※	※
11		HIN	※	※	※	※	※	※	※	※
12		POR	※	※	※	※	※	※	※	※
13		FRE	※	※	※	※	※	※	※	※
14		GER	※	※	※	※	※	※	※	※
15		ITA	※	※	※	※	※	※	※	※
16		RUS	※	※	※	※	※	※	※	※
17		SPA	※	※	※	※	※	※	※	※
18		DUT	※	※	※	※	※	※	※	※
19		OTH	その他	※	※	※	※	※	※	※
20			合計	※	※		※	※		

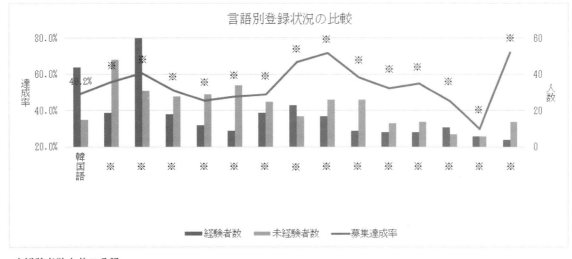

言語別登録状況の比較

■経験者数　■未経験者数　─募集達成率

2．未経験者数上位5言語

	A	B	C	D	E
43				未経験者割合	
44		言語コード	言語名	未経験者数	言語	全体
45		CHI	中国語	48	40.0%	14.4%
46		※	※	※	※	※
47		※	※	※	※	※
48		※	※	※	※	※
49		※	※	※	※	※
50			合計	※		

（報告書）

主催 公益財団法人 全国商業高等学校協会

情報処理検定模擬試験問題 第2級

制限時間 30 分

【1】 次の説明文に最も適した答えを解答群から選び，記号で答えなさい。

1．学校や企業など特定の場所と使用人数を決めて，一つのソフトウェアを複数のコンピュータで利用できる契約。
2．プリンタの印刷用紙や保守点検費用など，設備の運用，保守，管理をするために必要となる費用。
3．関係のない他人にデータを見られないよう，ある規則にそって一見無意味なデータに変換する処理。
4．一定の期間は無料で試用できるが，その後も継続して利用する場合は代金を支払うソフトウェア。
5．自然災害や人為的ミスなどにより，コンピュータシステムの電力障害が発生した際，一定の時間，電源を供給する装置。

解答群

ア．フリーウェア	**イ**．OSS	**ウ**．シェアウェア
エ．ランニングコスト	**オ**．UPS	**カ**．圧縮
キ．サイトライセンス	**ク**．グループウェア	**ケ**．イニシャルコスト
コ．暗号化		

1		2		3		4		5	

【2】 次のA群の語句に最も関係の深い説明文をB群から選び，記号で答えなさい。

〈A群〉 1．デジタル回線　　　2．SSID　　　3．OMR
　　　　4．肖像権　　　　　5．サブディレクトリ

〈B群〉
　ア．ファイルを階層構造で管理するとき，階層構造の最上位にあるディレクトリ。
　イ．アンケートや試験など，大量のデータを処理する際に使用されることが多く，所定位置に記入したマークを光学的に読み取り，データとして入力する装置。
　ウ．無線LANによる通信を行う際，アクセスポイントを識別するために付けられる名前で，最大32文字までの英数字記号で設定する。
　エ．音声などの情報を符号化せずに，連続的に変化する信号としてデータを送受信する回線。
　オ．自分の姿の写真や映像，イラストなどを，承諾なしで利用されることのないよう，主張できる権利。
　カ．無線LANにおいて，通信する機器のメーカーや機種の違いを問わず，相互接続が保証されることを示す名称。
　キ．手書きの文字や印刷された文字を光学的に読み取って，文字データとして入力する装置。
　ク．絵画などの芸術作品と同じく，プログラムやデータの創作者にも認められており，独占的にその創作物を利用できる権利。
　ケ．文字や音声，画像などのデータを，2種類の電気信号の0と1で表し，データの送受信を行う通信回線。
　コ．ファイルを階層構造で管理する際に，あるディレクトリの下位に作成されるディレクトリ。

1		2		3		4		5	

【3】　次の説明文に最も適した答えをア，イ，ウの中から選び，記号で答えなさい。

1．2進数の 11 と 10 進数の 11 の和を表す2進数。

　　　　　ア．110　　　　　　　　　　イ．1110　　　　　　　　　ウ．10110

2．シンセサイザなどの電子楽器とパソコンを接続する際の規格で，電子音楽の音程や音の大きさなどの情報を，ディジタルデータとして記録するファイル形式。

　　　　　ア．MIDI　　　　　　　　　イ．GIF　　　　　　　　　ウ．MPEG

3．米国国内における工業製品の標準化や規格化を行う組織。

　　　　　ア．IEEE　　　　　　　　　イ．ISO　　　　　　　　　ウ．ANSI

4．ソフトウェアの設計上のミスや不具合などによる安全機能上の欠陥。コンピュータウイルスの侵入など，攻撃を受けやすいため，更新プログラムの適用などの対策が必要である。

　　　　　ア．セキュリティホール　　イ．ファイアウォール　　ウ．フルコントロール

5．次の吹奏楽出演校表と合唱出演校表の和集合をとった場合，結果表として適切なもの。

吹奏楽出演校表

高校コード	学校名
H01	A 高等学校
H05	E 高等学校
H06	F 高等学校
H10	J 高等学校
H13	M 高等学校

合唱出演校表

高校コード	学校名
H02	B 高等学校
H05	E 高等学校
H08	H 高等学校
H09	I 高等学校
H10	J 高等学校

ア．結果表

高校コード	学校名
H05	E 高等学校
H10	J 高等学校

イ．結果表

高校コード	学校名
H01	A 高等学校
H06	F 高等学校
H13	M 高等学校

ウ．結果表

高校コード	学校名
H01	A 高等学校
H02	B 高等学校
H05	E 高等学校
H06	F 高等学校
H08	H 高等学校
H09	I 高等学校
H10	J 高等学校
H13	M 高等学校

1		2		3		4		5	

【4】 ある靴の販売店では，売り上げに関する状況をリレーショナル型データベースで管理している。次の各問いに答えなさい。

商品表

商品コード	商品名	単価	分類コード
S101	ローファー	6000	BJ
S102	パンプス	5500	BJ
S103	カジュアル	3000	SZ
S104	スポーツ	3800	SZ
S105	スリッパ	1000	SD
S106	ビーチ	1500	SD
S107	ドレス	5500	BT
S108	長靴	2500	BT
S109	キャンバス	3200	SN
S110	スエード	4500	SN

分類表

分類コード	分類名
BJ	ビジネス
SZ	シューズ
SD	サンダル
BT	ブーツ
SN	スニーカー

社員表

社員コード	社員名	在籍年数
SH01	高橋 ○○	12
SH02	大竹 ○○	11
SH03	渡辺 ○○	9
SH04	久保 ○○	7
SH05	上村 ○○	4

売上表

売上コード	売上日	社員コード	商品コード	数量
U01	3月16日	SH01	S109	3
U02	3月16日	SH02	S102	4
U03	3月16日	SH03	S104	3
U04	3月16日	SH02	S110	3
U05	3月16日	SH01	S101	4
U06	3月16日	SH02	S101	6
U07	3月16日	SH01	S105	1
U08	3月16日	SH03	S108	1
U09	3月16日	SH01	S103	2
U10	3月16日	SH03	S101	5
U11	3月17日	SH04	S101	5
U12	3月17日	SH05	S107	2
U13	3月17日	SH02	S102	3
U14	3月17日	SH05	S101	5
U15	3月17日	SH02	S103	4
U16	3月17日	SH04	S110	4
U17	3月17日	SH05	S106	1
U18	3月17日	SH04	S104	7
U19	3月17日	SH02	S107	2
U20	3月17日	SH05	S104	4
U21	3月18日	SH05	S101	3
U22	3月18日	SH01	S102	6
U23	3月18日	SH04	S102	3
U24	3月18日	SH04	S109	5
U25	3月18日	SH01	S103	4
U26	3月18日	SH05	S103	5
U27	3月18日	SH01	S108	2
U28	3月18日	SH05	S109	3
U29	3月18日	SH04	S105	2
U30	3月18日	SH01	S101	7

問1．商品表の「分類コード」は，分類表の「分類コード」を参照している。このような別の表の主キーを参照する項目（フィールド）を何というか。適切なものを選び，記号で答えなさい。

ア．主キー
イ．複合キー
ウ．外部キー

問 2 ．次の SQL 文によって抽出されるデータとして適切なものを選び，記号で答えなさい。

```
SELECT    社員名
FROM      社員表
WHERE     在籍年数 > 7
```

ア.

社員名
高橋　○○
大竹　○○
渡辺　○○

イ.

社員名
久保　○○
上村　○○

ウ.

社員名
高橋　○○
大竹　○○
渡辺　○○
久保　○○
上村　○○

問 3 ．次の SQL 文によって抽出されるデータとして適切なものを選び，記号で答えなさい。

```
SELECT    商品コード, 商品名
FROM      商品表, 分類表
WHERE     商品表.分類コード = 分類表.分類コード
  AND     分類名 = 'シューズ' AND   単価 > 3000
```

ア.

商品コード	商品名
S103	カジュアル
S104	スポーツ

イ.

商品コード	商品名
S101	ローファー
S102	パンプス
S104	スポーツ
S107	ドレス
S109	キャンバス
S110	スエード

ウ.

商品コード	商品名
S104	スポーツ

問 4 ．次の SQL 文によって抽出されるデータとして適切なものを選び，記号で答えなさい。

```
SELECT    社員名, 売上日, 商品名, 数量
FROM      商品表, 分類表, 社員表, 売上表
WHERE     商品表.商品コード = 売上表.商品コード
  AND     商品表.分類コード = 分類表.分類コード
  AND     社員表.社員コード = 売上表.社員コード
  AND     分類名 = 'ビジネス' AND   社員表.社員コード = 'SH01'
```

ア.

社員名	売上日	商品名	数量
高橋　○○	3 月 16 日	ローファー	4
高橋　○○	3 月 18 日	ローファー	7

イ.

社員名	売上日	商品名	数量
高橋　○○	3 月 16 日	ローファー	4
高橋　○○	3 月 18 日	パンプス	6
高橋　○○	3 月 18 日	ローファー	7

ウ.

社員名	売上日	商品名	数量
高橋　○○	3 月 18 日	パンプス	6

問 5 ．次の SQL 文を実行したとき，表示される適切な数値を答えなさい。

```
SELECT    COUNT(*)   AS   実行結果
FROM      売上表
WHERE     数量 <= 2
```

実行結果
※

(注)　※印は，値の表記を省略している。

問 1		問 2		問 3		問 4		問 5	

【5】　次の各問いに答えなさい。

問1．次の表は，ある高校の行事予定表である。B6は，A3，C3，A6を
　　　もとに自動で曜日を表示する。B6に設定する次の式の空欄(a)，(b)
　　　にあてはまる適切なものを選び，記号で答えなさい。ただし，A3
　　　および，C3には，=NOW()と入力してあり，書式設定で「年」と「月」
　　　のみを表示している。なお，本日は2024年9月1日である。

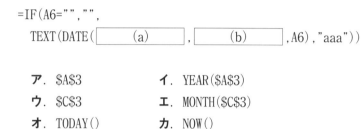

	A	B	C	D
1				
2	行事予定表			
3	2024 年		9 月分	
4				
5	日	曜日	行事予定	
6	1	日		
7	2	月	始業式・表彰式	
8	3	火	課題テスト	
9	4	水		
〜	〜	〜	〜	
33	28	土	文化祭（公開）	
34	29	日		
35	30	月		
36				

=IF(A6="","",
　　TEXT(DATE(　　(a)　　,　　(b)　　,A6),"aaa"))

ア．$A$3　　　　　イ．YEAR($A$3)

ウ．$C$3　　　　　エ．MONTH($C$3)

オ．TODAY()　　　カ．NOW()

問2．次の表は，あるホテルの貸し会議室の料金表である。C5に設定する式として適切なものを選び，記号で
　　　答えなさい。ただし，この式をG7までコピーするものとする。

	A	B	C	D	E	F	G
1							
2	貸し会議室料金表						
3	会議室	1時間あたりの	利用時間（時間）				
4	種類	料金	1	2	3	4	5
5	大会議室	4,000	4,000	8,000	12,000	16,000	20,000
6	中会議室	3,000	3,000	6,000	9,000	12,000	15,000
7	小会議室	1,500	1,500	3,000	4,500	6,000	7,500

ア．=$B5*$C4

イ．=B$5*C$4

ウ．=$B5*C$4

問3．次の表は，ある文房具店で販売するノートの請
　　　求金額一覧表である。「金額」は，請求金額一覧
　　　表の「単価」に「数量」を掛けて求めるが，請求
　　　金額一覧表の「コード」または「数量」のいずれ
　　　か一つが未入力の場合は何も表示しない。E4に
　　　設定する式として適切なものを選び，記号で答え
　　　なさい。

	A	B	C	D	E
1					
2	請求金額一覧表				
3	コード	サイズ	単価	数量	金額
4	101	B5	150	30	4,500
5					
6					
7	商品一覧表				
8	コード	サイズ	単価		
9	101	B5	150		
10	102	A5	140		
11	103	A4	240		
12	104	A6	70		

ア．=IF(OR(A4="",D4=""),"",C4*D4)

イ．=IF(AND(A4="",D4=""),"",C4*D4)

ウ．=IF(OR(A4="",D4=""),C4*D4,"")

問4．次の表は，ある家庭の公共料金の平均を集計するための表である。シート名「集計」のB4は，シート名「先々月」「先月」「今月」のそれぞれのB4の値を平均するため，次の式が設定されている。この式と同等の結果が得られる適切な式を選び，記号で答えなさい。

=AVERAGE(先々月!B4,先月!B4,今月!B4)

シート名「先々月」

	A	B	C	D
1				
2	公共料金	先々月相当分		
3	項目	金額		
4	電気料金	8,539		
5	ガス料金	4,581		
6	水道料金	3,672		
7	合計	16,792		

`◀ ▶` 先々月 | 先月 | 今月 | 集計

シート名「先月」

	A	B	C	D
1				
2	公共料金	先月相当分		
3	項目	金額		
4	電気料金	10,482		
5	ガス料金	5,473		
6	水道料金	4,361		
7	合計	20,316		

`◀ ▶` 先々月 | 先月 | 今月 | 集計

シート名「今月」

	A	B	C	D
1				
2	公共料金	今月相当分		
3	項目	金額		
4	電気料金	9,173		
5	ガス料金	4,925		
6	水道料金	3,806		
7	合計	17,904		

`◀ ▶` 先々月 | 先月 | 今月 | 集計

シート名「集計」

	A	B	C	D
1				
2	公共料金	３か月の平均		
3	項目	金額		
4	電気料金	9,398		
5	ガス料金	4,993		
6	水道料金	3,946		
7	合計	18,337		

`◀ ▶` 先々月 | 先月 | 今月 | 集計

ア．=AVERAGE(先々月:先月:今月!B4)

イ．=AVERAGE(先々月:今月!B4)

ウ．=AVERAGE(先々月!B4&先月!B4&今月!B4)

問5．次の表は，あるスポーツ大会の参加者交通費一覧表である。この大会では主催者が，参加（○）1回につき500円の交通費を支給している。E4に設定する式として適切なものを選び，記号で答えなさい。

	A	B	C	D	E
1					
2	大会参加者交通費一覧表				
3	氏名	第1回	第2回	第3回	支給額
4	石井　優子	○	○	×	1,000
5	伊藤　健	×	○	×	500
6	佐藤　良男	○	○	○	1,500
7	鈴木　康一	○	×	○	1,000
8	渡辺　育美	×	○	○	1,000

ア．=SUMIFS(B4:D8,B4:D4,"○")*500

イ．=COUNTIFS(B4:D4,"○")*500

ウ．=COUNTIFS(B4:B8,"○")*500

問1	(a)	(b)	問2	
問3		問4		問5	

【6】 次の表は，ある青果卸売店における箱詰めリンゴの販売集計表である。作成条件にしたがって，各問いに答えなさい。

リンゴ販売集計表

生産地	品番	入荷数	玉数	箱数	販売価格	端数
山形	秀16-AP	171	16	10	35,000	※
北海道	秀18-AP	961	18	53	201,400	※
山形	特秀16-AP	225	16	14	53,200	※
岩手	秀16-AP	850	16	53	185,500	※
福島	特秀16-AP	438	16	27	102,600	※
岩手	特秀14-AP	258	14	18	63,000	※
長野	秀14-AP	686	14	49	147,000	※
秋田	特秀18-AP	722	18	40	160,000	※
青森	秀14-AP	993	14	70	210,000	※
群馬	秀18-AP	140	18	7	26,600	※
長野	特秀14-AP	624	14	44	154,000	※
青森	特秀14-AP	385	14	27	94,500	※
群馬	特秀18-AP	193	18	10	40,000	※
岩手	良18-AP	670	18	37	129,500	※
秋田	秀16-AP	243	16	15	52,500	※
青森	良14-AP	129	14	9	25,200	※
長野	良16-AP	293	16	18	57,600	※
山形	良18-AP	992	18	55	192,500	※
福島	秀16-AP	207	16	12	42,000	※

価格表

品番	価格
特秀18-AP	4,000
特秀16-AP	3,800
特秀14-AP	3,500
秀18-AP	3,800
秀16-AP	3,500
秀14-AP	3,000
良18-AP	3,500
良16-AP	3,200
良14-AP	2,800

規格別販売価格集計表

規格	販売価格計
特秀	667,300
秀	900,000
良	404,800

販売価格の上位3位

順位	販売価格	生産地	品番
1	210,000	青森	秀14-AP
2	201,400	北海道	秀18-AP
3	192,500	山形	良18-AP

作成条件

1．「リンゴ販売集計表」は，次のように作成する。ただし，「販売価格」に，同額はないものとする。
　(1)　「玉数」は，1箱あたりのリンゴの数で，「品番」の左端から2桁目または3桁目より2文字(数字部分)を抽出し，数値に変換して求める。
　(2)　「箱数」は，「入荷数」をもとに，1箱あたりの基準数である「玉数」で何箱できるかを，次の式で求める。ただし，整数未満を切り捨て，整数部のみ表示する。
　　　　「入荷数　÷　玉数」
　(3)　「販売価格」は，「品番」をもとに「価格表」を参照して価格を求め，次の式で求める。
　　　　「価格　×　箱数」
　(4)　「端数」は，次の式で求める。
　　　　「入荷数　−　玉数　×　箱数」
2．「規格別販売価格集計表」の「販売価格計」は，規格ごとに「販売価格」の合計を求める。
3．「販売価格の上位3位」は，次のように作成する。
　(1)　「販売価格」は，「リンゴ販売集計表」の「販売価格」が降順で3番目までの値を表示する。
　(2)　「生産地」は，「販売価格の上位3位」の「販売価格」をもとに，「リンゴ販売集計表」を参照して表示する。なお，「品番」も同様に表示する。

問1．D5 に設定する式の(a)，(b)にあてはまる適切なものを選び，記号で答えなさい。

=VALUE((a) (B5,LEN(B5) (b) ,2))

ア．LEFT	**イ**．RIGHT	**ウ**．MID
エ．+4	**オ**．-4	**カ**．-3

問2．E5 に設定する式として，**適切でないもの**を選び，記号で答えなさい。

ア．=INT(C5/D5)

イ．=ROUND(C5/D5,0)

ウ．=ROUNDDOWN(C5/D5,0)

問3．F5 に設定する式の空欄にあてはまる適切なものを選び，記号で答えなさい。

= _____ (B5,$A$27:$B$35,2,FALSE)*E5

ア．INDEX	**イ**．HLOOKUP	**ウ**．VLOOKUP

問4．E27 に設定する次の式の(a)，(b)，(c)にあてはまる適切なものを選び，記号で答えなさい。

=SUMIFS((a) , (b) , (c))

ア．D27	**イ**．D27&"*"	**ウ**．$B$5:$B$23
エ．$C$5:$C$23	**オ**．$F$5:$F$23	**カ**．$G$5:$G$23

問5．F33 に設定する式として適切なものを選び，記号で答えなさい。

ア．=INDEX($A$5:$A$23,MATCH(E33,$F$5:$F$23,0),1)

イ．=MATCH(D33,INDEX($A$5:$A$23,E33,1),0)

ウ．=INDEX(MATCH(E33,$F$5:$F$23,0),$A$5:$A$23,1)

問1	(a)	(b)	問2		問3		問4	(a)	(b)	(c)	問5	

主催 公益財団法人 全国商業高等学校協会

情報処理検定模擬試験問題　第2級

| 第11回　実技 | **DATA** 第11回模擬_提供データ | 制限時間20分 |

　ある土産販売店では，1週間ごとに売上報告書を作成している。作成条件にしたがって，シート名「コード表」とシート名「売上表」から，シート名「報告書」を作成しなさい。

作成条件

ワークシートは，あらかじめ提供されたものを使用する。

1．表およびグラフの体裁は，右ページを参考にして設定する。

　　〔設定する書式：罫線
　　　設定する数値の表示形式：3桁ごとのコンマ，%，小数の表示桁数〕

2．表の※印の部分は，式や関数などを利用して求める。

3．グラフの※印の部分は，表に入力された値をもとに表示する。

4．「1．和菓子の売上集計表」は，次のように作成する。

　(1)　「商品名」は，「商品コード」をもとに，シート名「コード表」の商品表を参照して表示する。

　(2)　「仕入先名」は，「商品コード」の左端から3文字をもとに，シート名「コード表」の仕入先表を参照して表示する。

　(3)　「売上数」は，シート名「売上表」から「商品コード」ごとに「数量」の合計を求める。

　(4)　「売上金額」は，次の式で求める。ただし，「単価」は，「商品コード」をもとに，シート名「コード表」の商品表から参照して求める。

　　　　　　　「売上数　×　単価」

　(5)　「備考」は，「売上数」が250以上，または「売上金額」が30000以上の場合，○ を表示し，それ以外の場合は何も表示しない。

　(6)　「合計」は，各列の合計を求める。

5．「2．洋菓子の売上集計表」は，「1．和菓子の売上集計表」で作成した「商品名」から「備考」までをコピーして求める。

6．「3．仕入先別集計表」は，次のように作成する。

　(1)　「売上数計」は，「1.和菓子の売上集計表」と「2.洋菓子の売上集計表」から「仕入先名」ごとに「売上数」の合計を求める。

　(2)　「売上金額計」は，「1．和菓子の売上集計表」と「2．洋菓子の売上集計表」から「仕入先名」ごとに「売上金額」の合計を求める。

　(3)　「構成比」は，「売上数計」の合計に対する「仕入先名」ごとの「売上数計」の割合を求める。ただし，小数第3位未満を切り上げ，%で小数第1位まで表示する。

7．複合グラフは，「3．仕入先別集計表」から作成する。

　(1)　グラフの数値軸（縦軸）目盛は，最小値（60,000），最大値（160,000）および間隔（20,000）を設定する。

　(2)　グラフの第2数値軸（縦軸）目盛は，最小値（200），最大値（950）および間隔（150）を設定する。

　(3)　軸ラベルの方向を設定する。

　(4)　凡例の位置を設定する。

商品表

商品コード	分類	商品名	単価
DAI-W01	和菓子	いちごくん	120
DAI-W02	和菓子	黒糖どら	150
〜	〜	〜	〜
SEI-Y01	洋菓子	バニラブッセ	160
SEI-Y02	洋菓子	リンゴパイ	200

仕入先表

仕入先コード	IKA	SEI	DAI
仕入先名	いかや	清流総本舗	大黒製菓

（コード表）

売上表

日付	商品コード	数量
7月1日	DAI-W01	34
7月1日	DAI-W02	12
7月1日	DAI-Y01	32
〜	〜	〜
7月7日	SEI-W02	33
7月7日	SEI-Y01	31
7月7日	SEI-Y02	12

（売上表）

売上報告書

1．和菓子の売上集計表

商品コード	商品名	仕入先名	売上数	売上金額	備考
DAI-W01	※	大黒製菓	※	※	※
DAI-W02	※	※	185	※	※
IKA-W01	栗ようかん	※	※	※	※
SEI-W01	※	※	※	※	※
SEI-W02	※	※	※	23,120	※
		合計	1,021	※	

2．洋菓子の売上集計表

商品コード	商品名	仕入先名	売上数	売上金額	備考
DAI-Y01	けごんケーキ	※	※	※	※
IKA-Y01	※	※	※	※	※
IKA-Y02	※	※	※	16,200	※
SEI-Y01	※	清流総本舗	※	※	※
SEI-Y02	※	※	141	※	※
		合計	※	162,520	

3．仕入先別集計表

仕入先名	売上数計	売上金額計	構成比
いかや	※	80,200	※
清流総本舗	※	※	45.5%
大黒製菓	693	※	※

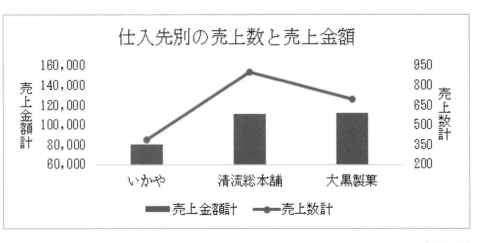

（報告書）

主催 公益財団法人 全国商業高等学校協会
情報処理検定模擬試験問題　第2級

第12回　筆記　　　　　　　　　　　　　　　　制限時間30分

【1】 次の説明文に最も適した答えを解答群から選び，記号で答えなさい。

1．音声圧縮技術の一つで，音楽CDとほぼ同等な音質を保ちながら，大幅に容量を圧縮できるファイル形式。
2．印刷物や手書きされた文字などを，光学的に読み取り，テキストデータに変換する装置。
3．複数のファイルを一つにまとめたり，まとめたファイルから元のファイルを取り出したりする際に用いるソフトウェア。
4．インターネットやLANなどで利用される形態の一つで，データベースやプリントサービスなど，サービスを提供するコンピュータと，そのサービスを利用するコンピュータとで構成されているネットワークシステム。
5．ある一定の規則にしたがって，第三者に内容が判読できないデータにすること。

解答群
ア．クライアントサーバシステム　　イ．MIDI　　ウ．復号
エ．OMR　　オ．ピアツーピア　　カ．暗号化
キ．シェアウェア　　ク．OCR　　ケ．MP3
コ．アーカイバ

1		2		3		4		5	

【2】 次のA群の語句に最も関係の深い説明文をB群から選び，記号で答えなさい。

〈A群〉　1．読み取り　　2．セクタ　　3．著作権
4．プラグアンドプレイ　　5．Unicode

〈B群〉
ア．アクセス許可において，ファイルを上書きすることができる権限。
イ．絵画や小説などの芸術作品や，コンピュータのプログラムなど，創作物の作者がその作品をどのように利用するかを決めることができる権利。
ウ．磁気ディスク装置の記録面にある同心円状の1周分の記録領域。
エ．アクセス権の一つで，ファイルやディレクトリへのデータの参照のみを許可すること。
オ．米国規格協会が制定した文字コードで，アルファベットや数字などを7ビットで定義している。
カ．コンピュータに周辺機器を接続した際，デバイスドライバのインストールや，その他必要な設定をOSが自動で行い，使用できるようにする機能。
キ．セキュリティの向上のため，各種サービスのログインだけでなく，ネットバンキングの送金などの際に使用する有効期間の短いパスワード。
ク．磁気ディスク装置で，データを読み書きする際の最小単位。
ケ．自分の顔や姿が写った写真や動画を撮られたり，撮影された写真や動画を無断で公表されたりしないように主張できる権利。
コ．世界で使われている多くの文字を，コンピュータの機種や使用環境に依存せずに，共通して利用することを目的につくられた文字コード。

1		2		3		4		5	

【3】　次の説明文に最も適した答えをア，イ，ウの中から選び，記号で答えなさい。

1．2進数の 10111 と 1001 の差を表す 10 進数。

　　　ア．10　　　　　　　　　　　　イ．12　　　　　　　　　　　　ウ．14

2．写真や図などのデジタル画像を構成する，色情報を持つ最小単位の点。

　　　ア．ピクセル　　　　　　　　　イ．解像度　　　　　　　　　　ウ．ドット

3．コンピュータの利用権限を持たない者が，不正な手段でコンピュータを利用することを禁止する法律。

　　　ア．著作権法　　　　　　　　　イ．個人情報保護法　　　　　　ウ．不正アクセス禁止法

4．横 800 ピクセル，縦 600 ピクセルで，フルカラー(24 ビット)の画像を撮影できるデジタルカメラがある。このカメラに 1 GB の記録用メモリを使用すると，圧縮していない画像は何枚記録できるか。ただし，1 GB = 10^9B とする。

　　　ア．694 枚　　　　　　　　　　イ．1,440 枚　　　　　　　　　ウ．50,000 枚

5．次の東部売上表をもとに，西部売上表と差集合をとった場合，結果表として適切なもの。

東部売上表

商品コード
101
201
202
303
305

西部売上表

商品コード
105
201
202
205
305

ア．結果表

商品コード
101
105
201
202
205
303
305

イ．結果表

商品コード
101
303

ウ．結果表

商品コード
201
202
305

1		2		3		4		5	

【4】 ある英会話教室では，体験レッスンにおける実施状況をリレーショナル型データベースで管理している。次の各問いに答えなさい。

教室表

教室コード	教室名
L01	1-A
L02	2-A
L03	1-B
L04	1-C

体験コース表

コースコード	コース名	講師コード	定員	教室コード
B001	初級1	C01	20	L02
B002	初級2	C02	20	L03
B101	中級1	C01	10	L02
B102	中級2	C03	10	L01
B103	中級3	C04	10	L04
B201	上級	C05	5	L03

講師表

講師コード	講師名
C01	東
C02	南田
C03	西田
C04	北山
C05	中野

実施記録表

受講日付	コースコード	参加人数
2022/05/06	B001	5
2022/05/06	B002	5
2022/05/07	B001	3
2022/05/07	B101	6
2022/05/09	B101	6
2022/05/10	B103	8
2022/05/11	B002	5
2022/05/11	B103	6
2022/05/11	B201	9
2022/05/14	B001	10
2022/05/15	B002	5
2022/05/16	B001	8
2022/05/17	B001	7
2022/05/17	B002	5
2022/05/17	B101	4
2022/05/17	B103	4
2022/05/19	B002	8
2022/05/19	B101	5
2022/05/21	B001	6
2022/05/22	B001	10
2022/05/22	B201	9
2022/05/24	B002	12
2022/05/25	B201	11
2022/05/26	B002	7
2022/05/27	B102	4

問1．体験コース表の主キーとして適切なものを選び，記号で答えなさい。

    ア．コースコード   **イ**．講師コード   **ウ**．教室コード

問2．次のSQL文によって抽出されるデータとして適切なものを選び，記号で答えなさい。

```
SELECT   コース名
   FROM    体験コース表
   WHERE   定員 < 10
```

ア．

コース名
初級1
初級2

イ．

コース名
上級

ウ．

コース名
中級1
中級2
中級3

問3．次のSQL文によって抽出されるデータとして適切なものを選び，記号で答えなさい。

```
SELECT   教室名
   FROM    教室表, 体験コース表
   WHERE   教室表.教室コード = 体験コース表.教室コード
   WHERE   定員 > 10
```

ア．

教室名
2-A
1-B

イ．

教室名
2-A
1-B
2-A
1-A
1-C

ウ．

教室名
2-A
1-A
1-C

問4．次のSQL文によって抽出されるデータとして適切なものを選び，記号で答えなさい。

```
SELECT   コース名, 講師名
   FROM    体験コース表, 講師表, 実施記録表
   WHERE   体験コース表.コースコード = 実施記録表.コースコード
   AND    体験コース表.講師コード = 講師表.講師コード
   AND    受講日付 >= '2022/05/10' AND 受講日付 < '2022/05/14'
```

ア．

コース名	講師名
初級2	南田
中級3	北山
上級	中野
初級1	東

イ．

コース名	講師名
中級3	北山
初級2	南田
中級3	北山
上級	中野
初級1	東

ウ．

コース名	講師名
中級3	北山
初級2	南田
中級3	北山
上級	中野

問5．次のSQL文を実行したとき，表示される適切な数値を答えなさい。

```
SELECT   SUM(参加人数)   AS   参加人数合計
   FROM    体験コース表, 実施記録表
   WHERE   体験コース表.コースコード = 実施記録表.コースコード
   AND    コース名 = '上級'
```

参加人数合計
※

(注)　※印は，値の表記を省略している。

問1		問2		問3		問4		問5	

【5】 次の各問いに答えなさい。

問1． 次の表は，あるクリーニング店の商品受取可能日時を表示したものである。「受取時間」は「受付時間」から2時間30分後とし，「受取時間」が午後6時以降になる場合には 翌日午前6時 を表示する。C4に設定する次の式の空欄にあてはまる関数として適切なものを選び，記号で答えなさい。なお，空欄には同じ関数が入るものとする。

	A	B	C
1			
2		受取時間	
3		受付時間	受取時間
4		10:30	13:00

=IF(B4+⬚(2,30,0)>=⬚(18,0,0),"翌日午前6時",B4+⬚(2,30,0))

ア．TODAY **イ**．NOW **ウ**．TIME

問2． 次の表は，ある小売業の売上金額の推移表である。8行目から11行目は，10月の売上金額を基準(100%)とした場合のその月の割合を表示する。B8に設定する次の式の空欄(a)，(b)にあてはまる適切なものを選び，記号で答えなさい。ただし，この式をG11までコピーするものとする。

	A	B	C	D	E	F	G
1							
2	売上金額の推移						単位：千円
3	店名	10月	11月	12月	1月	2月	3月
4	新宿本店	¥9,777	¥8,654	¥11,724	¥8,452	¥6,258	¥7,531
5	横浜支店	¥2,831	¥2,945	¥3,506	¥2,045	¥2,694	¥3,125
6	千葉支店	¥6,079	¥5,815	¥9,002	¥5,412	¥4,952	¥5,123
7	全店計	¥18,687	¥17,414	¥24,232	¥15,909	¥13,904	¥15,779
8	新宿本店	100.0%	88.5%	119.9%	86.4%	64.0%	77.0%
9	横浜支店	100.0%	104.0%	123.8%	72.2%	95.2%	110.4%
10	千葉支店	100.0%	95.7%	148.1%	89.0%	81.5%	84.3%
11	全店計	100.0%	93.2%	129.7%	85.1%	74.4%	84.4%

=⬚(a)／⬚(b)

ア．B4 **イ**．$B$4 **ウ**．$B4 **エ**．B$4

問3． 次の表は，あるダンスコンテストの審査結果である。E4には，次の式が設定されている。この式をE8までコピーしたとき，「判定」に表示される ○ の数を答えなさい。

	A	B	C	D	E
1					
2	ダンスコンテスト審査結果				
3	番号	演技1	演技2	演技3	判定
4	1	8	5	8	※
5	2	8	4	4	※
6	3	8	5	6	※
7	4	5	7	4	※
8	5	6	8	7	※

（注） ※印は，値の表記を省略している。

=IF(OR(COUNTIFS(B4:D4,">=9")>=1,COUNTIFS(B4:D4,"<=6")<=1),"○","")

問4．ある学校では，部活動の予算執行状況を集計するために次の表を用いている。シート名「執行状況一覧」の「執行金額」は，シート名「執行内容」の「部活コード」ごとに「執行金額」の合計を求める。シート名「執行状況一覧」のD4に設定する適切な式を選び，記号で答えなさい。ただし，この式をD5～D7までコピーするものとする。

シート名「執行状況一覧」

	A	B	C	D
1				
2	執行状況一覧			
3	部活コード	部活動名	予算額	執行金額
4	A01	簿記部	68,000	※
5	A02	コンピュータ部	120,000	※
6	A03	ワープロ部	78,000	※
7	A04	演劇部	50,000	※

執行状況一覧 | 執行内容 | ⊕

(注) ※印は，値の表記を省略している。

シート名「執行内容」

	A	B	C
1			
2	執行内容		
3	日付	部活コード	執行金額
4	4月15日	A01	10,800
5	4月16日	A02	5,800
～	～	～	～
199	3月15日	A03	680
200	3月20日	A02	9,600

執行状況一覧 | 執行内容

ア．=SUMIFS(執行内容!$C$4:$C$200,A4,執行内容!$B$4:$B$200)

イ．=SUMIFS(執行内容!$C$4:$C$200,執行内容!$B$4:$B$200,A4)

ウ．=SUMIFS(執行内容!$B$4:$B$200,執行内容!$C$4:$C$200,A4)

問5．次の表は，ある販売店の売上計算書である。「金額」は，「数量」に「単価」を掛けて10円未満を切り捨てて求める。D4に設定する式として適切なものを選び，記号で答えなさい。

	A	B	C	D
1				
2	売上計算書			
3	商品名	数量	単価	金額
4	○○	11	156	1,710
5	◇◇	16	301	4,810
6	△△	6	251	1,500
7	□□	8	199	1,590
8			合計	9,610

ア．=ROUNDDOWN(B4*C4,-1)

イ．=ROUND(B4*C4,-1)

ウ．=MOD(B4*C4,10)

問1		問2	(a)		(b)	
問3		問4		問5		

第12回模擬

【6】 次の表は，東京都のある商店街の飲食店舗検索表である。作成条件にしたがって，各問いに答えなさい。

作成条件

1.「飲食店舗検索表」は次のように作成する。

(1) B5 にジャンルコードを入力すると，「該当店舗数」および，店舗の一覧表を表示する。

(2)「確認欄」は，B5 のジャンルが「店舗表」にない場合は 入力エラー を表示し，ある場合は OK を表示する。ただし，B5 が未入力の場合は，未入力 を表示する。なお，店舗コードは次のように構成されている。

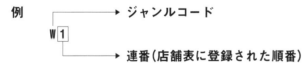

(3)「該当店舗数」は，D5 が OK の場合，店舗表に登録されている希望ジャンルの店舗数を表示し，そうでない場合は何も表示しない。

(4)「2．希望ジャンル（ 中華 ）の店舗一覧表」は，B5 をもとに，「ジャンル表」を参照したジャンルと，「2．希望ジャンル（ 」および「 ）の店舗一覧表」を文字列結合して表示する。ただし，B5 が未入力の場合や，D5 が 入力エラー の場合は何も表示しない。

(5) B9 の「No.」は，1 を表示する。ただし，F5 が空欄の場合は何も表示しない。

(6) B10～B23 の「No.」は，B9 から連番になるように 1 を加算する。ただし，B9 が空欄の場合や，店舗表に登録されている店舗数が F5 に達したあとは何も表示しない。

(7)「店舗名」は，「1．希望ジャンル」と「No.」をもとに，「店舗表」を参照して表示する。ただし，「No.」が空欄の場合は何も表示しない。

(8)「電話番号」，「定休日」は，(7)と同様に表示する。

問１．D5 に設定する式として適切なものを選び，記号で答えなさい。

   ア．=IF(B5="","未入力",IF(SUMIFS(B27:B79,B27:B79,B5&"*")=0,"入力エラー","OK"))

   イ．=IF(B5="","未入力",IF(AVERAGEIFS(B27:B79,B27:B79,B5&"*")=0,"入力エラー","OK"))

   ウ．=IF(B5="","未入力",IF(COUNTIFS(B27:B79,B5&"*")=0,"入力エラー","OK"))

問２．F5 に次の式が設定されている。この式と同等の結果が得られる式として適切なものを選び，記号で答えなさい。

   =IF(D5="OK",COUNTIFS(B27:B79,B5&"*"),"")

   ア．=IF(D5<>"OK","",COUNTIFS(B27:B79,B5&"*"))

   イ．=IF(D5<>"OK",COUNTIFS(B27:B79,B5&"*"),"")

   ウ．=IF(D5<>"OK",COUNTIFS(B5&"*",B27:B79),"")

問３．A7 に設定する式の空欄にあてはまる適切なものを選び，記号で答えなさい。

   =IF(OR(B5="",D5="入力エラー"),"",
     "２．希望ジャンル（　"&⬚⬚⬚⬚⬚(B5,G27:H30,2,FALSE)&"　）の店舗一覧表")

   ア．HLOOKUP   **イ**．VLOOKUP   **ウ**．INDEX

問４．C9 に設定する式として適切なものを選び，記号で答えなさい。ただし，この式を E23 までコピーする。

   ア．=IF($B9="","",VLOOKUP($B$5&$B9,$B$27:$E$79,MATCH($C$8,$B$26:$E$26,0),FALSE))

   イ．=IF($B9="","",VLOOKUP($B$5&$B9,$B$27:$E$79,MATCH($C8,$B$26:$E$26,0),FALSE))

   ウ．=IF($B9="","",VLOOKUP($B$5&$B9,$B$27:$E$79,MATCH(C$8,$B$26:$E$26,0),FALSE))

問５．B10 に設定する式として適切なものを選び，記号で答えなさい。

   ア．=IF(OR(B9="",B9=$F$5),"",B9+1)

   イ．=IF(AND(B9="",B9=$F$5),"",B9+1)

   ウ．=IF(OR(B9="",B9=$F$5),B9+1,"")

問1		問2		問3		問4		問5	

主催 公益財団法人 全国商業高等学校協会
情報処理検定模擬試験問題 第2級

　九州地方のある県の公共職業安定所（ハローワーク）では，文部科学省の「高等学校卒業（予定）者の就職（内定）状況に関する調査」をもとに，県外と県内への就職状況を九州地方と全国で比較することになった。次の作成条件にしたがって，シート名「コード表」とシート名「就職者数表」から，シート名「報告書」を作成しなさい。

作成条件
ワークシートは，あらかじめ提供されたものを使用する。
1. 表およびグラフの体裁は，右ページを参考にして設定する。
   [設 定 す る 書 式：罫線
   　設定する数値の表示形式：3桁ごとのコンマ，％，小数の表示桁数]
2. 表の※印の部分は，式や関数などを利用して求める。
3. グラフの※印の部分は，表に入力された値をもとに表示する。
4. 「1．地方別都道府県内への就職者数」は，次のように作成する。
   (1) 「地方名」は，「地方コード」をもとに，シート名「コード表」の地方表を参照して表示する。
   (2) 「平成28年度」〜「令和2年度」は，シート名「就職者数表」から「地方名」ごとに「県内」の合計を求める。
   (3) 「前年比」は，次の式で求める。ただし，％で小数点第1位まで表示する。
      「令和2年度 ÷ 令和元年度」
   (4) 「備考」は，「前年比」における上位3位（降順）以内の場合，○ を表示し，それ以外の場合，何も表示しない。
   (5) 「合計」は，各列の合計を求める。
5. 「2．地方別都道府県外への就職者数」は，次のように作成する。
   (1) 「地方名」は，「地方コード」をもとに，シート名「コード表」の地方表を参照して表示する。
   (2) 「平成28年度」〜「令和2年度」は，シート名「就職者数表」から「地方名」ごとに「県外」の合計を求める。
   (3) 「前年比」は，次の式で求める。ただし，％で小数点第1位まで表示する。
      「令和2年度 ÷ 令和元年度」
   (4) 「備考」は，「前年比」における上位3位（降順）以内の場合，○ を表示し，それ以外の場合，何も表示しない。
   (5) 「合計」は，各列の合計を求める。
6. 複合グラフは，「1．地方別都道府県内への就職者数」と「2．地方別都道府県外への就職者数」から作成する。
   (1) 数値軸（縦軸）目盛は，最小値(0)，最大値(160,000)および間隔(40,000)を設定する。
   (2) 第2数値軸（縦軸）目盛は，最小値(0)，最大値(50,000)および間隔(10,000)を設定する。
   (3) 軸ラベルの方向を設定する。
   (4) 凡例の位置を設定する。
   (5) データラベルは，「県内就職（九州地方）」と「都道府県内就職（全国）」を表示し，「県外就職（九州地方）」と「都道府県外就職（全国）」は表示しない。
7. 「4．令和2年度の九州地方の就職状況」は，次のように作成する。
   (1) 「県名」は，「都道府県コード」をもとに，シート名「コード表」の都道府県表を参照して表示する。
   (2) 令和2年度の「県内」は，「県名」と「令和2年度」をもとに，シート名「就職者数表」の「令和2年度」の「県内」を参照して表示する。
   (3) 令和2年度の「県外」は，7.(2)と同様に表示する。
   (4) 「合計」は，各列の合計を求める。
   (5) 「県内就職率」は，次の式で求める。ただし，小数第3位未満を切り捨て，％で小数第1位まで表示する。
      「県内 ÷ 県内と県外の合計」

地方表

地方コード	地方名
1	北海道
2	東北
3	関東
4	中部
5	近畿
6	中国
7	四国
8	九州

都道府県表

都道府県コード	都道府県名
1	北海道
2	青森
3	岩手
4	宮城
5	秋田
6	山形
7	福島
8	茨城
9	栃木
〜	〜
40	福岡
41	佐賀
42	長崎
43	熊本
44	大分
45	宮崎
46	鹿児島
47	沖縄

（コード表）

高等学校卒業者の都道府県別の就職者数

コード	都道府県	地方名	平成２８年度 県内	平成２８年度 県外	〜	令和２年度 県内	令和２年度 県外
101	北海道	北海道	9,269	751	〜	7,266	487
202	青森	東北	2,171	1,663	〜	1,746	1,113
203	岩手	東北	2,317	1,115	〜	1,945	802
204	宮城	東北	3,753	880	〜	3,094	758
205	秋田	東北	1,686	901	〜	1,500	570
206	山形	東北	2,241	649	〜	2,046	511
207	福島	東北	4,081	862	〜	3,466	766
308	茨城	関東	4,599	816	〜	3,973	656
〜	〜	〜	〜	〜	〜	〜	〜
840	福岡	九州	5,920	1,550	〜	5,354	1,215
841	佐賀	九州	1,568	1,082	〜	1,434	757
842	長崎	九州	2,436	1,450	〜	2,151	946
843	熊本	九州	2,257	1,710	〜	2,239	1,318
844	大分	九州	1,990	671	〜	1,722	545
845	宮崎	九州	1,675	1,342	〜	1,634	1,042
846	鹿児島	九州	2,171	1,773	〜	1,984	1,358
847	沖縄	九州	1,752	697	〜	1,518	502

（就職者数表）

高等学校卒業者の就職状況

１．地方別都道府県内への就職者数

地方コード	地方名	平成２８年度	平成２９年度	平成３０年度	令和元年度	令和２年度	前年比	備考
1	北海道	9,269	8,765	8,371	8,159	7,266	89.1%	
2	※	※	※	※	※	※	※	※
3	※	※	※	※	※	※	※	※
4	※	※	※	※	※	※	※	※
5	※	※	※	※	※	※	※	※
6	※	※	※	※	※	※	※	※
7	※	※	※	※	※	※	※	※
8	九州	19,769	※	※	※	※	※	※
	合計	152,386	※	※	※	※		

２．地方別都道府県外への就職者数

地方コード	地方名	平成２８年度	平成２９年度	平成３０年度	令和元年度	令和２年度	前年比	備考
1	※	751	768	755	707	487	68.9%	
2	※	※	※	※	※	※	※	※
3	※	※	※	※	※	※	※	※
4	※	※	※	※	※	※	※	※
5	※	※	※	※	※	※	※	※
6	※	※	※	※	※	※	※	※
7	四国	※	※	※	※	※	※	※
8	※	10,275	※	※	※	※	※	※
	合計	35,826	※	※	※	※		

３．九州地方と全国との比較

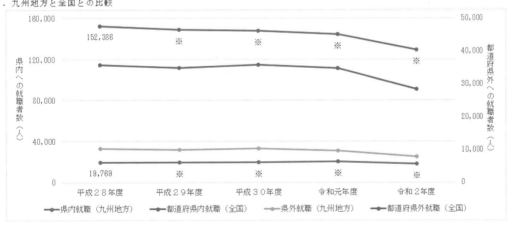

152,386 ※ ※ ※ ※
19,769 ※ ※ ※ ※

─◆─県内就職（九州地方）　─◆─都道府県内就職（全国）　─◆─県外就職（九州地方）　─◆─都道府県外就職（全国）

４．令和２年度の九州地方の就職状況

都道府県コード	県名	令和２年度 県内	令和２年度 県外	県内就職率
40	福岡	5,354	1,215	81.5%
41	※	※	※	※
42	※	※	※	※
43	※	※	※	※
44	※	※	※	※
45	※	※	※	※
46	※	※	※	※
47	※	※	※	※
	合計	18,036	※	※

（報告書）

（令和5年9月24日実施）　　主催　公益財団法人 全国商業高等学校協会　　制限時間30分

令和5年度（第69回）情報処理検定試験ビジネス情報部門　第2級　筆記

【1】　次の説明文に最も適した答えを解答群から選び，記号で答えなさい。

1．LANケーブルを使用してネットワークに接続する方式。電波を使った接続方法よりも通信が途切れにくく，安定した接続ができる。

2．音声データを音楽CDと同等の品質で約10分の1にまで圧縮できるため，インターネットなどの音楽配信で使用されているファイル形式。

3．スマートフォンやキーボードからの入力情報を記録するハードウェアやソフトウェア。パスワードやクレジットカード番号などの機密情報を不正に取得するために悪用されることが問題視されている。

4．データの破損や紛失に備えて，データを他の記憶媒体に保存しておくこと。

5．システムの開発から運用，不要になった際の廃棄までにかかる費用の総額。

解答群
- ア．無線LAN
- イ．MIDI
- ウ．バックアップ
- エ．ガンブラー
- オ．有線LAN
- カ．MP3
- キ．TCO
- ク．UPS
- ケ．イニシャルコスト
- コ．キーロガー

【2】　次のA群の語句に最も関係の深い説明文をB群から選び，記号で答えなさい。

＜A群＞
1．OCR　　2．RGB　　3．ルートディレクトリ
4．個人情報保護法　　5．ストリーミング

＜B群＞
- ア．階層構造でファイルを管理する際の，最上層のディレクトリ。
- イ．専用の用紙に塗られた印を光学的に読み取る装置。おもに，試験やアンケート調査などを処理する際に使用される。
- ウ．思想や感情を表現した文芸や美術作品などに関して，創作者の権利を守ることで文化の発展に寄与する法律。
- エ．ディスプレイで表示する際に使われている色の表現方法。色を混ぜれば混ぜるほど白色に近づき，明るくなる特徴がある。
- オ．階層構造でファイルを管理する際の，最上層よりも下の階層にあるすべてのディレクトリ。
- カ．氏名，生年月日，住所など，生存する個人を特定できる情報に関して権利や利益を守る法律。
- キ．印刷する際に使われている色の表現方法。色を混ぜれば混ぜるほど黒色に近づき，暗くなる特徴があるが，完全な黒色を作ることはできないため，別に黒色を用意して補完する。
- ク．動画や音楽などをダウンロードしながら再生することができる技術。
- ケ．手書きや印刷された文字を光学的に読み取り，文字コードに変換する装置。
- コ．スマートフォンなどの通信機器をアクセスポイントとすることで，別の通信機器をインターネットに接続するしくみ。

【3】　次の説明文に最も適した答えをア，イ，ウの中から選び，記号で答えなさい。

1．2進数の 1010110 と10進数の 19 との和を表す2進数。

　　　ア．1100001　　　　　　　**イ**．1101001　　　　　　　**ウ**．1110101

2．磁気ディスク装置における記憶領域の単位であり，バームクーヘンや木の年輪のように同心円状に区切られた領域。

　　　ア．セクタ　　　　　　　　**イ**．シリンダ　　　　　　　**ウ**．トラック

3．誰でも自由に使えるようにするという考え方をもとに，ソースコードを広く一般に公開したソフトウェアのこと。

　　　ア．OSS　　　　　　　　　**イ**．SSO　　　　　　　　　**ウ**．SSID

4．日本の産業製品に関する規格や測定法などが定められた国家規格。自動車や電化製品などに関するものから，文字コードやプログラム言語といった情報処理に関する規格などがある。

　　　ア．ANSI　　　　　　　　　**イ**．JIS　　　　　　　　　**ウ**．ISO

5．画像サイズが横1,600×縦1,200ピクセルで256色（8ビットカラー）を表現する画像の容量は何MBか。ただし，1MB=10^6Bとする。

　　　ア．1.92MB　　　　　　　　**イ**．15.36MB　　　　　　　**ウ**．61.44MB

第69回検定

【4】 あるレンタル楽器専門店では，楽器の貸出状況を次のようなリレーショナル型データベースで管理している。次の各問いに答えなさい。

楽器表

楽器コード	楽器名	料金
G001	フルート	5940
G002	クラリネット	4400
G003	アルトサクソフォン	4500
G004	トランペット	3300
G005	ホルン	6500
G006	トロンボーン	4510
G007	ユーフォニアム	7500
G008	チューバ	8300

(注)「料金」は，1か月あたりの料金である。

貸出表

貸出開始日	顧客コード	楽器コード	貸出月数
2023/09/01	K0003	G001	3
2023/09/01	K0003	G002	2
2023/09/01	K0003	G003	1
2023/09/02	K0002	G001	1
2023/09/02	K0005	G002	3
2023/09/03	K0002	G007	2
2023/09/03	K0005	G004	2
2023/09/04	K0004	G003	1
2023/09/04	K0006	G002	1
2023/09/07	K0001	G004	1
2023/09/07	K0009	G006	2
2023/09/09	K0002	G005	3
2023/09/10	K0005	G008	2
2023/09/12	K0007	G007	1
2023/09/16	K0005	G006	1
2023/09/19	K0008	G001	3
2023/09/19	K0010	G008	1
2023/09/20	K0008	G005	1
2023/09/20	K0008	G006	1
2023/09/22	K0004	G002	1
2023/09/22	K0006	G003	2

分類表

分類コード	分類名
B01	個人
B02	吹奏楽団体
B03	学校

顧客表

顧客コード	顧客名	電話番号	分類コード
K0001	池田　○○	XX-XXXX-8635	B01
K0002	○○吹奏楽団	XXX-XXXX-3547	B02
K0003	○○○中学校	XXX-XXXX-6469	B03
K0004	渡辺　○○	XX-XXXX-0128	B01
K0005	市民吹奏楽団	XX-XXXX-5561	B02
K0006	青山　○○	XX-XXXX-7786	B01
K0007	木下　○○	XXX-XXXX-5983	B01
K0008	○○高等学校	XXX-XXXX-7768	B03
K0009	佐藤　○	XX-XXXX-8186	B01
K0010	田中　○○	XXX-XXXX-0943	B01

問1．次の表は，顧客表をもとにして作成したものである。このようなリレーショナル型データベースの操作として適切なものを選び，記号で答えなさい。

ア．射影

イ．選択

ウ．結合

顧客コード	顧客名	電話番号	分類コード
K0002	○○吹奏楽団	XXX-XXXX-3547	B02
K0005	市民吹奏楽団	XX-XXXX-5561	B02

問2．次のSQL文によって抽出されるデータとして適切なものを選び，記号で答えなさい。

```
SELECT   楽器名
  FROM   楽器表
  WHERE  料金 <= 4500
```

ア.

楽器名
クラリネット
アルトサクソフォン
トランペット

イ.

楽器名
クラリネット
トランペット

ウ.

楽器名
フルート
ホルン
トロンボーン
ユーフォニアム
チューバ

問3．次のSQL文によって抽出されるデータとして適切なものを選び，記号で答えなさい。

```
SELECT   分類名, 顧客名
  FROM   分類表, 顧客表, 貸出表
  WHERE  分類表.分類コード = 顧客表.分類コード
   AND   顧客表.顧客コード = 貸出表.顧客コード
   AND   貸出開始日 = '2023/09/07'
```

ア.

分類名	顧客名
個人	渡辺 ○○
個人	青山 ○○

イ.

分類名	顧客名
学校	○○高等学校
個人	田中 ○○

ウ.

分類名	顧客名
個人	池田 ○○
個人	佐藤 ○

問4．次のSQL文によって抽出されるデータとして適切なものを選び，記号で答えなさい。

```
SELECT   顧客名, 貸出月数 * 料金   AS   利用料
  FROM   楽器表, 顧客表, 貸出表
  WHERE  楽器表.楽器コード = 貸出表.楽器コード
   AND   顧客表.顧客コード = 貸出表.顧客コード
   AND   分類コード = 'B02'
   AND   貸出月数 > 2
```

ア.

顧客名	利用料
○○吹奏楽団	5940
市民吹奏楽団	4510

イ.

顧客名	利用料
○○吹奏楽団	15000
市民吹奏楽団	6600
市民吹奏楽団	16600

ウ.

顧客名	利用料
市民吹奏楽団	13200
○○吹奏楽団	19500

問5．次のSQL文を実行したとき，表示される適切な数値を答えなさい。

```
SELECT   COUNT(*)   AS   実行結果
  FROM   貸出表
  WHERE  顧客コード = 'K0005'
```

実行結果
※

(注) ※印は，値の表記を省略している。

第69回検定

【5】 次の各問いに答えなさい。

問1. 次の表は，バスケットボールのシュート結果表である。成功率は，「成功数」を「総本数」で割って求める。A6に設定する次の式の空欄にあてはまる適切なものを選び，記号で答えなさい。

=□(B4/C4,"成功率は0.0%です")

ア．FIND
イ．SEARCH
ウ．TEXT

	A	B	C
1			
2	シュート結果表		
3	選手名	成功数	総本数
4	井上　○○	45	52
5			
6	成功率は86.5%です		

問2. 次の表は，ある施設の利用料金計算表である。入退室の時刻を「時」と「分」に分けて入力し，利用時間に利用金額を掛けて「料金」を求める。利用金額は30分ごとに200円であり，端数の時間については切り上げる。F5に設定する式として適切なものを選び，記号で答えなさい。ただし，この施設の営業時間は9時～23時までである。

	A	B	C	D	E	F
1						
2	利用料金計算表					
3	受付番号	入室		退出		料金
4		時	分	時	分	
5	1	9	3	9	27	200
6	2	9	15	10	56	800
7	3	9	27	11	3	800
8	4	9	30	12	10	1,200
9	5	9	40	13	10	1,400
～	～	～	～	～	～	～

ア．=ROUNDUP((HOUR(D5-B5)*60+MINUTE(E5-C5))/30,0)*200
イ．=ROUNDUP(((D5-B5)*60+(E5-C5))/30,0)*200
ウ．=ROUNDUP((TIME(D5,E5,0)-TIME(B5,C5,0))/30,1)*200

問3. 次の表は，ある施設の過去1年間の天候別入場者数平均表である。E4は，E3に入力した文字が含まれる「天候」の「入場者数平均」の平均を求める。E4に設定する式として適切なものを選び，記号で答えなさい。

	A	B	C	D	E	F
1						
2	過去1年間の天候別入場者数平均表					
3	天候	入場者数平均		天候に	晴	が含まれる
4	晴	18,563		入場者数平均	15,300	
5	晴のち曇	17,365				
6	晴のち曇のち雨	13,254				
～	～	～				
12	曇	17,658				
13	曇のち晴	16,854				
～	～	～				
24	雨のち曇のち雨	10,879				
25	雨時々曇	10,987				
26	雨一時曇	11,325				

ア．=AVERAGEIFS(B4:B26,A4:A26,"*"&E3&"*")
イ．=AVERAGEIFS(B4:B26,A4:A26,"*"&"晴")
ウ．=AVERAGEIFS(B4:B26,A4:A26,E3)

問４．次の表は，クラス対抗球技大会の対戦表である。A列のクラスがB列からF列の対戦相手に勝った場合は ○ を表示し，引き分けの場合は △ を表示し，負けた場合は × を表示する。G5には次の式が設定されている。対戦表の空欄(a),(b)にあてはまる記号の組み合わせとして適切なものを選び，記号で答えなさい。ただし，この式をG9までコピーする。

	A	B	C	D	E	F	G
1							
2	対戦表						
3				対戦相手			
4		3年1組	3年2組	3年3組	3年4組	3年5組	得点
5	3年1組		○	※	○	△	7
6	3年2組	※		×	×	○	2
7	3年3組	(a)	※		△	※	3
8	3年4組	※	※	※		○	5
9	3年5組	※	※	(b)	※		3

(注)　※印は，値の表記を省略している。

=COUNTIFS(B5:F5,"○")*2+COUNTIFS(B5:F5,"△")

ア． (a)×　　(b)×
イ． (a)×　　(b)○
ウ． (a)○　　(b)○

問５．次の商品別売上集計表は，売上一覧表をもとに行方向に「商品名」ごとの数量，列方向に「種類」ごとの数量を集計したものである。この集計機能として適切なものを選び，記号で答えなさい。

	A	B	C	D	E	F	G	H	I	J	K
1											
2	売上一覧表						商品別売上集計表				
3	No	商品名	種類	数量			合計 / 数量	種類			
4	1	苺パフェ	Aセット	3			商品名	Aセット	Bセット	単品	総計
5	2	パンケーキ	単品	2			苺パフェ	20	14	29	63
6	3	フルーツサンド	Aセット	3			カルボナーラ	18	19	18	55
7	4	昔ながらのプリン	単品	3			たらこパスタ	20	14	17	51
8	5	モンブラン	単品	1			ナポリタン	13	17	18	48
9	6	カルボナーラ	Aセット	1			パンケーキ	19	18	31	68
10	7	たらこパスタ	単品	1			フルーツサンド	24	30	18	72
11	8	ナポリタン	Bセット	1			ペペロンチーノ	14	20	17	51
12	9	ペペロンチーノ	Aセット	1			ミートソース	31	24	26	81
13	10	ミートソース	Bセット	1			モンブラン	27	8	19	54
14	11	苺パフェ	単品	2			昔ながらのプリン	15	21	14	50
15	12	パンケーキ	Bセット	1			総計	201	185	207	593
～	～	～	～	～							
301	298	パンケーキ	Bセット	1							
302	299	フルーツサンド	Aセット	2							
303	300	フルーツサンド	Bセット	3							

ア． フィルタ　　　　　　**イ．** ピボットテーブル　　　　　　**ウ．** ゴールシーク

【6】　次の表は，ある陸上競技大会における成績表である。作成条件にしたがって，各問いに答えなさい。

	A	B	C	D	E	F	G	H	I	J	K	L	M	N
1														
2		陸上競技大会成績表												
3										県大会出場標準得点			2,500	
4	選手番号	選手名	学校名	110mハードル		砲丸投		走高跳		400m走		総得点	ポイント	備考
5				記録	得点	記録	得点	記録	得点	記録	得点			
6	CE02	飯塚　○	中央中	20.82	287	9.76	471	1.70	544	51.00	769	2,071	0	※
7	EA01	石塚　○○	東中	15.23	822	11.32	565	1.55	426	欠場	0	1,813	0	※
8	S001	大森　○	南中	16.08	724	8.44	392	1.68	528	54.24	630	2,274	6	※
9	S002	日下部　○	南中	15.98	735	9.79	473	1.71	552	51.65	740	2,500	8	※
10	S003	久保田　○	南中	16.05	727	11.08	551	1.72	560	51.88	730	2,568	14	※
11	CE03	小松　○	中央中	16.65	661	10.89	539	1.60	464	52.61	698	2,362	7	※
12	CE01	佐々木　○	中央中	15.31	812	9.02	427	1.76	593	52.55	701	2,533	12	※
13	N002	鈴木　○	北中	16.23	707	10.14	494	1.74	577	52.00	725	2,503	9	※
14	WE03	田口　○○	西中	18.92	439	11.07	550	1.52	404	57.89	488	1,881	0	※
15	N001	竹島　○○	北中	15.97	736	10.36	507	1.65	504	49.60	833	2,580	15	※
16	EA03	田島　○	東中	15.96	737	6.94	304	1.85	670	50.20	805	2,516	11	※
17	EA02	二宮　○○	東中	15.95	738	9.32	445	1.82	644	52.05	723	2,550	13	※
18	N003	羽鳥　○	北中	15.06	824	失格	0	1.78	610	50.15	808	2,242	0	※
19	WE01	浜田　○○	西中	17.58	565	10.34	506	1.73	569	54.89	603	2,243	0	※
20	WE02	吉田　○	西中	15.93	741	11.21	559	1.79	619	55.12	594	2,513	10	※
21														
22	学校別対抗ポイント表													
23	学校コード	CE		EA	WE	S0	N0							
24	学校名	中央中		東中	西中	南中	北中							
25	ポイント合計	19		24	10	28	24							
26														
27	種目別最高記録表													
28	種目名	選手名	学校名											
29	110mハードル	羽鳥　○	北中											
30	砲丸投	石塚　○○	東中											
31	走高跳	田島　○	東中											
32	400m走	竹島　○○	北中											

(注)　※印は，値の表記を省略している。

作成条件

1. 「陸上競技大会成績表」は，次のように作成する。なお，競技者の人数は各校3人ずつの15人であり，各競技の「得点」は，同得点はないものとする。

(1) 「選手番号」は次のように構成されている。

　　例　CE02　→　　CE　　　　　02
　　　　　　　　　学校コード　個人コード

(2) 「学校名」は，「選手番号」の左端から2文字を抽出し，「学校別対抗ポイント表」を参照して表示する。

(3) 「記録」については，種目の違いにより，次のように表示されている。

　　例　11秒43　→　11.43　　　6m94　→　6.94

(4) 「総得点」は，「110mハードル」から「400m走」までの「得点」の合計を求める。

(5) 「ポイント」は，「総得点」の降順に順位を求め，1位なら15ポイント，2位なら14ポイント，3位なら13ポイントと以下10位までにポイントを付け，それ以外の場合，0を表示する。

(6) 「備考」は，N6に次の式を設定し，N20までコピーする。

　　=IF(OR(L6>$M$3,M6>=10),"○","")

2. 「学校別対抗ポイント表」は，次のように作成する。

(1) 「ポイント合計」は，「陸上競技大会成績表」の「学校名」ごとに「ポイント」の合計を求める。

3. 「種目別最高記録表」は，次のように作成する。

(1) 「選手名」は，「陸上競技大会成績表」の各種目における「得点」の最大値をもとに「陸上競技大会成績表」を参照して表示する。

(2) 「学校名」は，「陸上競技大会成績表」の各種目における「得点」の最大値をもとに「陸上競技大会成績表」を参照して表示する。

問1．C6に設定する式として適切なものを選び，記号で答えなさい。ただし，この式をC20までコピーする。

- **ア**．=VLOOKUP(LEFT(A6,2),$B$23:$F$24,2,FALSE)
- **イ**．=HLOOKUP(LEFT(A6,2),$B$23:$F$24,2,TRUE)
- **ウ**．=HLOOKUP(LEFT(A6,2),$B$23:$F$24,2,FALSE)

問2．M6に設定する式として適切なものを選び，記号で答えなさい。ただし，この式をM20までコピーする。

- **ア**．=IF(RANK(L6,$L$6:$L$20,1)>=10,15-RANK(L6,$L$6:$L$20,0)+1,0)
- **イ**．=IF(RANK(L6,$L$6:$L$20,0)<=10,15-RANK(L6,$L$6:$L$20,0)+1,0)
- **ウ**．=IF(RANK(L6,$L$6:$L$20,1)<=10,15-RANK(L6,$L$6:$L$20,1)+1,0)

問3．N6～N20に表示される ○ の数を答えなさい。

問4．B25に設定する式として適切なものを選び，記号で答えなさい。ただし，この式をF25までコピーする。

- **ア**．=SUMIFS($L$6:$L$20,$C$6:$C$20,B24)
- **イ**．=SUMIFS($M$6:$M$20,$C$6:$C$20,B23)
- **ウ**．=SUMIFS($M$6:$M$20,$C$6:$C$20,B24)

問5．B29に設定する式として適切なものを選び，記号で答えなさい。ただし，この式をC29までコピーする。

- **ア**．=INDEX(B$6:B$20,MATCH(MAX($E$6:$E$20),$E$6:$E$20,0),1)
- **イ**．=INDEX($B$6:$B$20,MATCH(MAX(E$6:E$20),E$6:E$20,0),1)
- **ウ**．=INDEX($B6:$B20,MATCH(MAX(E$6:E$20),E$6:E$20,0),1)

（令和5年9月24日実施）　主催　公益財団法人 全国商業高等学校協会

制限時間20分

令和5年度（第69回）情報処理検定試験ビジネス情報部門　第2級　実技

次の表は，ある小売業におけるアイスクリームの売上報告書である。作成条件にしたがって，シート名「県表」とシート名「売上表」から，シート名「報告書」を作成しなさい。

作成条件

ワークシートは，試験開始前に提供されたものを使用する。

1．表およびグラフの体裁は，右ページを参考にして設定する。

```
設 定 す る 書 式：罫線
設定する数値の表示形式：3桁ごとのコンマ，％，小数の表示桁数
```

2．表の※印の部分は，式や関数などを利用して求める。

3．グラフの※印の部分は，表に入力された値をもとに表示する。

4．「1．県別売上表」は，次のように作成する。

(1)　「県名」は，「県コード」をもとに，シート名「県表」を参照して表示する。

(2)　「売上数計」は，シート名「売上表」から「県コード」ごとに「売上数」の合計を求める。

(3)　「売上金額計」は，シート名「売上表」から「県コード」ごとに「売上金額」の合計を求める。

(4)　「人口」は，「県コード」をもとに，シート名「県表」を参照して表示する。

(5)　「1人あたりの金額」は，次の式で求める。ただし，小数第1位未満を切り捨て，小数第1位まで表示する。

　　　　「売上金額計　÷　人口」

(6)　「順位」は，「売上金額計」を基準として，降順に順位を求める。

(7)　「備考」は，「人口」が 700000 以上，かつ「1人あたりの金額」が 180.0 以上の場合，○ を表示し，それ以外の場合，何も表示しない。

5．「2．期別売上表」は，次のように作成する。

(1)　「売上数合計」は，シート名「売上表」から「四半期コード」ごとに「売上数」の合計を求める。

(2)　「売上金額合計」は，シート名「売上表」から「四半期コード」ごとに「売上金額」の合計を求める。

(3)　「平均売上金額」は，シート名「売上表」から「四半期コード」ごとに「売上金額」の平均を求める。ただし，整数部のみ表示する。

(4)　「合計」は，各列の合計を求める。

(5)　「構成比率」は，次の式で求める。ただし，％で小数第1位までを表示する。

　　　　「売上金額合計　÷　売上金額合計の合計」

6．100％積み上げ横棒グラフは，「2．期別売上表」から作成する。

(1)　区分線を設定する。

(2)　数値軸（横軸）の目盛は，最小値（0％），最大値（100％）および間隔（25％）を設定する。

(3)　項目軸（縦軸）の順序を設定する。

(4)　凡例の位置を設定する。

(5)　データラベルを設定する。

（県表）

	A	B	C
1			
2	県表		
3	県コード	県名	人口
4	TT	鳥取県	543,615
5	SM	島根県	657,842
〜	〜	〜	〜
12	KC	高知県	675,710

（売上表）

	A	B	C	D	E
1					
2	売上表				
3	四半期コード	月	県コード	売上数	売上金額
4	1Q	4	OK	43,056	7,233,408
5	1Q	4	TK	51,095	13,233,605
〜	〜	〜	〜	〜	〜
111	4Q	3	EH	46,031	8,147,487

アイスクリーム年間売上集計表

1. 県別売上表

県コード	県名	売上数計	売上金額計	人口	1人あたりの金額	順位	備考
YM	山口県	1,131,166	247,967,432	1,312,950	188.8	2	○
KC	※	※	※	※	※	※	※
KG	※	※	※	※	※	※	※
SM	※	※	※	※	※	※	※
HR	※	※	※	※	※	※	※
OK	※	※	※	※	※	※	※
TT	※	※	※	※	※	※	※
EH	※	※	※	※	※	※	※
TK	※	※	※	※	※	※	※

2. 期別売上表

四半期コード	期間	売上数合計	売上金額合計	平均売上金額	構成比率
1Q	4-6月	1,917,640	399,191,634	14,784,875	23.0%
2Q	7-9月	※	※	※	※
3Q	10-12月	※	※	※	※
4Q	1-3月	※	※	※	※
	合計	※	※		

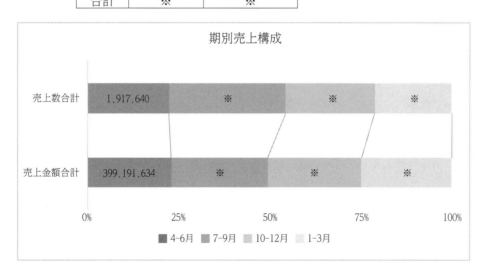

（報告書）

（令和6年1月21日実施）　主催　公益財団法人 全国商業高等学校協会

制限時間30分

令和5年度（第70回）情報処理検定試験ビジネス情報部門　第2級　筆記

第70回検定

【1】　次の説明文に最も適した答えを解答群から選び，記号で答えなさい。

1．ディジタル画像を構成する点。それぞれの点が色情報を持ち，縦横に並べて1枚の画像を表現している。

2．コンピュータにマウスなどの周辺装置を接続した際，OSが自動的にデバイスドライバをインストールし，使用できるように設定するしくみ。

3．文字コードの世界的な標準規格。世界中の言語で使われている多くの文字を，一つの文字コード体系で表現することができる。

4．アクセス権において，ファイルの更新や削除，アクセス権の変更をすることができる権限。

5．新しい技術やデザインなどについて独占的に使用できる権利の総称。特許庁へ出願し，登録されることで権利が発生する。

```
┌─ 解答群 ─────────────────────────────────────┐
│  ア．著作権            イ．プラグアンドプレイ      ウ．Unicode       │
│  エ．ドット            オ．書き込み              カ．産業財産権     │
│  キ．ASCIIコード       ク．ピクセル              ケ．ワイルドカード  │
│  コ．フルコントロール                                            │
└──────────────────────────────────────────┘
```

【2】　次のA群の語句に最も関係の深い説明文をB群から選び，記号で答えなさい。

＜A群＞　　1．セクタ　　　　　　2．拡張子　　　　　　3．ANSI
　　　　　　4．サイトライセンス　5．グループウェア

＜B群＞

ア．磁気ディスク装置における記憶領域の単位であり，最小単位に区切られた領域。

イ．複数のファイルを一つのファイルにまとめるためのソフトウェア。一つにまとめられたファイルを元の複数のファイルに戻す機能も備えている。

ウ．文字コードによって表現できる文字データのみで作られたファイル。異なるアプリケーションソフトウェアで使用することができる。

エ．工業分野における米国の国家標準規格を定めている団体。ここで定められた規格が，国際標準規格になることも多い。

オ．ソフトウェアの使用許諾のうち，企業や学校など特定の組織内で購入し，必要数の使用を一括して認められたもの。

カ．磁気ディスク装置における記憶領域の単位であり，複数のディスクの同心円状の領域を，円筒状にまとめた領域。

キ．ファイルの種類を識別するために，ファイル名のピリオドの後ろにつける文字列。

ク．企業内における業務の効率化を図るためのソフトウェア。掲示板，スケジュール管理，会議室の予約など情報共有に特化した機能を備えている。

ケ．ソフトウェアの使用許諾のうち，一定期間や一部機能に限定して，無料で試用が認められたもの。試用の範囲を越えて使用する場合，料金の支払いが生じる。

コ．世界共通の国際標準規格を定めている団体。製品に関してだけでなく，組織を管理するしくみに関する規格も存在する。

【3】 次の説明文に最も適した答えをア，イ，ウの中から選び，記号で答えなさい。

1．2進数の 1101011 と2進数の 111011 との差を表す10進数。

ア．48 　　　　　　　　　　イ．52 　　　　　　　　　　ウ．96

2．静止画像のデータを圧縮したファイル形式。フルカラーと透過を表現でき，圧縮後に圧縮前のデータに戻すことができる。

ア．JPEG 　　　　　　　　　イ．PNG 　　　　　　　　　ウ．BMP

3．スマートフォンやタブレットなどを介してネットワークに無線接続する際，アクセスポイントを識別するための名称。

ア．テザリング 　　　　　　イ．LAN 　　　　　　　　　ウ．SSID

4．既存のWebサイトに侵入して，不正プログラムを埋め込むことで，ユーザを悪意のあるWebサイトへ誘導し，マルウェアに感染させる攻撃方法。

ア．ファイアウォール 　　　イ．セキュリティホール 　　ウ．ガンブラー

5．あるスポーツショップにおける新作スキー板予約表と，新作スノーボード板予約表を積集合した仮想表を作成する。作成された仮想表のレコード件数。

新作スキー板予約表

会員番号	会員名
1010	坂之上　○○
1016	小田　○
1033	富川　○○
1044	熊田　○○○
1060	高橋　○○
1062	石上　○○
1082	森山　○

新作スノーボード板予約表

会員番号	会員名
1016	小田　○
1026	天野　○○
1033	富川　○○
1056	川名　○○
1060	高橋　○○
1082	森山　○
1096	渡辺　○○

ア．4 　　　　　　　　　　イ．7 　　　　　　　　　　ウ．10

【4】　ある温泉テーマパークでは，売上状況を次のようなリレーショナル型データベースで管理している。次の各問いに答えなさい。

入館料表

入館料コード	種別	入館料
N01	平日	2200
N02	土日祝	2600
N03	特定日	2800
N04	朝風呂	1000

貸出表

貸出コード	品目	料金
K001	タオルセット	450
K002	館内着	400
K003	水着	700
K004	浮き輪	500
K005	ブランケット	280

売上表

売上コード	売上日	入館料コード	大人人数	子供人数
U0001	2023/12/21	N01	6	0
U0002	2023/12/21	N01	3	2
U0003	2023/12/21	N01	5	7
U0004	2023/12/22	N04	3	0
U0005	2023/12/22	N01	8	3
U0006	2023/12/22	N01	3	1
U0007	2023/12/22	N01	3	5
U0008	2023/12/22	N01	8	6
U0009	2023/12/23	N04	2	3
U0010	2023/12/23	N04	6	3
U0011	2023/12/23	N02	5	5
U0012	2023/12/23	N02	5	3
U0013	2023/12/23	N02	2	2
U0014	2023/12/23	N02	5	3
U0015	2023/12/24	N04	5	1
U0016	2023/12/24	N04	5	6
U0017	2023/12/24	N03	6	1
U0018	2023/12/24	N03	8	6
U0019	2023/12/24	N03	6	6
U0020	2023/12/24	N03	6	3
U0021	2023/12/24	N03	5	2

貸出明細表

売上コード	貸出コード	数量
U0002	K003	3
U0002	K004	2
U0003	K005	2
U0005	K001	8
U0005	K004	3
U0008	K002	5
U0011	K001	5
U0011	K002	5
U0011	K003	2
U0011	K004	1
U0012	K003	2
U0012	K005	2
U0014	K003	3
U0014	K004	1
U0015	K001	5
U0017	K001	6
U0017	K003	6
U0020	K001	6
U0020	K004	1
U0020	K005	3

問１．売上表の主キーと外部キーの組み合わせとして適切なものを選び，記号で答えなさい。ただし，主キーは，必要最低限かつ十分な条件を満たしていること。

	（主キー）	（外部キー）
ア.	売上コード	売上日
イ.	入館料コード	売上コード
ウ.	売上コード	入館料コード

問2．次のSQL文によって抽出されるデータとして適切なものを選び，記号で答えなさい。

```
SELECT    品目
  FROM    貸出表
 WHERE    料金 >= 450
```

ア．

品目
タオルセット
水着
浮き輪

イ．

品目
タオルセット
館内着
ブランケット

ウ．

品目
水着
浮き輪

問3．次のSQL文によって抽出されるデータとして適切なものを選び，記号で答えなさい。

```
SELECT    売上コード, 大人人数
  FROM    入館料表, 売上表
 WHERE    入館料表.入館料コード = 売上表.入館料コード
   AND    種別 = '朝風呂'
```

ア．

売上コード	大人人数
U0011	5
U0012	5
U0013	2
U0014	5

イ．

売上コード	大人人数
U0004	3
U0009	2
U0010	6
U0015	5
U0016	5

ウ．

売上コード	大人人数
U0017	6
U0018	8
U0019	6
U0020	6
U0021	5

問4．次のSQL文によって抽出されるデータとして適切なものを選び，記号で答えなさい。

```
SELECT    品目, 数量
  FROM    入館料表, 売上表, 貸出表, 貸出明細表
 WHERE    入館料表.入館料コード = 売上表.入館料コード
   AND    売上表.売上コード = 貸出明細表.売上コード
   AND    貸出表.貸出コード = 貸出明細表.貸出コード
   AND    種別 = '平日'
   AND    料金 < 500
```

ア．

品目	数量
ブランケット	2
タオルセット	8
館内着	5

イ．

品目	数量
タオルセット	5
館内着	5
ブランケット	2

ウ．

品目	数量
浮き輪	2
ブランケット	2
タオルセット	8
浮き輪	3
館内着	5

問5．次のSQL文を実行したとき，表示される適切な数値を答えなさい。

```
SELECT    AVG(数量)  AS  実行結果
  FROM    貸出明細表
 WHERE    貸出コード = 'K001'
```

実行結果
※

(注) ※印は，値の表記を
省略している。

【5】 次の各問いに答えなさい。

問1．次の表は，ある商業施設のポイント付与表である。「購入金額」の10%のポイントが整数未満切り捨てで付与される。ただし，「購入回数」が3の倍数の場合はポイントが3倍になる。E5に設定する次の式と同等の結果が表示できる式として適切なものを選び，記号で答えなさい。

=INT(D5*0.1)*IF(MOD(C5,3)=0,3,1)

	A	B	C	D	E
1					
2	ポイント付与表				
3				本日の日付	2024/1/21
4	No	会員番号	購入回数	購入金額	ポイント
5	1	20210103002	57	1,113	333
6	2	20220312011	43	680	68
7	3	20191105003	35	1,538	153
8	4	20170320013	25	2,498	249
9	5	20181221005	45	1,857	555
?	?	?	?	?	?
159	155	20220302001	21	690	207

ア．=INT(D5*0.1)*IF(MOD(C5,3)=0,1,3)
イ．=ROUNDDOWN(D5*0.1,0)*IF(NOT(MOD(C5,3)=0),1,3)
ウ．=ROUNDDOWN(D5*0.1,0)*IF(MOD(C5,3)=0,1,3)

問2．次の表は，学部名変更表である。「変更前学部名」から「変更部分文字」を抽出し，「変更後文字」に変更し，「変更後学部名」を表示する。D4に設定する次の式の空欄にあてはまる適切なものを選び，記号で答えなさい。ただし，空欄には同じものが入る。

	A	B	C	D
1				
2	学部名変更表			
3	変更前学部名	変更部分文字	変更後文字	変更後学部名
4	情報学部	情報	メディア	メディア学部
5	生産工学部	工学	理工学	生産理工学部
6	都市建築学部	建築	デザイン	都市デザイン学部

=LEFT(A4,_____(B4,A4)-1)&C4&RIGHT(A4,LEN(A4)-_____(B4,A4)-LEN(B4)+1)

ア．TEXT　　　　　イ．COUNTIFS　　　　　ウ．SEARCH

問3．次の表は，モルック対戦成績表である。次の条件にしたがって，「表彰」を表示する。G4とH4に設定する次の式の空欄(a)〜(c)にあてはまる適切なものを選び，記号で答えなさい。ただし，この式をG9とH9までコピーする。

	A	B	C	D	E	F	G	H
1								
2	モルック対戦成績表							
3	チーム名	1回目	2回目	3回目	4回目	5回目	得点	表彰
4	A	38	50	26	41	40	119	2
5	B	36	42	47	35	50	125	1
6	C	32	42	50	36	38	116	特別賞
7	D	50	42	23	36	40	118	3
8	E	21	22	32	50	30	84	6
9	F	31	42	35	40	47	117	4

条件
(1) 「得点」は点数の合計から最高点と最低点を引いた点数を求め，表示する。
(2) 「表彰」は「得点」の降順に順位を求め「得点」の中で下から2番目のチームに 特別賞 を表示する。

G4 =SUM(B4:F4)-___(a)___(B4:F4)-___(b)___(B4:F4)
H4 =IF(___(c)___($G$4:$G$9,2)=G4,"特別賞",RANK(G4,$G$4:$G$9,0))

ア．(a) MAX　(b) MIN　(c) SMALL
イ．(a) MIN　(b) MAX　(c) LARGE
ウ．(a) MIN　(b) MAX　(c) MIN

問4．ある学校では，図書館の利用者数を集計するために次の表を用いている。シート名「合計」のB4に次の式が設定されている際の，シート名「1学年」の空欄(a)とシート名「合計」の空欄(b)にあてはまる適切な数値を答えなさい。ただし，この式をD6までコピーする。

=SUM(1学年:3学年!B4)

シート名「1学年」

	A	B	C	D
1				
2	1学年			単位：人
3	冊数	10月	11月	12月
4	1冊	(a)	80	70
5	2冊	57	46	55
6	3冊以上	35	25	40
7				

1学年 2学年 3学年 合計

シート名「2学年」

	A	B	C	D
1				
2	2学年			単位：人
3	冊数	10月	11月	12月
4	1冊	60	55	66
5	2冊	35	48	32
6	3冊以上	42	32	20
7				

1学年 2学年 3学年 合計

シート名「3学年」

	A	B	C	D
1				
2	3学年			単位：人
3	冊数	10月	11月	12月
4	1冊	70	70	90
5	2冊	65	50	83
6	3冊以上	50	45	55
7				

1学年 2学年 3学年 合計

シート名「合計」

	A	B	C	D
1				
2	利用者数合計			単位：人
3	冊数	10月	11月	12月
4	1冊	210	205	226
5	2冊	157	144	170
6	3冊以上	127	102	(b)
7				

1学年 2学年 3学年 合計

問5．次の表は，東日本の国立公園面積一覧表である。「総面積」を基準として，表計算ソフトウェアのデータ分析機能を実行し，「総面積」が 100000 以上のデータを表示する。実行したデータ分析機能の名称として適切なものを選び，記号で答えなさい。

（元のデータ）

	A	B	C
1			
2	国立公園面積一覧表		
3	国立公園名	総面積	特別保護面積
4	利尻礼文サロベツ	24,512	9,566
5	知床	38,954	23,526
6	阿寒摩周	91,413	10,460
7	釧路湿原	28,788	6,490
8	大雪山	226,764	36,807
9	支笏洞爺	99,473	2,706
10	十和田八幡平	85,534	13,288
11	三陸復興	28,539	848
12	磐梯朝日	186,375	18,338
13	日光	114,908	1,187
14	尾瀬	37,222	9,419
15	上信越高原	148,194	9,201
16	秩父多摩甲斐	126,259	3,791
17	小笠原	6,629	4,934
18	富士箱根伊豆	121,749	7,693
19	中部山岳	174,323	64,129
20	妙高戸隠連山	39,772	3,552
21	白山	49,900	17,857
22	南アルプス	35,752	9,181
23	伊勢志摩	55,544	1,003
24			

（抽出後）

	A	B	C
1			
2	国立公園面積一覧表		
3	国立公園名 ▼	総面積 ▼	特別保護面積 ▼
8	大雪山	226,764	36,807
12	磐梯朝日	186,375	18,338
13	日光	114,908	1,187
15	上信越高原	148,194	9,201
16	秩父多摩甲斐	126,259	3,791
18	富士箱根伊豆	121,749	7,693
19	中部山岳	174,323	64,129
24			

ア． ゴールシーク **イ．** クロス集計 **ウ．** フィルタ

【6】 次の表は，ある地域におけるいちご農園の売上一覧表である。作成条件にしたがって，各問いに答えなさい。

第70回検定

	A	B	C	D	E	F	G	H	I
1									
2		いちご農園売上一覧表							
3									
4	農園コード	農園名	エリア名	売上金額			売上金額計	順位	備考
5				いちご狩り	直接販売	その他			
6	W03	丘の上○○○○	湾岸	122,400	587,946	358,746	1,069,092	5	※
7	C03	○○○いちご園	市街	316,700	545,479	332,567	1,194,746	3	※
8	N03	○○○○ランド	内陸	145,700	545,454	210,212	901,366	10	※
9	N01	○○○工房	内陸	554,500	447,979	220,454	1,222,933	2	※
10	N02	○○農園	内陸	334,600	325,687	326,987	987,274	8	※
11	S01	いちご○○ファーム	山林	507,900	325,544	453,377	1,286,821	1	※
12	S03	ストロベリー○○	山林	213,100	321,344	457,877	992,321	7	※
13	C01	いちごの○○	市街	332,300	321,245	132,434	785,979	12	※
14	W02	○○○○ガーデン	湾岸	312,100	313,247	354,577	979,924	9	※
15	C02	いちご農園○○	市街	467,800	232,365	323,655	1,023,820	6	※
16	W01	湾岸○○農園	湾岸	212,400	226,567	369,987	808,954	11	※
17	S02	○○園	山林	546,400	213,454	313,213	1,073,067	4	※
18			合計	4,065,900	4,406,311	3,854,086	12,326,297		
19									
20	エリア別集計表								
21	エリアコード	エリア名	売上金額合計	売上金額平均	割合				
22	S	山林	3,352,209	1,117,403	27.2%				
23	C	市街	3,004,545	1,001,515	24.4%				
24	N	内陸	3,111,573	1,037,191	25.2%				
25	W	湾岸	2,857,970	952,657	23.2%				
26									
27	販売形態別ランキング								
28	順位	いちご狩り	直接販売						
29	1	○○○工房	丘の上○○○○						
30	2	○○園	○○○いちご園						
31	3	いちご○○ファーム	○○○○ランド						

(注) ※印は，値の表記を省略している。

作成条件

1. 「いちご農園売上一覧表」は，次のように作成する。ただし，売上金額に同額はないものとする。
   (1) 「農園コード」は次のように構成されている。

   例　W03　→　　　W　　　　　　03
   　　　　　　　エリアコード　エリア内の連番

   (2) 「エリア名」は，「農園コード」の左端から1文字を抽出し，「エリア別集計表」を参照して表示する。
   (3) 「売上金額計」は，「いちご狩り」から「その他」までの「売上金額」の合計を求める。
   (4) 「順位」は，「売上金額計」を基準として，降順に順位を求める。
   (5) 「備考」は，I6に次の式を設定し，I17までコピーする。
   　　=IF(AND(D6>E6,H6<=5),"○","")
   (6) 「合計」は，各列の合計を求める。

2. 「エリア別集計表」は，次のように作成する。
   (1) 「売上金額合計」は，「いちご農園売上一覧表」の「エリア名」ごとに「売上金額計」の合計を求める。
   (2) 「売上金額平均」は，「いちご農園売上一覧表」の「エリア名」ごとに「売上金額計」の平均を求める。
   　　ただし，整数部のみ表示する。
   (3) 「割合」は，次の式で求める。ただし，%で小数第1位まで表示する。
   　　「売上金額合計　÷　売上金額合計の合計」

3. 「販売形態別ランキング」は，次のように作成する。
   (1) 「いちご狩り」は，「いちご農園売上一覧表」の「売上金額」の「いちご狩り」における上位3位を
   　　求め，その値をもとに「いちご農園売上一覧表」の「農園名」を参照して表示する。
   (2) 「直接販売」は，「いちご農園売上一覧表」の「売上金額」の「直接販売」における上位3位を求め，
   　　その値をもとに「いちご農園売上一覧表」の「農園名」を参照して表示する。

問１．C6に設定する式として適切なものを選び，記号で答えなさい。ただし，この式をC17までコピーする。

> **ア**．=VLOOKUP(LEFT(A6,1),$A$22:$B$25,2,FALSE)
>
> **イ**．=VLOOKUP(LEFT(A6,1),$A$22:$B$25,2,TRUE)
>
> **ウ**．=HLOOKUP(LEFT(A6,1),$A$22:$B$25,2,FALSE)

問２．I6～I17に表示される ○ の数を答えなさい。

問３．C22に設定する式として適切なものを選び，記号で答えなさい。

> **ア**．=SUMIFS($G$6:$G$17,$A$6:$A$17,A22)
>
> **イ**．=SUMIFS($G$6:$G$17,$C$6:$C$17,B22)
>
> **ウ**．=SUMIFS($F$6:$F$17,$C$6:$C$17,B22)

問４．E22に設定する式として適切なものを選び，記号で答えなさい。ただし，この式をE25までコピーする。

> **ア**．=C22/SUM($C$22:$C$25)
>
> **イ**．=C22/SUM(C22:C25)
>
> **ウ**．=$C$22/SUM(C22:C25)

問５．B29に設定する式として適切なものを選び，記号で答えなさい。ただし，この式をC31までコピーする。

> **ア**．=INDEX($B$6:$B$17,MATCH(MAX(D$6:D$17,$A29),D$6:D$17,0),1)
>
> **イ**．=INDEX($B$6:$B$17,MATCH(LARGE(D$6:D$17,$A29),D$6:D$17,0),1)
>
> **ウ**．=INDEX($B$6:$B$17,MATCH(MAX(D$6:D$17),D$6:D$17,0),1)

第70回検定

（令和6年1月21日実施）　　**主催　公益財団法人 全国商業高等学校協会**

制限時間20分

令和5年度（第70回）情報処理検定試験ビジネス情報部門　第2級　実技

次の表は，あるアーティストの音楽CDにおける1店舗あたりの売上報告書である。作成条件にしたがって，シート名「商品表」とシート名「売上表」から，シート名「報告書」を作成しなさい。

作成条件

ワークシートは，試験開始前に提供されたものを使用する。

1．表およびグラフの体裁は，右ページを参考にして設定する。

　　設定する書式：罫線
　　設定する数値の表示形式：3桁ごとのコンマ，%，小数の表示桁数

2．表の※印の部分は，式や関数などを利用して求める。

3．グラフの※印の部分は，表に入力された値をもとに表示する。

4．「1．商品別売上表」は，次のように作成する。

　(1)　「商品形態」は，「コード」をもとに，シート名「商品表」を参照して表示する。

　(2)　「目標売上金額」は，「コード」をもとに，シート名「商品表」を参照して表示する。

　(3)　「売上金額計」は，シート名「売上表」から「コード」ごとに「売上金額」の合計を求める。

　(4)　「売上枚数計」は，シート名「売上表」から「コード」ごとに「売上枚数」の合計を求める。

　(5)　「順位」は，「売上枚数計」を基準として，降順に順位を求める。

　(6)　「備考」は，「売上枚数計」が 350 より大きい，または「売上金額計」が「目標売上金額」を超える場合，○を表示し，それ以外の場合，何も表示しない。

　(7)　「合計」は，各列の合計を求める。

5．複合グラフは，「1．商品別売上表」から作成する。

　(1)　数値軸（縦軸）の目盛は，最小値（0），最大値（1,600,000）および間隔（400,000）を設定する。

　(2)　第2数値軸（縦軸）の目盛は，最小値（100），最大値（500）および間隔（100）を設定する。

　(3)　軸ラベルを設定する。

　(4)　凡例の位置を設定する。

　(5)　データラベルを設定する。

6．「2．週別売上表」は，次のように作成する。

　(1)　「売上枚数合計」は，シート名「売上表」から「週」ごとに「売上枚数」の合計を求める。

　(2)　「売上金額合計」は，シート名「売上表」から「週」ごとに「売上金額」の合計を求める。

　(3)　「売上金額平均」は，シート名「売上表」から「週」ごとに「売上金額」の平均を求める。ただし，整数部のみ表示する。

　(4)　「前週比」は，次の式で求める。ただし，小数第3位未満を切り捨て，%で小数第1位までを表示する。

　　　「今週の売上金額合計　÷　前週の売上金額合計」

第70回検定

商品表

	A	B	C
1			
2	商品表		
3	コード	商品形態	目標売上金額
4	C701A	初回CD	1,500,000
5	C701B	初回BD	1,500,000
～	～	～	～
10	C704B	MV BD	850,000
11	C704D	MV DVD	850,000

(商品表)

売上表

	A	B	C	D	E
1					
2	売上表				
3	売上日	週	コード	売上枚数	売上金額
4	2023/11/29	第1週	C701A	40	140,000
5	2023/11/29	第1週	C701B	54	297,000
～	～	～	～	～	～
226	2023/12/26	第4週	C704B	14	38,500
227	2023/12/26	第4週	C704D	16	44,000

(売上表)

売上報告書

1. 商品別売上表

コード	商品形態	目標売上金額	売上金額計	売上枚数計	順位	備考
C701B	初回BD	1,500,000	1,584,000	288	7	○
C701D	※	※	※	※	※	※
C701A	※	※	※	※	※	※
C703B	※	※	※	※	※	※
C703D	※	※	※	※	※	※
C704B	※	※	※	※	※	※
C704D	※	※	※	※	※	※
C702A	※	※	※	※	※	※
	合計		※	※		

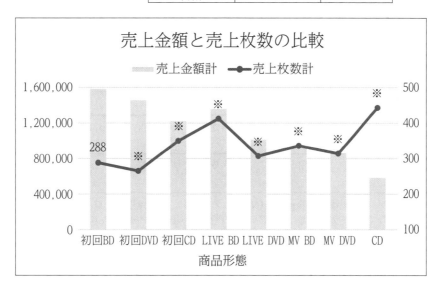

2. 週別売上表

週	売上枚数合計	売上金額合計	売上金額平均	前週比
第1週	813	2,668,260	47,648	－
第2週	※	※	※	78.7%
第3週	※	※	※	※
第4週	※	※	※	※

(報告書)

直前 check

ハードウェア・ソフトウェアに関する知識

直前チェック

【ハードウェアの構成】

郵便番号の読み取りのように，手書きや印刷された文字を光学的に読み取る装置。	①
マークシートなどの専用用紙の所定の位置に記入された，マークの有無を光学的に読み取る装置。	②
磁性体を塗った薄い円盤(ディスク)を，高速回転させてデータを読み書きする装置。	③
磁気ディスク装置において，ディスク上のデータの読み書きを直接行う部分。	④
磁気ディスク装置において，磁気ヘッドをデータの読み書きする位置に移動させる部品。	⑤
磁気ディスク装置において，同心円状の複数のトラックが，論理的な円筒状になっている記録単位。	⑥
磁気ディスク装置の記録面で，同心円状の1周分の記憶場所。	⑦
磁気ディスク装置において，データの読み書きをする最小単位。	⑧
自然災害などでコンピュータシステムへの電源供給が止まった際，一定の時間，電源を供給する装置。	⑨

①OCR　②OMR　③磁気ディスク装置　④磁気ヘッド　⑤アクセスアーム　⑥シリンダ　⑦トラック　⑧セクタ　⑨UPS

【ソフトウェアに関する知識】

文字や画像(写真やイラストなど)を構成する，色情報を持たない小さな点。	①
色調や階調などの色情報を持ったドットのこと。	②
ディスプレイの表示能力など，きめ細かさや画質の滑らかさを表す尺度で，dpi(ディーピーアイ)とppi(ピーピーアイ)の2つの指標がある。	③
光の三原色(赤：Red，緑：Green，青：Blue)のことで，ディスプレイ装置などは，3色の光を組み合わせて表現している。	④
色の三原色(藍：Cyan(シアン)，赤紫：Magenta(マゼンタ)，黄：Yellow(イエロー))に，黒(Keyplate)を加えたもので，カラー印刷はその4色の色料を組み合わせて表現している。	⑤
データの内容を保ったまま，一定の手順にしたがってデータの記憶容量を小さくすること。	⑥
圧縮されたデータを元に戻すこと。	⑦
複数のファイルを一つにまとめたり，元に戻したりするソフトウェア。	⑧
コンピュータに周辺機器などを接続した際，ユーザが手動で設定を行わなくても，OSが最適な設定を自動的に行う機能。	⑨

①ドット　②ピクセル(画素)　③解像度　④RGB　⑤CMYK　⑥圧縮　⑦解凍　⑧アーカイバ　⑨プラグアンドプレイ

【ディレクトリとファイル】

ファイルを階層構造で管理する場合，最上位にあるディレクトリ。	①
ファイルを階層構造で管理する場合，最上位ディレクトリの下位に作成されるすべてのディレクトリ。	②

直前チェック

ファイルの種類を識別するために付ける，ファイル名の後ろに記述される3文字程度の文字列。	③
文字コードと改行やタブだけで構成された文書ファイルのことで，コンピュータの機種や使用環境に関係なく利用することができる。	④
画像や動画，実行可能なプログラムファイルなど，文字として読み込むことのできない2進数形式のファイル。	⑤
圧縮しないで記録するファイル形式で，静止画像を点の集まりとして保存する。	⑥
フルカラー（16,777,216色）の静止画を，画質は劣化するが，圧縮して記録するファイル形式。	⑦
インターネット上のイラストやアイコンなどの保存に使われているファイル形式で，256色までの画像を保存することができる。	⑧
透明度などの情報を持ち，フルカラー（16,777,216色）の静止画を，画質を落とさずに圧縮して保存するファイル形式。	⑨
用途により数種類の規格があるが，動画や音声データを圧縮して保存したファイル。	⑩
電子ピアノなどの電子楽器とパソコンを接続するための規格で，音楽情報を保存したファイル形式。	⑪
音声データを高音質に保ったまま，圧縮して記録できるファイル形式。	⑫
主にデータベースソフトや表計算ソフトの保存形式として使用されていて，データをコンマで区切って並べたファイル形式。	⑬
電子文書の形式のことで，コンピュータの機種や使用環境に関係なく閲覧できる。	⑭
世界的に広く利用されている，ファイル圧縮形式の一つ。	⑮

①ルートディレクトリ ②サブディレクトリ ③拡張子 ④テキストファイル ⑤バイナリファイル ⑥BMP ⑦JPEG ⑧GIF ⑨PNG ⑩MPEG ⑪MIDI ⑫MP3 ⑬CSV ⑭PDF ⑮ZIP

【関連知識】

工業関連分野の技術発展や規格の標準化を目的として設立された国際標準化機構。	①
日本国内における工業製品などの標準規格。	②
日本のJISに相当する，工業製品の標準化・規格化を行うアメリカの非営利団体。	③
本部は米国にあり，LANの標準規格を定めるなど，電気・電子・通信分野における世界規模の研究組織。	④
JIS規格によって規定されている日本語の文字コード。	⑤
米国規格協会が制定した，標準の文字コードで，半角の英数字，記号などの文字を7ビットで表現する。	⑥
世界各国の文字を統一した文字コードで表現するための規格。	⑦
コンピュータシステムなどの設備の導入から，廃棄までの時間と費用の総額。	⑧
パソコンや机など，コンピュータシステムなどの設備を導入する際にかかる初期費用。	⑨
コピー用紙や保守点検費用など，コンピュータシステムなどの設備の運用・保守・管理するために必要となる費用。	⑩
ファイルを検索する際に，任意の文字列や一つの文字の代用として，使うことができる特殊文字。	⑪

①ISO ②JIS ③ANSI ④IEEE ⑤JISコード ⑥ASCIIコード ⑦Unicode ⑧TCO（総保有コスト） ⑨イニシャルコスト ⑩ランニングコスト ⑪ワイルドカード

通信ネットワークに関する知識

【ネットワークの構成】

電話回線のように，音声やデータを連続性のある信号でやり取りする通信回線。	①
文字や音声，画像などのデータを「ON」・「OFF」のように，2種類の電気信号の0と1で表し，データの送受信を行う通信回線。	②
デジタル通信においてデータを送受信する際に，データを一定のサイズに分割したもの。	③
企業や学校などの建物や敷地など，特定の限られた範囲におけるネットワーク。	④
コンピュータやプリンタなどを，通信ケーブルで接続した LAN。	⑤
コンピュータネットワークにおいて，通信ケーブルを使わずに，無線通信を利用してデータの送受信を行う LAN システム。	⑥
無線 LAN において，相互接続が保証された機器に与えられる名称。	⑦
無線 LAN を利用するときにアクセスポイントに付ける混信を避けるための識別子。	⑧
パソコンや携帯ゲーム機などで手軽にインターネットを利用できるように，スマートフォンなどの通信機器をモデムとしてインターネットに常時接続すること。	⑨

①アナログ回線　②デジタル回線　③パケット　④LAN　⑤有線 LAN　⑥無線 LAN　⑦Wi-Fi　⑧SSID　⑨テザリング

【ネットワークの活用】

接続された各コンピュータが互いに対等な関係で，サーバ専用のコンピュータを置かないネットワーク形態のこと。	①
サーバ専用のコンピュータを置き，サーバとクライアントが互いに処理を分担して運用しているネットワーク形態のこと。	②
インターネット上の動画や音楽のデータを，すべてダウンロードする前に，受信しながら再生する方式。	③
企業や学校などで，LAN やインターネットを活用して情報共有やコミュニケーションを効率的に行うためのソフトウェア。	④

①ピアツーピア　②クライアントサーバシステム　③ストリーミング　④グループウェア

情報モラルとセキュリティに関する知識

【権利の保護と管理】

人間の知的創作活動によって生み出されたものを，創作した人の財産として保護する権利。	①
知的財産権のうち，特許権，実用新案権，意匠権および，商標権の四つの総称。特許庁に出願し認可されることによって，一定期間独占的に利用できる権利。	②
小説，音楽，美術などの著作物が，完成した時点で自動的に発生する権利で，その創作者と相続人が利用できる権利。	③
自分の姿の写真，イラスト，動画などを，無断で公表されたり利用されたりすることがないように主張できる権利。	④

著作権の権利や，権利の存続期間などを定めて，著作者の権利の保護を図ることを目的とした法律。	⑤
個人情報を取り扱う企業などに，安全管理措置を行うことを義務付け，個人に関する情報の保護を図ることを目的とする法律。	⑥
利用する権限がない者が，他人のユーザ ID やパスワードを利用して，コンピュータを不正利用することを禁止する法律。	⑦
使用期間に関係なく，無料で利用できるソフトウェア。	⑧
一定の期間は無料で試用できるが，その後も続けて使用する場合は，料金を支払い使用権を取得して継続して利用できるソフトウェア。	⑨
学校や企業などの特定の場所において，一つのソフトウェアを複数のパソコンで利用できる契約。	⑩
ソフトウェアのプログラムコードを無償で公開し，誰でもそのソフトウェアの利用，改良などが行えるソフトウェア。	⑪

①知的財産権　②産業財産権　③著作権　④肖像権　⑤著作権法　⑥個人情報保護法　⑦不正アクセス禁止法　⑧フリーウェア　⑨シェアウェア　⑩サイトライセンス　⑪OSS

【セキュリティ管理】

第三者による不正ログインを防止するために，「知識」，「所有」，「生体」の要素のうち二つ以上組み合わせて認証を行う方法。	①
第三者による不正ログインを防止するために，2 回以上連続して認証を行う方法。	②
短時間のみ有効なその場限りの，一度しか使用できないパスワード。	③
1 回の認証で，複数のソフトウェアや Web サービスなどを利用できる仕組み。	④
ファイルやディレクトリ(フォルダ)の「変更」，「読み取り」，「実行」，「書き込み」，「削除」など，すべてのアクセス権限のこと。	⑤
ファイルやディレクトリ(フォルダ)への，参照だけのアクセス権限のこと。	⑥
ファイルやディレクトリ(フォルダ)を読み込んで，データを追加したり，書き込むアクセス権限のこと。	⑦
組織内のコンピュータネットワークに対する外部からの不正な侵入を防ぎ，安全を維持することを目的としたシステム。	⑧
プログラムの設計ミスなどにより発生する，セキュリティ上の欠陥のこと。	⑨
キーボードから入力された ID やパスワードなどの入力情報を盗み取るスパイウェア。	⑩
ファイルを勝手に暗号化するなどして，正常にコンピュータを利用できない状態にするコンピュータウイルス。正常に利用できるように復元するための対価として，ユーザに金銭の支払いを要求する。	⑪
企業などの Web サイトを改ざんすることにより，他の有害サイトに閲覧者を自動的に誘導して，コンピュータウイルスを感染させようとする一連の攻撃手法。	⑫
第三者に意味がわからないようにするために，ある規則にしたがってデータを変換すること。	⑬
ある規則にしたがって内容がわからないように変換したデータを，元のデータに戻すこと。	⑭
データの破損や紛失に備え，データを複製し，別の場所や媒体に保存しておくこと。	⑮

①多要素認証　②多段階認証　③ワンタイムパスワード　④シングルサインオン(SSO)　⑤フルコントロール　⑥読み取り　⑦書き込み　⑧ファイアウォール　⑨セキュリティホール　⑩キーロガー　⑪ランサムウェア　⑫ガンブラー　⑬暗号化　⑭復号　⑮バックアップ

表計算ソフトウェアの活用

【関数の利用】
（日付／時刻）

指定した日付のシリアル値を求める。 =　□　（年，月，日）	①
指定したシリアル値の年を求める。 =　□　（シリアル値）	②
指定したシリアル値の月を求める。 =　□　（シリアル値）	③
指定したシリアル値の日を求める。 =　□　（シリアル値）	④
指定したシリアル値の曜日を求める。「種類」に1を指定（または省略）すると， 「1（日曜）〜7（土曜）」と表示される。 =　□　（シリアル値（,種類））	⑤
指定した時刻のシリアル値を求める。 =　□　（時，分，秒）	⑥
指定したシリアル値の時を求める。 =　□　（シリアル値）	⑦
指定したシリアル値の分を求める。 =　□　（シリアル値）	⑧
指定したシリアル値の秒を求める。 =　□　（シリアル値）	⑨
① DATE　② YEAR　③ MONTH　④ DAY　⑤ WEEKDAY　⑥ TIME　⑦ HOUR　⑧ MINUTE　⑨ SECOND	

（数学／三角）

指定した数値を超えない最大の整数を求める。なお，数値が正の場合は，整数未満切り捨てと同値になるが，負の場合には，例のように整数値が小さい値となり，同値とならない。例：-1.5 → -2 =　□　（数値）	①
数値を除数で割った余りを求める。 =　□　（数値，除数）	②
複数の条件に一致する数値の合計を求める。 =　□　（合計対象範囲，条件範囲1，条件1，条件範囲2，条件2，…）	③
① INT　② MOD　③ SUMIFS	

（統計）

複数の条件に一致する数値の平均を求める。 ＝ _____（平均対象範囲，条件範囲１，条件１，条件範囲２，条件２，…）	①
複数の検索条件に一致するセルの個数を求める。 ＝ _____（範囲１，検索条件１，範囲２，検索条件２，…）	②
範囲（配列）の中で，順位（ｎ）番目に大きい数値を求める。 ＝ _____（配列，順位）	③
範囲（配列）の中で，順位（ｎ）番目に小さい数値を求める。 ＝ _____（配列，順位）	④
① AVERAGEIFS　② COUNTIFS　③ LARGE　④ SMALL	

（検索／行列）

範囲内の左端の列を上から下方向に検索し，列番号で指定したデータを参照する。検索方法で FALSE の場合は，完全一致で検索し，TRUE または省略の場合は，近似一致で参照する。 ＝ _____（検索値，範囲，列番号，検索方法）	①
範囲の上端の行を左から右方向に検索し，行番号で指定したデータを参照する。検索方法で FALSE の場合は，完全一致で検索し，TRUE または省略の場合は，近似一致で参照する。 ＝ _____（検索値，範囲，行番号，検索方法）	②
配列の中で，行番号と列番号が交差したセルのデータを参照する。 ＝ _____（配列，行番号，列番号）	③
検査範囲を検索し，検査値と一致する値の相対的なセルの位置を数値で表す。照合の種類は，「０（完全一致）」，「１（以下）」，「-1（以上）」の３種類がある。 ＝ _____（検査値，検査範囲，照合の種類）	④
① VLOOKUP　② HLOOKUP　③ INDEX　④ MATCH	

（文字列操作）

値を表示形式に指定した文字列に変換する。 ＝ _____（値，表示形式）	①
セル内のデータのうち，文字列がそのデータ内の開始位置から何番目にあるかを検索する。検索文字列は，英字の大文字と小文字を区別できる。 ＝ _____（検索文字列，対象，開始位置）	②
セル内のデータのうち，文字列がそのデータ内の開始位置から何番目にあるかを検索する。検索文字列は，英字の大文字と小文字を区別できない。 ＝ _____（検索文字列，対象，開始位置）	③
① TEXT　② FIND　③ SEARCH	

直前チェック

（論理）

複合条件がすべて成立するかを判定する。 =⬚（論理式 1，論理式 2，…）	①
複合条件のどれか一つ以上が成立するかを判定する。 =⬚（論理式 1，論理式 2，···）	②
一つの条件が成立しないかを判定する。 =⬚（論理式）	③

① AND　② OR　③ NOT

【応用操作】

計算式などを行方向にも列方向にもコピーする場合，セル番地が変化しないように，セル番地を「A$1」や「$A1」のように列番号または行番号を固定すること。	①
データから，指定した条件に一致するデータだけを表示させるしくみ。条件に一致しないデータは非表示になっているだけである。	②
複数のワークシートをさす。マルチとは，「複数の，多数の」などの意味があり，同時に複数のシートを利用して，データの入力や編集，串刺し計算などを行うことができる。	③
グループごとの合計や平均などを自動的に計算する集計機能の一つ。自動計算をするためには，グループの基準で並べ替えなどを行う必要がある。	④
試験前の勉強時間(行)を男女別(列)に集計するなど，二つの項目に注目して同時に行・列で集計する作業のこと。	⑤
⑤を行う Microsoft Excel の機能。	⑥
目標とする数値を得るために，与えられた条件に最も適した解のこと。	⑦
⑦を求める Microsoft Excel の機能。	⑧

①複合参照　②フィルタ　③マルチシート　④グループ集計　⑤クロス集計　⑥ピボットテーブル　⑦最適解　⑧ゴールシーク

【グラフ】

二つの要素(量や大きさなど)を縦軸，横軸に対応させ，データを点であらわしたグラフ。	①
二つの異なる種類のグラフを組み合わせたグラフ。種類や単位が違うデータを一つのグラフにまとめ，効果的にあらわすグラフ。	②
②のグラフの中で，データの比較を棒グラフで，データの変化を折れ線グラフで表すときに，二つの異なる種類のデータを一つのグラフに組み合わせてその関連性を調べるときに用いるグラフ。	③
②のグラフの中で，二つの異なる種類のデータの変化をそれぞれ折れ線グラフで表し，一つのグラフに組み合わせるグラフ。	④

①散布図　②複合グラフ　③2軸上の折れ線と棒グラフ　④2軸上の折れ線グラフ

データベースソフトウェアの活用

【リレーショナル型データベース】

データを管理し，利用しやすい形に整理・統合したデータの集まり。	①
データベースに対して，データの追加，修正，削除，検索などの管理を行うシステム。	②
データが実際に保存されている2次元の表。	③
テーブルの1行分のデータ。	④
テーブル(表)において，同じ性質を持つ，列方向のデータ。	⑤
コンピュータが取り扱うデータの属性。	⑥
計算に使用できるデータ型で，テーブルには右寄せで表示される。	⑦
計算には使用できないデータ型で，テーブルには左寄せで表示される。	⑧
日付や時刻を表し，日数計算などができるデータ型。	⑨
基本表をもとにして，ある条件により作られる見かけ上の表。	⑩
テーブルの中から指定した条件に一致するレコード(行)を取り出して，別の表を作成する機能。	⑪
テーブルの中から，必要なフィールド(列)だけを取り出して，別の表を作成する機能。	⑫
複数のテーブルをつなぎ合わせて，新しい表を作る機能。	⑬
複数のテーブルを「縦」につなぎ合わせて，新しい表を作る機能。	⑭
複数のテーブルから，共通するレコードを抽出する機能。	⑮
基準となるテーブルから，他方(複数)のテーブルと共通するレコードを除いたレコードを抽出する機能。	⑯
テーブルのレコードを一意に識別するためのフィールド。	⑰
レコードを指定するときに，複数の項目の組み合わせによって特定できるもの。	⑱
他のテーブルの主キーを参照するフィールド。	⑲

①データベース ②DBMS ③テーブル(表) ④レコード(行) ⑤フィールド(列) ⑥データ型 ⑦数値型 ⑧文字型 ⑨日付/時刻型 ⑩仮想表(ビュー表) ⑪選択 ⑫射影 ⑬結合 ⑭和 ⑮積 ⑯差 ⑰主キー ⑱複合キー(連結キー) ⑲外部キー

【SQL】
(SELECT ～ FROM ～ WHERE，比較演算子)

売上表から「商品名」を抽出する。 (a) 商品名 (b) 売上表	① (a) (b)
売上表から「売上数量」が100以上の「商品名」と「売上数量」を抽出する。 SELECT (a) FROM 売上表 (b) 売上数量 (c) 100	② (a) (b) (c)
売上表から「売上数量」が10より大きいすべてのフィールドを抽出する。 SELECT (a) FROM 売上表 WHERE 売上数量 (b) 10	③ (a) (b)
売上表から「単価」に「数量」を乗じた値を表示する。 SELECT FROM 売上表	④
売上表と原価表を結合させて，「商品名」と「原価」を抽出する。 SELECT 商品名,原価 FROM (a) WHERE (b) .商品コード ＝ (c) .商品コード	⑤ (a) (b) (c)

売上表と原価表を結合させて,「単価」から「原価」を引いた値を表示する。 SELECT 　　　　　　　　　 FROM 売上表,原価表 　　　　WHERE 売上表.商品コード ＝ 原価表.商品コード	⑥

①(a) SELECT （b) FROM ②(a)商品名,売上数量 （b) WHERE （c)＞＝ ③(a) ＊ （b)＞ ④単価＊数量 ⑤(a)売上表,原価表 （b)売上表 (c)原価表((b), (c)は順不同) ⑥単価－原価

（論理演算子）

売上表から「商品名」が A で,「売上数量」が 50 以上の「商品名」と「売上数量」を抽出する。 SELECT 商品名, 売上数量 FROM 売上表 　　　　WHERE 商品名 ＝ 'A' 　　　　　 売上数量 ＞＝ 50	①
売上表から「単価」が 500 以上か,「売上数量」が 10 以上の「商品名」を抽出する。 SELECT 商品名 FROM 売上表 　　　　WHERE 単価 ＞＝ 500 　　　　　 売上数量 ＞＝ 10	②
売上表から「売上数量」が 0 でない「商品名」を抽出する。 SELECT 商品名 FROM 売上表 　　　　WHERE 　　　　　 売上数量 ＝ 0	③

① AND ② OR ③ NOT

（関数）

売上表から「売上数量」の合計を求める。 SELECT 　　　　　　　　　 FROM 売上表	①
売上表から「商品名」がAの「売上金額」の平均を求める。 SELECT 　　　　　　　　　 FROM 売上表 　　　　WHERE 商品名 ＝ 'A'	②
売上表から「商品名」がAで「売上金額」が最も大きい金額を求める。 SELECT 　　　　　　　　　 FROM 売上表 　　　　WHERE 商品名 ＝ 'A'	③
売上表から「売上数量」が 1 以上で,「売上金額」が最も少ない金額を求める。 SELECT 　　　　　　　　　 FROM 売上表 　　　　WHERE 売上数量 ＞＝ 1	④
売上表から「商品名」が A で,「売上数量」が 0 の件数を求める。 SELECT 　　　　　　　　　 FROM 売上表 　　　　WHERE 商品名 ＝ 'A' AND 売上数量 ＝ 0	⑤

① SUM(売上数量) ② AVG(売上金額) ③ MAX(売上金額) ④ MIN(売上金額) ⑤ COUNT(＊)

（列名の別名指定）

売上表から「売上数量」の合計を求め,「売上数量の合計」という列名を付ける。 SELECT SUM (売上数量) 　　　　　 売上数量の合計 　　　　FROM 売上表	①

① AS

令和6年度版　全国商業高等学校協会主催

情報処理検定模擬試験問題集

ビジネス情報　2級　解答編

年	組	番

実教出版

筆記編 ——————————————————————————————————— 3

　ハードウェア・ソフトウェアに関する知識 ————————————————— 3

　通信ネットワークに関する知識 ——————————————————————— 5

　情報モラルとセキュリティに関する知識 ——————————————————— 5

　表計算ソフトウェアの活用 ————————————————————————— 5

　データベースソフトウェアの活用 —————————————————————— 6

実技編 ——————————————————————————————————— 8

　実技問題 ——————————————————————————————————— 8

模擬試験問題 ———————————————————————————————— 24

　第1回模擬 ————————————————————————————————— 24

　第2回模擬 ————————————————————————————————— 27

　第3回模擬 ————————————————————————————————— 29

　第4回模擬 ————————————————————————————————— 32

　第5回模擬 ————————————————————————————————— 34

　第6回模擬 ————————————————————————————————— 36

　第7回模擬 ————————————————————————————————— 38

　第8回模擬 ————————————————————————————————— 41

　第9回模擬 ————————————————————————————————— 44

　第10回模擬 ———————————————————————————————— 47

　第11回模擬 ———————————————————————————————— 49

　第12回模擬 ———————————————————————————————— 52

検定試験問題 ———————————————————————————————— 66

　第69回検定試験 ——————————————————————————————— 66

　第70回検定試験 ——————————————————————————————— 70

注意事項

●本書で示した計算式や関数はあくまでも一例で，別解もある。

　例1：＝SUM（C5：G5）でも ＝SUM（G5：C5）でもよい。

　例2：＄記号の付いた絶対（複合）番地の指定は，コピー機能を使用するためのものであって，指定しなければ動作しないというものではないので，作成条件で特に指定がなければ，＄記号の有無は解答の正誤には関係ない。

●グラフを自動設定で作成すると細かな体裁（フォント・目盛りの向き・凡例の枠囲みなど）に違いがでるが，作成条件で特に指定がなければ，採点箇所のみをチェックすればよい。

●本書は全商協会の検定試験の解答に基づき，グラフは Excel で作成したものを掲載している。

【ハードウェア・ソフトウェアに関する知識】

p.7 **【1】**

1	イ	2	キ	3	エ	4	ク	5	カ

解説 解答以外の語句の説明は，以下のとおりである。
ア．手書きの文字や印刷された文字を光学的に読み取る装置。
ウ．ディスク上のデータの読み書きを直接行う部分。
オ．アクセスアームを動かすことなくデータの読み書きができる，円筒状に並んだトラックの集まり。

【2】

1	オ	2	エ	3	イ	4	ア	5	キ

解説 解答以外の語句の説明は，以下のとおりである。
ウ．文字や画像を構成する最小の要素である点のこと。
カ．シアン，マゼンタ，イエロー，ブラックのインクで色を表現する方法。
ク．圧縮されたデータを元に戻すこと。

【3】

1	キ	2	イ	3	カ	4	サ	5	ウ

解説 解答以外の語句の説明は，以下のとおりである。
ア．静止画像を点の集まりとして，圧縮せずに記録するファイル形式。
エ．動画や音声データを圧縮して保存したファイル。
オ．データをコンマで区切って並べたファイル形式。
ク．文字として読み込むことのできない形式のファイル。
ケ．ファイルの種類を識別する目的で使われる，ファイル名の後ろに付ける文字列。
コ．ルートディレクトリの下位に作成されるすべてのディレクトリ。

p.8 **【4】**

1	オ	2	コ	3	カ	4	ア	5	エ

解説 解答以外の語句の説明は，以下のとおりである。
イ．日本国内における工業製品などの標準規格。
ウ．アメリカにおける工業製品の規格の標準化を行う団体。
キ．世界の主要言語を標準化した文字コード体系。
ク．システムの導入から廃棄までにかかる費用の総額。
ケ．システムの導入にかかる費用。

【5】

1	エ	2	コ	3	ケ	4	ア	5	カ

解説 解答以外の語句の説明は，以下のとおりである。
イ．システムの導入にかかる費用。
ウ．用紙の所定の位置に記入されたマークを光学的に読み取る装置。
オ．赤，緑，青の光でディスプレイ装置にカラー画像を表示するしくみ。
キ．OS などの機種に依存しない，文字コードと改行やタブだけで構成された文書ファイル。
ク．動画や音声データを圧縮して保存したファイル。

【6】

1	960 KB	2	2.4 MB

解説 1．画像容量 ＝ 横方向画素数×縦方向画素数×1画素あたりのビット数÷8
　　　　　　　　　 ＝ 800 × 600 × 16 ÷ 8
　　　　　　　　　 ＝ 960,000 B（バイト）
　　　　1 KB ＝ 10^3 B とすると
　　　　1 KB ＝ 1,000 B
　　　　960,000 ÷ 1,000 ＝ 960 KB

解説 2．画像容量 ＝ 解像度×横（インチ）×解像度×縦（インチ）×1画素あたりのビット数÷8
　　　　　　　　　 ＝ 200 × (12.5 ÷ 2.5) × 200 × (10.0 ÷ 2.5) × 24 ÷ 8
　　　　　　　　　 ＝ 200 × 5 × 200 × 4 × 24 ÷ 8
　　　　　　　　　 ＝ 2,400,000 B（バイト）
　　　　1 MB ＝ 10^6 B とすると
　　　　1 MB ＝ 1,000,000 B
　　　　2,400,000 ÷ 1,000,000 ＝ 2.4 MB

解説

1.
```
    1 0 1 1 1
 +    1 1 0 1
  1 0 0 1 0 0
```

2進数 100100 を 10 進数に変換すると

1	0	0	1	0	0
×	×	×	×	×	×
2^5	2^4	2^3	2^2	2^1	2^0
‖	‖	‖	‖	‖	‖
32	0	0	4	0	0

→ 32 + 0 + 0 + 4 + 0 + 0 = 36

2.
```
  1 1 0 1 0 0
 -  1 1 1 0 1
    1 0 1 1 1
```

3.
```
        1 0 1 1 1
 ×        1 1 1 0
        1 0 1 1 1
      1 0 1 1 1
    1 0 1 1 1
  1 0 1 0 0 0 0 1 0
```

2進数 101000010 を 10 進数に変換すると

1	0	1	0	0	0	0	1	0
×	×	×	×	×	×	×	×	×
2^8	2^7	2^6	2^5	2^4	2^3	2^2	2^1	2^0
‖	‖	‖	‖	‖	‖	‖	‖	‖
256	0	64	0	0	0	0	2	0

→ 256 + 0 + 64 + 0 + 0 + 0 + 0 + 2 + 0 = 322

4. 10 進数 9 を 2 進数に変換すると,
```
2) 9
2) 4 …1 ↑
2) 2 …0 │
2) 1 …0 │
   0 …1 │
```

2進数 1001 となる。 2進数 11011 との和を求めるため,
```
      1 0 0 1
 + 1 1 0 1 1
  1 0 0 1 0 0
```

5. 2進数 101100 を 10 進数に変換すると,

1	0	1	1	0	0
×	×	×	×	×	×
2^5	2^4	2^3	2^2	2^1	2^0
‖	‖	‖	‖	‖	‖
32	0	8	4	0	0

→ 32 + 0 + 8 + 4 + 0 + 0 = 44

10 進数 85 との差を求めるため,

85 - 44 = 41

6. 10 進数 7 を 2 進数に変換すると,
```
2) 7
2) 3 …1 ↑
2) 1 …1 │
   0 …1 │
```

2進数 111 となる。 2進数 1010 との積を求めるため,
```
        1 1 1
 ×   1 0 1 0
      1 1 1
    1 1 1
  1 0 0 0 1 1 0
```

【通信ネットワークに関する知識】

p.10

【1】

1	ケ	2	ア	3	カ	4	ク	5	エ

6	ウ	7	イ

解説 解答以外の語句の説明は，以下のとおりである。
オ．コンピュータやプリンタなどを，通信ケーブルを用いて接続した LAN。
キ．Wi-Fi Alliance が IEEE 802.11 規格を利用したデバイスの相互接続を保証した機器に与える名称。

【2】

1	エ	2	ウ	3	ア	4	イ

【情報モラルとセキュリティに関する知識】

p.13

【1】

1	エ	2	ウ	3	ク	4	カ	5	ア

6	キ	7	イ

解説 解答以外の語句の説明は，以下のとおりである。
オ．個人情報を適切に扱うために定められた法律。
ケ．ソースコードが無償で公開され，改良などが誰でも行えるソフトウェア。

【2】

1	ア	2	シ	3	カ	4	ク	5	ウ

6	エ	7	ケ	8	サ	9	ス	10	キ

解説 解答以外の語句の説明は，以下のとおりである。
イ．コンピュータシステムにログインするときに，認証を2回以上行う認証方式。
オ．ファイルやディレクトリへ書き込むことができるアクセス権限。
コ．企業などの Web サイトを改ざんし，閲覧者を自動的に有害サイトに誘導してマルウェアに感染させようとする手法。
セ．1組のユーザ ID とパスワードによる認証を1度行うだけで複数の Web サービスなどにログインできる仕組み。
ソ．ファイルやディレクトリを読み込むことができるアクセス権限。

p.14

【3】

1	イ	2	キ	3	サ	4	カ	5	コ	6	ア

解説 解答以外の語句は，以下のとおりである。
ウ．書き込み　　　　エ．ワンタイムパスワード　　　オ．ランサムウェア
ク．不正アクセス禁止法　　　ケ．フリーウェア　　　シ．知的財産権

【表計算ソフトウェアの活用】

p.24

【1】

問1	ア	問2	イ	問3	ア	問4	ウ	問5	ア

解説 問1．「高校生以上（人）」は4行目にあるので行のみを固定し C\$4，「小・中学生（人）」は B 列にあるので列のみを固定し \$B5 となる。
問2．日付を求めるには，DATE 関数を利用する。
問3．B 列の「住所」から市までの文字数を表示するには，SEARCH 関数を利用する。
問4．「配属店」ごとに「売上金額」の平均を算出するため，AVERAGEIFS 関数を利用する。引数は平均対象範囲，条件範囲，条件の順序で設定する。平均対象範囲は『社員別売上金額一覧表』の「売上金額」の \$D\$4:\$D\$13，条件範囲は『社員別売上金額一覧表』の「配属店」の \$C\$4:\$C\$13，条件は『配属店別売上集計表』の「配属店」の G3 となる。
問5．「車種コード」と「距離」をもとに，『引越運賃一覧表』から「引越運賃」を参照するには INDEX 関数を利用する。引数は配列，行番号，列番号の順序で設定する。また，検査値と範囲内の値と一致する相対的な位置を表示するには，MATCH 関数を利用する。引数は検査値，検査範囲，照合の種類の順序で設定する。INDEX 関数の引数の行番号は MATCH(B4,A10:A12,0)（「車種コード」は完全一致のため，0 となる），列番号は MATCH(B5,C9:G9,1)（「距離」は検索範囲の値以下とするため，1 となる）となる。

【2】

問1	ウ	問2	イ	問3	ウ	問4	イ	問5	イ

解説 問1．D3 の「身長」をもとに，『サイズ表』から行方向に検索するには HLOOKUP 関数を利用する。引数の行番号は 2（『サイズ表』の範囲の上から2行目のため），検索方法は近似一致の TRUE とする。完全一致の FALSE にすると，0，155，165，175，180 以外はエラーとなる。

問2．「伝票番号」ごとに「金額」の合計を算出するため，SUMIFS 関数を利用する。引数は合計対象範囲，条件範囲，条件の順序で設定する。合計対象範囲は『野菜出荷一覧表』の「金額」の $E$4:$E$9，条件範囲は『野菜出荷一覧表』の「伝票番号」の $A$4:$A$9，条件は『伝票別集計表』の「伝票番号」のG4となる。

問3．何番目に大きい(小さい)を求めるためには LARGE 関数(SMALL 関数)を用いる。この問題は，タイムの数字が小さいほど速いことになるので，SMALL 関数を用いて表示させている。その際，F列の数字部分を SMALL 関数の順位として使用しているため，LEFT 関数も必要となる。

問4．時刻から「分」を取り出すには，MINUTE 関数を利用する。なお，HOUR 関数は「時」，SECOND 関数は「秒」を取り出す関数である。

問5．D列の「返却」に ○ がある場合は何も表示しない。○がない場合は返却予定日から本日を含め5日以上経過している場合に 注意 を表示するので，「返却予定日」から本日までの経過日数を求めるために TODAY 関数から「返却予定日」の差を求め，5日以上経過しているかを判定しているので，正解はイとなる。

【3】

問1	イ	問2	(a)ア	(b)オ	(c)ウ	問3	ウ

問4	イ	問5	(I19) 0	(I20) 2	(I21) 3	(I22) 5

解説 問1．作成条件1．(1)より，「データ」の左端から2文字を抽出し，数値データに変換する関数 VALUE (LEFT(A6,2))と，文字連結を行う文字列 & と"班"という文字を結合する。

問2．作成条件1．(2)より，「データ」の左端3文字から6文字までのそれぞれ1文字を抽出し，数値データに変換する。MID 関数の第1引数は A6 に設定し，第2引数は順に3～6に，第3引数は1に設定する。

問3．作成条件1．(4)より，「判定」は，「合計」をもとに「判定数集計表」を列方向に検索し，検索方法は近似一致の TRUE とする。

問4．作成条件1．(5)より，「評価項目」に5が1つもない，つまり最大値が5ではないので，(b)は NOT 関数を用いる。「判定」がBと「評価項目」に5が1つ以上(MAX(C6:F6)=5)の両方の条件を満たすために，(c)は AND 関数を用いる。(a)は，「判定」がAで，かつ「評価項目」に5が1つもない場合，または「判定」がBで，かつ「評価項目」に5が1つ以上ある場合とどちらかの条件を満たすために，OR 関数を用いる。

問5．作成条件3．より，COUNTIFS 関数を設定した場合，I19 には 0(Dの数)，I20 には 2(Cの数)，I21 には3(Bの数)，I22 には5(Aの数)が表示される。

【データベースソフトウェアの活用】

p.35 【1】

1	シ	2	キ	3	ケ	4	エ	5	ク

6	ア	7	オ

解説 解答以外の語句の説明は，以下のとおりである。

イ．テーブルの各列のこと。

ウ．指定した条件に一致する行を取り出して，別の表を作成する機能。

カ．他の表の主キーを参照するフィールドのこと。

コ．日付や時刻を表示するデータ型で，日数計算ができる。

サ．2つ以上のテーブルを併合すること。

ス．計算に使用できるデータ型。

セ．データベースの中でデータをいくつかの2次元の表に表現したもの。

ソ．必要な列だけを取り出して，別の表を作成する機能。

p.36 【2】

問1	ア	問2	オ	問3	カ	問4	ウ

解説 解答以外の語句の説明は，以下のとおりである。

イ．データベースに対して，データの追加，修正，削除，検索などの管理を行うシステム。

エ．テーブルの各列のこと。

キ．レコードを識別するためのフィールド。

ク．データベースの中でデータをいくつかの2次元の表に表現したもの。

p.37 【3】

問1	カ	問2	イ	問3	シ	問4	キ	問5	ケ	問6	エ

解説 解答以外の SQL 文の説明は，以下のとおりである。

ア．会員表から，性別が男の会員コード，会員名，入会日，住所，電話番号，年齢を抽出する。

ウ．会員表から，住所が東京都で，かつ住所が埼玉県のすべてのフィールドを抽出する。

オ．会員表から，すべてのフィールドを抽出する。

ク．会員表から，性別が女か，または年齢が 30 以上の会員コード，会員名，電話番号を抽出する。

コ．会員表から，会員コードが 1800 より小さく，かつ会員コードが 1900 以上の会員コード，会員名を抽出する。

サ．会員表から，入会日が 20211231 より後の入会日と会員名を抽出する。

p.38 【4】

問1	ウ	問2	イ	問3	ウ	問4	ア	問5	ア

解説 問1．解答以外の語句の説明は，以下のとおりである。

ア．一つの表の中から，必要なフィールド（列）だけを取り出して別の表を作成する操作。

イ．一つの表の中から，指定した条件に一致するレコード（行）を取り出して，別の表を作成する操作。

問2．講座表から，定員が 30 以上の「講座コード」を抽出する。

解答以外の説明は，以下のとおりである。

ア．講座表から，定員が 30 より大きい「講座コード」を抽出した仮想表である。

ウ．講座表から，定員が 30 以下の「講座コード」を抽出した仮想表である。

問3．実施表から，時間帯コードが MO，かつ講座コードが LE01 の「実施日」を抽出する。

解答以外の説明は，以下のとおりである。

ア．実施表から，時間帯コードが AF，かつ講座コードが LE01 の「実施日」を抽出した仮想表である。

イ．実施表から，時間帯コードが MO，かつ講座コードが LE07 の「実施日」を抽出した仮想表である。

問4．講座表，教科表，実施表から，教科名が 地理歴史 で，人数が 35 より大きい「実施日」と「講座名」を抽出する。

解答以外の説明は，以下のとおりである。

イ．講座表，教科表，実施表から，教科名が 地理歴史，かつ人数が 35 以上の「実施日」と「講座名」を抽出した仮想表である。

ウ．講座表，教科表，実施表から，教科名が 地理歴史，かつ人数が 35 より小さい「実施日」と「講座名」を抽出した仮想表である。

問5．商業の人数の合計を求めるには，SUM 関数を利用する。

解答以外の説明は，以下のとおりである。

イ．最大を求める関数である。

ウ．データ数を求める関数である。

p.40 【5】

問1	イ	問2	ウ	問3	ア	問4	イ	問5	610

解説 問1．外部キーとは，他の表の主キーを参照する項目である。そのため，注文表の注文コードと個数は不適切である。なお，注文コードは，レコードを一意に特定できるため，主キーである。

問2．弁当表から，価格が 580 以上の「メニュー名」を抽出する。

解答以外の説明は，以下のとおりである。

ア．弁当表から，価格が 580 より大きい「メニュー名」を抽出した仮想表である。

イ．弁当表から，価格が 580 以下の「メニュー名」を抽出した仮想表である。

問3．注文表から，セットコードが S04，かつクーポンコードが K3 の「注文コード」を抽出する。

解答以外の説明は，以下のとおりである。

イ．注文表から，セットコードが S01，かつクーポンコード K3 の「注文コード」を抽出した仮想表である。

ウ．注文表から，メニューコードが M004，かつクーポンコードが K3 の「注文コード」を抽出した仮想表である。

問4．弁当表，セット表，注文表から，個数が 15 より大きく，セットコードが S04 ではない「メニュー名」と「セット内容」，「個数」を抽出する。

解答以外の説明は，以下のとおりである。

ア．弁当表，セット表，注文表から，個数が 15 より大きく，セットコードが S04 の「メニュー名」と「セット内容」，「個数」を抽出した仮想表である。

ウ．弁当表，セット表，注文表から，個数が 15 より大きく，クーポンコードが K1 ではない「メニュー名」と「セット内容」，「個数」を抽出した仮想表である。

問5．弁当表，セット表，クーポン表，注文表から，注文コードが T040122 の注文コードと，価格にセット代金を加算し，値引額を引いた値を求め，新しく列名を「単価」として抽出する。よって，
580 + 80 − 50 = 610 となる。

実技編

【実技問題１】（文字列操作） p.50

（解答例）

	A	B	C	D	E
1					
2	集計データ文字列取り出し表				
3	集計データ	左から １文字	右から １文字	２文字目から ４文字	文字列から 数値へ
4	41500W	4	W	1500	1,500
5	42290E	4	E	2290	2,290
6	42030H	4	H	2030	2,030
7	31055W	3	W	1055	1,055
8	31811E	3	E	1811	1,811
9	31299H	3	H	1299	1,299
10	23600W	2	W	3600	3,600
11	22286E	2	E	2286	2,286

Ｂ４：=LEFT(A4,1)
Ｃ４：=RIGHT(A4,1)
Ｄ４：=MID(A4,2,4)
Ｅ４：=VALUE(D4)

【実技問題２】（検索関数，関数のネスト） p.51

（解答例）

	A	B	C	D
1				
2	宿泊者内訳表			
3	宿泊データ	利用形態	宿泊人数	休日区分
4	41500W	4人1部屋	1,500	平日
5	42290E	4人1部屋	2,290	休前日
6	42030H	4人1部屋	2,030	休日
7	31055W	3人1部屋	1,055	平日
8	31811E	3人1部屋	1,811	休前日
9	31299H	3人1部屋	1,299	休日
10	23600W	2人1部屋	3,600	平日
11	22286E	2人1部屋	2,286	休前日
12	23800H	2人1部屋	3,800	休日

Ｂ４：=VLOOKUP(VALUE(LEFT(A4,1)),コード表!$A$4:$E$6,2,FALSE)
Ｃ４：=VALUE(MID(A4,2,4))
Ｄ４：=HLOOKUP(RIGHT(A4,1),コード表!$B$9:$D$10,2,FALSE)

【実技問題３】（条件付合計・平均・件数） p.52

（解答例）

	A	B	C	D
31				
32	支店別集計表			
33	支店コード	売上金額	売上金額平均	データ件数
34	T01	40,250	4,472	9
35	T02	23,000	4,600	5
36	T03	36,250	4,028	9
37	T04	17,750	4,438	4

Ｂ34：=SUMIFS($C$4:$C$30,$B$4:$B$30,A34)
Ｃ34：=AVERAGEIFS($C$4:$C$30,$B$4:$B$30,A34)
Ｄ34：=COUNTIFS($B$4:$B$30,A34)

【実技問題４】 （ピボットテーブル）　p.53

＜シート名「支払一覧表」＞
（解答例）

	A	B	C	D	E	F
1						
2	水道光熱費支払一覧表					
3	月	費目	金額			
4	1月	水道代	8,980			
5	1月	電気代	11,550			
6	1月	ガス代	2,680			
7	1月	暖房灯油代	18,810			
8	2月	水道代	10,910			
9	2月	電気代	12,120			
10	2月	ガス代	2,790			
11	2月	暖房灯油代	17,450			
12	3月	水道代	9,850			
13	3月	電気代	10,870			
14	3月	ガス代	2,680			
15	3月	暖房灯油代	14,530			
16						
17	水道光熱費支払分析表					
18	月	ガス代	水道代	暖房灯油代	電気代	総計
19	1月	2,680	8,980	18,810	11,550	42,020
20	2月	2,790	10,910	17,450	12,120	43,270
21	3月	2,680	9,850	14,530	10,870	37,930
22	総計	8,150	29,740	50,790	34,540	123,220
23	割合	6.6%	24.1%	41.2%	28.0%	100.0%

B23：=B22/$F$22

＜シート名「集計表」＞
（設定例）

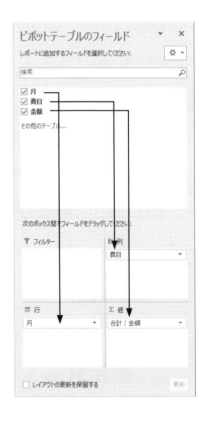

シート名「支払一覧表」のA3〜C15を範囲選択し，［挿入］→
［テーブル］→［ピボットテーブル］をクリックし，
「既存のワークシート」を選択し，場所をシート名「集計表」の
A3に設定する。
また，行ラベルに「月」，列ラベルに「費目」，値に「金額」を
ドラッグする。
（完成例）

	A	B	C	D	E	F
1						
2	月別費目別集計表					
3	合計 / 金額	列ラベル ▼				
4	行ラベル ▼	ガス代	水道代	暖房灯油代	電気代	総計
5	1月	2680	8980	18810	11550	42020
6	2月	2790	10910	17450	12120	43270
7	3月	2680	9850	14530	10870	37930
8	総計	8150	29740	50790	34540	123220

【実技問題5】 （複合グラフ） p.54

（解答例）

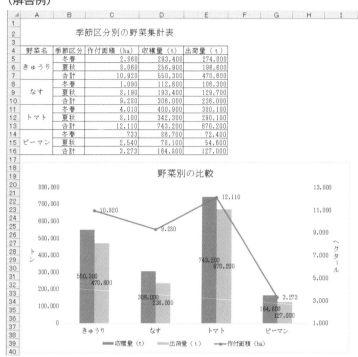

野菜名	季節区分	作付面積（ha）	収穫量（t）	出荷量（t）
きゅうり	冬春	2,860	293,400	274,000
	夏秋	8,060	256,900	196,800
	合計	10,920	550,300	470,800
なす	冬春	1,090	112,600	106,300
	夏秋	8,190	193,400	129,700
	合計	9,280	306,000	236,000
トマト	冬春	4,010	400,900	380,100
	夏秋	8,100	342,300	290,100
	合計	12,110	743,200	670,200
ピーマン	冬春	733	86,700	72,400
	夏秋	2,540	78,100	54,600
	合計	3,273	164,800	127,000

C 7 ： =SUM(C5:C6)
C 10 ： =SUM(C8:C9)
C 13 ： =SUM(C11:C12)
C 16 ： =SUM(C14:C15)

＜グラフ作成のポイント＞ （複合グラフ）

① C4～E4，C7～E7，C10～E10，C13～E13，C16～E16 を範囲指定し，［挿入］→［グラフ］→［縦棒／横棒グラフの挿入］→［2-D縦棒］の［集合縦棒］を選択する。

② ［デザイン］→［データの選択］より［データソースの選択］で，［凡例項目（系列）］のうち，この複合グラフで主軸となる「収穫量(t)」または「出荷量(t)」をクリックし，右側の［横(項目)軸ラベル］の［編集］をクリックする。

③ ［軸ラベルの範囲］にA列の「きゅうり」をクリック →「,」（半角のコンマ）→「なす」をクリック →「,」→「トマト」をクリック →「,」→「ピーマン」をクリックして，［OK］を押す。

　（別法）［軸ラベルの範囲］に，キーボードより直接「きゅうり,なす,トマト,ピーマン」と入力してもよい。

④ グラフ上の棒グラフ（どれでもよい）の上で右クリックし，［系列グラフの種類の変更］より「作付面積(ha)」のグラフの種類を［マーカー付き折れ線］にし，［第2軸］にチェックを入れる。

⑤ ［デザイン］→［グラフ要素を追加］から［軸ラベル］→［第1縦軸］に「トン」，［第2縦軸］に「ヘクタール」を入力し，［ホーム］→ ✍▾（方向）から［縦書き］を選択する。

【参考】第2軸の設定（グラフ作成のポイント②）

【参考】「おすすめグラフ」を使用する方法

① C4～E4，C7～E7，C10～E10，C13～E13，C16～E16 を選択し，［挿入］→［グラフ］→［おすすめグラフ］→［すべてのグラフ］から［組み合わせ］を選択する。

② 「作付面積(ha)」のグラフの種類を［マーカー付き折れ線］にし，［第2軸］にチェックをする。

③ 「収穫量(t)」，「出荷量(t)」のグラフの種類を［集合縦棒］にしてグラフを作成する。

【実技問題６】　（積み上げ横棒グラフ）　p.55

（解答例）

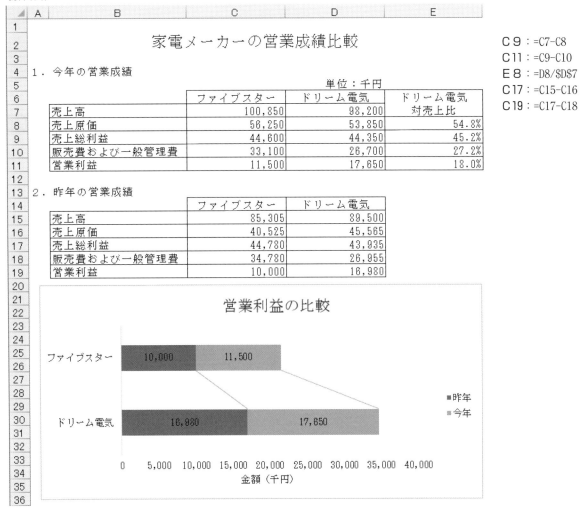

C 9 : =C7-C8
C 11 : =C9-C10
E 8 : =D8/$D$7
C 17 : =C15-C16
C 19 : =C17-C18

家電メーカーの営業成績比較

１．今年の営業成績

単位：千円

	ファイブスター	ドリーム電気	ドリーム電気 対売上比
売上高	100,850	98,200	
売上原価	56,250	53,850	54.8%
売上総利益	44,600	44,350	45.2%
販売費および一般管理費	33,100	26,700	27.2%
営業利益	11,500	17,650	18.0%

２．昨年の営業成績

	ファイブスター	ドリーム電気
売上高	85,305	89,500
売上原価	40,525	45,565
売上総利益	44,780	43,935
販売費および一般管理費	34,780	26,955
営業利益	10,000	16,980

営業利益の比較

＜グラフ作成のポイント＞　（積み上げ横棒グラフ）

①C6〜D6，C11〜D11，C19〜D19 を範囲指定し，[挿入]→[縦
棒／横棒グラフの挿入]→[2-D横棒]の[積み上げ横棒]を
選択して，[デザイン]→[グラフ要素を追加]→[データラ
ベル]の[中央]を選択する。

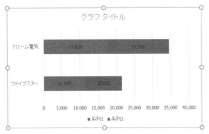

②縦（項目）軸ラベルをクリックし，[軸の書式設定]→[軸の
オプション]の[軸を反転する]と[最大項目]にチェックを
入れる。

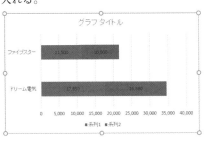

③[デザイン]→[データの選択]を選択する。[凡例項目（系
列）]の系列１を選択し，[編集]をクリックして，[系列名]
に「今年」と入力する。次に，系列２を選択し，[編集]を
クリックして，[系列名]に「昨年」と入力する。その後，
[上へ移動]▲（[削除]の右）をクリックする。

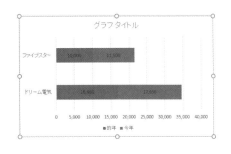

【実技問題７】（実践問題①）　p.56

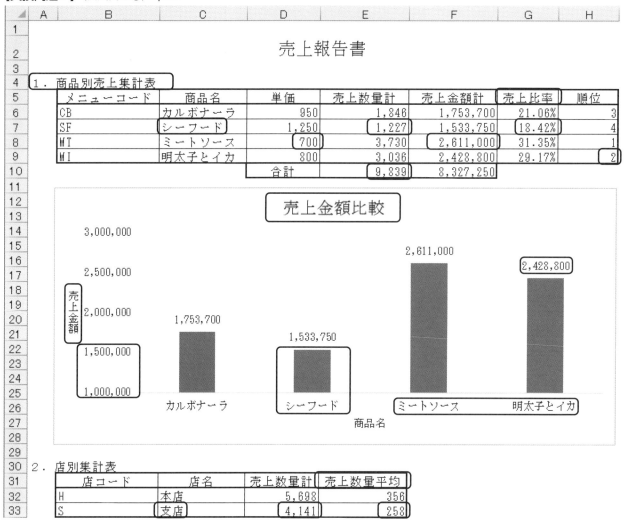

配点
①表の作成　◯の箇所　　　　　　5点×13箇所＝65点
②罫線「1．商品別売上集計表」　5点（細線・太線が区別されていること）
③グラフ作成　◯の箇所　　　　　5点×6箇所＝30点
　　　　　　　　　　　　　　　数値軸目盛は，最小値および間隔が正しく設定されていること。
　　　　　　　　　　　　　　　数値軸ラベルの方向・位置が正しく設定されていること。

＜設定式＞
Ｃ６：＝VLOOKUP(B6，コード表!$A$10:$C$13,2,FALSE)
Ｄ６：＝VLOOKUP(B6，コード表!$A$10:$C$13,3,FALSE)
Ｅ６：＝SUMIFS(売上集計表!$C$4:$C$35，売上集計表!$B$4:$B$35,B6)
Ｆ６：＝D6*E6　　　　Ｅ10：＝SUM(E6:E9)　　　　Ｇ６：＝F6/$F$10　　　　Ｈ６：＝RANK(G6,$G$6:$G$9,0)
Ｃ32：＝VLOOKUP(B32，コード表!$A$4:$B$5,2,FALSE)
Ｄ32：＝SUMIFS(売上集計表!$C$4:$C$35，売上集計表!$A$4:$A$35,B32)
Ｅ32：＝ROUNDDOWN(AVERAGEIFS(売上集計表!$C$4:$C$35，売上集計表!$A$4:$A$35,B32),0)
［注］上に示した計算式や関数は一例であり，別解もある。

＜グラフ作成のポイント＞（集合縦棒グラフ）
C5〜C9とF5〜F9を範囲指定し，[挿入] → [グラフ] → [縦棒／横棒グラフの挿入] → [2-D縦棒]の[集合縦棒]を選択する。
離れた範囲を選択するときは，[Ctrl]キーを使用する。

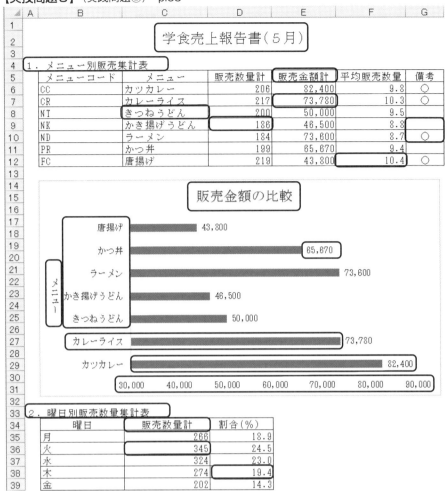

学食売上報告書（5月）

1．メニュー別販売集計表

メニューコード	メニュー	販売数量計	販売金額計	平均販売数量	備考
CC	カツカレー	206	82,400	9.8	○
CR	カレーライス	217	73,780	10.3	○
NT	きつねうどん	200	50,000	9.5	
NK	かき揚げうどん	186	46,500	8.8	
ND	ラーメン	184	73,600	8.7	○
PR	かつ丼	199	65,670	9.4	
FC	唐揚げ	219	43,800	10.4	○

販売金額の比較

- 唐揚げ 43,800
- かつ丼 65,670
- ラーメン 73,600
- かき揚げうどん 46,500
- きつねうどん 50,000
- カレーライス 73,780
- カツカレー 82,400

（メニュー）

30,000　40,000　50,000　60,000　70,000　80,000　90,000

2．曜日別販売数量集計表

曜日	販売数量計	割合（%）
月	266	18.9
火	345	24.5
水	324	23.0
木	274	19.4
金	202	14.3

配点

①表の作成（　　　　の箇所）　　　　…5点×12箇所＝60点
　　　　　　　　　　　　　　　　　数値は，3桁ごとにコンマをつけていること。

②罫線　2つの表の罫線が正確にできていること。　…5点
③グラフの作成（　　　　の箇所）　　…5点×7箇所＝35点
　　　　　　　　　　　　　　　　　数値目盛は，最小値・最大値および間隔が正しく設定されている
　　　　　　　　　　　　　　　　　こと。項目軸ラベルの方向が正しく設定されていること。

＜設定式＞

C6：=VLOOKUP(B6，メニュー表!$A$4:$C$10，2，FALSE)
D6：=SUMIFS(販売表!$D$4:$D$150，販売表!$C$4:$C$150，B6)
E6：=D6*VLOOKUP(B6，メニュー表!$A$4:$C$10，3，FALSE)
F6：=ROUNDDOWN(AVERAGEIFS(販売表!$D$4:$D$150，販売表!$C$4:$C$150，B6)，1)
G6：=IF(OR(RANK(D6，$D$6:$D$12，0)<=3，RANK(E6，$E$6:$E$12，0)<=3)，"○"，"")
C35：=SUMIFS(販売表!$D$4:$D$150，販売表!$B$4:$B$150，B35)
D35：=ROUND(C35*100/SUM($C$35:$C$39)，1)

＜グラフ作成のポイント＞（集合横棒グラフ）

①C5～C12とE5～E12を範囲指定し，[挿入]→[グラフ]→[縦棒/横棒グラフの挿入]→[2-D横棒]の[集合横棒]を選択する。

②項目軸ラベルを縦書きにするには，グラフ中の「メニュー」の文字列を選択し，[ホーム]→[配置]の　　　（方向）をクリックし，縦書き↓ᵃᵇ を選択する。

【実技問題9】 （実践問題③） p.60

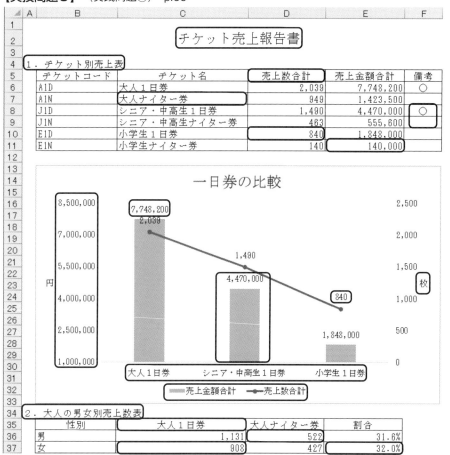

1．チケット別売上表

チケットコード	チケット名	売上数合計	売上金額合計	備考
A1D	大人1日券	2,039	7,748,200	○
A1N	大人ナイター券	949	1,423,500	
J1D	シニア・中高生1日券	1,490	4,470,000	○
J1N	シニア・中高生ナイター券	463	555,600	
E1D	小学生1日券	840	1,848,000	
E1N	小学生ナイター券	140	140,000	

2．大人の男女別売上数表

性別	大人1日券	大人ナイター券	割合
男	1,131	522	31.6%
女	908	427	32.0%

＜設定式＞

C6：=VLOOKUP(B6,リフト料金表!$A$4:$C$9,2,FALSE)
D6：=SUMIFS(リフト券販売表!$D$4:$D$147,リフト券販売表!$C$4:$C$147,B6)
E6：=D6*VLOOKUP(B6,リフト料金表!$A$4:$C$9,3,FALSE)
F6：=IF(AND(D6>=1000,E6>=1000000),"○","")
C36：=SUMIFS(リフト券販売表!$E$4:$E$147,リフト券販売表!$C$4:$C$147,B6)
C37：=SUMIFS(リフト券販売表!$F$4:$F$147,リフト券販売表!$C$4:$C$147,B6)
D36：=SUMIFS(リフト券販売表!$E$4:$E$147,リフト券販売表!$C$4:$C$147,B7)
D37：=SUMIFS(リフト券販売表!$F$4:$F$147,リフト券販売表!$C$4:$C$147,B7)
E36：=D36/SUM(C36:D36)

※C37をC36から複写する際は，二重下線の部分に注意すること。D37も同様。

＜グラフ作成のポイント＞（複合グラフ）

①C5～E6とC8～E8およびC10～E10を範囲指定し，[挿入]→[グラフ]→[おすすめグラフ]→[すべてのグラフ]→[組み合わせ]を選択する。

②「売上数合計」は[マーカー付き折れ線]を選択し「第2軸」にチェック，「売上金額合計」は[集合縦棒]を選択する。

③数値軸ラベルを縦書きにするには，グラフ中の「円」「枚」の文字列を選択し，[ホーム]→[配置]の 🔧▾ (方向)をクリックし，縦書き ↓ᵃᵇ を選択する。

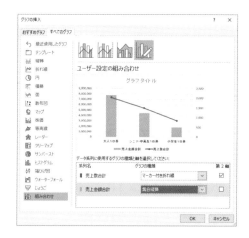

【実技問題 10】 （実践問題④） p.62

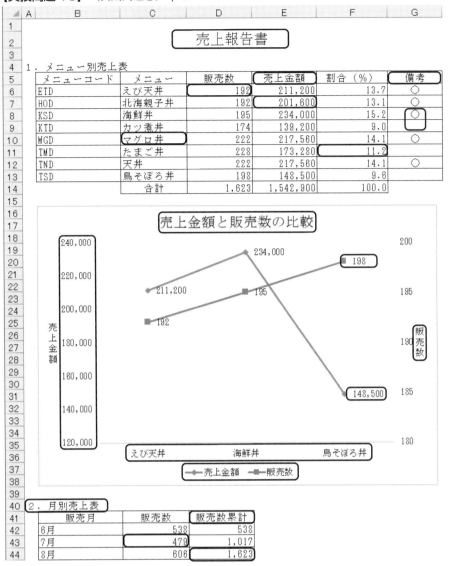

売上報告書

1．メニュー別売上表

メニューコード	メニュー	販売数	売上金額	割合（％）	備考
ETD	えび天丼	192	211,200	13.7	○
HOD	北海親子丼	192	201,600	13.1	○
KSD	海鮮丼	195	234,000	15.2	○
KTD	カツ煮丼	174	139,200	9.0	
MGD	マグロ丼	222	217,560	14.1	○
TMD	たまご丼	228	173,280	11.2	
TND	天丼	222	217,560	14.1	○
TSD	鳥そぼろ丼	198	148,500	9.6	
	合計	1,623	1,542,900	100.0	

2．月別売上表

販売月	販売数	販売数累計
6月	538	538
7月	479	1,017
8月	606	1,623

＜設定式＞

C6：=VLOOKUP(B6,メニュー表!$A$4:$B$11,2,FALSE)
D6：=SUMIFS(売上表!$D$4:$D$115,売上表!$C$4:$C$115,B6)
E6：=D6*VLOOKUP(B6,メニュー表!$A$4:$C$11,3,FALSE)
F6：=E6*100/$E$14
G6：=IF(E6>=AVERAGE($E$6:$E$13),"○","")
C42：=SUMIFS(売上表!$D$4:$D$115,売上表!$A$4:$A$115,B42)

＜グラフ作成のポイント＞（複合グラフ）

① C5～E6，C8～E8，および C13～E13 を範囲指定し，[挿入] → [おすすめグラフ] → [すべてのグラフ] → [組み合わせ]を選択する。
②「販売数」と「売上金額」は，[マーカー付き折れ線]を選択し，「販売数」の「第2軸」にチェックを入れる。

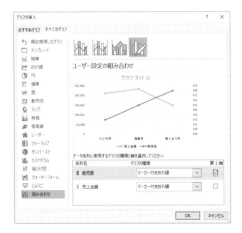

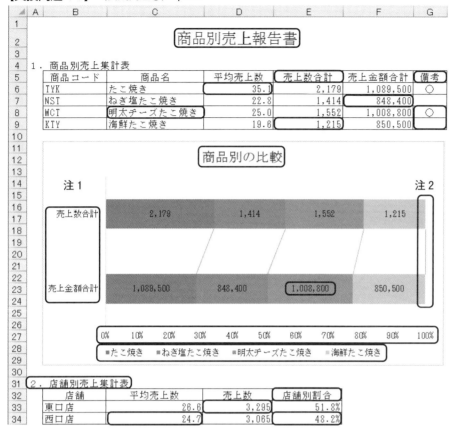

配点

①表の作成（　　　）の箇所）
　…５点×13箇所＝65点
数値は，３桁ごとにコンマを
つけていること。
②罫線　２つの表の罫線が正
確にできていること。
　……………………５点
③グラフの作成（　　　）の箇
所）
　…５点× ６箇所＝30点
数値目盛は，最小値・最大値
および間隔が正しく設定され
ていること。
注１　軸の反転が正しく設定
されていること。
注２　100％積み上げ横棒グ
ラフで，区分線が設定されて
いること。

<設定式>
C ６：=VLOOKUP（B6，価格表!$A$4:$C$7,2,FALSE）
D ６：=AVERAGEIFS（販売データ表!$D$4:$D$251，販売データ表!$C$4:$C$251,B6）
E ６：=SUMIFS（販売データ表!$D$4:$D$251，販売データ表!$C$4:$C$251,B6）
F ６：=E6*VLOOKUP（B6，価格表!$A$4:$C$7,3,FALSE）
G ６：=IF（AND（D6>=20,F6>=1000000），"○"，""）
C33：=AVERAGEIFS（販売データ表!$D$4:$D$251，販売データ表!$B$4:$B$251,B33）
D33：=SUMIFS（販売データ表!$D$4:$D$251，販売データ表!$B$4:$B$251,B33）
E33：=D33/SUM（$D$33:$D$34）

<グラフ作成のポイント>（100％積み上げ横棒グラフ）
① C5～C9，E5～F9 を範囲指定し，［挿入］→［グラフ］→［縦棒／横棒グラフの挿入］→［2-
D横棒］→［100％積み上げ横棒］を選択する。
②グラフが選択された状態で［デザイン］→［行／列の切り替え］を選択する。
③縦（項目）軸を右クリックし［軸の書式設定］→［軸のオプション］の中から［横軸との交点］→
［最大項目］を選択し，［軸位置］→［軸を反転する］にチェックを入れる。

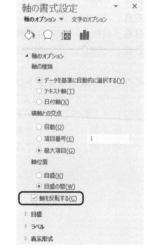

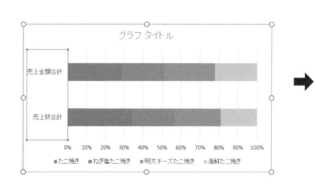

【実技問題 12】 （実践問題⑥） p.66

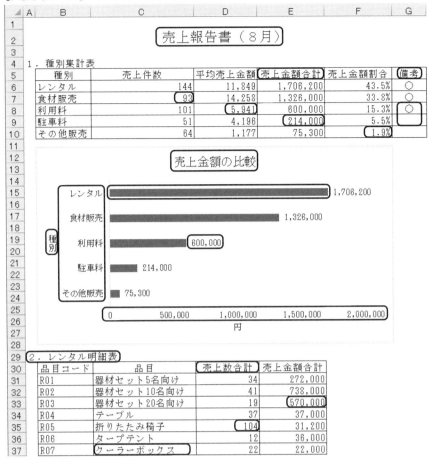

＜設定式＞

C6：=COUNTIFS(売上データ表!$C$4:$C$456,B6)

D6：=AVERAGEIFS(売上データ表!$E$4:$E$456,売上データ表!$C$4:$C$456,B6)

E6：=SUMIFS(売上データ表!$E$4:$E$456,売上データ表!$C$4:$C$456,B6)

F6：=E6/SUM($E$6:$E$10)

G6：=IF(OR(C6>=100,E6>=1000000),"◯","")

C31：=VLOOKUP(B31,品目表!$A$4:$D$19,3,FALSE)

D31：=SUMIFS(売上データ表!D$4:D$456,売上データ表!$B$4:$B$456,$B31)

または，D31：=SUMIFS(売上データ表!$D$4:$D$456,売上データ表!$B$4:$B$456,B31)

E31：=VLOOKUP(B31,品目表!$A$4:$D$19,4,FALSE)*D31

または，E31：=SUMIFS(売上データ表!$E$4:$E$456,売上データ表!$B$4:$B$456,B31)

＜グラフ作成のポイント＞（集合横棒グラフ）

①B5～B10とE5～E10を範囲指定し，[挿入]→[グラフ]→[縦棒／横棒グラフの挿入]→[2-D横棒]の[集合横棒]を選択する。

②グラフの「縦(項目)軸」をクリックし選択状態にし，[書式]→[選択対象の書式設定]→[軸の書式設定]を選択する。
(または，グラフの「縦(項目)軸」上で右クリックし，[軸の書式設定]を選択する。)

③[軸の書式設定]作業ウィンドウより，[軸のオプション]の[軸を反転する]にチェックを入れ，[横軸との交点]を[最大項目]に設定する。

④軸ラベル，データラベルについては，グラフエリア内の設定する要素をクリックし，[デザイン]→[グラフ要素を追加]より，それぞれ設定する。

なお，グラフエリアをクリックし，グラフの右上に表示される ＋ (グラフ要素)から，設定することもできる。

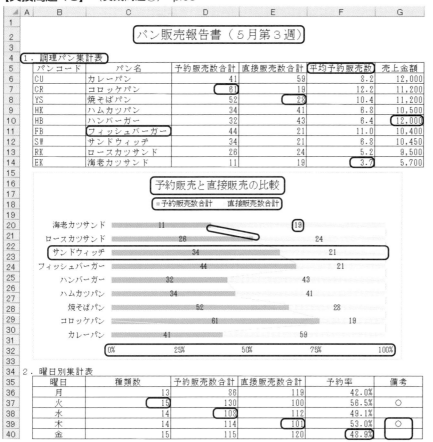

<設定式>
C6：=VLOOKUP(B6,パン表!$A$4:$C$18,2,FALSE)
D6：=SUMIFS(パン販売データ表!$D$4:$D$74,パン販売データ表!$B$4:$B$74,$B6)
　　　またはD6：=SUMIFS(パン販売データ表!$D$4:$D$74,パン販売データ表!$B$4:$B$74,B6)
　　　　　E6：=SUMIFS(パン販売データ表!$E$4:$E$74,パン販売データ表!$B$4:$B$74,B6)
F6：=AVERAGEIFS(パン販売データ表!$D$4:$D$74,パン販売データ表!$B$4:$B$74,B6)
G6：=VLOOKUP(B6,パン表!$A$4:$C$18,3,FALSE)*(D6+E6)
C36：=COUNTIFS(パン販売データ表!$C$4:$C$74,B36)
D36：=SUMIFS(パン販売データ表!$D$4:$D$74,パン販売データ表!$C$4:$C$74,B36)
　　　またはD36：=SUMIFS(パン販売データ表!$D$4:$D$74,パン販売データ表!$C$4:$C$74,B36)
　　　　　E36：=SUMIFS(パン販売データ表!$E$4:$E$74,パン販売データ表!$C$4:$C$74,B36)
F36：=D36/(D36+E36)
G36：=IF(AND(D36>=100,F36>=50%),"◯","")

<グラフ作成のポイント>（100%積み上げ横棒グラフ）
①C5～E14を範囲指定し，[挿入]→[グラフ]→[縦棒／横棒グラフの挿入]→[2-D横棒]の[100%積み上げ横棒]を選択する。
②グラフエリアをクリックし，[デザイン]→[グラフ要素を追加]→[線]→[区分線]を設定する。
③グラフエリアの「横(値)軸」をクリックし，[書式]→[選択対象の書式設定]→[軸の書式設定]を選択する。（または，「横(値)軸」上で右クリックして，[軸の書式設定]を選択する。）
④[軸のオプション]より，目盛の最小値，最大値，単位(主)を設定する。
⑤凡例，データラベルについては，グラフエリア内の設定する要素をクリックし，[デザイン]→[グラフ要素を追加]より，それぞれ設定する。

なお，グラフエリアをクリックし，グラフの右上に表示される ＋ （グラフ要素)から，設定することもできる。

【実技問題14】 （実践問題⑧） p.70

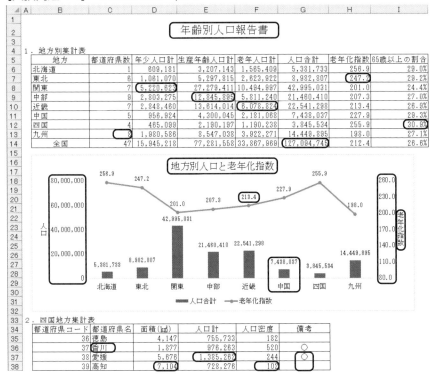

年齢別人口報告書

1．地方別集計表

地方	都道府県数	年少人口計	生産年齢人口計	老年人口計	人口合計	老年化指数	65歳以上の割合
北海道	1	609,181	3,207,143	1,565,409	5,381,733	258.9	29.0%
東北	6	1,061,070	5,297,815	2,623,922	8,982,807	247.2	29.2%
関東	7	5,220,623	27,279,411	10,494,997	42,995,031	201.0	24.4%
中部	9	2,803,275	12,845,895	5,811,240	21,460,410	207.3	27.0%
近畿	7	2,848,460	13,614,014	6,078,824	22,541,298	213.4	26.9%
中国	5	956,924	4,300,045	2,181,068	7,438,037	227.9	29.3%
四国	4	465,099	2,190,197	1,190,238	3,845,534	255.9	30.9%
九州	8	1,980,586	8,547,038	3,922,271	14,449,895	198.0	27.1%
全国	47	15,945,218	77,281,558	33,867,969	127,094,745	212.4	26.6%

2．四国地方集計表

都道府県コード	都道府県名	面積(km)	人口計	人口密度	備考
36	徳島	4,147	755,733	182	
37	香川	1,877	976,263	520	○
38	愛媛	5,676	1,385,262	244	○
39	高知	7,104	728,276	102	

配点
①表の作成（＿＿の箇所）
　　　…5点×13箇所＝65点
数値は，3桁ごとにコンマをつけていること。
②罫線　表のすべての罫線が正確にできていること。
　　　………………5点
③グラフの作成（＿＿の箇所）
　　　…5点×6箇所＝30点
数値軸目盛は，最小値・最大値および間隔が正しく設定されていること。軸ラベルの方向が正しく設定されていること。

<設定式>
C6：=COUNTIFS(人口データ表!$B$4:$B$50,B6)
D6：=SUMIFS(人口データ表!D$4:D$50,人口データ表!$B$4:$B$50,$B6)
または，D6：=SUMIFS(人口データ表!$D$4:$D$50,人口データ表!$B$4:$B$50,B6)
　　　E6：=SUMIFS(人口データ表!$E$4:$E$50,人口データ表!$B$4:$B$50,B6)
　　　F6：=SUMIFS(人口データ表!$F$4:$F$50,人口データ表!$B$4:$B$50,B6)
　　　G6：=SUMIFS(人口データ表!$G$4:$G$50,人口データ表!$B$4:$B$50,B6)
C14：=SUM(C6:C13)
H6：=ROUNDDOWN(F6/D6*100,1)
I6：=ROUNDDOWN(F6/G6,3)
C35：=VLOOKUP(B35,都道府県表!$A$4:$B$50,2,FALSE)
D35：=VLOOKUP(B35,人口データ表!$A$4:$G$50,3,FALSE)
E35：=VLOOKUP(B35,人口データ表!$A$4:$G$50,7,FALSE)
F35：=ROUNDDOWN(E35/D35,0)または =INT(E35/D35)
G35：=IF(OR(E35>=1000000,F35>=336),"○","")

<グラフ作成のポイント>（複合グラフ）
①B5〜B13とG5〜H13を範囲指定し，[挿入]→[グラフ]→[折れ線／面グラフの挿入]→[2-D折れ線]の[マーカー付き折れ線]を選択する。
②グラフエリアの2つの折れ線のいずれか一方をクリックし，[デザイン]→[グラフの種類の変更]から，
系列名「人口合計」の[グラフの種類]を[集合縦棒]に変更し，系列名「老年化指数」の[第2軸]にチェックを入れる。
③第1縦軸と第2縦軸の目盛は，対象をクリックして選択状態にし，[書式]→[選択対象の書式設定]→[軸の書式設定]を選択する。（または，縦軸上で右クリックして，[軸の書式設定]を選択する。）
④[軸の書式設定]の[軸のオプション]より，最小値，最大値，単位(主)を設定する。
⑤軸ラベル，凡例，データラベルについては，グラフエリア内の設定する要素をクリックし，[デザイン]→[グラフ要素を追加]より，それぞれ設定する。

なお，グラフエリアをクリックし，グラフの右上に表示される ＋ （グラフ要素）から，設定することもできる。

【実技問題 15】 （実践問題⑨） p.72

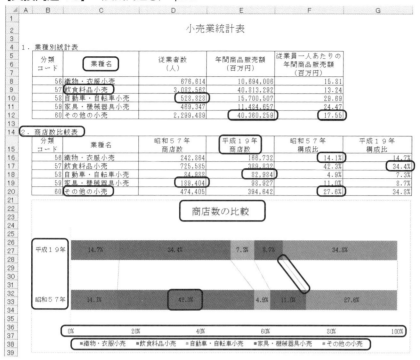

＜設定式＞

C8 ：=VLOOKUP（B8，コード表!$A$4:$B$8,2,FALSE）
D8 ：=SUMIFS（統計データ表!$D$5:$D$30，統計データ表!$A$5:$A$30,B8）
E8 ：=SUMIFS（統計データ表!$E$5:$E$30，統計データ表!$A$5:$A$30,B8）
F8 ：=ROUND（E8/D8,2）
E16 ：=SUMIFS（統計データ表!$C$5:$C$30，統計データ表!$A$5:$A$30,B16）
F16 ：=ROUND（D16/SUM（$D$16:$D$20），3）
G16 ：=ROUND（E16/SUM（$E$16:$E$20），3）

＜グラフ作成のポイント＞（100％積み上げ横棒グラフ）

①C16〜C20 と F16〜G20 を範囲指定し，［挿入］→［グラフ］→［縦棒/横棒グラフの挿入］→［2-D 横棒］→［100％積み上げ横棒］を選択する。
②［デザイン］→［行/列の切り替え］を選択する。
③［データの選択］→［横（項目）軸ラベル］→［編集］→［軸ラベルの範囲］で「昭和57年,平成19年」と入力する。
※「昭和57年,平成19年」の「,」は半角で入力する。
④横（値）軸をポイントし，グラフツールの［書式］から［選択対象の書式設定］→［軸のオプション］で「目盛間隔」を 0.2 に設定する。
⑤［レイアウト］→［線］→［区分線］を選択して区分線を追加する。

＜参考＞横（項目）軸ラベルの設定方法（グラフ作成ポイント③の手順）

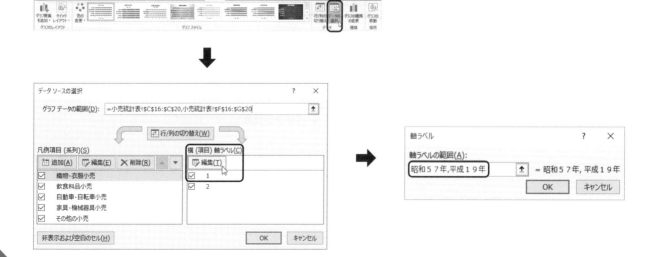

【実技問題 16】　（実践問題⑩）　p.74

	A	B	C	D	E	F	G	H
1								
2		セール期間の販売報告書（30インチ以上）						
3								
4	1．売上集計表							
5		商品コード	メーカー名	売上数量	単価	売上金額	順位	備考
6		NB-32	西柴	77	46,800	3,603,600	18	
7		NB-40	西柴	102	60,200	6,140,400	10	
8		NB-50	西柴	88	99,600	8,764,800	7	○
9		NB-60	西柴	74	245,800	18,189,200	3	
10		PP-32	パープ	88	45,700	4,021,600	15	
11		PP-40	パープ	71	52,100	3,699,100	16	
12		PP-50	パープ	74	85,600	6,334,400	9	
13		RY-32	ROSEY	57	41,500	2,365,500	19	
14		SC-32	シャック	104	43,900	4,565,600	13	
15		SC-40	シャック	88	55,800	4,910,400	12	
16		SC-50	シャック	98	95,800	9,388,400	6	○
17		SC-60	シャック	81	198,700	16,094,700	4	
18		TC-32	月太刀	91	39,800	3,621,800	17	
19		TC-40	月太刀	75	57,600	4,320,000	14	
20		TC-50	月太刀	73	91,600	6,686,800	8	
21		TC-60	月太刀	61	315,600	19,251,600	2	
22		YC-40	四美士	81	62,800	5,086,800	11	
23		YC-50	四美士	97	102,800	9,971,600	5	○
24		YC-60	四美士	92	285,400	26,256,800	1	○

商品別売上数量比較

	メーカー名	売上金額合計
40		
41	四美士	41,315,200
42	西柴	36,698,000
43	シャック	34,959,100
44	月太刀	33,880,200
45	パープ	14,055,100
46	ROSEY	2,365,500

2．メーカー別売上金額集計表

＜設定式＞

C6：=VLOOKUP(LEFT(B6,2),コード表!$D$4:$E$9,2,FALSE)
D6：=SUMIFS(売上表!$D$4:$D$133,売上表!$C$4:$C$133,B6)
E6：=VLOOKUP(B6,コード表!$A$4:$B$29,2,FALSE)
F6：=D6*E6

G6：=RANK(F6,$F$6:$F$24,0)
H6：=IF(AND(AVERAGE($D$6:$D$24)<=D6,
　　　　　AVERAGE($F$6:$F$24)<=F6),"○","")
C41：=SUMIFS($F$6:$F$24,$C$6:$C$24,B41)

配点

①表の作成（　　　）の箇所）
　　　　…5点×13箇所 = 65点
数値は，3桁ごとにコンマをつけていること。
②罫線　表のすべての罫線が正確にできていること。
　　　　……………………5点
③グラフの作成（　　　）の箇所）
　　　　…5点×6箇所 = 30点
数値軸目盛は，最小値・最大値および間隔が正しく設定されていること。数値軸ラベルの方向，凡例の位置が正しく設定されていること。

＜グラフ作成のポイント＞
（集合縦棒グラフ）
①B5～B24 と D5～D24 を範囲指定し，[挿入]→[グラフ]→[縦棒／横棒グラフの挿入]→[2-D縦棒]の[集合縦棒]を選択する。

21

【実技問題 17】 （実践問題⑪） p.76

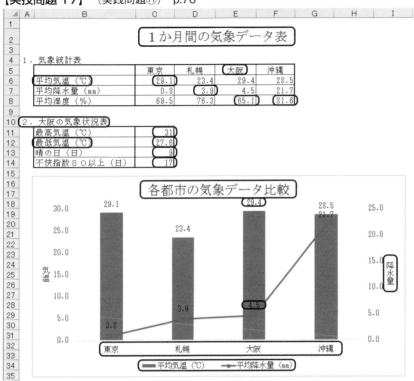

＜設定式＞

C 6：=AVERAGEIFS(データ表!$C$4:$C$127,データ表!$B$4:$B$127,HLOOKUP(C$5,コード表!$B$3:$E$4,2,FALSE))

ポイント：AVERAGEIFS関数の条件にHLOOKUP関数を使用している。これは「データ表」において観測地点が地点名ではなくコードで入力されているためである。

C11：=MAX(データ表!C66:C96)

C12：=MIN(データ表!C66:C96)

C13：=COUNTIFS(データ表!G66:G96,"晴")

C14：=COUNTIFS(データ表!F66:F96,">=80")

＜グラフ作成のポイント＞ （複合グラフ）

①B5～F7を範囲指定し，［挿入］→［グラフ］→［縦棒／横棒グラフの挿入］→［2-D 縦棒］→［集合縦棒］を選択する。

②データ系列の「平均降水量(mm)」を選択し，［デザイン］→［グラフの種類の変更］を選択する。系列名「平均降水量(mm)」の［グラフの種類］を［マーカー付き折れ線］に変更し，［第2軸］にチェックを入れる。

＜参考＞フィルタの使用

データ表は，観測地点を基準に並べ替えてあるので大阪の範囲を指定しやすくなっているが，フィルタを使用すると早く正確に範囲指定ができる。

模擬試験問題

【第1回模擬】 【1】～【4】…各3点　【5】・【6】…各4点

p.78	【1】	1	キ	2	ウ	3	コ	4	カ	5	オ
	【2】	1	ケ	2	ア	3	カ	4	エ	5	ク
p.79	【3】	1	イ	2	ウ	3	ウ	4	ア	5	イ
p.80	【4】	問1	ア	問2	ウ	問3	イ	問4	ア	問5	57
p.82	【5】	問1	ウ	問2	イ	問3	ア	問4	ア	問5	ウ
p.84	【6】	問1	イ	問2	ア	問3	5	問4	ア		

問5	(a)	キ	(b)	ウ	(c)	オ	問5は(a)～(c)すべてできて正答

p.86　**実技**　解答編 p.55 に掲載

解説 【1】

解答以外の語句の説明は，以下のとおりである。

ア．キーボードなどからの入力情報を記録するハードウェアやソフトウェア。

イ．アクセス許可において，ファイルなどを読み取ることができる権限。

エ．自分の姿が写っている写真などを，無断で使用されることがないように主張できる権利。

ク．磁気ディスク装置において同心円状の複数のトラックが，論理的な円筒状になっている記録単位。アクセスアームを動かさずに読み書きができる。

ケ．データをコンマで区切って並べたファイル形式。。

【2】

解答以外の説明文は，以下の語句についての説明である。

イ．アクセスアーム

ウ．IEEE

オ．MP3

キ．TCO（総保有コスト）

コ．無線LAN

【3】

1．2進数の10011と2進数の1001の和を求めるため，

```
   10011
+   1001
  11100
```

よって，11100となる。

2．解答以外の語句の説明は，以下のとおりである。

　ア．複数のファイルを一つにまとめたり，逆にまとめたファイルを元に戻したりするソフトウェア。

　イ．一定の手順にしたがって，記録されているデータの意味を失わずにファイルの容量を小さくする処理。

3．解答以外の語句の説明は，以下のとおりである。

　ア．階層構造でファイルを管理する場合，最上位の階層より下位に管理されるすべてのディレクトリ。

　イ．テキストファイル以外のファイルのことで，実行形式であるプログラムファイルや画像ファイルなど，2進数形式で構成されるファイル。

4．解答以外の語句の説明は，以下のとおりである。

　イ．電子音楽の音程や音の大きさなどの演奏情報を，デジタルデータとして記録するファイル形式。

　ウ．世界的に広く使われているファイル圧縮形式の1つ。複数のファイルを含むディレクトリ（フォルダ）を圧縮することも可能で，インターネット上でのデータのやり取りにおける利便性が高い。

5．和集合とは，複数の表のすべてのレコードを抽出して，共通するレコードは重複させない演算である。英語コミュニケーションⅠ補講参加者表のレコード数が9と，数学Ⅰ補講参加者表のレコード数が8の合計17から，共通するレコード（「学籍番号」が1104，1108，1114，1119，1120）数の5を重複させないため，17－5＝12となる。

　ア．複数の表から共通するレコードのみを抽出する積集合のレコード数である。

　ウ．2つの表のレコード数の合計である。

【4】
問1．解答以外の語句の説明は，以下のとおりである。
　イ．必要な列だけを取り出して，別の表を作成する操作
　ウ．複数の表をつなぎ合わせて，新たな表を作成する操作。
問2．商品表から，カラーコードが C04 の「商品コード」と「カラーコード」と「在庫数」を抽出
　　する。
　　　解答以外の説明は，以下のとおりである。
　ア．商品表から，カラーコードが C03 の「商品コード」と「カラーコード」と「在庫数」を抽出
　　　した仮想表である。
　イ．商品表から，カラーコードが C02 の「商品コード」と「カラーコード」と「在庫数」を抽出
　　　した仮想表である。
問3．商品表から，種類コードが 2000，かつ素材コードが S01 の「商品コード」と「仕入価格」を
　　抽出する。
　　　解答以外の説明は，以下のとおりである。
　ア．商品表から，種類コードが 3000，かつ素材コードが S01 の「商品コード」と「仕入価格」を
　　　抽出した仮想表である。
　ウ．商品表から，種類コードが 2000，かつ素材コードが S02 の「商品コード」と「仕入価格」を
　　　抽出した仮想表である。
問4．種類表，素材表，商品表から，在庫数が 20 より大きい「商品コード」と「種類名」と「素材名」
　　を抽出する。
　　　解答以外の説明は，以下のとおりである。
　イ．種類表，素材表，商品表から，在庫数が 20 以上の「商品コード」と「種類名」と「素材名」
　　　を抽出した仮想表である。
　ウ．種類表，素材表，商品表から，在庫数が 20 の「商品コード」と「種類名」と「素材名」を抽
　　　出した仮想表である。
問5．商品表から，種類コードが 3000 の在庫数の合計を，集計(SUM)関数を使用して求め，新しく
　　列名を「実行結果」と指定している。商品表の種類コードが 3000 の「在庫数」の 8，9，13，
　　14，8，5 の合計 57 となる。

【5】
問1．月末の日にちは 30 や 31 など，月によって異なるため，定数として設定することはできない。
　　そのため，「次月 1 日の前日」として，「-1」とすればよい。また，日付を求めるため，DATE
　　関数を利用し，年は YEAR(B3)，月は MONTH(B3)+1(「次月」のため +1)，日は 1 となる。
問2．「第 1 回戦スコア」の降順に順位をつけるには，RANK 関数を利用する。E4 と G11 に入る計算
　　式は以下のとおりである。
　　　　コピー元　　　E4=RANK(B4,B4:B11,0)
　　　　コピー先　　　G11=RANK(D11,D4:D11,0)
　　　2 つの式を比較し，B4 と B11 は行のみ固定の複合番地 B$4，B$11 となる。よって，コピー元の
　　計算式 E4 とコピー先の計算式 G11 は，次のようになる。
　　　　コピー元　　　E4=RANK(B4,B$4:B$11,0)
　　　　コピー先　　　G11=RANK(D11,D$4:D$11,0)
問3．「合計」の値が最大値と等しい場合(論理式「E5=MAX($E$5:$E$13)」)，優勝 を表示し(真の場合
　　「"優勝"」)，それ以外の場合は次の処理を行う(偽の場合「第 2 処理」)。※第 2 処理…「合計」の
　　値が上位 2 位と等しい場合(論理式「E5=LARGE($E$5:$E$13,2)」)，準優勝 を表示し(真の場合「"
　　準優勝"」)，それ以外の場合は何も表示しない(偽の場合「""」)。
問4．複数のワークシート(マルチシート)の共通のセル番地の集計(合計，平均など)を行うことがで
　　きる。合計を集計するので，SUM 関数を利用する。引数は，連続しているワークシートの『一番
　　左側のワークシート名：一番右側のワークシート名!』と，集計するセル番地で設定する。
　イ．シート名「1 組」とシート名「3 組」の B5 の合計となり，正しく表示されない。
　ウ．引数の設定が間違っているため，正しく表示されない。
問5．別々のデータを 1 つのセルに表示するには「&」を利用する。ケース数は，「生産数」を「出荷
　　単位」で割り(B4/C4)，切り捨てた値となるため，ROUNDDOWN 関数を利用する。また，端数は，「生
　　産数」を「出荷単位」で割った余りとなるため，MOD 関数を利用する。引数は，数値，除数の順
　　序で設定する。数値は B4，除数は C4 となる。

【6】
問1．作成条件1．(1)より，「商品コード」の右端から 1 文字を抽出するには，RIGHT 関数を利用する。
　　抽出した値をもとに『種類別集計表』を行方向に検索するには，HLOOKUP 関数を利用する。なお，
　　引数の検索方法は完全一致の FALSE とする。
問2．作成条件1．(3)より，「商品コード」の左端から 3 文字を抽出して求めるには，LEFT 関数を

利用する。

問3．作成条件1．(4)より，いずれかの条件を満たしているのは，「商品名」が 餃子 ，ラーメン，
　　　ミートソース，かつ丼，炒飯 のため，5である。

問4．作成条件2．より，「種類」ごとに「売上金額」の平均を算出するには，AVERAGEIFS 関数を利
　　　用する。平均対象範囲は $I$5:$I$19，条件範囲は $C$5:$C$19，条件は B23 となる。

問5．作成条件3．より，「種類」ごとに「販売数」の合計を算出するには，SUMIFS 関数を利用する。
　　　引数は合計対象範囲，条件範囲，条件の順序で設定する。合計対象範囲は D5:D19，条件範囲は
　　　C5:C19，条件は F23 となる。ただし，J25 までコピーするため，合計対象範囲は行のみを固定し
　　　D$5:D$19，条件範囲は行列を固定し $C$5:$C$19，条件は列のみを固定し $F23 となる。

p.88　【1】

1	ア	2	コ	3	カ	4	キ	5	イ

【2】

1	ウ	2	オ	3	ク	4	カ	5	ケ

p.89　【3】

1	ウ	2	イ	3	イ	4	ア	5	ウ

p.90　【4】

問1	ウ	問2	ア	問3	イ	問4	ウ	問5	9

p.92　【5】

問1	ウ	問2	イ	問3	ア	問4	イ	問5	ア

p.94　【6】

問1	ウ	問2	イ	問3	7	問4	ア

問5	(a)	ウ	(b)	エ	問5は(a)と(b)両方できて正答

p.96　**実技**　解答編 p.56 に掲載

解説　【1】

解答以外の語句の説明は，以下のとおりである。

ウ．一定期間無料だが，その後も使用する場合は代金を支払うソフトウェア。

エ．磁気ディスク装置において，データの読み書きをする最小単位。

オ．ファイルを，勝手に暗号化したり，パスワードを設定したりして，正常にコンピュータを利用できない状態にして，復元するための「身代金」を要求するコンピュータウイルス。

ク．文字や画像を構成する最小の要素である点のこと。

ケ．無償で利用できるが，著作権は放棄されていないソフトウェア。

【2】

解答以外の説明文は，以下の語句についての説明である。

ア．UPS

イ．解凍

エ．MPEG

キ．サブディレクトリ

コ．OMR

【3】

1．10進数11を2進数に変換すると，

```
2) 1 1
2)   5 …1 ↑
2)   2 …1 │
2)   1 …0 │
     0 …1 │
```

1011 となる。2進数100との積を求めるため，

```
    1 0 1 1
×     1 0 0
─────────────
  1 0 1 1
1 0 1 1 0 0
```

2．解答以外の語句の説明は，以下のとおりである。

ア．シアン，マゼンタ，イエロー，ブラックで色を表現する方法。

ウ．ピクセルの密度を表す解像度の単位。

3．画像1枚あたりの記憶容量 = 解像度 × 色情報より

= 800 × 600 × 24 ビット ÷ 8

= 1,440,000 B（バイト）

1 KB は 1,000 B なので，1,440,000 B = 1,440 KB

4．解答以外の語句の説明は，以下のとおりである。

イ．ファイルの種類を識別する目的で使われる，ファイル名の後ろに付ける文字列。

ウ．パスワードなどのキーボードからの入力情報を盗み取るスパイウェア。

5．解答以外の表の説明は，以下のとおりである。

ア．A店取扱商品表とB店取扱商品表の和集合をとった表である。

イ．A店取扱商品表をもとに，B店取扱商品表と差集合をとった表である。

【4】

問1．外部キーとは，他の表の主キーを参照するフィールドや主キーでないフィールドが他の表で主キーになっている項目のことである。商品表の「商品コード」は，レコードを一意に特定できる主キーである。賞味期間は，他の表で主キーになっておらず，外部キーとしては不適切であり，「製造者コード」は製造者表で主キーになっており，「製造者コード」が外部キーである。

問2．商品表から，賞味期間が7以下の「商品名」を抽出する。
　　解答以外の説明は，以下のとおりである。
　イ．商品表から，賞味期間が7より小さい「商品名」を抽出した仮想表である。
　ウ．商品表から，賞味期間が7の「商品名」を抽出した仮想表である。
問3．注文表から，注文日が2022/09/03，かつ商品コードがC006の「注文番号」，「注文数」を抽出する。
　　解答以外の説明は，以下のとおりである。
　ア．注文表から，注文日が2022/09/03の「注文番号」，「注文数」を抽出した仮想表である。
　ウ．注文表から，商品コードがC006の「注文番号」，「注文数」を抽出した仮想表である。
問4．商品表，製造者表，注文表から，注文数が10より小さく，かつ単価が600より小さい「注文
　　日」，「製造者名」，「賞味期間」を抽出する。
　　解答以外の説明は，以下のとおりである。
　ア．商品表，製造者表，注文表から，注文数が10以上，かつ単価が600より小さい「注文日」と
　　「製造者名」，「賞味期間」を抽出した仮想表である。
　イ．商品表，製造者表，注文表から，注文数が10より小さく，かつ単価が600より大きい「注文
　　日」，「製造者名」，「賞味期間」を抽出した仮想表である。
問5．注文表から，「注文日」が2022/09/05の「注文数」の平均を，集計関数(AVG)を使用して求め，
　　新しく列名を「注文数平均」として抽出する。「注文日」が2022/09/05の「注文数」は，3，1，
　　30，2の平均9となる。

【5】
問1．数値を文字列に変換して，他の文字列と組み合わせて表示するにはTEXT関数を利用する。
問2．季節別入場者数一覧の「入場者数割合」は「季節別年代別の入場者数÷季節別の合計」で求め
　　られるため，F5とI8に入る計算式は以下のとおりである。
　　　　コピー元　　F5=B5/B8
　　　　コピー先　　I8=E8/E8
　　2つの式を比較し，B8は行のみ固定の複合番地B\$8となる。よって，コピー元の計算式F5とコ
　　ピー先の計算式I8は，次のようになる。
　　　　コピー元　　F5=B5/B\$8
　　　　コピー先　　I8=E8/E\$8
問3．3つの中で最も多いとは，他の2つと比べてどちらよりも大きいと同じ意味である。つまり，
　　複数の論理式を満たす場合を真の場合とするため，AND関数を利用する。C列の「70歳代」がB
　　列の「60歳代」より大きく(論理式「C4>B4」)，かつC列の「70歳代」がD列の「80歳代」より
　　大きい場合(論理式「C4>D4」)，○を表示し(真の場合「"○"」)，それ以外の場合は何も表示しな
　　い(偽の場合「""」)。
問4．週ごとの売上数を集計するには，複数のシートの共通する番地(B4)を指定する必要がある。シ
　　ートの並び順が「第1週」，「第2週」，「第3週」，「第4週」となっており，シート名「第1週」
　　と「第4週」を「:」でつないで指定すればよいため，
　　　　=SUM(第1週:第4週!B4)
　　となる。
問5．範囲内から小さい順に指定した順位の値を求めるには，SMALL関数を利用する。

【6】
問1．作成条件1．(1)より，「路線コード」の右端から3文字を抽出するには，RIGHT関数を利用する。
　　抽出した値を数値化するには，VALUE関数を利用する。数値化した値をもとに，『集計表』を列
　　方向に検索するにはVLOOKUP関数を利用する。引数は検索値，範囲，列番号，検索方法の順序で
　　設定する。引数の範囲は\$B\$23:\$C\$24となる。
問2．作成条件1．(2)より，D5*1000/(E5-1)で得られた結果について，小数第1位未満を切り捨て
　　るには，ROUNDDOWN関数を利用する。小数第1位未満を切り捨てるため，桁数は1となる。同様
　　の結果を得るには，D5*10000/(E5-1)で得られた結果を整数値化し，10で割ればよい。整数値化
　　するには，INT関数を利用する。
問3．作成条件1．(3)より，いずれかの条件を満たしているのは，「路線名」がB線，F線，J線，
　　K線，M線，N線，O線のため，7である。
問4．作成条件2．(1)より，「企業名」ごとの「営業距離(km)」の合計を算出するには，SUMIFS関
　　数を利用する。引数は合計対象範囲，条件範囲，条件の順序で設定する。合計対象範囲は
　　\$D\$5:\$D\$19，条件範囲は\$C\$5:\$C\$19，条件はC23となる。
問5．作成条件2．(3)より，「企業名」ごとに件数を求めるには，COUNTIFS関数を利用する。引数
　　は検索条件範囲，検索条件の順序で設定する。検索条件範囲は\$C\$5:\$C\$19，検索条件はC23と
　　なる。

p.98　【1】

1	キ	2	ア	3	ケ	4	カ	5	オ

【2】

1	エ	2	ア	3	カ	4	オ	5	キ

p.99　【3】

1	イ	2	ア	3	ア	4	イ	5	ウ

p.100　【4】

問1	イ	問2	ウ	問3	ア	問4	ア	問5	4

p.102　【5】

問1	ウ	問2	イ	問3	5	問4	ア	問5	ウ

p.104　【6】

問1	イ	問2	ア	問3	4	問4	ウ

問5	(a)	ア	(b)	オ

問5は(a)と(b)両方できて正答。

p.106　**実技**　解答編 p.57 に掲載

解説　【1】

解答以外の語句の説明は，以下のとおりである。

イ．SNS やアプリケーションなどに，ユーザ ID やパスワードで認証した後に，違う要素でもう一度認証するという認証を複数回行う認証方式。

ウ．フルカラーの静止画を，画質を落とさずに圧縮して記録するファイル形式。

エ．画質は低下するが圧縮率が高い，静止画像データのファイル形式。

ク．利用権限のないコンピュータへの侵入および利用を禁止する法律。

コ．1組のユーザ ID とパスワードによる認証を1度行うだけで，複数のアプリケーションなどにログインできるしくみ。

【2】

解答以外の説明文は，以下の語句についての説明である。

イ．著作権

ウ．暗号化

ク．ANSI

ケ．アナログ回線

コ．パケット

【3】

1. 10進数29を2進数に変換すると，

```
 2) 29
 2) 14 …1 ↑
 2)  7 …0 │
 2)  3 …1 │
 2)  1 …1 │
    0 …1
```

11101 となる。2進数110100との差を求めるため，

```
  110100
−  11101
  10111
```

2. 解答以外の語句の説明は，以下のとおりである。

イ．学校や企業などがソフトウェアを導入する際に，複数のコンピュータで同時利用が可能になるように必要数の利用許諾を得る契約形態。

ウ．無線 LAN において，通信する機器のメーカーや機種の違いを問わず，相互接続が保証されることを示す名称。

3. 解答以外の語句の説明は，以下のとおりである。

イ．アクセスアームを動かすことなくデータの読み書きができる円筒状に並んだトラックの集まり。

ウ．データの読み書きをする最小単位。

4. 写真1枚あたりの記憶容量 = 解像度 × 色情報より

$$= 400 \times 300 \times 24 \text{ ビット} \div 8$$
$$= 360,000 \text{ B（バイト）}$$

1 KB は 1,000 B なので，360,000 B = 360 KB

5. 解答以外の語句の説明は，以下のとおりである。

ア．二つ以上のテーブルから，共通するレコードを抽出すること。

イ．二つ以上のテーブルを併合すること。

【4】

問1. 解答以外の語句の説明は，以下のとおりである。

ア．表の中から必要なフィールド(列)だけを取り出して，別の新しい表(仮想表)を作成する操作のこと。

ウ．複数の表をつなぎ合わせて，別の新しい表(仮想表)を作成する操作のこと。

問2. 会員コード表から，割引率が 10% 以下の「会員種別」と「割引率」を抽出する。

解答以外の説明は，以下のとおりである。

ア．会員コード表から，割引率が 10% 以上の「会員種別」と「割引率」を抽出した仮想表である。

イ．会員コード表から，割引率が 10% より小さい「会員種別」と「割引率」を抽出した仮想表である。

問3. レンタル料金表，レンタル表から，「レンタルコード」が S01 の「レンタル番号」と「品名」を抽出する。

解答以外の説明は，以下のとおりである。

イ．レンタル料金表，レンタル表から，「レンタルコード」が T01(タオル小)の「レンタル番号」と「品名」を抽出した仮想表である。

ウ．レンタル料金表，レンタル表から，「レンタルコード」が S01(シャワー)の「レンタル番号」と「品名」を抽出した仮想表から，「レンタル番号」が R08 のレコードを抽出していない仮想表である。

問4. 会員コード表，受付表から，「利用時間」が 2 以上，かつ，会員コードが P(プラチナ)の「受付コード」，「会員種別」，「利用時間」と「利用時間」に 300 と 1 から「割引率」を引いた数値を掛けて求め，新しく列名を「利用料」と指定して抽出した仮想表である。

解答以外の説明は，以下のとおりである。

イ．会員コード表，受付表から，「利用時間」が 2 以上，かつ，会員コードが P(プラチナ)の「受付コード」，「会員種別」，「利用時間」と「利用時間」に 300 を掛けて求め，新しく列名を「利用料」と指定して抽出した仮想表である。

ウ．会員コード表，受付表から，「利用時間」が 2 より大きい，かつ，会員コードが P(プラチナ)の「受付コード」，「会員種別」，「利用時間」と「利用時間」に 300 と 1 から「割引率」を引いた数値を掛けて求め，新しく列名を「利用料」と指定して抽出した仮想表である。

問5. レンタル料金表，レンタル表から，「品名」が タオル大 の件数を，集計関数(COUNT)を使用して求め，新しく列名を「実行結果」と指定している。レンタル表の「レンタル番号」が R01，R06，R07，R09 の 4 件となる。

【5】

問1. ある期間の日数を計算するには，シリアル値の差で求めることができる。DAY 関数(=DAY(シリアル値))は，シリアル値に対応する日を 1〜31 までの数値で返す関数である。

問2. C9 に設定する選択肢の設定式を F17 までコピーすることを考えて，コピー元とコピー先の設定式を比較する。

コピー元　　C9=INT(MOD(C5,A8)/A9)&"枚"

コピー先　　F17=INT(MOD(F5,A16)/A17)&"枚"

C5 は，行のみ固定の複合番地 C$5 となり，A8，A9 は，列のみ固定の複合番地 $A8，$A9 となる。よって，コピー元の C9 の設定式は，

C9=INT(MOD(C$5,$A8)/$A9)&"枚"

となる。

問3. C4/B4 の結果は右の表のようになり，「備考」に設定されている式から，表の※印は次のようになる。そのため，「備考」に B と表示される数は，1月，7月，9月，10月，12月のため，5 である。

問4. シート名「集計」の B4 に式を設定する場合，シート名「A店」の B4 をクリックしたあと，Shift キーを押しながら，シート名「C店」のタブを選択し，「)」を入力する。

問5. 余りを求めるには，MOD 関数を利用する。余りが 0 でない場合(論理式「NOT(MOD(C4,1000)=0)」)，サービス券進呈 を表示し(真の場合「"サービス券進呈"」)，それ以外の場合は何も表示しない(偽の場合「""」)。

▲	A	B	C	D	E	F
1						
2	月別入場者数一覧					
3	月	2021年	2022年	備考		C4/B4
4	1月	1,071	1,243	B		116%
5	2月	1,456	1,454	C		100%
6	3月	1,465	1,790	A		122%
7	4月	1,018	1,854	A		182%
8	5月	1,361	1,895	A		139%
9	6月	1,679	1,221	C		73%
10	7月	1,512	1,682	B		111%
11	8月	1,706	1,209	C		71%
12	9月	1,825	1,978	B		108%
13	10月	1,202	1,352	B		112%
14	11月	1,680	1,025	C		61%
15	12月	1,413	1,618	B		115%

【6】

問1．作成条件1．(1)より，「商品名」は『商品別集計表』を列方向に検索するので，VLOOKUP関数（=VLOOKUP(検索値, 範囲, 列番号, 検索方法)）を利用する。検索値, 範囲, 列番号は設定式参照。検索方法は，検索値（商品コード）と完全に一致する『商品別集計表』の「商品コード」を検索するので，FALSE または，0 となる。

　　　解答以外の説明は，以下のとおりである。

ア．検索方法が TRUE のため，正しく表示されない。

ウ．検索方法の 1 は，TRUE と同様の設定のため，正しく表示されない。

問2．作成条件1．(3)より，5以下という条件ある件数を求めるには COUNTIFS 関数（=COUNTIFS(検索条件範囲1, 検索条件1, …)）を利用する。検索条件1に文字や記号を含む場合は，" " を利用して設定する。

　　　解答以外の説明は，以下のとおりである。

イ．検索条件に " " を設定していないため，エラーとなる。

ウ．COUNT 関数は，数値データの件数を求めるため，正しく表示されない。

問3．作成条件1．(5)より，AND 関数のため，「少数補充」が 1 以上(M5>=1)と，「補充率」が 80% 以下(N5<=80%)の条件の両方を満たさなければならない。「少数補充」が 1 以上(M5>=1)は，8 行目から 14 行目の 7 件が，「補充率」が 80% 以下(N5<=80%)は，8 行目，10 行目〜12 行目の 4 件が条件を満たしている。よって，共通する 8 行目,10 行目〜12 行目に ◎ が表示されることになる。

問4．作成条件2より，「商品コード」ごとに合計を求めるには，SUMIFS 関数（=SUMIFS(合計対象範囲, 条件範囲1, 条件1, …)）を利用する。合計対象範囲は，「自動販売機補充状況一覧表」の「今週合計」のため，L5:L14，条件1は，「商品コード」ごとなので，A18，その条件の範囲は，A5:A14 となる。C21 までコピーするので合計対象範囲と条件範囲1を行列固定の絶対番地とする。

　　　解答以外の説明は，以下のとおりである。

ア．条件1が行のみの複合番地になっているため，コピーしたときに正しく表示されない。

イ．合計対象範囲と条件範囲1の設定が逆のため，正しく表示されない(0 と表示される)。

問5．作成条件3．(1)より，『補充合計の上位3位』の「商品名」は，『商品別集計表』の「補充合計」の「順位」に対する相対的な位置を求める必要があるため，MATCH 関数（=MATCH(検査値, 検査範囲, [照合の種類])）を利用する。検査値は，1 位から 3 位の任意の順番（「順位」）を利用するので，LARGE 関数（=LARGE(配列, 順位)）を利用する。その位置を参照して，「商品名」を表示するには，INDEX 関数（=INDEX(配列, 行番号, 列番号)）を利用する。配列は「商品名」を参照するので，B18:B21，行番号は，『商品別集計表』の「補充合計」の「順位」に対する相対的な位置を求めた MATCH(LARGE(C18:C21,E18)，列番号は，配列(B18:B21)の「商品名」の位置である 1 となる。F20 までコピーすることを考えて，配列を絶対参照とする。

　　　よって，

　　　INDEX($B$18:$B$21,MATCH(LARGE($C$18:$C$21,E18),$C$18:$C$21,0),1)

　　　となる。

p.108　【1】

1	オ	2	ケ	3	キ	4	ク	5	イ

　　　　【2】

1	ア	2	ウ	3	エ	4	コ	5	キ

p.109　【3】

1	ア	2	ア	3	ウ	4	イ	5	イ

p.110　【4】

問1	ア	問2	イ	問3	ア	問4	ウ	問5	ウ

p.112　【5】

問1	イ	問2	ウ	問3	ア	問4	イ	問5	ウ

p.114　【6】

問1	ア	問2	(a)	イ	(b)	オ	問3	ウ

問4	(a)	ウ	(b)	エ	問5	3	問2，問4はそれぞれ(a)と(b)両方できて正答

p.116　**実技**　解答編 p.58 に掲載

解説　【1】
解答以外の語句の説明は，以下のとおりである。
ア．ドットの密度を表す解像度の単位。
ウ．磁気ディスク装置において，磁気ヘッドをディスク上の所定の位置に移動させるための部品。
エ．最上位にあるディレクトリ。
カ．シアン，マゼンタ，イエロー，ブラックで色を表現する方法。
コ．システムの導入時にかかる費用。

【2】
解答以外の説明文は，以下の語句についての説明である。
イ．PDF
オ．肖像権
カ．ワンタイムパスワード
ク．Unicode
ケ．JIS

【3】
1.
```
  1 1 0 0
+   1 1 1
─────────
1 0 0 1 1
```

　　　　2進数10011を10進数に変換すると，

$$
\begin{array}{ccccc}
1 & 0 & 0 & 1 & 1 \\
\times & \times & \times & \times & \times \\
2^4 & 2^3 & 2^2 & 2^1 & 2^0 \\
\| & \| & \| & \| & \| \\
16 & 0 & 0 & 2 & 1
\end{array}
$$
$\rightarrow 16 + 0 + 0 + 2 + 1 = 19$

19となる。

2．解答以外の語句の説明は，以下のとおりである。
　イ．画質は低下するが圧縮率が高い，静止画像データのファイル形式。
　ウ．電子楽器を制御するための規格で，音楽情報を保存したファイル形式。
3．解答以外の語句の説明は，以下のとおりである。
　ア．システムの導入から廃棄までにかかる費用の総額。
　イ．手書きや印刷された文字を光学的に読み取る装置。
4．解答以外の語句の説明は，以下のとおりである。
　ア．サーバ専用のコンピュータを置かないネットワーク形態。
　ウ．一定期間無料だが，その後も使用する場合は代金を支払うソフトウェア。
5．解答以外の表の説明は，以下のとおりである。
　ア．前期進路模試受験者表をもとに，後期進路模試受験者表と差集合をとった表である。
　ウ．前期進路模試受験者表と後期進路模試受験者表の積集合をとった表である。

【4】
問1．解答以外の語句の説明は，以下のとおりである。
　イ．必要な列だけを取り出して，別の表を作成する操作。
　ウ．指定した条件に一致する行を取り出して，別の表を作成する操作。

問２．支店表から，成績が B の「支店名」を抽出する。
　　　解答以外の説明は，以下のとおりである。
　　ア．支店表から，成績が A の「支店名」を抽出した仮想表である。
　　ウ．支店表から，成績が B 以外の「支店名」を抽出した仮想表である。
問３．だんご売上表から，商品コードが 2，かつ売上数が 15 より大きい「支店コード」を抽出する。
　　　解答以外の説明は，以下のとおりである。
　　イ．だんご売上表から，商品コードが 2，かつ売上数が 15 以上の「支店コード」を抽出した仮想
　　　表である。
　　ウ．だんご売上表から，商品コードが 2 より大きい，かつ売上数が 15 より大きい「支店コード」
　　　を抽出した仮想表である。
問４．商品表，支店表，だんご売上表から，単価が 90，かつ成績が C 以外の「支店名」，「売上数」
　　　を抽出する。
　　　解答以外の説明は，以下のとおりである。
　　ア．商品表，支店表，だんご売上表から，単価が 90，かつ成績が C の「支店名」，「売上数」を抽
　　　出した仮想表である。
　　イ．商品表，支店表，だんご売上表から，単価が 90 以上，かつ成績が C 以外の「支店名」，「売上
　　　数」を抽出した仮想表である。
問５．解答以外の説明は，以下のとおりである。
　　ア．支店コードが H01 では，18 が抽出される。
　　イ．支店コードが S02 では，19 が抽出される。

【5】
問１．「ゴール予想時刻」は，「スタート時刻」と「想定タイム」を足すと求められ，時刻を求めるに
　　　は，TIME 関数を利用する。
問２．検定コード作成表は「「西暦」の下 2 桁＋「種別」＋「級」」で求められるため，C5 と E7 に入
　　　る計算式は以下のとおりである。
　　　　コピー元　　C5=RIGHT(B3,2)&C4&B5
　　　　コピー先　　E7=RIGHT(B3,2)&E4&B7
　　　2 つの式を比較し，B3 は行列固定の絶対番地 $B$3，C4 は行のみ固定の複合番地 C$4，B5 は列の
　　　み固定の複合番地 $B5 となる。よって，コピー元の計算式 C5 とコピー先の計算式 E7 は，次のよ
　　　うになる。
　　　　コピー元　　C5=RIGHT($B$3,2)&C$4&$B5
　　　　コピー先　　E7=RIGHT($B$3,2)&E$4&$B7
問３．複数の論理式を満たす場合を真の場合とするには，AND 関数を利用する。C 列の「水温」が
　　　22.0 以上で(論理式「C4>=22」)，かつ「気温＋水温」が 50.0 以上の場合(論理式「B4+C4>=50」)，
　　　○ を表示し(真の場合「"○"」)，それ以外の場合は × を表示する(偽の場合「"×"」)。
問４．「種類」と「サイズ」をもとに，『コーヒー価格表』から「価格」を求めるには，INDEX 関数を
　　　利用する。また，検査値と範囲内の値と一致する相対的な位置を表示するには，MATCH 関数を利
　　　用する。なお，別のシートのセルを参照するには，シート名のあとに「!」を入力すればよい。
　　　そのため，配列や検査範囲として，『コーヒー価格表』を参照するには，コーヒー価格表! のあ
　　　とにセルの範囲を入力する。
問５．「目標達成月数」を変化させて，条件(「目標金額」)を満たす目標値(「毎月の積立額」)を求める
　　　機能をゴールシークという。

【6】
問１．作成条件 1．(1) より，「商品コード」をもとに，『商品表』を行方向に検索するには HLOOKUP
　　　関数を利用する。引数の範囲は $B$20:$F$21，検索方法は完全一致の FALSE とする。
問２．作成条件 1．(3) より，「納品日」から「受注日」を引いた値(H5-A5)をもとに，『割引率表』を
　　　列方向に検索するには，VLOOKUP 関数を利用する。引数は検索値，範囲，列番号，検索方法の順
　　　序で設定する。引数の検索値は H5-A5，列番号は 3 (「割引率」は範囲の左から 3 列目のため)，
　　　検索方法は近似一致の TRUE となる。
問３．作成条件 2．(1) より，「商品コード」ごとに「枚数」の合計を算出するには，SUMIFS 関数を
　　　利用する。
問４．作成条件 2．(2) より，「商品コード」ごとの受注の枚数を求めるには，COUNTIFS 関数を利用
　　　する。引数は検索条件範囲，検索条件の順序で設定する。検索条件範囲は $C$5:$C$17 となる。
問５．作成条件 2．(3) より，いずれかの条件を満たしているのは，『商品表』の「商品コード」が
　　　PAR，T-S，POL のため，表示される ☆ の数は 3 である。

p.118　**【1】**

1	ケ	2	カ	3	エ	4	イ	5	ア

　　　【2】

1	エ	2	カ	3	ケ	4	ア	5	オ

p.119　**【3】**

1	イ	2	ア	3	ウ	4	ウ	5	イ

p.120　**【4】**

問1	ウ	問2	ウ	問3	イ	問4	ア	問5	6

p.122　**【5】**

問1	ア	問2	ウ	問3	イ	問4	ウ	問5	ア

p.124　**【6】**

問1	(a)	エ	(b)	オ	(c)	ウ	問2	ア	
問3	(a)	イ	(b)	エ	問4	4	問5	イ	問1，問3はすべてできて正答

p.126　**実技**　解答編 p.59 に掲載

解説　**【1】**

解答以外の語句の説明は，以下のとおりである。

ウ．文字コードと改行やタブだけで構成された文書ファイル。

オ．磁性体を塗った円盤状の記憶媒体を利用した補助記憶装置。

キ．データが実際に保存されている2次元の表。

ク．SNS やアプリケーションなどに，ユーザ ID やパスワードで認証した後に，「秘密の質問」などでもう一度認証するという，認証を複数回行う認証方式。

コ．インターネット上の動画や音声などを，受信しながら同時に視聴する方式。

【2】

解答以外の説明文は，以下の語句についての説明である。

イ．個人情報保護法

ウ．ピクセル

キ．ファイアウォール

ク．RGB

コ．暗号化

【3】

1．10 進数9を2進数に変換すると，

```
2 ) 9
2 ) 4 …1 ↑
2 ) 2 …0 │
2 ) 1 …0 │
    0 …1 │
```

1001 となる。2進数 1011 との積を求めるため，

```
        1 0 1 1
  ×     1 0 0 1
        1 0 1 1
  1 0 1 1
  1 1 0 0 0 1 1
```

2．イラストの記憶容量 = 解像度 × 色情報より

$$= 400 \times 300 \times 8 \text{ビット} \div 8$$
$$= 120{,}000 \text{ B（バイト）}$$

1 KB は 1,000 B なので，120,000 B = 120 KB

3．解答以外の語句の説明は，以下のとおりである。

ア．256 色までの画像が保存できるファイル形式。

イ．静止画像を点の集まりとして，圧縮せずに記録するファイル形式。

4．解答以外の語句の説明は，以下のとおりである。

ア．JIS が定めた日本語の文字コード体系。

イ．ANSI が定めた7ビットの文字コード体系。

5．解答以外の語句の説明は，以下のとおりである。

ア．テーブルを併合すること。

ウ．基準となるテーブルから，他方(複数)のテーブルと共通するレコードを除いたレコードを抽出すること。

【4】

問1．外部キーとは，他の表の主キーを参照するフィールドや主キーでないフィールドが他の表で主キーになっている項目のことである。メーカー一覧表の「メーカーコード」は，レコードを一意に特定できる主キーである。国名は，他の表で主キーになっておらず，外部キーとしては不適切であり，「所属団体コード」は所属団体表で主キーになっており，「所属団体コード」が外部キーである。

問2．メーカー一覧表から，国名がアメリカの「メーカー名」を抽出する。

解答以外の説明は，以下のとおりである。

ア．メーカー一覧表から，国名が アメリカ 以外の「メーカー名」を抽出した仮想表である。

イ．メーカー一覧表から，国名が フランス の「メーカー名」を抽出した仮想表である。

問3．伝票一覧表から，売上数が2より大きく，かつ5より小さい「伝票番号」を抽出する。

解答以外の説明は，以下のとおりである。

ア．伝票一覧表から，売上数が5以上の「伝票番号」を抽出した仮想表である。

ウ．伝票一覧表から，売上数が2より小さい「伝票番号」を抽出した仮想表である。

問4．メーカー一覧表，サイズ一覧表，伝票一覧表から，メーカーコードがM03，かつ性別が女子の「伝票番号」，「メーカー名」，「長さ」を抽出する。

解答以外の説明は，以下のとおりである。

イ．メーカー一覧表，サイズ一覧表，伝票一覧表から，メーカーコードがM03以外，かつ性別が女子 の「伝票番号」，「メーカー名」，「長さ」を抽出した仮想表である。

ウ．メーカー一覧表，サイズ一覧表，伝票一覧表から，メーカーコードがM03，かつ性別が 男子 の「伝票番号」，「メーカー名」，「長さ」を抽出した仮想表である。

問5．伝票一覧表から，メーカーコードがM02の売上数の合計を，集計関数(SUM)を使用して求め，新しく列名を「売上数合計」として抽出する。「メーカーコード」がM02の「売上数」は，2，1，3の合計6となる。

【5】

問1．日を求めるには，DAY関数を利用する。本日の日付はTODAY関数で求められる(TODAY())。本日の日にちを求めるには，本日の日付から日にちを求めればよいため，DAY関数を利用し，DAY(TODAY())となる。

問2．範囲内から大きい順に指定した順位の値を求めるには，LARGE関数を利用する。引数は配列，順位の順序で設定するため，B9とE11に入る計算式は以下のとおりである。

コピー元　　B9=LARGE(B4:B8,VALUE(LEFT(A9,1)))

コピー先　　E11=LARGE(E4:E8,VALUE(LEFT(A11,1)))

2つの式を比較し，B4とB8は行のみ固定の複合番地B$4とB$8，A9は列のみ固定の複合番地$A9となる。よって，コピー元の計算式B9とコピー先の計算式E11は，次のようになる。

コピー元　　B9=LARGE(B$4:B$8,VALUE(LEFT($A9,1)))

コピー先　　E11=LARGE(E$4:E$8,VALUE(LEFT($A11,1)))

問3．いずれかの論理式を満たす場合を真の場合とするには，OR関数を利用する。C列の「箱数」が3以上(論理式「C4>=3」)，またはD列の「金額」が10,000円以上の場合(論理式「D4>=10000」)，「金額 × 0.05」で計算し(真の場合「D4*0.05」)，それ以外の場合は0とする(偽の場合「0」)。

問4．「券種コード」をもとに，『チケット種別表』を行方向に検索するには，HLOOKUP関数を利用する。引数は検索値，範囲，行番号，検索方法の順序で設定する。行番号は『チケット料金計算表』の「区分コード」と，『チケット種別表』の$A$5:$A$8の値が一致する相対的な位置となる。なお，ある値が一致する相対的な位置を表示するには，MATCH関数を利用する。引数は検査値，検査範囲，照合の種類の順序で設定する。検査値は「区分」のA4，検査範囲は『チケット種別表』の$A$5:$A$8，照合の種類は完全一致の0となる。

問5．余りを算出するには，MOD関数を利用する。

【6】

問1．作成条件1．(1)より，「会員コード」の右端から4文字を抽出するには，RIGHT関数を利用する。引数は文字列，文字数の順序で設定する。引数の文字列はB5とする。抽出した値を数値化するには，VALUE関数を利用する。数値化した値をもとに，『会員表』を行方向に検索するには，HLOOKUP関数を利用する。検索方法は近似一致のTRUEとする。

問2．作成条件1．(2)より，「ポイント数」の百の位未満を切り捨てて表示するには，ROUNDDOWN関数を利用する。引数は数値，桁数の順序で設定する。引数の数値はD5，桁数は-2とする。

問3．作成条件1．(3)より，「交換コード」をもとに，『交換商品表』を列方向に検索するには，VLOOKUP関数を利用する。引数は検索値，範囲，列番号，検索方法の順序で設定する。引数の列番号は3(「交換商品名」は範囲の左から3列目のため)，検索方法は完全一致のFALSEとする。

問4．作成条件1．(5)より，条件を満たしているのは「受付No.」が4，7，9，13のため，4である。

問5．作成条件2．より，「交換商品名」ごとに件数を求めるには，COUNTIFS関数を利用する。

【第6回模擬】【1】～【4】…各3点　【5】・【6】…各4点

p.128　【1】

1	カ	2	イ	3	エ	4	ケ	5	オ

【2】

1	ウ	2	コ	3	カ	4	キ	5	エ

p.129　【3】

1	ウ	2	ア	3	イ	4	ウ	5	ア

p.130　【4】

問1	ア	問2	イ	問3	イ	問4	ウ	問5	ア

p.132　【5】

問1	イ	問2	ウ	問3	ア	問4	(1)	イ	(2)	ア

p.134　【6】

問1	(a)	ウ	(b)	イ	(c)	ア	問2	(a)	イ	(b)	エ
問3	ア	問4	イ	問5	(B25)	6	(C25)	9	(D25)	6	

問1，問2，問5はそれぞれすべてできて正答

p.136　**実技**　解答編 p.60 に掲載

解説　【1】

解答以外の語句の説明は，以下のとおりである。

ア．ソフトウェアなどのファイルを，勝手に暗号化したりして正常にコンピュータを利用できない状態にするマルウェア。復元するための対価として，ユーザに金銭(身代金)の支払いを要求する。

ウ．知的財産権のうち，特許庁が所管する特許権，実用新案権，意匠権および，商標権の4つの総称。新しい技術やデザイン，ネーミングなどが模倣防止のために保護され，特許庁に出願し登録されることによって，一定期間独占的に利用できる権利。

キ．自分の顔や姿が写っている写真などを，他人が無断で公表したり，使用したりしないように主張できる権利。

ク．コンピュータに，デジタルカメラやプリンタなどの周辺装置やインターネットに接続する際，ユーザが手動で設定を行わなくても，OSが最適な設定を自動的に行う機能。

コ．文字列やファイル名などの検索を行う際，任意の1文字や任意の0文字以上の文字列を表す特殊な記号。例として，?, *がある。

【2】

解答以外の説明文は，以下の語句についての説明である。

ア．OSS
イ．SSID
オ．ランニングコスト
ク．Unicode
ケ．LAN

【3】

1．2進数の1111と2進数の1010の積を求めるため，

```
      1 1 1 1
    × 1 0 1 0
    ─────────
      0 0 0 0
    1 1 1 1
  0 0 0 0
1 1 1 1
─────────────
1 0 0 1 0 1 1 0
```

2進数10010110を10進数に変換すると，

1	0	0	1	0	1	1	0
×	×	×	×	×	×	×	×
2^7	2^6	2^5	2^4	2^3	2^2	2^1	2^0
‖	‖	‖	‖	‖	‖	‖	‖
128	0	0	16	0	4	2	0

→ 128 + 0 + 0 + 16 + 0 + 4 + 2 + 0 = 150

よって，150となる。

2．解答以外の語句の説明は，以下のとおりである。

イ．SNSなどにログインする際，パスワードの「知識」だけでなく，指紋や顔などの「存在」などの複数の要素を組み合わせた認証方式。

ウ．インターネットに接続しているコンピュータに対して，外部からの攻撃や，不正な侵入を制御し，組織内部のネットワークを保護するためのシステム。

3．解答以外の語句の説明は，以下のとおりである。

ア．学校や企業などがソフトウェアを導入する際に，複数のコンピュータで同時利用が可能になるように必要数の利用許諾を得る契約形態。

ウ．プリンタなどのハードウェアとアプリケーションなどのソフトウェアを一括管理して，サービスを提供するための専用のサーバと，そのサービスを利用するクライアントで構成されているネットワークシステム。

4．解答以外の語句の説明は，以下のとおりである。
　ア．複数のファイルを一つにまとめたり，逆にまとめたファイルを元に戻したりするソフトウェア。
　イ．インターネット上の動画や音楽のデータを視聴する際，すべてのデータをダウンロードしてから再生するのではなく，ダウンロードしながら順次再生していく方法。

5．積集合とは，複数の表から共通するレコードのみを抽出することである。ビジネス情報部門受験者表とプログラミング部門受験者表「学籍番号」が 3E01，3E04，3E08，3E14 の 4 つのレコードが共通する。

【4】

問1．解答以外の語句の説明は，以下のとおりである。
　イ．必要な列だけを取り出して，別の表を作成する操作。
　ウ．複数の表をつなぎ合わせて，新たな表を作成する操作。

問2．種目表から，種目区分が短距離の「種目名」を抽出する。
　　解答以外の説明は，以下のとおりである。
　ア．種目表から，種目区分が 短距離以外 の「種目名」を抽出した仮想表である。
　ウ．種目表から，種目区分が 中距離 の「種目名」を抽出した仮想表である。

問3．成績表から，中学コードが T01，かつ順位が 3 である「選手コード」，「氏名」を抽出する。
　　解答以外の説明は，以下のとおりである。
　ア．成績表から，中学コードが T01 である「選手コード」，「氏名」を抽出した仮想表である。
　ウ．成績表から，順位が 3 より小さい「選手コード」，「氏名」を抽出した仮想表である。

問4．出身中学表，種目表，成績表から，担当名が青山以外，かつ地域区分が中央の「選手コード」，「中学名」を抽出する。
　　解答以外の説明は，以下のとおりである。
　ア．出身中学表，種目表，成績表から，担当名が 青山，かつ地域区分が 中央 の「選手コード」と「中学名」を抽出した仮想表である。
　イ．出身中学表，種目表，成績表から，担当名が 青山 以外，かつ地域区分が 中央 以外の「選手コード」，「中学名」を抽出した仮想表である。

問5．解答以外の説明は，以下のとおりである。
　イ．最大値を求める関数である。
　ウ．件数を求める関数である。

※数値が小さいほど，順位は高くなるため，最高順位を求めるには MIN 関数を利用する。

【5】

問1．WEEKDAY 関数の戻り値の 1 が日曜日のため，月曜日は 2 となる。よって，月曜日の場合に(論理式「WEEKDAY($A$2)=2」)に，各メニューの料金を 1 割引(真の場合「E4*0.9」)とし，それ以外の場合は何も表示しない(偽の場合「""」)。

問2．売上一覧を作成するため，C4 と C15 に入る計算式は以下のとおりである。
　　　コピー元　　C4=SUM(B4:B4)
　　　コピー先　　C15=SUM(B4:B15)
　　2 つの式を比較し，B4 は行列固定の絶対番地 $B$4 となる。よって，コピー元の計算式 C4 とコピー先の計算式 C15 は，次のようになる。
　　　コピー元　　C4=SUM($B$4:B4)
　　　コピー先　　C15=SUM($B$4:B15)

※B4 を行のみ固定の複合番地 B$4 とし，C4=SUM(B$4:B4) としてもよい。

問3．「部屋数」から「予約数」を引いた値が 0 と等しい場合(論理式「B4-C4=0」)，× を表示し(真の場合「"×"」)，それ以外の場合は次の処理を行う(偽の場合「第2処理」)。※第2処理…「部屋数」から「予約数」を引いた値が 3 未満の場合(論理式「B4-C4<3」)，△ を表示し(真の場合「"△"」)，それ以外の場合は ○ を表示する(偽の場合「"○"」)。

問4．(1) 問題文より，「第一希望」は『商業分野選択科目コード表』を列方向に検索するので，VLOOKUP 関数(=VLOOKUP(検索値，範囲，列番号，検索方法))を利用する。検索値は，「希望コード」の左端から 1 文字を抽出するには，LEFT 関数(=LEFT(文字列，文字数))を利用して，その抽出した文字を数値に変換するため VALUE 関数(=VALUE(文字列))を利用する。
　ア．HLOOKUP 関数のため，『商業分野選択科目コード表』を行方向に検索してしまうので，正しく表示されない。
　ウ．RIGHT 関数のため，「希望コード」の右端から 1 文字を抽出するので，第二希望の「科目名」が表示される。
　(2) あるデータ一覧表から，条件を満たすデータを列方向と行方向に合計や平均，データ数などを

37

集計する機能をピボットテーブルという。また，クロス集計ともいう。

イ．一次方程式のように，一つの条件において最適な解を求めるアプリケーション機能のことである。

ウ．あるデータ一覧表から，項目の条件に満たしたデータのみを表示させるアプリケーション機能のことである。条件を満たさないデータは，非表示となるだけで，削除されるわけではない。

【6】

問1．作成条件1．(1)，(2)より，「大学コード」は「試合コード」の左端から5桁目より2文字なので，MID関数を利用する。文字列はA5，開始位置は5，文字数は2となる。

問2．作成条件1．(3)より，「大学コード」をもとに，『対戦別勝敗表』を行方向に検索するには，HLOOKUP関数を利用する。検索方法は完全一致のFALSEとなる。

問3．作成条件1．(4)より，「得点」が「失点」以下(論理式「D5<=E5」)で，かつ「トライ数」が「失トライ数」以下(論理式「F5<=G5」)の場合，0を表示し(真の場合「0」)，それ以外の場合は3を表示する(偽の場合「3」)。また，複数の論理式を満たす場合を真の場合とするには，AND関数を利用する。

問4．作成条件2．(1)より，「大学コード」ごとに件数を求めるには，COUNTIFS関数を利用する。

問5．処理条件2．(2)より，「大学コード」がMNの「勝ち点」は，0，3，3のため，B25は6となる。同様にYWの「勝ち点」は，3，0，3，3のため，C25は9となる。TYの「勝ち点」は，3，3，0のため，D25は6となる。

p.138　【1】

1	ウ	2	ア	3	ケ	4	カ	5	オ

【2】

1	オ	2	ウ	3	コ	4	エ	5	ク

p.139　【3】

1	ア	2	イ	3	ア	4	ウ	5	イ

p.140　【4】

問1	ウ	問2	ア	問3	イ	問4	ウ	問5	3

p.142　【5】

問1	ウ	問2	14	問3	(a)	イ	(b)	オ	(c)	エ
問4	ア	問5	イ							

p.144　【6】

問1	ア	問2	(a)	イ	(b)	エ	問3	イ
問4	ウ	問5	(B22) 1	(C26) 4	(D24) 2			

問2，問5はそれぞれすべてできて正答

p.146　**実技**　解答編 p.61 に掲載

解説　【1】

解答以外の語句の説明は，以下のとおりである。

イ．赤，緑，青の光で色を表現する方法。

エ．静止画像を点の集まりとして，圧縮せずに記録するファイル形式。

キ．ディスク上のデータの読み書きを直接行う部分。

ク．セキュリティレベルを高めるために，アプリケーションなどにログインする際に，ユーザ ID やパスワードの「知識」だけでなく，学生証などの身分証明書の「所有」や，指紋や顔などの「生体」の要素を組み合わせる認証方式。

コ．企業などの Web サイトを改ざんし，閲覧したユーザーのパソコンに自動的にマルウェアを感染させようとする手法。

【2】

解答以外の説明文は，以下の語句についての説明である。

ア．不正アクセス禁止法

イ．アーカイバ

カ．テザリング

キ．パケット

ケ．グループウェア

【3】

1．10 進数 6 を 2 進数に変換すると，

```
2 ) 6
2 ) 3  … 0  ↑
2 ) 1  … 1
    0  … 1
```

110 となる。2 進数 1011 との和を求めるため，

```
    1 0 1 1
+     1 1 0
  1 0 0 0 1
```

2．解答以外の語句の説明は，以下のとおりである。

ア．ANSI が定めた 7 ビットの文字コード体系。

ウ．JIS が定めた日本語の文字コード体系。

3．画像 1 枚あたりの記憶容量 = 解像度 × 色情報より

$$= 1,600 \times 1,200 \times 24 \text{ビット} \div 8$$
$$= 5,760,000 \text{ B（バイト）}$$

1 MB は 1,000,000 B なので，5,760,000 B ≒ 5.8 MB

4．解答以外の語句の説明は，以下のとおりである。

ア．設計不良などによるコンピュータシステムの安全機能上の欠陥。

イ．1 組のユーザ ID とパスワードによる認証を 1 度行うだけで，複数の Web サービスやアプリなどにログインできるしくみ。

5．解答以外の語句の説明は，以下のとおりである。

ア．基準となるテーブルから，他方(複数)のテーブルと共通するレコードを除いたレコードを抽出すること。

ウ．2 つ以上のテーブルから，共通するレコードを抽出すること。

【4】

問1．外部キーとは，他の表の主キーを参照するフィールドや主キーでないフィールドが他の表で主キーになっている項目のことである。進路先表の「進路先コード」は，レコードを一意に特定できる主キーである。進路先は，他の表で主キーになっておらず，外部キーとしては不適切である。「分類コード」は分類表で主キーになっており，「分類コード」が外部キーである。

問2．進路先表から，進路先コードが3以下の「進路先」を抽出する。
　解答以外の説明は，以下のとおりである。
　イ．進路先表から，進路先コードが3より小さい「進路先」を抽出した仮想表である。
　ウ．進路先表から，進路先コードが3以上の「進路先」を抽出した仮想表である。

問3．進路希望調査表から，進路先コードが2，かつ進路内容コードがS1である「学籍番号」，「氏名」を抽出する。
　解答以外の説明は，以下のとおりである。
　ア．進路希望調査表から，進路先コード2，かつ進路内容コードがS1以外の「学籍番号」，「氏名」を抽出した仮想表である。
　ウ．進路希望調査表から，進路先コード2の「学籍番号」，「氏名」を抽出した仮想表である。

問4．進路先表，分類表，進路内容表，進路希望調査表から，分類が 進学，かつ進路内容が 商業・経済系 の「学籍番号」，「氏名」，「進路先」を抽出する。
　解答以外の説明は，以下のとおりである。
　ア．進路先表，分類表，進路内容表，進路希望調査表から，進路先コードが1，かつ進路内容が 商業・経済系 の「学籍番号」，「氏名」，「進路先」を抽出した仮想表である。
　イ．進路先表，分類表，進路内容表，進路希望調査表から，進路先コードが1，かつ進路内容コードがS1，またはS2，またはS3の「学籍番号」，「氏名」，「進路先」を抽出した仮想表である。

問5．進路希望調査表から，進路先コードが3の件数を，集計関数（COUNT）を使用して求め，新しく列名を「人数」として抽出する。「学籍番号」が107，114，116の3件となる。

【5】

問1．平年（例えば2022年）に =DATE(2022,2,29) と入力すると，2022/3/1 と表示され，=DATE(2022,3,1) と入力すると，2022/3/1 と表示される。また，うるう年（例えば2020年）に =DATE(2020,2,29) と入力すると，2020/2/29 と表示され，=DATE(2020,3,1) と入力すると，2020/3/1 と表示される。そのため，DATE(A4,2,29)（平年の場合は3/1，うるう年の場合は2/29）と DATE(A4,3,1)（平年，うるう年ともに3/1）を比較し，等しい場合は平年であり，それ以外の場合はうるう年となる。

問2．設定式を4つに分割して考える。
　　① IF(B4="","",
　　② IF(B4="○",4,IF(B4="△",2,0))
　　③ IF(F4>=4,1,0)
　　④ IF(AND(B4="●",E4-C4<=7),1,0))
　IF関数（=IF(論理式,真の場合,偽の場合)）を利用しているので，

	A	B	C	D	E	F	G
1							
2	秋季リーグ結果表						
3	対戦相手	勝・分・負	得点		失点	トライ数	勝点
4	T高校	○	27	-	10	0	4
5	E高校	△	18	-	18	2	2
6	Y高校	●	22	-	28	3	1
7	M高校	●	34	-	40	4	2
8	B高校	○	59	-	5	8	5
9	P高校			-			
10						合計勝点	14

　①は，「勝・分・負」が空白（試合前）の場合は，「勝点」を空白（計算しない）。
　②は，「勝・分・負」が ○ の場合は，4，△ の場合は，2，それ以外の場合は，0。
　③は，「トライ数」が4以上の場合は，1，それ以外の場合は，0。
　④は，AND関数を利用しているので，「勝・分・負」が ● の場合と，失点と得点の差が7以下の場合の両方を満たす場合は，1，それ以外の場合は，0。
　②から④の数値を加算して求める。表示結果は上図のとおりである。

問3．「体重(kg)」は『男女別平均身長・体重一覧表』を列方向に検索するので，VLOOKUP関数（=VLOOKUP(検索値，範囲，列番号，検索方法)）を利用する。『男女別平均身長・体重一覧表』の「年齢」は，D列とE列が使用されていることに注意して，男性の「体重(kg)」は，4列目，女性の「体重(kg)」は6列目となる。また，検索方法は，D69に「70歳以上」となっているので，近似値を検索するので，TRUE を設定する。

問4．『注文表』の「商品コード」と「等級コード」をもとに，『単価表』から「単価」を参照するには INDEX 関数を利用する。引数は配列，行番号，列番号の順序で設定する。別のシートのセルを参照するには，シート名のあとに「!」を入力すればよいため，配列は単価表!$C$6:$E$8，行番号は「商品コード」のA4，列番号は「等級コード」のB4となる。

問5．余りを算出するには，MOD関数を利用する。

【6】

問1．3種目中の「上位2種目の得点」を合計するために，MAX関数で求めた値とLARGE関数の順位に2を指定した値を加算する。

問2．「上位2種目の得点」をもとに，『総合評価表』を参照して「評価」を求めるためには，VLOOKUP関数で列番号に2を指定して求める。

問3．「備考」は「種目別評価」の合計が10点以上で，かつ「評価」がA以外の場合に ○ を表示するため，IF関数にANDを指定して，SUM関数とA以外(セル番地<>"A")の2つの条件を指定する。

問4．作成条件2．より，「得点」および，「音程」〜「音域」までの「種目」ごとの人数を求めるには，COUNTIFS関数を利用する。引数は検索条件範囲，検索条件の順序で設定する。検索条件範囲はB6:B18となる。ただし，D26までコピーするので，検索条件範囲は行のみを固定しB$6:B$18となる。

問5．『種目別得点人数分布表』の結果は，次のようになる。

20	種目別得点人数分布表			
21	得点 ＼ 種目	音程	リズム	音域
22	1	1	1	0
23	2	4	5	2
24	3	5	1	2
25	4	2	2	6
26	5	1	4	3

p.148　【1】

1	ケ	2	オ	3	イ	4	キ	5	エ

【2】

1	ク	2	イ	3	オ	4	カ	5	ウ

p.149　【3】

1	ウ	2	ア	3	イ	4	ア	5	イ

p.150　【4】

問1	イ	問2	ウ	問3	ア	問4	イ	問5	147

p.152　【5】

問1	イ	問2	ウ	問3	4	問4	イ	問5	ア

p.154　【6】

問1	ア	問2	ウ	問3	(a)	イ	(b)	エ

問4	(a)	ウ	(b)	イ	(c)	ア	問5	(K21)	2	(K22)	3	(K23)	4

問3〜問5はそれぞれすべてできて正答

p.156　**実技**　解答編 p.62 に掲載

解説　【1】

解答以外の語句の説明は，以下のとおりである。

ア．企業などの Web サイトを改ざんし，閲覧したユーザのパソコンに自動的にマルウェアを感染させようとする手法。

ウ．最上位にあるディレクトリ。

カ．文字や写真などのデジタルデータを構成する最小単位の点のことで，色情報を持たない。

ク．画質は低下するが圧縮率が高い，静止画像データのファイル形式。

コ．日本の産業製品についての規格。

【2】

解答以外の説明文は，以下の語句についての説明である。

ア．ワイルドカード

エ．プラグアンドプレイ

キ．著作権

ケ．圧縮

コ．シェアウェア

【3】

1．2進数 11011 を 10 進数に変換すると，

$$\begin{array}{ccccc} 1 & 1 & 0 & 1 & 1 \\ \times & \times & \times & \times & \times \\ 2^4 & 2^3 & 2^2 & 2^1 & 2^0 \\ \| & \| & \| & \| & \| \\ 16 & 8 & 0 & 2 & 1 \end{array} \rightarrow 16 + 8 + 0 + 2 + 1 = 27$$

27 となる。10 進数 5 との積を求めるため，

$27 \times 5 = 135$

2．解答以外の語句の説明は，以下のとおりである。

イ．文字として読み込むことのできない形式のファイル。

ウ．ソースコードが無償で公開され，改良などが誰でも行えるソフトウェア。

3．解答以外の語句の説明は，以下のとおりである。

ア．サーバ専用のコンピュータを置かないネットワーク形態のこと。

ウ．ファイルやコンピュータなどに設定されているアクセス権限。

4．解答以外の語句の説明は，以下のとおりである。

イ．通信が可能な携帯電話などのモバイル端末をアクセスポイントとして設定し，他のコンピュータなどをインターネットに接続すること。

ウ．サーバ専用のコンピュータを置くネットワーク形態。

5．解答以外の表の説明は，以下のとおりである。

ア．5月発券表と6月発券表の積集合をとった表である。

ウ．5月発券表と6月発券表の和集合をとった表である。

【4】

問1．解答以外の語句の説明は，以下のとおりである。

ア．指定した条件に一致する行を取り出して，別の表を作成する機能。

ウ．複数の表をつなぎ合わせて新たな表を作成する機能。

問2．司会表から，年齢が 55 より大きい「氏名」を抽出する。

解答以外の説明は，以下のとおりである。

ア．司会表から，年齢が 55 より小さい「氏名」を抽出した仮想表である。

イ．司会表から，年齢が 55 以上の「氏名」を抽出した仮想表である。

問3．開催状況表から，会場コードが P02，かつ司会コードが A03 の「イベントコード」を抽出する。
解答以外の説明は，以下のとおりである。

イ．開催状況表から，会場コードが P02，または司会コードが A03 の「イベントコード」を抽出した仮想表である。

ウ．開催状況表から，会場コードが P02 の「イベントコード」を抽出した仮想表である。

問4．会場表，イベント表，開催状況表から，地区が中央地区，かつ参加料が 700 より小さい「会場名」と「イベント名」を抽出する。
解答以外の説明は，以下のとおりである。

ア．会場表，イベント表，開催状況表から，地区が 中央地区 以外，かつ参加料が 700 より小さい「会場名」，「イベント名」を抽出した仮想表である。

ウ．会場表，イベント表，開催状況表から，地区が 中央地区，かつ参加料が 700 以上の「会場名」，「イベント名」を抽出した仮想表である。

問5．開催状況表から，司会コードが A08 の参加人数の平均を，集計関数（AVG）を使用して求め，新しく列名を「参加人数の平均」として抽出する。「司会コード」が A08 の「参加人数」は，135，210，96 の平均 147 となる。

【5】

問1．問題の設定式より，ROUNDUP 関数（ROUNDUP（数値，桁数））の数値には，15 分あたりの料金設定のため，15 で割っている。「利用時間」の表示形式は，時間：分のため，15 で割るために 利用時間を 分 に変換する必要がある。D4 の"時間"に 60 を掛けて"分"に変換した値に，D4 の"分"を足して（_____(a)_____(D4)*60+_____(b)_____(D4)），「利用時間」の"分"の合計を求めるので，(a)には HOUR 関数（=HOUR（シリアル値））, (b)には MINUTE 関数（=MINUTE（シリアル値））を利用する。

問2．チケット料金早見表を作成するため，C10 と D17 に入る計算式は以下のとおりである。

コピー元　　C10=C5*A10+C6*B10
コピー先　　D17=D5*A17+D6*B17

2つの式を比較し，C5 と C6 は行のみ固定の複合番地 C$5 と C$6，A10 と B10 は列のみ固定の複合番地 $A10 と $B10 となる。よって，コピー元の計算式 C10 とコピー先の計算式 D17 は，次のようになる。

コピー元　　C10=C$5*$A10+C$6*$B10
コピー先　　D17=D$5*$A17+D$6*$B17

問3．「備考」に ○ が表示されるのは，「賃料／管理費等」が「平均」(C14)以下，「駅より徒歩」が「平均」(D14)以下，「階数」が 2 以上のすべての条件を満たす必要がある。すべての条件を満たしているのは，「No.」が 2，4，5，8 のため，4 である。

問4．「通学手段」ごとの人数，つまり，「通学手段」ごとの件数を求めることである。COUNTIFS 関数（=COUNTIFS（検索条件範囲1，検索条件1，…））を利用する。検索条件範囲1は，B4:B43，検索条件1は，E4 と設定する。また，B5 と B43 には バス が表示されているが，バス の前後に他の「通学手段」が表示されているので，検索条件1の E4 の前後に *（ワイルドカード）を利用して，設定する。
解答以外の説明は，以下のとおりである。

ア．「通学手段」が複数の場合は，正しく表示されない。

ウ．「通学手段」が複数の場合で，B6 のように 自転車 が一番左側に入力されていない場合は正しく表示されない。

問5．文字列から特定の文字を大文字と小文字に分けて最初に出現する位置を表示するには FIND 関数を利用する。引数は検索文字列，対象の順序で設定する。検索文字列は"C"，対象は A4 となる。

【6】

問1．作成条件1．(1)より，「所在地コード」をもとに，『所在地別集計表』を列方向に検索するには，VLOOKUP 関数を利用する。列番号は 2（「所在地」は範囲の左から 2 列目のため），検索方法は完全一致の FALSE となる。

問2．作成条件1．(3)より，AVERAGE 関数を利用して平均を求め，小数第1位未満を切り捨てて小数第1位まで表示するには，

ア．求めた平均値を，ROUNDDOWN 関数を利用して，第2引数の桁数を 1 と設定すると正しい結果が得られる。

イ．求めた平均値を 10 倍して，INT 関数（=INT（数値）：数値を超えない最大の整数を求める。）で小数点以下を切り捨て，整数値を求めている。その整数値を 10 で割ることによって，小数第1位の表示になるので，正しい結果が得られる。

ウ．求めた平均値を 10 倍して，INT 関数で整数値を求めている。その整数値を ROUNDDOWN 関数で小数第1位未満を切り捨てても，INT 関数によって小数点未満は切り捨ててあるので，正しい結果が得られる。

問3．作成条件1．(5)より，「合計」が上位3位以内（大きい順に3番目の値を求めるには，LARGE 関数を利用する。論理式「H5>=LARGE($H$5:$H$16,3)」，または「評価」がSの場合は ◎ を表示し，それ以外の場合は何も表示しない。

問4．作成条件2．より，「所在地」および，「部屋」から「価格」までの項目ごとの平均を算出するには，AVERAGEIFS 関数を利用する。引数は平均対象範囲，条件範囲，条件の順序で設定する。平均対象範囲は D5:D16，条件範囲は C5:C16，条件は B20 となる。ただし，H19 までコピーするため，平均対象範囲は行のみを固定し D$5:D$16，条件範囲は行列を固定し $C$5:$C$16，条件は列のみを固定し $B20 となる。

問5．作成条件3．より，「評価」が C に該当するのは，「ホテル名」が バランド，グランディア のため，K21 は2となる。同様に「評価」が B に該当するのは，ボストン，エスター，レジデンス のため，K22 は3となる。「評価」が A に該当するのは，ガーデン，オリエント，ルーエンズ，マイタム のため，K23 は4となる。

p.158

【1】

1	エ	2	イ	3	カ	4	ケ	5	ク

【2】

1	エ	2	イ	3	オ	4	ク	5	カ

p.159

【3】

1	ア	2	ウ	3	ウ	4	ア	5	イ

p.160

【4】

問1	ウ	問2	ア	問3	イ	問4	ウ	問5	イ

p.162

【5】

問1	イ	問2	ア	問3	6	問4	ウ	問5	イ

p.164

【6】

問1	イ	問2	(a)	イ	(b)	ウ	問3	(a)	ア	(b)	カ

問4	ウ	問5	ア

問2，問3はそれぞれすべてできて正答

p.166　**実技**　解答編 p.63 に掲載

解説　**【1】**

解答以外の語句の説明は，以下のとおりである。

ア．文字や画像を構成する最小の要素である点のことで，色情報を持たない。

ウ．システムなどを運用，保守，管理するために必要となる費用。

オ．透明度などの情報をもち，フルカラーの静止画像を劣化することなく圧縮することができるファイル形式。

キ．インターネット上の動画や音楽のデータを視聴する際，すべてのデータをダウンロードしてから再生するのではなく，ダウンロードしながら順次再生していく方法。

コ．アメリカにおける工業製品の規格を定める機関。

【2】

解答以外の説明文は，以下の語句についての説明である。

ア．テキストファイル

ウ．SSID

キ．アーカイバ

ケ．セクタ

コ．JIS コード

【3】

1．10 進数 6 を 2 進数に変換すると，

```
2 ) 6
2 ) 3 …0 ↑
2 ) 1 …1
    0 …1
```

110 となる。2 進数 1101 との差を求めるため，

```
  1 1 0 1
－   1 1 0
  ─────────
    1 1 1
```

2．cm の単位をインチに変換する。

12.5 cm ÷ 2.5 cm = 5 インチ，10 cm ÷ 2.5 cm = 4 インチ

写真 1 枚あたりの記憶容量

= 解像度 × 横（インチ）× 解像度 × 縦（インチ）× 1 画素あたりのビット数 ÷ 8

= 600 × 5 × 600 × 4 × 24 ÷ 8

= 21,600,000 B（バイト）

1 MB は，10^6 B（1,000,000 B）なので，21,600,000 B = 21.6 MB

3．解答以外の語句の説明は，以下のとおりである。

ア．音声圧縮技術の一つで，音楽 CD とほぼ同等な音質を保ちながら，大幅に容量を圧縮できるファイル形式。

イ．世界的に広く利用されているファイル圧縮形式の一つ。

4．解答以外の語句の説明は，以下のとおりである。

イ．ファイルやディレクトリへの読み込み，書き込み，実行などすべての操作が許可されているアクセス権限。

ウ．利用権限のないコンピュータへの侵入および利用を禁止する法律。

5．解答以外の語句の説明は，以下のとおりである。

ア．2 つ以上のテーブルを併合すること。

ウ．基準となるテーブルから，他方（複数）のテーブルと共通するレコードを除いたレコードを抽出すること。

【4】

問1．外部キーとは，他の表の主キーを参照するフィールドや主キーでないフィールドが他の表で主キーになっている項目のことである。価格表の「商品コード」は，レコードを一意に特定できる主キーである。単価は，他の表で主キーになっておらず，外部キーとしては不適切であり，「担当者コード」は担当者表で主キーになっており，「担当者コード」が外部キーである。

問2．価格表から，単価が 500 より大きい「商品コード」を抽出する。

解答以外の説明は，以下のとおりである。

イ．価格表から，単価が 500 以上の「商品コード」を抽出した仮想表である。

ウ．価格表から，単価が 500 より小さい「商品コード」を抽出した仮想表である。

問3．ケーキ売上表から，商品コードが K03 以外，かつ売上数が 10 以上の「取扱店コード」を抽出する。

解答以外の説明は，以下のとおりである。

ア．ケーキ売上表から，商品コードが K03 以外，かつ売上数が 10 の「取扱店コード」を抽出した仮想表である。

ウ．ケーキ売上表から，商品コードが K03，かつ売上数が 10 以上の「取扱店コード」を抽出した仮想表である。

問4．担当者表，価格表，取扱店表，ケーキ売上表から，担当者名が 土屋，かつ区分が ホテル の「取扱店名」，「ケーキ名」を抽出する。

解答以外の説明は，以下のとおりである。

ア．担当者表，価格表，取扱店表，ケーキ売上表から，担当者名が 土屋 以外，かつ区分が ホテル の「取扱店名」，「ケーキ名」を抽出した仮想表である。

イ．担当者表，価格表，取扱店表，ケーキ売上表から，担当者名が 土屋，かつ区分が ホテル 以外の「取扱店名」，「ケーキ名」を抽出した仮想表である。

問5．解答以外の説明は，以下のとおりである。

ア．取扱店コードが T03 の売上数の合計を求めると，41 が抽出される。

ウ．商品コードが K04 の売上数の合計を求めると，38 が抽出される。

【5】

問1．数値を文字列に変換して，他の文字列と組み合わせて表示するには，TEXT 関数を利用する。

問2．レンタル料金早見表を作成するため，B5 と F9 に入る計算式は以下のとおりである。

コピー元　　B5=A5*VALUE(RIGHT(B4,3))

コピー先　　F9=A9*VALUE(RIGHT(F4,3))

2 つの式を比較し，A5 は列のみ固定の複合番地 $A5，B4 は行のみ固定の複合番地 B$4 となる。よって，コピー元の計算式 B5 とコピー先の計算式 F9 は，次のようになる。

コピー元　　B5=$A5*VALUE(RIGHT(B$4,3))

コピー先　　F9=$A9*VALUE(RIGHT(F$4,3))

問3．「備考」に ○ が表示されるのは，「増減率」が 120% 以上，「達成率」が 100% 以上，「今年売上」が「平均」(D15) 以上のいずれかの条件を満たす必要がある。いずれかの条件を満たしているのは，「種類名」が あんず，いちじく，さくらんぼ，ぶどう，マンゴー，もも のため，6 である。

問4．シート名「集計」の「人数」を算出するには，シート名「前期」にある合格者をクラスごとに集計し，シート名「後期」にある合格者をクラスごとに集計したものを足せばよい。なお，COUNTIFS 関数の引数の検索条件範囲には，複数のシートを設定することができない。

問5．グループ集計後の 8 行目，13 行目，18 行目で集計 (小計) を行っており，各集計 (小計) より上の行において，「本支店名」がすべて同じデータとなっているので，グループ集計の基準となる。なお，グループ集計を行う前に，グループの基準で並べ替えを行わなければならない。

【6】

問1．作成条件 1．(1) より，「旅行社コード」をもとに，『旅行社別集計表』を行方向に検索するには，HLOOKUP 関数を利用する。引数は，検索値，範囲，行番号，検索方法の順序で設定し，行番号は 2 (「旅行社名」は範囲の上から 2 行目のため) となる。

問2．作成条件 1．(3) より，「大人人数」が 51 以上で，かつ「子供人数」が 35 以上の場合，入園料合計の総額から 10% 割り引き (真の場合「0.9」)，そうでない場合は割引なしとする (偽の場合「1」)。

問3．作成条件 1．(4) より，「入園料合計」が上位 5 位以内 (大きい順に 5 番目の値を求めるには，LARGE 関数を利用する。引数は配列，順位の順序で設定する。引数の順位は 5 となる。論理式「G5>=LARGE($G$5:$G$19,5)」) の場合は ** を表示し，それ以外の場合は何も表示しない。

問4．作成条件 2．(1) より，「旅行社コード」ごとに「大人人数」の合計を算出するには，SUMIFS 関数を利用する。引数は合計対象範囲，条件範囲，条件の順序で設定する。合計対象範囲は $D$5:$D$19，条件範囲は $B$5:$B$19，条件は B22 となる。

問5．作成条件3．(2)より，ベスト3の「入園料合計」は，団体利用者数一覧表の「入園料合計」の相対的な位置を求める必要があるため，MATCH関数を利用する。検査値はB30，検査範囲はG5:G19，照合の種類は0となる。C32までコピーすることを考えて検査範囲を絶対参照とする。その位置を参照して，「旅行社名」を表示するには，INDEX関数を利用する。配列は，「旅行社名」を参照するので，C5:C19，行番号は，ベスト3の「入園料合計」と団体利用者数一覧表の「入園料合計」の相対的な位置を求めたMATCH(B30,$G$5:$G$19,0)，列番号は，配列(C5:C19)の「旅行社名」の位置である1となる。C32までコピーすることを考えて配列を絶対参照とする。

【第10回模擬】【1】～【4】…各3点　【5】・【6】…各4点

p.168　【1】

1	ケ	2	カ	3	オ	4	イ	5	コ

【2】

1	エ	2	ア	3	カ	4	ク	5	イ

p.169　【3】

1	ア	2	ウ	3	イ	4	ウ	5	イ

p.170　【4】

問1	イ	問2	ウ	問3	ア	問4	イ	問5	ウ

p.172　【5】

問1	ア	問2	ウ	問3	ウ	問4	ア	問5	イ

p.174　【6】

問1	(a)	ア	(b)	オ	(c)	カ	問2	(a)	ア	(b)	オ
問3	(1)	イ	(2)(a)	ウ	(b)	カ	問4	(G23)	3	(H23)	6	(I23)	3

問1，問2，問3(2)，問4はそれぞれすべてできて正答

p.176　**実技**　解答編 p.64 に掲載

解説　【1】

解答以外の語句の説明は，以下のとおりである。

ア．データの内容を保ったまま，ファイルの容量を小さく変換する処理。

ウ．連続的な変化を表す信号でデータを送受信する通信回線。

エ．最上位にあるディレクトリ。

キ．文字列やファイル名などの検索を行う際，任意の1文字や0文字以上の文字列を表す特殊な記号。
　例として，*，?がある。

ク．文字コードと改行やタブだけで構成された文書ファイル。

【2】

解答以外の説明文は，以下の語句についての説明である。

ウ．ピクセル

オ．グループウェア

キ．ISO

ケ．フリーウェア

コ．フルコントロール

【3】

1.　
```
  11011
－  1111
   1100
```

2進数1100を10進数に変換すると，

```
 1   1   0   0
 ×   ×   ×   ×
 2³  2²  2¹  2⁰
 ‖   ‖   ‖   ‖
 8   4   0   0  →8＋4＋0＋0＝12
```

12となる。

2.　解答以外の語句の説明は，以下のとおりである。

ア．ディスプレイやプリンタにおける，画質のきめ細かさやなめらかさを表す尺度。

イ．無線LANを利用するときに，アクセスポイントに付ける識別子。

3.　解答以外の語句の説明は，以下のとおりである。

ア．データをコンマで区切って並べたファイル形式。

ウ．コンピュータの機種などに影響されず，文書を再現することができる電子文書表示用のファイル形式。

4.　解答以外の語句の説明は，以下のとおりである。

ア．システムの導入から廃棄までにかかる費用の総額。

イ．システムの導入にかかる費用。

5.　解答以外の表の説明は，以下のとおりである。

ア．12月2日受付表をもとに，12月3日受付表と差集合をとった表である。

ウ．12月2日受付表と12月3日受付表の和集合をとった表である。

【4】

問1．外部キーとは，他の表の主キーを参照する項目である。「商品コード」は，商品表の主キーである「商品コード」を参照していて，「地域コード」は，地域表の主キーである「地域コード」を参照している。よって，「商品コード」と「地域コード」が配達表の外部キーとなる。

48

問２．商品表から，単価が 800 よりも大きい「商品名」を抽出する。
　　　解答以外の説明は，以下のとおりである。
　　ア．商品表から，単価が 800 以上の「商品名」を抽出した仮想表である。
　　イ．商品表から，単価が 800 と等しい「商品名」を抽出した仮想表である。
問３．配達表から，地域コードが MDR かつ，数量が 3 以上の「配達コード」と「商品コード」を抽出
　　　する。
　　　解答以外の説明は，以下のとおりである。
　　イ．配達表から，地域コードが WKB かつ，数量が 3 以上の「配達コード」と「商品コード」を抽出
　　　　した仮想表である。
　　ウ．配達表から，地域コードが MHM かつ，数量が 3 以上の「配達コード」と「商品コード」を抽出
　　　　した仮想表である。
問４．商品表，ジャンル表，地域表，配達表から，ジャンルが弁当の「商品名」と「地域名」を抽出
　　　する。
　　　解答以外の説明は，以下のとおりである。
　　ア．商品表，ジャンル表，地域表，配達表から，商品コードが S01 の「商品名」と「地域名」を抽
　　　　出した仮想表である。
　　ウ．商品表，ジャンル表，地域表，配達表から，ジャンルが弁当かつ，地域名が若葉区の「商品名」
　　　　と「地域名」を抽出した仮想表である。
問５．解答以外の説明は，以下のとおりである。
　　ア．配達表より，地域コードが MHM の「配達コード」は，6，13，17 の 3 レコードである。
　　イ．配達表より，数量が 5 以上の「配達コード」は，5，11，14 の 3 レコードである。

【5】

問１．数値を文字列に変換して，他の文字列と組み合わせて表示するには，TEXT 関数を利用する。
問２．タクシー料金概算表を作成するため，B5 と F6 に入る計算式は以下のとおりである。
　　　　コピー元　　B5=(B5+ROUNDUP(VALUE(LEFT(C4,1))*1000/300,0)*80)*VALUE(MID(A5,4,3))
　　　　コピー先　　F6=(B6+ROUNDUP(VALUE(LEFT(F4,1))*1000/300,0)*80)*VALUE(MID(A6,4,3))
　　　2 つの式を比較し，B5 と A5 は列のみ固定の複合番地 $B5 と $A5，C4 は行のみ固定の複合番地
　　C$4 となる。よって，コピー元の計算式 B5 とコピー先の計算式 F6 は，次のようになる。
　　　　コピー元　　B5=($B5+ROUNDUP(VALUE(LEFT(C$4,1))*1000/300,0)*80)*VALUE(MID($A5,4,3))
　　　　コピー先　　F6=($B6+ROUNDUP(VALUE(LEFT(F$4,1))*1000/300,0)*80)*VALUE(MID($A6,4,3))
問３．水泳大会の結果で「順位」を決定する場合，「タイム」が小さい(速い)方が，順位が高いので，
　　　SMALL 関数(=SMALL(配列，順位))を利用する。
　　ア．MIN 関数は，一番小さい「タイム」を表示するので，G4 は正しく表示されるが，G11 までコピ
　　　　ーしたときに正しく表示されない。
　　イ．LARGE 関数(=LARGE(配列，順位))は，配列内のデータから大きい順に指定した順位の値を求める
　　　　ので，「タイム」の大きい順，つまり遅い順になってしまう。
問４．ピボットテーブルは，項目別に集計するアプリケーション機能で，クロス集計ともいう。行ラベ
　　　ルは，男，女 なので，「性別」，列ラベルは，四年制大学 〜 未定 なので，「進路希望」となる。
　　　なお，データラベルは，「データの個数／氏名」と表示されているので，「氏名」となる。ただし，
　　　「性別」または「進路希望」でも集計結果は同様となる。
問５．合計人数を求める問題ではあるが，F3 と H3 に入力された「部」の件数を求めるので，
　　　COUNTIFS 関数(=COUNTIFS(検索条件範囲 1，検索条件 1…))を利用する。

【6】

問１．作成条件 1．(2)より，「合計」をもとに，『評価表』を行方向に検索するには，HLOOKUP 関数
　　　を利用する。引数は検索値，範囲，行番号，検索方法の順序で設定する。引数の行番号は 3(「評
　　　価」は範囲の上から 3 行目のため)，検索方法は近似一致の TRUE とする。
問２．作成条件 1．(3)より，「走行性能」が 4 以上(論理式「C5>=4」)，かつ「装備」が 4 以上(論
　　　理式「D5>=4」)の場合は ☆ を表示し，それ以外の場合は何も表示しない。また，複数の論理式
　　　を満たす場合を真の場合とするには，AND 関数を利用する。
問３．
　　(1) 作成条件 2．(2)より，「メーカー」ごとに「合計」の平均を算出するには，AVERAGEIFS 関数
　　　　を利用する。引数は平均対象範囲，条件範囲，条件の順序で設定する。平均対象範囲は
　　　　$G$5:$G$17，条件範囲は $B$5:$B$17，条件は A21 となる。
　　(2) 作成条件 2．(2)より，「メーカー」ごとの「合計」の平均は，次の式で求めることができる。
　　　　　　　　「メーカーごとの合計　÷　メーカーごとの件数」
　　　　「メーカー」ごとの合計を求めるには，SUMIFS 関数を利用する。「メーカー」ごとの件数を求め
　　　　るには，COUNTIFS 関数を利用する。
問４．作成条件 3．より，「評価」が △ に該当するのは，「車種名」が コルツ，ＣＸ−Ｖ，ストリ
　　　ート のため，G23 は 3 となる。「評価」が ○ に該当するのは，「車種名」が インランダー，ウ
　　　ィークス，ポレオ，ダリカ，ライク，アーチ のため，H23 は 6 となる。「評価」が ◎ に該当
　　　するのは，「車種名」が フィッター，スカイロード，イースト のため，I23 は 3 となる。

p.178　【1】

1	キ	2	エ	3	コ	4	ウ	5	オ

　　　【2】

1	ケ	2	ウ	3	イ	4	オ	5	コ

p.179　【3】

1	イ	2	ア	3	ウ	4	ア	5	ウ

p.180　【4】

問1	ウ	問2	ア	問3	ウ	問4	イ	問5	8

p.182　【5】

問1	(a) イ	(b) エ	問2	ウ	問3	ア	問4	イ	問5	イ

p.184　【6】

問1	(a) ウ	(b) オ	問2	イ	問3	ウ	問4	(a) オ	(b) ウ	(c) イ	問5	ア

問1，問4はそれぞれすべてできて正答

p.186　**実技**　解答編 p.65 に掲載

解説　【1】

解答以外の語句の説明は，以下のとおりである。

ア．作者の著作権を保ったまま，利用者が期間に関係なく無料で利用できるソフトウェア。

イ．ソースコードがインターネットなどを通じて無償で公開され，誰でも自由に改良や再配布が行えるソフトウェア。

カ．データの内容を保ったまま，ファイルのサイズを小さくすること。

ク．企業内での情報共有やコミュニケーションを LAN やインターネットを活用して効率的に行うために，企業などで使われるソフトウェア。

ケ．コンピュータシステムなどの設備を導入する際にかかる初期費用。

【2】

解答以外の説明文は，以下の語句についての説明である。

ア．ルートディレクトリ

エ．アナログ回線

カ．Wi-Fi

キ．OCR

ク．著作権

【3】

1．10 進数 11 を 2 進数に変換すると，

```
2) 1 1
2)   5 …1 ↑
2)   2 …1 │
     1 …0 │
```

1011 となる。2 進数 11 との和を求めるため，

```
      1 1
 + 1 0 1 1
   1 1 1 0
```

2．解答以外の語句の説明は，以下のとおりである。

　イ．圧縮して最大 256 色を表現することができる画像ファイル形式。Web ページ用のイラストやアイコンの保存形式として広く利用される。

　ウ．音声や動画を圧縮して記録するファイル形式。

3．解答以外の語句の説明は，以下のとおりである。

　ア．LAN の標準規格を定めるなど，電気・電子・通信分野における世界規模の研究組織。本部はアメリカにある。

　イ．各国の工業標準規格の策定を目的とする国際標準化機構のこと。

4．解答以外の語句の説明は，以下のとおりである。

　イ．組織内のコンピュータネットワークへ外部から不正に侵入されないように通信を制御し，安全を維持することを目的とするシステム。

　ウ．ファイルやディレクトリの「変更」，「読み取り」，「実行」，「書き込み」，「削除」など，すべての操作が行えるアクセス権限のこと。

5．解答以外の表の説明は，以下のとおりである。

　ア．吹奏楽出演校表と合唱出演校表の積集合をとった表である。

　イ．吹奏楽出演校表をもとに，合唱出演校表と差集合をとった表である。

【4】

問1. 外部キーとは，他の表の主キーを参照するフィールドや主キーでないフィールドが他の表で主キーになっている項目（フィールド）のことである。解答以外の語句の説明は，以下のとおりである。

　ア．レコードを一意に特定できるキーのことであり，「商品コード」が主キーとなる。

　イ．売上表の「売上コード」と「商品コード」の関係は，同じ「売上コード」に同じ「商品コード」がないため，「売上コード」と「商品コード」が決まれば，「数量」が決まる。このように，複数の項目を結合して構成した主キーのことである。

問2. 社員表から，在籍年数が7より大きい「社員名」を抽出する。

　解答以外の説明は，以下のとおりである。

　イ．社員表から，在籍年数が7以下の「社員名」を抽出した仮想表である。

　ウ．社員表から，すべての「社員名」を抽出した仮想表である。

問3. 商品表と分類表から，分類名が シューズ，かつ単価が3000より大きい「商品コード」，「商品名」を抽出する。

　解答以外の説明は，以下のとおりである。

　ア．商品表，分類表から，分類名が シューズ の「商品コード」，「商品名」を抽出した仮想表である。

　イ．商品表，分類表から，単価が3000より大きい「商品コード」，「商品名」を抽出した仮想表である。

問4. 商品表，分類表，社員表，売上表から，分類名がビジネス，かつ社員コードがSH01の「社員名」，「売上日」，「商品名」，「数量」を抽出する。

　解答以外の説明は，以下のとおりである。

　ア．商品表，分類表，社員表，売上表から，商品コードがS101，かつ社員コードがSH01の「社員名」，「売上日」，「商品名」，「数量」を抽出した仮想表である。

　ウ．商品表，分類表，社員表，売上表から，商品コードがS102，かつ社員コードがSH01の「社員名」，「売上日」，「商品名」，「数量」を抽出した仮想表である。

問5. 売上表より，数量が2以下のレコード件数を，集計（COUNT）関数を使用して求め，新しく列名を「実行結果」と指定している。売上表の「売上コード」がU07，U08，U09，U12，U17，U19，U27，U29の8件となる。

【5】

問1. 年・月・日から曜日を表示するには，TEXT関数（=TEXT（値，表示形式））を利用する。値は，年・月・日を指定するので，DATE関数（=DATE（年，月，日））を利用する。表示形式は，曜日の短縮形（日，月，…土）の場合は，"aaa"と設定する。A3とC3は，書式設定で年・月と表示してあるが，NOW関数が入力されているので，A3とC3のシリアル値は，両方45536（2024年9月1日）である。そのシリアル値から，YEAR関数で 年 を，MONTH関数で 月 を抽出（YAER（A3），MONTH（C3））して，DATE（YAER（A3），MONTH（C3），A6）と設定する。

問2. 『貸し会議室料金表』を作成するため，C5とG7に入る計算式は以下のとおりである。

　　　コピー元　　　C5=B5*C4
　　　コピー先　　　G7=B7*G4

　2つの式を比較し，B5は列のみ固定の複合番地$B5，C4は行のみ固定の複合番地C$4となる。よって，コピー元の計算式C5とコピー先の計算式G7は，次のようになる。

　　　コピー元　　　C5=$B5*C$4
　　　コピー先　　　G7=$B7*G$4

問3. 複数の論理式のいずれかを満たすときに真の場合とするには，OR関数を利用する。A列の「コード」が未入力（論理式「A4=""」）か，またはD列の「数量」が未入力（論理式「D4=""」）の場合，何も表示しない（真の場合「""」）。それ以外の場合は「単価」に「数量」を掛けたものを表示する（偽の場合「C4*D4」）。

問4. 月ごとの公共料金の平均を算出するには，複数のシートの共通する番地（B4）を指定する必要がある。シートの並び順が「先々月」，「先月」，「今月」となっているため，シート名「先々月」と「今月」を「:」でつないで指定すればよいため，

　　　=AVERAGE（先々月:今月!B4）

となる。

問5. 範囲内の ○ の数を数えるには，COUNTIFS関数を利用する。引数は，検索条件範囲，検索条件の順序で設定する。検索条件範囲は第1回〜第3回のB4:D4となる。検索条件は，○ の文字列を指定するので，""で囲む。

【6】

問1. 作成条件1．(1) より，B列の「品番」の左端から2桁目または3桁目より2文字を抽出しなければならないのでMID関数を利用する。また，価格表の「品番」は，6文字または7文字であ

ることがわかる。6文字の場合は,「秀」または「良」を除いた2文字目から(全角と半角を区別
することなく1文字として扱われる)抽出する。また,7文字の場合は,「特秀」を除いた3文字
目からの2文字を抽出する。つまり,「品番」の文字数から「4」を差し引けば抽出する開始位
置になるので,LEN関数を利用して「品番」の文字数を取り出しそこから4を引けば「玉数」を
抽出する開始位置が決まる。

問2.作成条件1.(2)より,「箱数」を求めるには,設定式の割り算の「商」の部分であるので,「余
り」は必要ない,つまり切り捨てることになる。

　　ア.INT関数(=INT(数値):数値を超えない最大の整数を求める。)で,「余り」の部分の小数点以下
を切り捨てるので,正しい結果が得られる。

　　イ.ROUND関数の第2引数の桁数が0で,小数点以下を四捨五入しているので,正しい結果が得ら
れない場合がある。

　　ウ.ROUNDDOWN関数の第2引数の桁数が0で,小数点以下を切り捨て,整数を返すので,正しい結
果が得られる。

問3.作成条件1.(3)より,F列の「販売価格」は価格表の「価格」を参照してE列の「箱数」を
掛けて求める。『価格表』を列方向に検索するには,VLOOKUP関数を利用する。

問4.作成条件2.より,「規格」ごとに「販売価格」の合計を算出するには,SUMIFS関数を利用する。
合計対象範囲はF5:F23,条件範囲はB5:B23,条件はD27&"*"となる。

問5.作成条件3.(2)より,販売価格の上位3位の「販売価格」は,リンゴ販売集計表の「販売価格」
の相対的な位置を求める必要があるため,MATCH関数を利用する。検査値はE33,検査範囲は
F5:F23,照合の種類は0となる。F35までコピーすることを考えて検査範囲を絶対参照とする。
その位置を参照して,「生産地」を表示するには,INDEX関数を利用する。配列は,「生産地」を
参照するので,A5:A23,行番号は,販売価格の上位3位の「販売価格」とリンゴ販売集計表の
「販売価格」の相対的な位置を求めたMATCH(E33,$F$5:$F$23,0),列番号は,配列(A5:A23)の「生
産地」の位置である1となる。F35までコピーすることを考えて配列を絶対参照とする。

【第12回模擬】【1】〜【4】…各3点　【5】・【6】…各4点

p.188　【1】

| 1 | ケ | 2 | ク | 3 | コ | 4 | ア | 5 | カ |

【2】

| 1 | エ | 2 | ク | 3 | イ | 4 | カ | 5 | コ |

p.189　【3】

| 1 | ウ | 2 | ア | 3 | ウ | 4 | ア | 5 | イ |

p.190　【4】

| 問1 | ア | 問2 | イ | 問3 | ア | 問4 | ウ | 問5 | 29 |

p.192　【5】

| 問1 | ウ | 問2 | (a) | ア | (b) | ウ | 問3 | 2 | 問4 | イ | 問5 | ア |

問2は(a)と(b)両方できて正答

p.194　【6】

| 問1 | ウ | 問2 | ア | 問3 | イ | 問4 | ウ | 問5 | ア |

p.196　**実技**　解答編 p.66 に掲載

解説【1】

解答以外の語句の説明は，以下のとおりである。

　イ．電子楽器とコンピュータを接続する規格。

　ウ．暗号化したデータを元のデータに戻すこと。

　エ．マークシートなどの専用用紙に記入されたマークの有無を光学的に読み取る装置。

　オ．サーバ専用のコンピュータを置かないネットワーク形態のこと。

　キ．一定期間は無料で使用でき，その後も使い続ける場合には料金を支払い使用するソフトウェアのこと。

【2】

解答以外の説明文は，以下の語句についての説明である。

　ア．書き込み

　ウ．トラック

　オ．ASCII コード

　キ．ワンタイムパスワード

　ケ．肖像権

【3】

1.
```
  1 0 1 1 1
-   1 0 0 1
  ─────────
    1 1 1 0
```

　　2進数1110を10進数に変換すると，

　　　1　　1　　1　　0
　　　×　　×　　×　　×
　　　2^3　2^2　2^1　2^0
　　　‖　　‖　　‖　　‖
　　　8　　4　　2　　0→8 + 4 + 2 + 0 = 14

　　14となる。

2．解答以外の語句の説明は，以下のとおりである。

　イ．ディスプレイやプリンタなどの性能表示に使用されるきめ細かさや画質の滑らかさを表す尺度のこと。

　ウ．文字や画像を構成する小さな点のこと。

3．解答以外の語句の説明は，以下のとおりである。

　ア．著作権者の権利の保護を図ることを目的とした法律のこと。

　イ．個人情報を扱う企業などを対象に，個人に関する情報の安全管理装置を義務づける法律のこと。

4．画像1枚あたりの記憶容量 = 解像度 × 色情報より

$$= 800 × 600 × 24 ビット ÷ 8$$
$$= 1,440,000 B（バイト）$$

　　1 GB は 1,000,000,000 B なので，1,000,000,000 ÷ 1,440,000 = 694.444…

　　よって，694 枚の画像を記録できる。

5．解答以外の表の説明は，以下のとおりである。

　ア．東部売上表と西部売上表の和集合をとった表である。

　ウ．東部売上表と西部売上表の積集合をとった表である。

【4】

問1．主キーとは，レコードを一意に特定できる項目のことである。体験コース表の講師コードや教室コードでは，レコードを一意に特定できないため，主キーとしては不適切であり，「コースコ

ード」が主キーである。

問2．体験コース表から，定員が10より小さい「コース名」を抽出する。
　　解答以外の説明は，以下のとおりである。
　ア．体験コース表から，定員が10より大きい「コース名」を抽出した仮想表である。
　ウ．体験コース表から，定員が10の「コース名」を抽出した仮想表である。

問3．教室表と体験コース表から，定員が10より大きい「教室名」を抽出する。
　　解答以外の説明は，以下のとおりである。
　イ．教室表と体験コース表から，定員が10以上の「教室名」を抽出した仮想表である。
　ウ．教室表と体験コース表から，定員が10と等しい「教室名」を抽出した仮想表である。

問4．体験コース表，講師表，実施記録表から，受講日付が2022/05/10から2022/05/13までの「コース名」，「講師名」を抽出する。
　　解答以外の説明は，以下のとおりである。
　ア．体験コース表，講師表，実施記録表から，受講日付が2022/05/11から2022/05/14までの「コース名」，「講師名」を抽出した仮想表である。
　イ．体験コース表，講師表，実施記録表から，受講日付が2022/05/10から2022/05/14までの「コース名」，「講師名」を抽出した仮想表である。

問5．体験コース表と実施記録表から，コース名が上級の参加人数の合計を，集計関数(SUM)を使用して求め，新しく列名を「参加人数合計」として抽出する。実施記録表の「コースコード」がB201(上級)の「参加人数」は，9，9，11の合計29となる。

【5】
問1．「受付時間」から2時間30分後を求めるには，「受付時間」にTIME関数で表した2時間30分を加算する。

問2．コピー元となるB8は，10月の売上金額を基準(100%)とするため，B8=B4/B4となる。コピー先となるG11は，10月の売上金額が基準のため，G11=G7/B7となる。
　　　コピー元　　B8=B4/<u>B4</u>
　　　コピー先　　G11=G7/<u>B7</u>
　2つの式を比較し，B4は列のみ固定の複合番地 $B4 となる。よって，コピー元であるB8の設定式は，次のとおりである。
　　　B8=B4/$B4

問3．「判定」は，「演技1」から「演技3」までに9以上が1つ以上あるか，または「演技1」から「演技3」までに6以下が1つ以下の場合 ○ を表示する。

問4．「部活コード」ごとに「執行金額」の合計を算出するには，SUMIFS関数を利用する。引数は合計対象範囲，条件範囲，条件の順序で設定する。合計対象範囲は執行内容!$C$4:$C$200，条件範囲は執行内容!$B$4:$B$200，条件はA4となる。

問5．数値の10未満を切り捨てるには，ROUNDDOWN関数で桁数の部分に「−1」を指定する。

【6】
問1．作成条件1．(2)より，希望するジャンルコードが「店舗表」にあるか確認するには，データ件数を調べ，0であればない，1以上であればあると判断できるので，COUNTIFS関数を利用する。

問2．作成条件1．(3)と設定式より，D5がOKの場合に「該当店舗数」を数えて表示するので，「D5<>OK」は，『D5がOKでない』ので，IF関数の第2引数には，""(何も表示しない)を設定することになる。
　イ．OKでない場合に登録されている店舗数を表示してしまうので，正しく表示されない。
　ウ．COUNTIFS関数の第1引数と第2引数が逆に設定されているので，エラーとなる。

問3．作成条件1．(4)より，「ジャンル」は，『ジャンル表』を列方向に検索するので，VLOOKUP関数を利用する。

問4．作成条件1．(7)より，「店舗名」は，『店舗表』を列方向に検索するので，VLOOKUP関数(=VLOOKUP(検索値，範囲，列番号，検索方法))を利用する。第3引数の列番号は，MATCH関数(=MATCH(検査値，検査範囲，[照合の種類]))で8行目の項目名より求めている。また，コピーをするので，コピー元とコピー先の設定式を比較する。
　　　コピー元　C9=IF(<u>B9</u>="","",VLOOKUP(B5&B9,B27:E79,MATCH(C8,B26:E26,0),FALSE))
　　　コピー先　E23=IF(<u>B23</u>="","",VLOOKUP(B5&B23,B27:E79,MATCH(E8,B26:E26,0),FALSE))
　<u>B5</u>，<u>B27:E79</u>，<u>B26:E26</u>は，行列固定の絶対参照 <u>$B$5</u>，<u>$B$27:$E$79</u>，<u>$B$26:$E$26</u>，<u>B9</u>は，列のみ固定の複合参照<u>$B9</u>，<u>C8</u>は，行のみ固定の複合参照<u>C$8</u>となる。
　　よって，コピー元のC9の設定式は，次のようになる。
　　　=IF($B9="","",VLOOKUP($B$5&$B9,$B$27:$E$79,MATCH(C$8,$B$26:$E$26,0),FALSE))

問5．作成条件1．(6)より，B9のセルを確認している。一つ上の行に何も表示されていない場合や，『店舗表』に登録されている店舗が全て表示された場合は，以降は何も表示しないので，つまり，F5の「該当店舗数」と1を加算する「No.」が一致した場合に何も表示しない。よって，IF関数の第1引数は，OR(B9="",B9=$F$5)，第2引数が "" の組み合わせとなる。

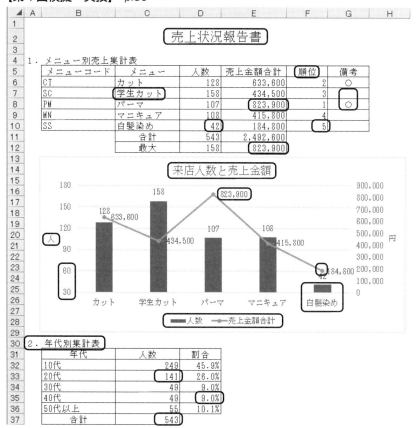

<設定式>
C6 : =VLOOKUP(B6，メニュー表!$A$4:$B$8,2,FALSE)
D6 : =COUNTIFS(売上表!$B$4:$B$546,B6)
E6 : =SUMIFS(売上表!$C$4:$C$546，売上表!$B$4:$B$546,B6)
F6 : =RANK(E6,$E$6:$E$10,0)
G6 : =IF(AND(D6>=100,E6>=500000),"◯","")
D11 : =SUM(D6:D10)
D12 : =MAX(D6:D10)
C32 : =COUNTIFS(売上表!$D$4:$D$546,B32)
C37 : =SUM(C32:C36)
D32 : =C32/$C$37

<グラフ作成のポイント>
（集合グラフ）
①C5〜E10を範囲指定し，[挿入]→[グラフ]→[縦棒/横棒グラフの挿入]→[2-D縦棒]の[集合縦棒]を選択する。
②「売上金額合計」の縦棒グラフを右クリックして，[系列グラフの種類の変更]を選択して，[系列名]が「売上金額合計」の[グラフの種類]を[マーカー付き折れ線]を選択し，[第2軸]にチェックを入れる。
③グラフタイトル，データラベル，凡例の位置，数値軸（縦軸）目盛，軸ラベルなどの設定を行う。

<参考>グラフの種類の変更と第2軸の設定方法（グラフ作成のポイント②の手順）
①「売上金額合計」の縦棒グラフを右クリック。「カット」から「白髪染め」までのいずれも可。[系列グラフの種類の変更]を選択

②[系列名]が「売上金額合計」の[グラフの種類]を[マーカー付き折れ線]を選択し，[第2軸]にチェックを入れる。

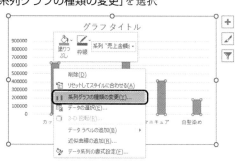

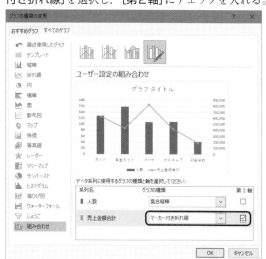

【第２回模擬　実技】　p.96

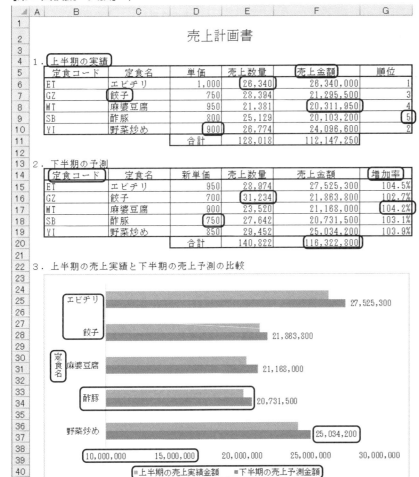

売上計画書

1. 上半期の実績

定食コード	定食名	単価	売上数量	売上金額	順位
ET	エビチリ	1,000	26,340	26,340,000	1
GZ	餃子	750	28,394	21,295,500	3
MT	麻婆豆腐	950	21,381	20,311,950	4
SB	酢豚	800	25,129	20,103,200	5
YI	野菜炒め	900	26,774	24,096,600	2
	合計		128,018	112,147,250	

2. 下半期の予測

定食コード	定食名	新単価	売上数量	売上金額	増加率
ET	エビチリ	950	28,974	27,525,300	104.5%
GZ	餃子	700	31,234	21,863,800	102.7%
MT	麻婆豆腐	900	23,520	21,168,000	104.2%
SB	酢豚	750	27,642	20,731,500	103.1%
YI	野菜炒め	850	29,452	25,034,200	103.9%
	合計		140,822	116,322,800	

3. 上半期の売上実績と下半期の売上予測の比較

<配点>

① 表の作成（　　　　の箇所）
　　　　　…５点×13箇所 ＝ 65点
数値は，３桁ごとにコンマをつけていること。

② 罫線　２つの表のすべての罫線が太線と細線に区別され正確にできていること。　　　　　　　　　…５点

③ グラフの作成（　　　　の箇所）
　　　　　…５点× ６箇所 ＝ 30点
数値軸目盛は，最小値および間隔が正しく設定されていること。
凡例の位置，縦（項目）軸ラベルの方向・位置が正しく設定されていること。
データラベルは，下半期の売上予測金額のみを表示し，上半期の売上実績金額は，非表示にする。

<グラフ作成のポイント>
（集合横棒グラフ）

① C5～C10, F5～F10 を範囲指定し，[挿入]→[グラフ]→[縦棒／横棒グラフの挿入]→[2-D横棒]の[集合横棒]を選択する。

② [デザイン]→[データ]→[データの選択]を選択し，[凡例項目(系列)]の[編集]→[系列名]に「上半期の売上実績金額」と入力する。さらに，[凡例項目(系列)]の[追加]→[系列名]に「下半期の売上予測金額」と入力する。[系列値]に，「＝計画書！＄F＄15：＄F＄19」（F15～F19 をドラッグしてもよい）と入力する。

③ 縦（項目）軸ラベルをクリックし，[軸の書式設定]→[軸のオプション]の[最大項目]と[軸を反転する]にチェックを入れる。

④ データラベル，凡例の位置，数値軸（横軸）目盛などの設定を行う。

<設定式>

C6：=VLOOKUP(B6,定食表!$A$4:$C$8,2,FALSE)
D6：=VLOOKUP(B6,定食表!$A$4:$C$8,3,FALSE)
E6：=SUMIFS(売上表!$C$4:$C$33,売上表!$B$4:$B$33,B6)
F6：=D6*E6
G6：=RANK(F6,$F$6:$F$10,0)
E11：=SUM(E6:E10)
C15：=VLOOKUP(B15,定食表!$A$4:$C$8,2,FALSE)
D15：=VLOOKUP(B15,定食表!$A$4:$C$8,3,FALSE)-50

E15：=ROUNDUP(VLOOKUP(B15,$B$6:$E$10,4,FALSE)*1.1,0)
F15：=D15*E15
G15：=F15/F6

<参考>下半期の売上予測金額のみのデータラベルを表示させる方法

[デザイン]→[グラフのレイアウト]→[グラフ要素を追加]→[データラベル]→[外側]の操作では，すべてのデータラベルが表示されてしまう。以下の２パターンの方法を示す。

（方法１）すべてのデータラベルを表示させて，上半期の売上実績金額のデータラベルを非表示にする方法

　上半期の売上実績金額のデータラベルのみを選択し，右クリックして「削除」を選択する。または，上半期の売上実績金額のデータラベルのみを選択し，キーボードの Delete キー（または，Back Space キー）を押す。

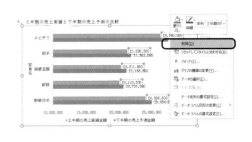

（方法２）下半期の売上予測金額のデータラベルのみ表示させる方法

　下半期の売上予測金額のデータ系列を選択し，右クリックして，[データラベルの追加]を選択する。

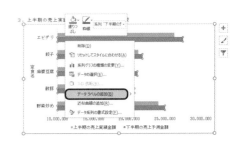

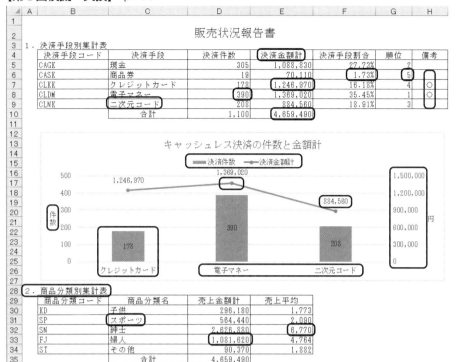

＜設定式＞

C5 ： =VLOOKUP(B5,コード表!$A$12:$B$16,2,FALSE)

D5 ： =COUNTIFS(売上表!$D$4:$D$1103,B5)

E5 ： =SUMIFS(売上表!$C$4:$C$1103,売上表!$D$4:$D$1103,B5)

F5 ： =D5/$D$10

G5 ： =RANK(D5,$D$5:$D$9,0)

H5 ： =IF(AND(LEFT(B5,2)="CL",E5>1000000),"◯","")

D10 ： =SUM(D5:D9)

C30 ： =VLOOKUP(B30,コード表!$A$4:$B$8,2,FALSE)

D30 ： =SUMIFS(売上表!$C$4:$C$1103,売上表!$B$4:$B$1103,B30)

E30 ： =ROUNDDOWN(AVERAGEIFS(売上表!$C$4:$C$1103,売上表!$B$4:$B$1103,B30),0)

D35 ： =SUM(D30:D34)

＜グラフ作成のポイント＞(複合グラフ)

① C4～E4，C7～E9を範囲指定し，[挿入]→[グラフ]→[縦棒／横棒グラフの挿入]→[2-D縦棒]の[集合縦棒]を選択する。

②「決済金額計」の縦棒グラフを右クリックして，[系列グラフの種類の変更]を選択して，「決済金額計」の[グラフの種類]を[マーカー付き折れ線]を選択し，「決済金額計」の[第2軸]にチェックを入れる。

③タイトル，凡例の位置，データラベル，第1・2数値軸(縦軸)目盛および，軸ラベルなどの設定を行う。

【第4回模擬　実技】 p.116

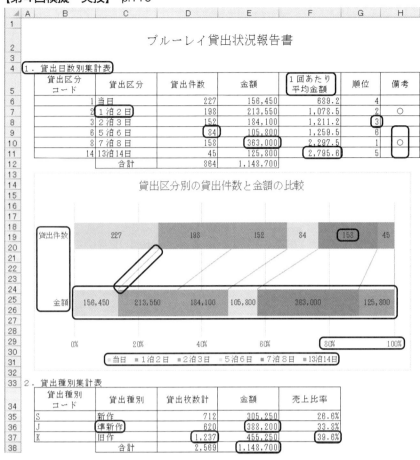

ブルーレイ貸出状況報告書

1. 貸出日数別集計表

貸出区分コード	貸出区分	貸出件数	金額	1回あたり平均金額	順位	備考
1	当日	227	156,450	689.2	4	
2	1泊2日	198	213,550	1,078.5	2	○
3	2泊3日	152	184,100	1,211.2	3	
6	5泊6日	84	105,800	1,259.5	6	
8	7泊8日	158	363,000	2,297.5	1	○
14	13泊14日	45	125,800	2,795.6	5	
	合計	864	1,148,700			

貸出区分別の貸出件数と金額の比較

2. 貸出種別集計表

貸出種別コード	貸出種別	貸出枚数計	金額	売上比率
S	新作	712	305,250	26.6%
J	準新作	620	388,200	33.8%
K	旧作	1,237	455,250	39.6%
	合計	2,569	1,148,700	

＜設定式＞

C6 ：=HLOOKUP(B6, 料金表!$C$4:$H$5, 2, FALSE)
D6 ：=COUNTIFS(貸出データ表!$C$4:$C$867, B6)
E6 ：=SUMIFS(貸出データ表!$E$4:$E$867, 貸出データ表!$C$4:$C$867, B6)
F6 ：=AVERAGEIFS(貸出データ表!$E$4:$E$867, 貸出データ表!$C$4:$C$867, B6)
G6 ：=RANK(E6, $E$6:$E$11, 0)
H6 ：=IF(AND(RANK(D6, $D$6:$D$11, 0)<=3, E6>=200000), "○", "")
(別解)=IF(AND(D6>=LARGE($D$6:$D$11, 3), E6>=200000), "○", "")
D12 ：=SUM(D6:D11)
C35 ：=VLOOKUP(B35, 料金表!$A$6:$B$8, 2, FALSE)
D35 ：=SUMIFS(貸出データ表!$D$4:$D$867, 貸出データ表!$B$4:$B$867, B35)
E35 ：=SUMIFS(貸出データ表!$E$4:$E$867, 貸出データ表!$B$4:$B$867, B35)
F35 ：=E35/$E$38
D38 ：=SUM(D35:D37)

＜参考＞縦(項目)軸ラベルの反転(グラフ作成のポイント③の手順)

①縦(項目)軸ラベルで右クリックし、[軸の書式設定]をクリックする。

②[軸のオプション]の[軸を反転する]と[最大項目]にチェックを入れる。

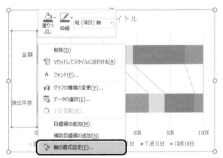

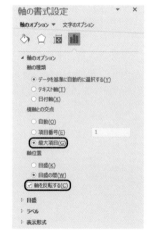

配点

①表の作成(◯◯◯の箇所)
　　…5点 × 13箇所 = 65点
数値は、3桁ごとにコンマをつけていること。
②罫線　2つの表の罫線が正確にできていること。…5点
③グラフの作成(◯◯◯の箇所)
　　…5点 × 6箇所 = 30点
100% 積み上げ横棒グラフであること。数値軸目盛は、最大値および間隔が正しく設定されていること。
データラベル、凡例の位置、区分線が正しく設定されていること。

＜グラフ作成のポイント＞
(100% 積み上げ横棒グラフ)

① C5～E11 を範囲指定し、[挿入]→[グラフ]→[縦棒/横棒グラフの挿入]→[2-D横棒]の[100% 積み上げ横棒]を選択する。
②[デザイン]→[データ]→[行/列の切り替え]を選択する。
③縦(項目)軸ラベルをクリックし、[軸の書式設定]→[軸のオプション]の[最大項目]と[軸を反転する]にチェックを入れる。
④[デザイン]→[グラフのレイアウト]→[グラフ要素を追加]を選択し、[線]→[区分線]を選択する。
⑤グラフタイトル、データラベル、凡例の位置、数値軸(横軸)目盛などの設定を行う。

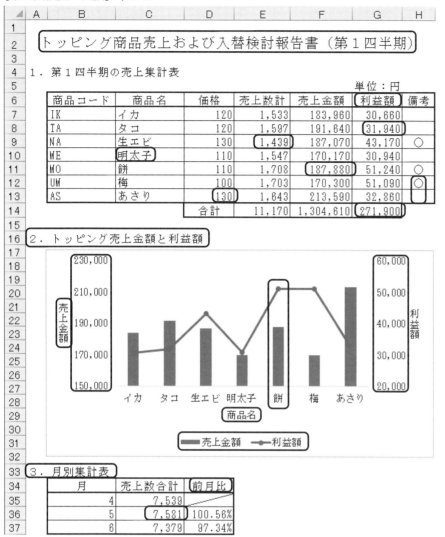

配点
①表の作成（ ◯ の箇所）
　…5点×13箇所＝65点
数値は，3桁ごとにコンマを
つけていること。
②罫線　表のすべての罫線が
太線と細線に区別され，正確
にできていること。
　　　　　　　　　…5点
③グラフの作成（ ◯ の箇
所）…5点×6箇所＝30点
数値軸目盛は，最小値・最大
値および間隔が正しく設定さ
れていること。数値軸ラベル
の方向，凡例の位置が正しく
設定されていること。

＜設定式＞

C7：=VLOOKUP(B7,商品表!\$A\$4:\$D\$17,2,FALSE)

D7：=VLOOKUP(B7,商品表!\$A\$4:\$D\$17,3,FALSE)

E7：=SUMIFS(売上集計表!\$E\$4:\$E\$1277,
　　　売上集計表!\$D\$4:\$D\$1277,B7)

F7：=D7*E7

G7：=VLOOKUP(B7,商品表!\$A\$4:\$D\$17,4,FALSE)*E7

H7：=IF(AVERAGE(\$G\$7:\$G\$13)<G7,"◯","")

E14：=SUM(E7:E13)

C35：=SUMIFS(売上集計表!\$E\$4:\$E\$1277,
　　　　売上集計表!\$B\$4:\$B\$1277,B35)

D36：=ROUNDUP(C36/C35,4)

＜グラフ作成のポイント＞(複合グラフ)

① C6～C13 と F6～G13 を範囲指定し，[挿入]→[グラフ]→[縦棒／横棒グラフの挿入]→[2-D縦棒]の[集合縦棒]を選択する。
②「利益額」の縦棒グラフを右クリックし，[系列グラフの種類の変更]を選択して，「利益額」の[グラフの種類]→[マーカー
付き折れ線]を選択して，[第2軸]にチェックを入れる。
③第1・第2数値軸(縦軸)目盛および縦軸ラベルなどの設定を行う。

＜参考＞グラフの種類の変更と第2軸の設定方法(グラフ作成ポイント②の手順)

【第6回模擬　実技】 p.136

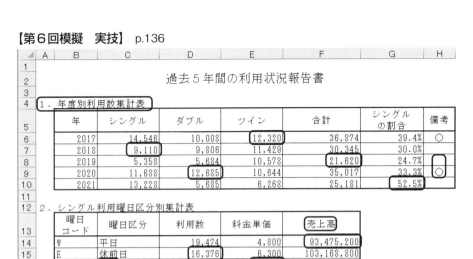

過去5年間の利用状況報告書

1．年度別利用数集計表

年	シングル	ダブル	ツイン	合計	シングルの割合	備考
2017	14,546	10,008	12,320	36,874	39.4%	○
2018	9,110	9,806	11,429	30,345	30.0%	
2019	5,358	5,684	10,578	21,620	24.7%	
2020	11,688	12,685	10,644	35,017	33.3%	○
2021	13,228	5,685	6,268	25,181	52.5%	

2．シングル利用曜日区分別集計表

曜日コード	曜日区分	利用数	料金単価	売上高
W	平日	19,474	4,800	93,475,200
E	休前日	16,376	6,300	103,168,800
H	休日	18,080	5,300	95,824,000

3．利用数と売上高の比較

＜設定式＞

C6：=SUMIFS(集計表!$D$4:$D$33, 集計表!$A$4:$A$33,B6)
F6：=SUM(C6:E6)
G6：=ROUNDDOWN(C6/F6,3)
H6：=IF(AND(C6>=AVERAGE($C$6:$C$10),
　　　D6>=AVERAGE($D$6:$D$10),
　　　E6>=AVERAGE($E$6:$E$10)),"○","")

C14：=HLOOKUP(B14,料金表!$B$3:$D$5,2,FALSE)
D14：=SUMIFS(集計表!$D$4:$D$33, 集計表!$C$4:$C$33,B14)
E14：=HLOOKUP(B14,料金表!$B$3:$D$5,3,FALSE)
F14：=D14*E14

＜グラフ作成のポイント＞（100%積み上げ横棒グラフ）

①C13〜D16とF13〜F16を範囲指定し，[挿入]→[グラフ]→[縦棒/横棒グラフの挿入]→[2-D横棒]の[100%積み上げ横棒]を選択する。
②[デザイン]→[データ]→[行/列の切り替え]を選択する。
③縦(項目)軸ラベルをクリックし，[軸の書式設定]→[軸のオプション]の[最大項目]と[軸を反転する]にチェックを入れる。
④[デザイン]→[グラフのレイアウト]→[グラフ要素を追加]を選択し，[線]→[区分線]を選択して区分線を追加する。
⑤データラベル，数値軸(横軸)目盛などを設定する。

＜参考＞縦(項目)軸ラベルの反転（グラフ作成のポイント③の手順）

①縦(項目)軸ラベルで右クリックし，[軸の書式設定]をクリックする。

②[軸のオプション]の[軸を反転する]と[最大項目]にチェックを入れる。

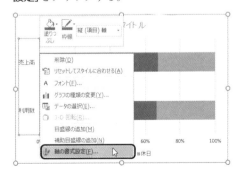

ケーブルカー団体客集計表（5月）

1．GW期間集計表

月	日	団体数	人数合計	運賃合計	順位	備考
5	1	13	1,023	722,280	2	○
5	2	8	679	425,830	3	
5	3	18	1,352	1,096,070	1	○
5	4	7	492	316,240	4	
5	5	10	305	183,280	5	
	合計	56	3,851	2,743,700		
	平均	11	770	548,740		
	最大	18	1,352	1,096,070		
	最小	7	305	183,280		

2．団体別月間集計表

団体	幼稚園	小学校	中学校	高校	一般	総計
団体数	18	23	15	4	23	83
人数合計	890	1,583	1,434	968	1,059	5,934
運賃合計	391,600	775,670	1,247,580	890,560	1,027,230	4,332,640
割合	9.0%	17.9%	28.7%	20.5%	23.7%	

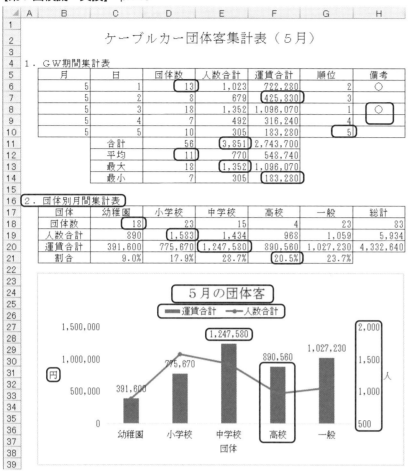

5月の団体客

■運賃合計　—●—人数合計

配点
①表の作成（ □ の箇所）
　　　　…5点×13箇所＝65点
数値は，3桁ごとにコンマをつけていること。
②罫線　2つの表のすべての罫線が正確にできていること。
　　　　……………………5点
③グラフの作成（ □ の箇所）
　　　　…5点×6箇所＝30点
数値軸目盛は，最小値・最大値および間隔が正しく設定されていること。数値軸ラベルの方向，凡例の位置が正しく設定されていること。

＜グラフ作成のポイント＞（複合グラフ）
① B17〜G17 と B19〜G20 を範囲指定し，［挿入］→［グラフ］→［折れ線／面グラフの挿入］→［2-D折れ線］の［マーカー付き折れ線］を選択する。
②「人数合計」のマーカー付き折れ線グラフを右クリックし，［系列グラフの種類の変更］を選択して，「運賃合計」の［グラフの種類］→［集合縦棒］を選択して，「人数合計」の［第2軸］にチェックを入れる。
③グラフタイトル，凡例の位置，データラベル，第1・第2数値軸（縦軸）目盛および，軸ラベルなどの設定を行う。

＜設定式＞
D6：=COUNTIFS（団体客データ表!$C$4:$C$86,C6）
E6：=SUMIFS（団体客データ表!$E$4:$E$86,団体客データ表!$C$4:$C$86,C6）
F6：=SUMIFS（団体客データ表!$G$4:$G$86,団体客データ表!$C$4:$C$86,C6）
G6：=RANK（F6,$F$6:$F$10,0）
H6：=IF（OR（D6>10,E6>=1000）,"○",""）
D11：=SUM（D6:D10）　　　D12：=AVERAGE（D6:D10）　　　D13：=MAX（D6:D10）　　　D14：=MIN（D6:D10）
C18：=COUNTIFS（団体客データ表!$F$4:$F$86,C17）
C19：=SUMIFS（団体客データ表!$E$4:$E$86,団体客データ表!$F$4:$F$86,C17）
C20：=SUMIFS（団体客データ表!$G$4:$G$86,団体客データ表!$F$4:$F$86,C17）
H18：=SUM（C18:G18）
C21：=ROUNDDOWN（C20/$H$20,3）

＜参考＞第2数値軸目盛の設定方法（グラフ作成のポイント③）
①第2数値軸（縦軸）目盛で右クリックし，［軸の書式設定］をクリックする。

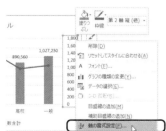

②［軸のオプション］の［最小値］に500,［最大値］に2000,［主］に500と設定する。

※ Excel のバージョンによっては，［主］ではなく［目盛間隔］と表示される。

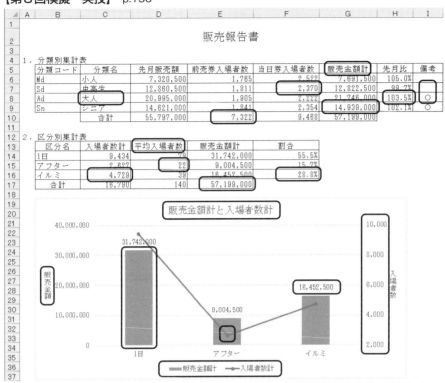

配点

①表の作成（◯ の箇所）
　…5点×12箇所 = 60点
数値は，3桁ごとにコンマをつけていること。

②罫線　2つの表のすべての罫線が正確にできていること。
　…5点

③グラフの作成（◯ の箇所）　…5点×7箇所 = 35点
販売金額計が集合縦棒グラフであること。入場者数計が折れ線グラフであること。マーカーの有無は問わない。
第2数値軸（縦軸）目盛が，最小値（2,000），最大値（10,000），および間隔（2,000）が正しく設定されていること。
グラフタイトル，データラベル，凡例の位置（左右の順序は問わない），軸ラベル（方向）が正しく設定されていること。

＜設定式＞

C 6 ：=VLOOKUP(B6, 料金表!$A$5:$B$8,2,FALSE)

D 6 ：=VLOOKUP(B6, 料金表!$A$5:$E$8,5,FALSE)

E 6 ：=SUMIFS(売上表!$D$4:$D$363, 売上表!$C$4:$C$363,B6)

F 6 ：=SUMIFS(売上表!$E$4:$E$363, 売上表!$C$4:$C$363,B6)

G 6 ：=SUMIFS(売上表!$F$4:$F$363, 売上表!$C$4:$C$363,B6)

H 6 ：=ROUNDDOWN(G6/D6,3)

I 6 ：=IF(RANK(G6,$G$6:$G$9,0)<=2,"◯","")

D10 ：=SUM(D6:D9)

C14 ：=SUMIFS(売上表!$D$4:$D$363, 売上表!$B$4:$B$363,B14)
　　　+SUMIFS(売上表!$E$4:$E$363, 売上表!$B$4:$B$363,B14)

D14 ：=AVERAGEIFS(売上表!$D$4:$D$363, 売上表!$B$4:$B$363,B14)
　　　+AVERAGEIFS(売上表!$E$4:$E$363, 売上表!$B$4:$B$363,B14)

E14 ：=SUMIFS(売上表!$F$4:$F$363, 売上表!$B$4:$B$363,B14)

C17 ：=SUM(C14:C16)

F14 ：=E14/$E$17

＜グラフ作成のポイント＞
（複合グラフ）

①B13〜C16，E13〜E16を範囲指定し，[挿入]→[グラフ]→[縦棒/横棒グラフの挿入]→[2-D縦棒]の[集合縦棒]を選択する。

②「入場者数計」の縦棒グラフを右クリックして，[系列グラフの種類の変更]を選択して，[系列名]が「入場者数計」の[グラフの種類]を[マーカー付き折れ線]を選択し，[第2軸]にチェックを入れる。

③グラフタイトル，データラベル，凡例の位置，数値軸（縦軸）目盛，軸ラベルなどの設定を行う。

＜参考＞グラフの種類の変更と第2軸の設定方法（グラフ作成のポイント②の手順）

①第1数値軸（縦軸）と第2数値軸（縦軸）の単位が，異なる場合の棒グラフの選択方法は，「グラフツール」の[書式]→[現在の範囲選択]の 系列"入場者数計"を選択する。

②右クリックのあと，「グラフの種類の変更」ダイアログボックスの[系列名]が「入場者数計」の[グラフの種類]を[マーカー付き折れ線]を選択し，[第2軸]にチェックを入れる。

【第9回模擬　実技】　p.166

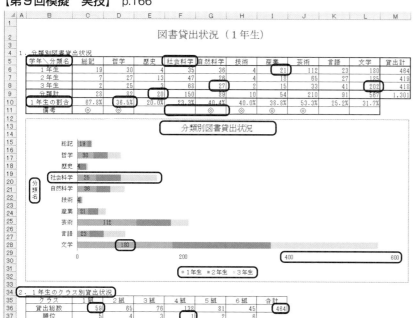

1．分類別図書貸出状況

学年＼分類名	総記	哲学	歴史	社会科学	自然科学	技術	産業	芸術	言語	文学	貸出計
1年生	19	30	4	35	36	4	21	112	23	180	464
2年生	7	27	13	47	26	4	18	65	25	185	419
3年生	2	25	3	68	27	2	15	33	41	202	418
分類計	28	82	20	150	89	10	54	210	91	567	1,301
1年生の割合	67.8%	36.5%	20.0%	23.3%	40.4%	40.0%	38.8%	53.3%	25.2%	31.7%	
備考	◎	◎		◎	◎		◎				

分類別図書貸出状況

2．1年生のクラス別貸出状況

クラス	1組	2組	3組	4組	5組	6組	合計
貸出総数	59	65	76	138	81	45	464
順位	5	4	3	1	2	6	

＜設定式＞

C6：=COUNTIFS(貸出データ表!$D$4:$D$467,C5)
M6：=SUM(C6:L6)
C9：=SUM(C6:C8)
C10：=ROUNDDOWN(C6/C9,3)
C11：=IF(C6=MAX(C6:C8),"◎","")
（別解）=IF(C6=LARGE(C6:C8,1),"◎","")
C36：=COUNTIFS(貸出データ表!$B$4:$B$467,VALUE(LEFT(C35,1)))
I36：=SUM(C36:H36)
C37：=RANK(C36,$C$36:$H$36,0)

＜グラフ作成のポイント＞（積み上げ横棒グラフ）

① B5～L8 を範囲指定し，[挿入]→[グラフ]→[縦棒／横棒グラフの挿入]→[2-D横棒]の[積み上げ横棒]を選択する。
② 1年生のデータ系列を選択して[デザイン]→[グラフのレイアウト]→[グラフ要素を追加]→[データラベル]より[中央]を選択する。
③ 縦（項目）軸ラベルを右クリックし，[軸の書式設定]→[軸のオプション]の[最大項目]と[軸を反転する]にチェックを入れる。
④ 凡例の位置，グラフタイトル，数値軸（横軸）目盛，軸ラベルなどの設定を行う。

＜参考＞データラベルの設定方法（グラフ作成のポイント②の手順と違う方法）

1年生のデータ系列を選択して[グラフ要素]の[データラベル]にチェックを入れ，[中央揃え]を選択する。

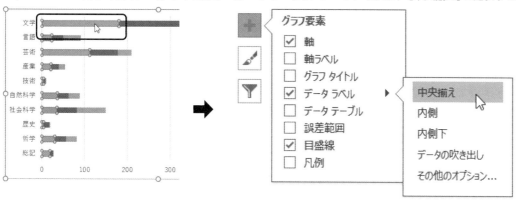

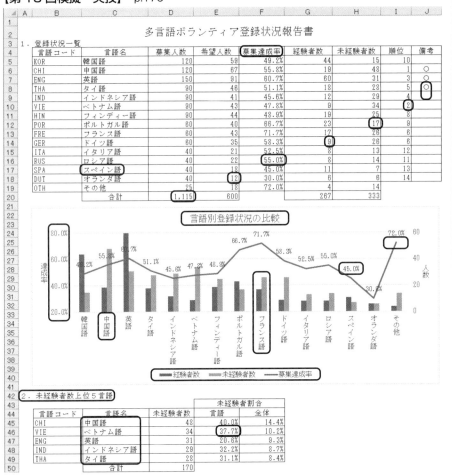

多言語ボランティア登録状況報告書

1．登録状況一覧

言語コード	言語名	募集人数	希望人数	募集達成率	経験者数	未経験者数	順位	備考
KOR	韓国語	120	59	49.2%	44	15	10	
CHI	中国語	120	67	55.8%	19	48	1	○
ENG	英語	150	91	60.7%	60	31	3	○
THA	タイ語	90	46	51.1%	18	28	5	○
IND	インドネシア語	90	41	45.6%	12	29	4	
VIE	ベトナム語	90	43	47.8%	9	34	2	
HIN	フィンディー語	90	44	48.9%	19	25	7	
POR	ポルトガル語	60	40	66.7%	23	17	9	
FRE	フランス語	60	43	71.7%	17	26	6	
GER	ドイツ語	60	35	58.3%	9	26	8	
ITA	イタリア語	40	21	52.5%	8	13	12	
RUS	ロシア語	40	22	55.0%	8	14	11	
SPA	スペイン語	40	18	45.0%	11	7	13	
DUT	オランダ語	40	12	30.0%	6	6	14	
OTH	その他	25	18	72.0%	4	14		
	合計	1,115	600		267	333		

言語別登録状況の比較

達成率
80.0%
60.0%
40.0%
20.0%

49.2% 55.8% 60.7% 51.1% 45.6% 47.8% 48.9% 66.7% 71.7% 58.3% 52.5% 55.0% 45.0% 30.0% 72.0%

韓国語 中国語 英語 タイ語 インドネシア語 ベトナム語 フィンディー語 ポルトガル語 フランス語 ドイツ語 イタリア語 ロシア語 スペイン語 オランダ語 その他

人数
60
40
20
0

■経験者数　■未経験者数　━募集達成率

2．未経験者数上位5言語

言語コード	言語名	未経験者数	未経験者割合	
			言語	全体
CHI	中国語	48	40.0%	14.4%
VIE	ベトナム語	34	37.7%	10.2%
ENG	英語	31	20.6%	9.3%
IND	インドネシア語	29	32.2%	8.7%
THA	タイ語	28	31.1%	8.4%
	合計	170		

<設定式>

C5 ： =VLOOKUP(B5,言語表!$A$4:$B$18,2,FALSE)

D5 ： =VLOOKUP(B5,言語表!$A$4:$C$18,3,FALSE)

E5 ： =COUNTIFS(登録表!$B$4:$B$603,B5)

F5 ： =E5/D5

G5 ： =SUMIFS(登録表!$C$4:$C$603,登録表!$B$4:$B$603,B5)

H5 ： =E5-G5

I5 ： =RANK(H5,$H$5:$H$18,0)

J5 ： =IF(AND(F5>=50%,I5<=5),"○","")

D20 ： =SUM(D5:D19)

E45 ： =ROUNDDOWN(D45/VLOOKUP(B45,言語表!$A$4:$C$18,3,FALSE),3)

F45 ： =ROUNDDOWN(D45/$H$20,3)

D50 ： =SUM(D45:D49)

<グラフ作成のポイント>（複合グラフ）

① C4～C19，F4～H19 を範囲指定し，[挿入]→[グラフ]→[折れ線／面グラフの挿入]→[2-D折れ線]の[折れ線]を選択する。

②「経験者計」の折れ線グラフを右クリックして，[系列グラフの種類の変更]を選択する。「経験者数」と「未経験者数」の[グラフの種類]の[集合縦棒]を選択し，「経験者数」と「未経験者数」の[第2軸]にチェックを入れる。

③タイトル，データラベル，第1・2数値軸(縦軸)目盛および，軸ラベルなどの設定を行う。

配点

①表の作成（　　　）の箇所）
　　…5点×12箇所 = 60点
数値は，3けたごとにコンマをつけていること。

②罫線　2つの表の罫線が正確にできていること。 …5点

③グラフの作成（　　　）の箇所）…5点×7箇所 = 35点
フランス語の経験者数と未経験者数が集合縦棒グラフであること。

左側の数値軸が，最小値(20.0%)，最大値(80.0%)，および間隔(20.0%)と設定されていること。

中国語のラベルの方向。

凡例の位置。順序は問わない。

その他の募集達成率が折れ線グラフであること。マーカーの有無は問わない。

【第11回模擬　実技】 p.186

売上報告書

1．和菓子の売上集計表

商品コード	商品名	仕入先名	売上数	売上金額	備考
DAI-W01	いちごくん	大黒製菓	213	25,560	
DAI-W02	黒糖どら	大黒製菓	185	27,750	
IKA-W01	栗ようかん	いかや	111	44,400	○
SEI-W01	いなかまん	清流総本舗	223	20,070	
SEI-W02	抹茶もなか	清流総本舗	289	23,120	○
		合計	1,021	140,900	

2．洋菓子の売上集計表

商品コード	商品名	仕入先名	売上数	売上金額	備考
DAI-Y01	けごんケーキ	大黒製菓	295	59,000	○
IKA-Y01	ゆずクッキー	いかや	140	19,600	
IKA-Y02	チョコメロン	いかや	135	16,200	
SEI-Y01	バニラブッセ	清流総本舗	247	39,520	○
SEI-Y02	リンゴパイ	清流総本舗	141	28,200	
		合計	958	162,520	

3．仕入先別集計表

仕入先名	売上数計	売上金額計	構成比
いかや	386	80,200	19.6%
清流総本舗	900	110,910	45.5%
大黒製菓	693	112,310	35.1%

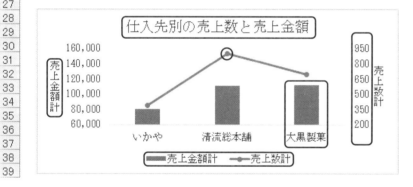

配点
①表の作成（⬚ の箇所）
　　　　…5点×13箇所 = 65点
数値は，3桁ごとにコンマをつけていること。
②罫線　3つの表のすべての罫線が正確にできていること。
　　　　　　　　　　　…5点
③グラフの作成（⬚ の箇所）
　　　　…5点× 6箇所 = 30点
数値軸目盛は，最小値・最大値および間隔が正しく設定されていること。数値軸ラベルの方向が正しく設定されていること。

<グラフ作成のポイント>（複合グラフ）
① B23～D26 を範囲指定し，[挿入]→[グラフ]→[縦棒 / 横棒グラフの挿入]→[2-D縦棒]の[集合縦棒]を選択する。
②凡例の「売上数計」のみを選択し右クリックして，[系列グラフの種類の変更]を選択する。「売上数計」の[グラフの種類]→[マーカー付き折れ線]を選択して，[第2軸]にチェックを入れる。
③グラフタイトル，第1・第2数値軸（縦軸）目盛および，軸ラベルなどの設定を行う。

<設定式>

C6：=VLOOKUP(B6,コード表!$A$4:$D$13,3,FALSE)

D6：=HLOOKUP(LEFT(B6,3),コード表!$B$16:$D$17,2,FALSE)

E6：=SUMIFS(売上表!$C$4:$C$73,売上表!$B$4:$B$73,B6)

F6：=VLOOKUP(B6,コード表!$A$4:$D$13,4,FALSE)*E6

G6：=IF(OR(E6>=250,F6>=30000),"○","")

E11：=SUM(E6:E10)

C24：=SUMIFS($E$6:$E$10,$D$6:$D$10,B24)+SUMIFS($E$15:$E$19,$D$15:$D$19,B24)

D24：=SUMIFS($F$6:$F$10,$D$6:$D$10,B24)+SUMIFS($F$15:$F$19,$D$15:$D$19,B24)

E24：=ROUNDUP(C24/SUM($C$24:$C$26),3)

<参考>凡例の「売上数計」のみの選択方法 (グラフ作成ポイント②の手順)

正しい選択方法

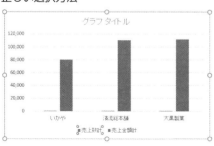

間違った選択方法（凡例全体を選択している）

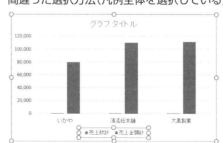

高等学校卒業者の就職状況

1．地方別都道府県内への就職者数

地方コード	地方名	平成２８年度	平成２９年度	平成３０年度	令和元年度	令和２年度	前年比	備考
1	北海道	9,269	8,765	8,371	8,159	7,266	89.1%	
2	東北	16,249	15,663	15,474	14,994	13,787	92.0%	○
3	関東	31,759	31,101	31,104	30,075	26,152	87.0%	
4	中部	35,173	34,547	34,611	33,645	30,068	89.4%	
5	近畿	23,836	23,148	22,573	21,624	19,455	90.0%	
6	中国	11,203	11,184	11,078	11,107	9,878	88.9%	
7	四国	5,278	5,060	5,171	4,973	4,636	93.2%	○
8	九州	18,769	18,683	19,614	19,938	18,036	90.5%	○
	合計	152,386	149,134	147,996	144,515	129,289		

2．地方別都道府県外への就職者数

地方コード	地方名	平成２８年度	平成２９年度	平成３０年度	令和元年度	令和２年度	前年比	備考
1	北海道	751	762	755	707	487	68.9%	
2	東北	6,070	6,002	5,801	5,813	4,518	77.7%	
3	関東	7,696	7,256	7,398	7,312	6,385	87.3%	○
4	中部	3,540	3,443	3,643	3,708	3,135	84.6%	○
5	近畿	3,534	3,707	3,897	3,836	3,045	79.4%	
6	中国	2,413	2,348	2,413	2,387	2,005	84.0%	○
7	四国	1,547	1,458	1,531	1,451	1,181	81.4%	
8	九州	10,275	9,978	10,359	9,518	7,883	80.7%	
	合計	35,826	34,960	35,895	34,728	28,439		

3．九州地方と全国との比較

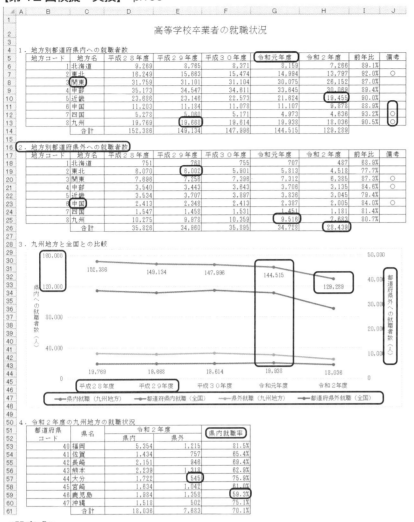

4．令和２年度の九州地方の就職状況

都道府県コード	県名	県内	県外	県内就職率
		令和２年度		
40	福岡	5,354	1,215	81.5%
41	佐賀	1,434	757	65.4%
42	長崎	2,151	946	69.4%
43	熊本	2,239	1,318	62.9%
44	大分	1,722	545	75.9%
45	宮崎	1,834	1,042	61.0%
46	鹿児島	1,984	1,358	59.3%
47	沖縄	1,518	502	75.1%
	合計	18,036	7,883	70.1%

＜設定式＞

C6：=VLOOKUP(B6,コード表!$A$4:$B$11,2,FALSE)

D6：=SUMIFS(就職者数表!$D$5:$D$51,就職者数表!$C$5:$C$51,C6)

I6：=H6/G6

J6：=IF(RANK(I6,$I$6:$I$13,0)<=3,"○","")

（別解）=IF(I6>=LARGE($I$6:$I$13,3),"○","")

D14：=SUM(D6:D13)

C18：=VLOOKUP(B18,コード表!$A$4:$B$11,2,FALSE)

D18：=SUMIFS(就職者数表!$E$5:$E$51,就職者数表!$C$5:$C$51,C18)

I18：=H18/G18

J18：=IF(RANK(I18,$I$18:$I$25,0)<=3,"○","")

（別解）=IF(I18>=LARGE($I$18:$I$25,3),"○","")

D26：=SUM(D18:D25)

D53：=VLOOKUP(C53,就職者数表!$B$5:$M$51,11,FALSE)

E53：=VLOOKUP(C53,就職者数表!$B$5:$M$51,12,FALSE)

C53：=VLOOKUP(B53,コード表!$D$4:$E$50,2,FALSE)

F53：=ROUNDDOWN(D53/SUM(D53:E53),3)

D61：=SUM(D53:D60)

＜参考＞1．凡例項目（系列）の設定方法（グラフ作成ポイント②の手順）

2．第2軸の設定方法（グラフ作成ポイント③の手順）

＜グラフ作成のポイント＞

（複合グラフ）

① C5～H5，C13～H14，C25～H26 を範囲選択し，[挿入]→[グラフ]→[折れ線/面グラフの挿入]→[2-D折れ線]の[マーカー付き折れ線]を選択する。

②[デザイン]→[データ]→[データの選択]を選択する。[凡例項目（系列）]の一番上の「九州」を選択し，[編集]→[系列名]に「県内就職（九州地方）」と入力する。同様に，合計，九州，合計の系列名を入力する。

③系列「県外就職（九州地方）」のみを選択し右クリックして，[データ系列の書式設定]を選択する。「県外就職（九州地方）」の[第2軸]にチェックを入れる。「都道府県外就職（全国）」も同様に設定する。

④データラベル，第1・第2数値軸（縦軸）目盛および，軸ラベルなどの設定を行う。

主催　公益財団法人 全国商業高等学校協会

令和5年度（第69回）情報処理検定試験ビジネス情報部門　第2級　筆記

審 査 基 準

【1】

1	2	3	4	5
オ	カ	コ	ウ	キ

【2】

1	2	3	4	5
ケ	エ	ア	カ	ク

【3】

1	2	3	4	5
イ	ウ	ア	イ	ア

【4】

問1	問2	問3	問4	問5
イ	ア	ウ	ウ	4

各3点
20問　　小計　60

【5】

問1	問2	問3	問4	問5
ウ	イ	ア	イ	イ

【6】

問1	問2	問3	問4	問5
ウ	イ	7	ウ	ア

各4点
10問　　小計　40

得 点 合 計

100

主催　公益財団法人 全国商業高等学校協会
令和 5 年度（第 69 回）情報処理検定試験ビジネス情報部門　第 2 級 実技
審 査 基 準

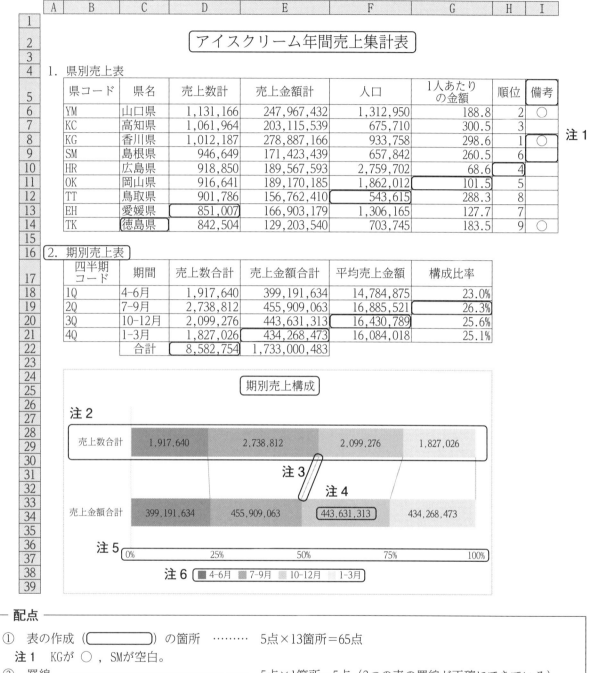

配点

① 表の作成（[＿＿＿＿＿＿]）の箇所 ……… 5点×13箇所＝65点

注 1　KG が ○ ，SM が空白。

② 罫線 …………………………………………… 5点×1箇所＝5点（2つの表の罫線が正確にできている）

③ グラフの作成（[＿＿＿＿＿＿]）の箇所 … 5点×6箇所＝30点

注 2　100%積み上げ横棒グラフで，位置は「売上金額合計」の上であること。左右の積み重ね順および
　　　　データラベルの有無は問わない。

注 3　区分線が設定されていること。

注 4　数値(443,631,313)

注 5　最小値（0%），最大値（100%）および間隔（25%）。

注 6　位置はグラフの下側にあること。左右の順序は問わない。

※　審査にあたっては，必要に応じて「審査上の注意事項」を参照してください。

〈筆記〉
【1】
解答以外の語句の説明は，以下のとおりである。
ア．建物などの限られた範囲内において，ケーブルを使用せず，電波などを利用して通信が行われるネットワーク。壁などの障害物による通信速度に影響を及ぼす場合がある。
イ．電子音楽の音程や音の大きさなどの演奏情報を，デジタルデータとして記録するファイル形式。
エ．改ざんされた企業などのウェブサイトにウェブ感染型ウイルスを埋め込み，そのウェブサイトを閲覧すると，他の有害サイトに自動的に誘導して，閲覧者のパソコンにマルウェアを感染させようとする手法。
ク．大容量のバッテリを内蔵し，自然災害などにより停電などの電力トラブルが発生した際，一定時間コンピュータシステムが稼働できるように，電力を供給する装置。無停電電源装置ともいう。
ケ．新しくコンピュータの設備やシステムを導入する際にかかる費用。物品の購入代金や初期設定の費用などが含まれる。

【2】
解答以外の説明文は，以下の語句についての説明である。
イ．OMR
ウ．著作権法
オ．サブディレクトリ
キ．CMYK
コ．テザリング

【3】
1．10進数の19を2進数に変換して，2進数同士の演算（和）をする。

```
2) 1 9
2)   9 … 1  ↑
2)   4 … 1  │
2)   2 … 0  │
     1 … 0  │
```

10011となる。よって，2進数の1010110と10011との和を求める。

```
   1 0 1 0 1 1 0
+      1 0 0 1 1
  1 1 0 1 0 0 1
```

よって，1101001となる。
2．解答以外の語句の説明は，以下のとおりである。
ア．磁気ディスク装置において，データを読み書きする際の最小単位。
イ．磁気ディスク装置において同心円状の複数のトラックが，論理的な円筒状になっている記録単位。アクセスアームを動かさずに読み書きができる。
3．解答以外の語句の説明は，以下のとおりである。
イ．1組のユーザIDとパスワードによる認証を1度行うだけで，複数のWebサービスやクラウドサービス，アプリケーションにログインできる仕組み。
ウ．無線LANにおけるアクセスポイントの識別名。最大32文字までの英数字を任意に設定することができる。
4．解答以外の語句の説明は，以下のとおりである。
ア．米国国内における工業製品の標準化や企画化を行う組織。文字コードやプログラム言語の標準化も行っている。
ウ．国際間の取引を促進させるため，工業分野をはじめ，さまざまな産業における製品などの標準化を目的とした規格。
5．画像1枚あたりの容量 ＝ 解像度×色情報 より
$$= 1,600 \times 1,200 \times 8 ビット \div 8$$
$$= 1,920,000 B（バイト）$$

1,920,000B（バイト）
1MBは10^6B（1,000,000B）なので，1,920,000B ＝ 1.92MBとなる。

【4】
問1．「顧客表」から，「分類コード」がB02のレコード（「顧客コード」から「分類コード」まですべて）を抽出した仮想表である。
　　解答以外の語句の説明は，以下のとおりである。
ア．表の中から必要なフィールド（列）だけを取り出して，別の新しい表（仮想表）を作成する操作のこと。
ウ．複数の表をつなぎ合わせて，別の新しい表（仮想表）を作成する操作のこと。

問2．楽器表から，「料金」が 4500 以下の「楽器名」を抽出する。

　　　解答以外の説明は，以下のとおりである。

　イ．楽器表から，「料金」が 4500 より小さい「楽器名」を抽出した仮想表である。

　ウ．楽器表から，「料金」が 4500 より大きい「楽器名」を抽出した仮想表である。

問3．分類表，顧客表，貸出表から，「貸出開始日」が 2023/09/07 である「分類名」と「顧客名」を抽出する。

　　　解答以外の説明は，以下のとおりである。

　ア．分類表，顧客表，貸出表から，「貸出開始日」が 2023/09/04（または，2023/09/22）である「分類名」と「顧客名」を抽出した仮想表である。

　イ．分類表，顧客表，貸出表から，「貸出開始日」が 2023/09/19 である「分類名」と「顧客名」を抽出した仮想表である。

問4．楽器表，顧客表，貸出表から，「貸出月数」が 2 より大きいかつ，「分類コード」が B02 である「顧客名」と「貸出月数」に「料金」を掛けて求め，新しい列名を「利用料」と指定して抽出する。

　　　解答以外の説明は，以下のとおりである。

　ア．楽器表，顧客表，貸出表から，「貸出月数」が 2 より小さいかつ，「分類コード」が B02 である「顧客名」と「貸出月数」に「料金」を掛けて求め，新しい列名を「利用料」と指定して抽出した仮想表である。

　イ．楽器表，顧客表，貸出表から，「貸出月数」が 2 かつ，「分類コード」が B02 である「顧客名」と「貸出月数」に「料金」を掛けて求め，新しい列名を「利用料」と指定して抽出した仮想表である。

問5．貸出表から，「顧客コード」が K0005 の件数を，集計関数（COUNT）を使用して求め，新しく列名を「実行結果」と指定する。貸出表の「貸出開始日」が 2023/09/02，2023/09/03，2023/09/10，2023/09/16 の 4 件となる。

【5】

問1．数値や計算結果などの数値を，文字列に変換して他の文字列と組み合わせて表示するには，TEXT 関数を利用する。

問2．問題文の「利用金額は 30 分ごとに 200 円」と，設定式の *60 や /30 から，「入室」から「退出」までの時間を『分』の単位で計算する。端数を切り上げるには ROUNDUP 関数（=ROUNDUP（数値，桁数））を利用する。

　ア．HOUR 関数（=HOUR（シリアル値））は，シリアル値に 0 以上 1 未満の数値を設定すると 0 から 23 までの（整数の）数値を返し，MINUTE 関数（=MINUTE（シリアル値））は，0 から 59 までの（整数の）数値を返すので，E5-C5（27-3=24）は，1 以上の 24 が設定されてしまうと，MINUTE（E5-C5）は，0 となり，正しく表示されない。

　ウ．TIME 関数（=TIME（時，分，秒））は，0 時 0 分 0 秒から 23 時 59 分 59 秒までを設定すると，0 以上 1 未満の数値（シリアル値）を返すので，正しく表示されない。

問3．「天候別の入場者数」の平均を求める，つまり，「天候」ごとの平均を求めるので，AVERAGEIFS 関数（=AVERAGEIFS（平均対象範囲，条件範囲1，条件1，…））を利用する。A5 と A13 には 晴 が含まれた「天候」が表示されているが，晴 の前後に他の「天候」が表示されているので，条件1の E3 の前後に *（ワイルドカード）を利用して設定する。

　イ．晴 の「天候」または，晴 の前にのみに他の 天候 が含まれている「天候」で平均を求めることになるので，正しく表示されない。

　ウ．E3 に入力された「天候」と完全一致した「天候」で平均を求めることになるので，正しく表示されない。

問4．対戦表の見方は，例えば，C5 の ○ は，3 年 1 組と 3 年 2 組の対戦結果であるが，3 年 1 組を基準に考えて，対戦相手が 3 年 2 組で，3 年 1 組が勝利したことを表す。逆に，3 年 2 組を基準に 3 年 1 組が対戦相手の結果は，負けになるので，B6 には，× と表示されることになる。

　　　(a)は，3 年 3 組を基準に対戦相手が 3 年 1 組の結果なので，逆に，3 年 1 組を基準とした対戦相手が 3 年 3 組の結果を表す D5 を確認する。※印ではあるが，3 年 1 組は，2 組と 4 組には勝ち（○），5 組とは引き分け（△）ている。また，設定式が入力されている G5 には，7 と表示されているので，3 組との試合結果を「得点」と 3 組以外の組との対戦結果から判断する。設定式の COUNTIFS 関数（=COUNTIFS（検索条件範囲1，検索条件1，…））は，検索条件範囲（B5:F5）に検索条件（○または△）が含まれる件数（個数）を求める。設定式の前半の COUNTIFS（B5:F5, "○"）*2 は，検索条件範囲の B5 から F5 に検索条件の ○ の件数に 2 倍し，後半は，△ の件数を求め，加えることになる。3 年 1 組は，2 組と 4 組との対戦結果は ○，5 組は △ なので，○ の件数の 2 を 2 倍して △ の件数の 1 を加えて，2×2＋1＝5 となる。3 年 3 組との対戦結果を含めて「得点」が 7 なので，3 年 3 組との対戦結果による「得点」は，7－5＝2 となり，D5 には，○ と表示される。よって，3 年 3 組を基準としたときの 3 年 1 組との対戦結果は，× となる。

(b)も(a)と同様に考えていくと，○ と表示される。表示結果は次のとおりである。

	A	B	C	D	E	F	G
1							
2	対戦表						
3				対戦相手			
4		3年1組	3年2組	3年3組	3年4組	3年5組	得点
5	3年1組		○	○	○	△	7
6	3年2組	×		×	×	○	2
7	3年3組	×	○		△	×	3
8	3年4組	×	○	△		○	5
9	3年5組	△	×	○	×		3

問5．あるデータ一覧表から，条件を満たすデータを列方向と行方向に合計や平均，データの個数などを集計するアプリケーション機能をピボットテーブルという。また，クロス集計ともいう。

ア．あるデータ一覧から，指定した条件に一致するデータのみを表示させる機能のことである。

ウ．一つの変数によって，条件を満たす目標値を求めるアプリケーション機能のことである。例えば，¥100,000を積み立てる【条件】ために，6か月・10か月・12か月などと期間を変えて【変数】，毎月の積立額【目標値】を求める。

【6】

問1．作成条件1．(1)，(2)より，「選手番号」で構成されている学校コードをもとに，『学校別対抗ポイント表』を参照している。学校コードは，「選手番号」の左端から2文字なので，LEFT関数(=LEFT(文字列，文字数))を利用する。その学校コードをもとに，『学校別対抗ポイント表』を行方向に検索するので，HLOOKUP関数(=HLOOKUP(検索値，範囲，行番号，[検索方法]))を利用する。検索値はLEFT(A6,2)，範囲はB23:F24，行番号は2，検索方法は，検索値(LEFT(A6,2):学校コード)と完全に一致する『学校別対抗ポイント表』の「学校コード」を検索するので，FALSEとなる。

ア．列方向に検索するVLOOKUP関数が設定されているため，正しく表示されない。

イ．検索方法がTRUEのため，正しく表示されない。

問2．作成条件1．(5)より，「総得点」の降順に順位を求めるので，RANK関数(=RANK(数値，参照，[順序]))を利用する。数値は，L6，参照は，L6:L20，順序には降順なので，0を設定する。また，1位なら15ポイント，2位なら14ポイント…と条件によって処理が異なるので，IF関数(=IF(論理式，[値が真の場合]，[値が偽の場合]))を利用する。ポイントが付く(10位まで)，付かない(10位以降)の境目は，10位なので，論理式は，RANK(L6,L6:L20,0)<=10となる。値が真の場合は，1位は15ポイント付くが，15-RANK(L6,L6:L20,0)であると，1位の場合，15-1=14となってしまうので，15-RANK(L6,L6:L20,0)+1と設定する。

ア．IF関数の論理式に設定してあるRANK関数の順序が，昇順(1)，かつ>=10(10〜15位)と設定してあるので，正しく表示されない。

ウ．IF関数の論理式および，値が真の場合に設定してあるRANK関数の順序が，昇順(1)，のため正しく表示されない。

問3．作成条件1．(6)の設定式より，「総得点」が「県大会出場標準得点」より大きい(L6>M3)または，「ポイント」が10以上(M6>=10)の「選手番号」は，S003，CE01，N002，N001，EA03，EA02，WE02である。

問4．作成条件2．(1)より，『「学校名」ごとに … 合計』を求めるには，SUMIFS関数(=SUMIFS(合計対象範囲，条件範囲1，条件1，…))を利用する。「ポイント」の合計を求めるので，合計対象範囲はM6:M20，条件は，「学校名」ごとなので，B24，その条件の範囲は，C6:C20となる。F25までコピーすることを考えて合計対象範囲と条件範囲1を絶対参照とする。

ア．合計対象範囲が，「総得点」に設定してあるため，正しく表示されない。

イ．条件1が，「学校コード」に設定してあるため，条件範囲1の「学校名」と一致していないため，合計が0となり正しく表示されない。

問5．作成条件3．(1)より，種目別最高記録表の「選手名」は，まず，陸上競技大会成績表の『各種目の「得点」』の最高記録(第1位)の相対的な位置を求める必要があるため，MATCH関数(=MATCH(検査値，検査範囲，[照合の種類]))を利用する。検査値は 最高記録(第1位)のため，MAX関数を利用して，MAX(E6:E20)，検査範囲は，E6:E20，照合の種類は0となる。その位置を参照して，「選手名」を表示するには，INDEX関数(=INDEX(配列，行番号，列番号))を利用する。配列は，「選手名」を参照するので，B6:B20，行番号は，陸上競技大会成績表の『各種目の「得点」』の最高記録(第1位)の相対的な位置を求めるMATCH(MAX(E6:E20),E6:E20,0)，列番号は，配列(B6:B20)の「選手名」の位置である1となる。なお，この式をC29までコピーすることを考えてコピー元とコピー先の設定式を比較する。

コピー元　B29 =INDEX(B6:B20,MATCH(MAX(E6:E20),E6:E20,0),1)
コピー先　C29 =INDEX(C6:C20,MATCH(MAX(E6:E20),E6:E20,0),1)

B6:B20は，行のみ固定の複合番地B$6:B$20，MAX(E6:E20)および，E6:E20は行列固定の絶対番地MAX($E$6:$E$20)，$E$6:$E$20となる。

よって，コピー元のB29の設定式は，

B29 =INDEX(B$6:B$20,MATCH(MAX($E$6:$E$20),$E$6:$E$20,0),1)

となる。

〈実技〉
C6：=VLOOKUP(B6，県表!$A$4:$B$12,2,FALSE)
D6：=SUMIFS(売上表!$D$4:$D$111，売上表!$C$4:$C$111,B6)
E6：=SUMIFS(売上表!$E$4:$E$111，売上表!$C$4:$C$111,B6)
F6：=VLOOKUP(B6，県表!$A$4:$C$12,3,FALSE)
G6：=ROUNDDOWN(E6/F6,1)
H6：=RANK(E6,$E$6:$E$14,0)
I6：=IF(AND(F6>=700000,G6>=180),"○","")
D18：=SUMIFS(売上表!$D$4:$D$111，売上表!$A$4:$A$111,B18)
E18：=SUMIFS(売上表!$E$4:$E$111，売上表!$A$4:$A$111,B18)
F18：=AVERAGEIFS(売上表!$E$4:$E$111，売上表!$A$4:$A$111,B18)
D22：=SUM(D18:D21)
G18：=E18/$E$22

＜グラフ作成のポイント＞（100％積み上げ横棒グラフ）

①C17〜E21を範囲選択し，［挿入］→［グラフ］→［縦棒／横棒グラフの挿入］→［2-D横棒］の［100％積み上げ横棒］を選択する。

②［デザイン］→［データ］→［行／列の切り替え］を選択する。

③縦(項目)軸ラベルを右クリックし，［軸の書式設定］→［軸のオプション］の［最大項目］と［軸を反転する］にチェックを入れる。

④［デザイン］→［グラフのレイアウト］→［グラフの要素を追加］→［線］→［区分線］を選択する。

⑤グラフタイトル，横(値)軸目盛，データラベルなどの設定を行う。

主催　公益財団法人 全国商業高等学校協会

令和5年度（第70回）情報処理検定試験ビジネス情報部門　第2級 筆記

審 査 基 準

【1】

1	2	3	4	5
ク	イ	ウ	コ	カ

【2】

1	2	3	4	5
ア	キ	エ	オ	ク

【3】

1	2	3	4	5
ア	イ	ウ	ウ	ア

【4】

問1	問2	問3	問4	問5
ウ	ア	イ	ア	6

各3点 20問　小計　**60**

【5】

問1	問2	問3	問4 (a)	問4 (b)	問5
イ	ウ	ア	80	115	ウ

【6】

問1	問2	問3	問4	問5
ア	3	イ	ア	イ

※　複数解答問題は，問ごとにすべてができて正答とする。

各4点 10問　小計　**40**

得 点 合 計　**100**

（令和6年1月21日実施）

主催　公益財団法人 全国商業高等学校協会

令和5年度（第70回）情報処理検定試験ビジネス情報部門　第2級 実技

審　査　基　準

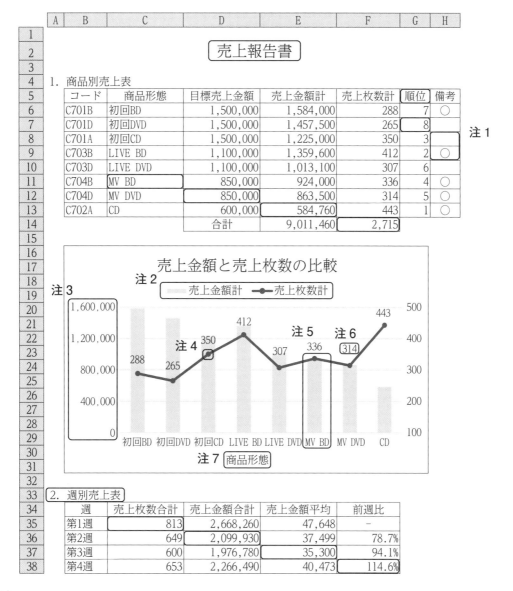

	A	B	C	D	E	F	G	H

売上報告書

1. 商品別売上表

コード	商品形態	目標売上金額	売上金額計	売上枚数計	順位	備考
C701B	初回BD	1,500,000	1,584,000	288	7	○
C701D	初回DVD	1,500,000	1,457,500	265	8	
C701A	初回CD	1,500,000	1,225,000	350	3	
C703B	LIVE BD	1,100,000	1,359,600	412	2	○
C703D	LIVE DVD	1,100,000	1,013,100	307	6	
C704B	MV BD	850,000	924,000	336	4	○
C704D	MV DVD	850,000	863,500	314	5	○
C702A	CD	600,000	584,760	443	1	○
		合計		9,011,460	2,715	

注1

売上金額と売上枚数の比較
注2 ▢ 売上金額計　●━ 売上枚数計
注3

2. 週別売上表

週	売上枚数合計	売上金額合計	売上金額平均	前週比
第1週	813	2,668,260	47,648	–
第2週	649	2,099,930	37,499	78.7%
第3週	600	1,976,780	35,300	94.1%
第4週	653	2,266,490	40,473	114.6%

配点
① 表の作成（▭）の箇所 ……… 5点×13箇所＝65点
② 罫線 ……………………………… 5点×1箇所＝5点（2つの表の罫線が正確にできている）
③ グラフの作成（▭）の箇所 … 5点×6箇所＝30点

注1　C701Aが空白，C703Bが ○ 。
注2　位置はグラフの上側にあること。左右の順序は問わない。
注3　最小値（0），最大値（1,600,000）および間隔（400,000）。
注4　初回CDの売上枚数計が折れ線グラフであること。データラベルとマーカーの有無は問わない。
注5　MV BDの売上金額計が集合縦棒グラフであること。
注6　数値（314）。
注7　位置はグラフの下側にあること。

※　審査にあたっては，必要に応じて「審査上の注意事項」を参照してください。

〈筆記〉
【1】
解答以外の語句の説明は，以下のとおりである。
ア．小説，音楽，美術，映画などの創作者を，登録に関係なく保護する権利。
エ．ディスプレイ表示や印刷物などの文字や画像を構成している最小単位。色情報を持たない。
オ．記憶媒体から読み込んで変更したデータを，記憶媒体に書き込むことを許可すること。
キ．ANSI（アメリカ規格協会）が定めた英数字の標準的な文字コード体系。1文字は7ビットで定義されている。
ケ．文字列やファイル名を検索するときに任意の文字や文字列の代わりに使用する特別な記号。「?」と「*」がある。

【2】
解答以外の説明文は，以下の語句についての説明である。
イ．アーカイバ
ウ．テキストファイル
カ．シリンダ
ケ．シェアウェア
コ．ISO

【3】
1．2進数同士の減算を行うと，

```
   1 1 0 1 0 1 1 …10進数の1 0 7
 −     1 1 1 0 1 1 …10進数の  5 9
   1 1 0 0 0 0
```

2進数110000を10進数に変換すると，

$$1 \quad 1 \quad 0 \quad 0 \quad 0 \quad 0$$
$$\times \quad \times \quad \times \quad \times \quad \times \quad \times$$
$$2^5 \quad 2^4 \quad 2^3 \quad 2^2 \quad 2^1 \quad 2^0$$
$$\| \quad \| \quad \| \quad \| \quad \| \quad \|$$
$$32 + 16 + 0 + 0 + 0 + 0 = 48$$

よって，48となる。

2．解答以外の語句の説明は，以下のとおりである。
ア．フルカラーで静止画を圧縮し，記憶容量を小さくして保存するファイル形式。圧縮により劣化が起こる。
ウ．画像を圧縮しないで保存するファイル形式。記憶容量が大きくなり，画像を拡大するとギザギザが出る。

3．解答以外の語句の説明は，以下のとおりである。
ア．スマートフォンの通信機能を使って，パーソナルコンピュータなどをインターネットへ接続すること。
イ．オフィスや工場，学校などの限られた建物や敷地内における比較的小規模なネットワーク。

4．解答以外の語句の説明は，以下のとおりである。
ア．インターネットを経由したLANへの不正なアクセスを防ぐために設置する防御システム。
イ．ソフトウェアのセキュリティ上問題となる欠陥部分。

5．積集合は，複数の表から共通するレコードを抽出する。新作スキー板予約表と新作スノーボード板予約表の「会員番号」が1016，1033，1060，1082の4つのレコードが抽出される。

【4】
問1．売上表で他と重複しない一意のフィールドは「売上コード」だけであり，主キーである。また，「入館料コード」は入館料表で主キーとなっているので，外部キーである。
　ア．「売上日」は外部キーではない。「売上日」を主キーとするテーブルは存在しない。
　イ．「入館料コード」は主キーではない。売上表の複数のレコードで重複しており，一意ではない。
問2．貸出表から，「料金」が450以上の「品目」を抽出した仮想表である。
　イ．貸出表から，「料金」が450以下の「品目」を抽出した仮想表である。
　ウ．貸出表から，「料金」が450より大きい「品目」を抽出した仮想表である。
問3．入館料表，売上表から，「種別」が朝風呂の「売上コード」と「大人人数」を抽出した仮想表である。
　ア．入館料表，売上表から，「種別」が土日祝のレコードを抽出した仮想表である。
　ウ．入館料表，売上表から，「種別」が特定日のレコードを抽出した仮想表である。
問4．入館料表，売上表，貸出表，貸出明細表から，「種別」が平日，かつ「料金」が500より小さい「品目」と「数量」を抽出した仮想表である。
　イ．入館料表，売上表，貸出表，貸出明細表から，「種別」が土日祝，かつ「料金」が500より小さい「品

目」と「数量」を抽出した仮想表である。

ウ．入館料表，売上表，貸出表，貸出明細表から，「種別」が平日，かつ「料金」が500以下の「品目」と「数量」を抽出した仮想表である。

問5．貸出明細表から，「貸出コード」がK001の「数量」の平均値を，関数(AVG)を使って求め，新しくフィールド名を「実行結果」と指定して抽出した仮想表である。貸出明細表の「貸出コード」がK001と等しいレコードは5件あり，「数量」の平均値は，(8＋5＋5＋6＋6)÷5＝30÷5＝6となる。

【5】

問1．ROUNDDOWN関数(=ROUNDDOWN(数値,桁数))により，「購入金額」に0.1を掛けて小数点以下を切り捨てた値を求め，IF関数(=IF(論理式,真の場合,偽の場合))の論理式にMOD関数(=MOD(数値,除数))を用い，「購入回数」を3で割った余りが0でない場合は1，それ以外の場合は3を掛けてポイントを求める。よって「購入回数」が3の倍数ではない場合は，余りが0ではないのでポイントが1倍になり，3の倍数の場合には，余りが0になるのでポイントが3倍になる。購入金額が負の値になることはないとしたとき，ROUNDDOWN関数はINT関数(=INT(数値))と同等の結果である。よって，IF関数が問題文と同等のものを選ぶため，真と偽が逆になるようNOT関数を使用している イ が正答となる。

ア．INT関数により，「購入金額」に0.1を掛けた値の整数値を求め，IF関数の論理式にMOD関数を用い，「購入回数」を3で割った余りが0の場合は1，それ以外の場合は3を掛けてポイントを求める。よって「購入回数」が3の倍数の場合，3で割った余りが0となりポイントが1倍になり，3の倍数ではない場合は，余りが0ではないのでポイントが3倍になる。

ウ．ROUNDDOWN関数により，「購入金額」に0.1を掛けて小数点未満を切り捨てた値を求め，IF関数の論理式にMOD関数を用い，「購入回数」を3で割った余りが0の場合は1，それ以外の場合は3を掛けてポイントを求める。よって「購入回数」が3の倍数の場合，3で割った余りが0となるのでポイントが1倍になり，3の倍数ではない場合は，余りが0ではないのでポイントが3倍になる。

問2．SEARCH関数(=SEARCH(検索文字列,対象))を用いて，対象の中の検索文字列の開始位置を求めている。なお，「変更後学部名」は，次のような①，②，③の3つの文字列より構成されている。「&」は，文字列を結合するときに用いる記号である。

=①&②&③

① LEFT(A4,SEARCH(B4,A4)-1)

LEFT関数(=LEFT(文字列,文字数))により，「変更前学部名」の左端から変更しない文字列部分を抽出する。下線の文字数は，SEARCH関数より，「変更部分文字」が「変更前学部名」の先頭から何文字目にあるかを求める。さらに，そこから1を引くことで，1つ前(左)の文字位置がわかり，左端から抽出する文字数を求めることができる。なお，求めた文字数が0の場合は，文字列は抽出されず，空(NULL)になる。

② C4

「変更後文字」を表示する。

③ RIGHT(A4,LEN(A4)-SEARCH(B4,A4)-LEN(B4)+1)

RIGHT関数(=RIGHT(文字列,文字数))により，「変更前学部名」の右端から，「変更部分文字」を「変更後文字」に変更した後の，変更しない文字列部分を抽出する。下線の文字数は，まず，LEN関数(=LEN(文字列))より，「変更前学部名」の文字数を求め，そこからSEARCH関数により「変更部分文字」が「変更前学部名」の先頭から何文字目にあるかを求めて差し引き，さらにLEN関数で求めた「変更部分文字」の文字数を差し引く。さらに1を加え，1つ後(右)の文字から抽出する。

ア．TEXT関数(=TEXT(値,表示形式))は，値を表示形式に指定した文字列に変換する関数であり，LEFT関数，RIGHT関数の引数として設定したときエラーとなる。

イ．COUNTIFS関数(=COUNTIFS(検索条件範囲,検索条件))は，条件に一致するセルの件数を求める関数であり，LEFT関数，RIGHT関数の引数として設定したときエラーとなる。

問3．条件(1)より「得点」は，SUM関数(=SUM(範囲))で「点数」の合計を求め，MAX関数(=MAX(範囲))で求めたの最高点とMIN関数(=MIN(範囲))で求めた最低点を差し引いて求める。また，条件(2)より「表彰」は，RANK関数(=RANK(数値,参照,順序))で「得点」の降順の順位を求めるとともに，SMALL関数(=SMALL(配列,順位))で「得点」が下から(昇順で)2番目の値を求め，IF関数により，特別賞または順位を表示する。ちなみに，モルックはフィンランド発祥のゲームで，数字の書かれたピンを地面に並べ，それを棒(モルック)で投げ倒して得点とし，50点ちょうど先取したチームが勝利する。今回は1チームが50点を取得した時点の点数を各チームのスコアとし，5回戦行った合計の点数を「得点」とした成績表と推測される。

イ．(c)のLARGE関数(=LARGE(配列,順位))は，「得点」の中で2番目に大きい値を求めるので，Aが特別賞となる。

ウ．(c)のMIN関数は，「得点」と2の中で最も小さい値(1番小さい値)を求めるので，2となり，特別賞は該当がなくなってしまう。

問4．設定式は，複数のワークシートを同時に利用するマルチシートの機能を用いた，串刺し計算の計算式(=SUM(最初のワークシート名:最後のワークシート名!共通のセル番地))である。ブックに連続して並

んだシート名「1学年」～「3学年」の同じセル番地の値の合計を，シート名「合計」のセルで求めている。よって，各シートの共通のセル番地 B4 の値は，(a)+60+70=210 より，(a) の値は 80 となる。また，各シートの共通のセル番地 D6 の値は，40+20+55=(b) より，(b) の値は 115 となる。

問5．フィルタは，表(リスト)から指定した条件に一致したデータのみを絞り込んで表示させる機能である。
　ア．ゴールシークは，シミュレーションによって，指定した一つの条件を満たす最適解を求める機能である。
　ウ．クロス集計は，表(テーブル)から複数のフィールドを選び，データの集計，分析を行う機能である。Excel ではピボットテーブルという。

【6】

問1．作成条件1．(1)，(2)より，「エリア名」は，「農園コード」から「エリアコード」を抽出し，「エリアコード」をもとにエリア別集計表を参照して表示する。エリア別集計表を列(縦)方向に検索するので，VLOOKUP 関数(=VLOOKUP(検索値，範囲，列番号，検索方法))を用いる。検索値には，3 文字から構成される「農園コード」から左端から 1 文字の「エリアコード」を抽出するので，LEFT 関数(=LEFT(文字列，文字数))を用いる。検索値は LEFT(A6,1)，範囲は \$A\$22:\$B\$25，列番号は 2，検索方法は検索値と完全一致の文字列を検索するので，FALSE とする。
　イ．VLOOKUP 関数の検索方法が近似一致の TRUE のため，この式をコピーした場合，正しく検索できない場合がある。
　ウ．HLOOKUP 関数(=HLOOKUP(検索値，範囲，行番号，検索方法))は，エリア別集計表を行(横)方向に検索するので，正しく検索できない。

問2．作成条件1．(5)より，「いちご狩り」が「直接販売」より大きく，かつ「順位」が 5 以下の場合(真の場合)，○ を表示し，それ以外の場合(偽の場合)は何も表示しない。そのため，IF 関数(=IF(論理式，真の場合，偽の場合))を用い，複数の論理式をすべて満たす場合に真とするときは，AND 関数(=AND(論理式1,論理式2，…))を用いる。よって，「備考」に ○ が表示されるのは「農園コード」が N01，S01，S02 の 3 つである。

問3．作成条件2．(1)より，「エリア名」ごとに「売上金額計」の合計を算出するには，SUMIFS 関数(=SUMIFS(合計対象範囲，条件範囲，条件))を用いる。合計対象範囲はいちご農園売上一覧表の「売上金額計」，「条件範囲」は「エリア名」を指定し，条件はエリア別集計表の「エリア名」を指定する。
　ア．SUMIFS 関数の引数のうち，条件範囲が「農園コード」，条件が「エリアコード」になっている。
　ウ．SUMIFS 関数の引数のうち，合計対象範囲が「その他」になっている。

問4．作成条件2．(3)より，「割合」は，「売上金額合計」を SUM 関数(=SUM(合計範囲))で求めた「売上金額合計」の合計で割って求める。なお，この式を E25 までコピーするので，SUM 関数の合計範囲は絶対参照とする。
　イ．SUM 関数の合計範囲が相対参照になっており，この式をコピーした場合，コピー先では正しい値が得られない。
　ウ．「売上金額合計」が絶対参照，SUM 関数の合計範囲が相対参照になっており，この式をコピーした場合，コピー先では正しい値が得られない。

問5．作成条件3．(1)より，いちご農園売上一覧表の「いちご狩り」の上位(降順)3 位までを求め，それぞれの値が「いちご狩り」の列の中で上から何行目にあるかを求め，同じ行内にある「農園名」を表示させる。表(配列)の中から指定した行番号，列番号のデータを参照するには，INDEX 関数(=INDEX(配列，行番号，列番号))を用いる。INDEX 関数の行番号は，検査値の相対的な位置を求める MATCH 関数(=MATCH(検査値，検査範囲，[照合の種類]))を用い，検索値には配列(範囲)の中で n 番目に大きい値を求める LARGE 関数(=LARGE(配列，順位))を用いる。なお，この式を C31 までコピーするので，MATCH 関数の検査範囲および LARGE 関数の配列と順位は複合参照とする。
　ア．MATCH 関数の検査値が MAX 関数(=MAX(範囲))なので，いちご農園売上一覧表の「いちご狩り」と A29 の中で最大値が検査値となり，この式をコピーすると「順位」が 2～3 も，すべて 1 位の「農園名」が表示されてしまう。
　ウ．MATCH 関数の検査値が MAX 関数(=MAX(範囲))なので，「いちご狩り」の最大値が検査値となり，この式をコピーすると，「順位」が 2～3 も，すべて 1 位の「農園名」が表示されてしまう。

C6：=VLOOKUP(B6,商品表!$A$4:$C$11,2,FALSE)

D6：=VLOOKUP(B6,商品表!$A$4:$C$11,3,FALSE)

E6：=SUMIFS(売上表!$E$4:$E$227,売上表!$C$4:$C$227,B6)

F6：=SUMIFS(売上表!$D$4:$D$227,売上表!$C$4:$C$227,B6)

G6：=RANK(F6,$F$6:$F$13,0)

H6：=IF(OR(F6>350,E6>D6),"○","")

E14：=SUM(E6:E13)

C35：=SUMIFS(売上表!$D$4:$D$227,売上表!$B$4:$B$227,B35)

D35：=SUMIFS(売上表!$E$4:$E$227,売上表!$B$4:$B$227,B35)

E35：=AVERAGEIFS(売上表!$E$4:$E$227,売上表!$B$4:$B$227,B35)

F36：=ROUNDDOWN(D36/D35,3)

＜グラフ作成のポイント＞（複合グラフ）

① C5～C13，E5～F13 を範囲選択し，[挿入]→[グラフ]→[縦棒/横棒グラフの挿入]→[2-D 縦棒]の[集合縦棒]を選択する。

②「売上金額計」または「売上枚数計」の縦棒グラフを右クリックして，[系列グラフの種類の変更]を選択して，[系列名]が「売上枚数計」の[グラフの種類]は[マーカー付き折れ線]を選択し，[第2軸]にはチェック(レ)を入れる。

③グラフタイトルおよび第1・第2数値軸(縦軸)目盛，横軸ラベル，凡例の位置，データラベルの設定を行う。